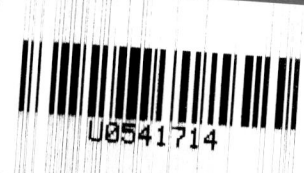

国家出版基金项目
NATIONAL PUBLICATION FOUNDATION

抗日战争专题研究

张宪文 朱庆葆 主编

第五辑
战时政治与对外关系

中日外交战略的博弈（1931—1941）

鹿锡俊 著

江苏人民出版社

图书在版编目(CIP)数据

中日外交战略的博弈:1931—1941 /鹿锡俊著. --
南京:江苏人民出版社,2024.8
(抗日战争专题研究 / 张宪文,朱庆葆主编)
ISBN 978-7-214-28402-0

Ⅰ.①中… Ⅱ.①鹿… Ⅲ.①中日关系—研究—
1931—1941 Ⅳ.①D822.331.3

中国国家版本馆 CIP 数据核字(2023)第 196698 号

书　　名　中日外交战略的博弈(1931—1941)
著　　者　鹿锡俊
责任编辑　李　旭
装帧设计　刘亭亭
责任监制　王　娟
出版发行　江苏人民出版社
地　　址　南京市湖南路 1 号 A 楼,邮编:210009
照　　排　江苏凤凰制版有限公司
印　　刷　苏州市越洋印刷有限公司
开　　本　652 毫米×960 毫米　1/16
印　　张　31.75　插页 4
字　　数　370 千字
版　　次　2024 年 8 月第 1 版
印　　次　2024 年 8 月第 1 次印刷
标准书号　ISBN 978-7-214-28402-0
定　　价　128.00 元

教育部哲学社会科学研究重大委托项目
2021年度国家出版基金资助项目
南京大学“双一流”建设卓越计划项目
“十四五”国家重点出版物出版专项规划项目

合作单位

南京大学　北京大学　南开大学　武汉大学
复旦大学　浙江大学　山东大学
台湾中国近代史学会

学术顾问

金冲及　章开沅　魏宏运　张玉法　张海鹏
姜义华　杨冬权　胡德坤　吕芳上　王建朗

编纂委员会

主　　编　张宪文　朱庆葆

副 主 编　吴景平　陈红民　臧运祜　江　沛　宋志勇　王月清
张　生　马振犊　彭敦文　赵兴胜　陈立文　林桶法

常务编委　洪小夏　张燕萍　刘　颖　吕　晶　张晓薇

审稿委员会

主　任　马　敏　陈谦平

副主任　叶美兰　张连红　戚如高　王保顶　王卫星　姜良芹

委　员　关　捷　郑会欣　何友良　田　玄　刘金田　朱汉国　程兆奇
黄正林　李继锋　马俊亚　李　玉　曹大臣　徐　畅　齐春风

总　序

张宪文　朱庆葆

日本侵华与中国抗日战争是近代中国最重大的历史事件。中国人民经过14年艰苦卓绝的英勇奋战，付出惨重的生命和财产的代价，终于取得伟大的胜利。

自1945年抗日战争结束至2015年，度过了漫长的70年。对这一影响中国和世界历史进程的重大事件，国内外历史学界已经做过大量的学术研究，出版了许多论著。2015年7月30日，在抗日战争胜利70周年前夕，中共中央政治局就中国人民抗日战争的回顾和思考进行集体学习，习近平总书记发表重要讲话，指示学术界应该广为搜集整理历史资料，大力加强对抗日战争历史的研究。半个月后，中共中央宣传部迅速制定抗日战争研究的专项规划。8月下旬，时任中共中央宣传部部长刘奇葆召开中央各有关部委、国家科研机构和部分高校代表出席的专题会议，动员全面贯彻习总书记的讲话精神，武汉大学和南京大学的代表出席该会。

在这一形势下，教育部部领导和社会科学司决定推动全国高校积极投入抗战历史研究，积极支持南京大学联合有关高校建立抗战研究协同创新中心，并于南京中央饭店召开了由数十所高校的百余位教授、学者参加的抗战历史研讨会。台湾也有吕芳上、陈立文等十多位教授出席会议,共同协商在新时代深入开展抗战历史研究的具体方案。台湾著名资深教授蒋永敬在会议上发表了热情洋溢的讲话。经过几个月的酝酿和准备,南京大学决定牵头联合我国在抗战历史研究方面有深厚学术基础的北京大学、南开大学、武汉大学、复旦大学、浙江大学、山东大学及台湾学者共同组建编纂委员会,深入开展抗日战争专题研究。中央档案馆和中国第二历史档案馆也积极支持。在南京中央饭店学术会议基础上,编纂委员会初步筛选出130个备选课题。

南京大学多次举行党政联席会议和校学术委员会会议,专门研究支持这一重大学术工程。学校两届领导班子均提出具体措施支持本项工作,还派出时任校党委副书记朱庆葆教授直接领导,校社科处也做了大量工作。南京大学将本项目纳入学校"双一流"建设卓越计划,并陆续提供大量经费支持。

江苏省委、省政府以及江苏省委宣传部,均曾批示支持抗战历史研究项目。国家教育部社科司将本项研究列为哲学社会科学研究重大委托项目,并要求项目完成和出版后,努力成为高等学校代表性、标志性的优秀成果。

本项目编纂委员会考察了抗战历史研究的学术史和已有的成果状况,坚持把学术创新放在第一位,坚持填补以往学术研究的空白,不做重复性、整体性的发展史研究,以此推动抗战历史研究在已有基础上不断向前发展。

本项目坚持学术创新,扩大研究方向和范围。从以往十分关注的九一八事变向前延伸至日本国内,研究日本为什么发动侵华战争,日本在早期做了哪些战争准备,其中包括思想、政治、物质、军事、人力等方面的准备。而在战争进入中国南方之后,日本开始逐步将战争引出中国国境,即引向广大亚太地区,对东南亚各国及东南亚地区的西方盟国势力发动残酷战争。研究亚太地区的抗日战争，有利于进一步揭露日本妄图占领中国、侵占亚洲、独霸世界的阴谋。

本项目以民族战争、全民抗战、敌后和正面战场相互支持相互依靠的抗战整体，来分析和认识中国抗日战争全局。课题以国共两党合作为基础，运用大量史实，明确两党在抗日战争中的地位和作用，正确认识各民族、各阶级对抗日战争的贡献。本项目内容涉及中日双方战争准备、战时军事斗争、战时政治外交、战时经济文化、战时社会变迁、中共抗战、敌后根据地建设以及日本在华统治和暴行等方面，从不同视角和不同层面，深入阐明抗日战争的曲折艰难历程，以深刻说明中国抗日战争的重大意义，进一步促进中华民族的伟大复兴。

对于学界已经研究得甚为完善的课题，本项目进一步开拓新的研究角度和深化研究内容。如对山西抗战的研究更加侧重于国共合作抗战；对武汉会战的研究将进一步厘清武汉会战前后中国政治、经济、社会的变迁及国共之间新的友好关系。抗战前期国民党军队丢失大片国土，而中国共产党在十分艰难的状况下，在敌后逐步收复失地，建立抗日根据地。本项目要求对各根据地相关研究课题，应在以往学界成果基础上，着力考察根据地在社会改造、经济、政治、人才培养等方面，如何探索和积累经验，为 1949 年后的新中国建设提供有益的借鉴。抗战时期文学艺术界以其特有的文化功能，在揭露日军罪行、动员广大民众投入抗战方面，发挥了重要作用。我们尝试与艺术界合作，动员南京艺术学院的教授撰写了与抗日战争相关的电影、美术、音乐等方面的著作。

本项目编纂委员会坚持鼓励各位作者努力挖掘、搜集第一手历史资料，为建立创新性的学术观点打下坚实基础。编纂委员会要求全体作者坚决贯彻严谨的治学作风,坚持严肃的学术道德,恪守学术规范,不得出现任何抄袭行为。对此,编纂委员会对全部书稿进行了两次“查重”,以争取各个研究课题达到较高的学术水平,减少学术差错。同时,还聘请了数十位资深专家,对每部书稿从不同角度进行了五轮审稿。

本项目自2015年酝酿、启动,至2021年开始编辑出版,是一项巨大的学术工程,它是教育部重点研究基地南京大学中华民国史研究中心一直坚持的重大学术方向。百余位学者、教授,六年时间里付出了艰辛的劳动,对抗战历史研究做出了重要贡献!编纂委员会向全体作者,向教育部、江苏省委省政府以及各学术合作院校,向江苏凤凰出版传媒集团暨江苏人民出版社,向全体编辑人员,表示最崇高的敬意和诚挚的感谢!

序　言

金冲及

20 世纪 80 年代，我在复旦大学历史系任兼职教授。1985 年，我招收的第一批硕士研究生中就有本书作者鹿锡俊。他读书期间担任研究生班的班长，和我接触较多。他的日文很好，毕业论文写的是《中日战争期间日本对蒋政策的演变》，在答辩中获得好评。论文的核心内容不久还发表在《近代史研究》上。对硕士生来说，这是很难得的。正因如此，他免试直升复旦大学历史系攻读博士学位，很快又作为最早的一批联合培养博士生，选送日本一桥大学留学。毕业后，他就留在日本教书，直到现在。

1998 年，我到日本京都大学人文研究所任客座教授半年，其间又和他有着相当多的交往。他的太太小许，快人快语，给我留下深刻的印象。以后听说他的儿子考上了东京大学法学部，令许多日本教授都羡慕不已。进入新世纪，虽然我们见面的时间不多，但一直保持着联系。我还时常在《历史研究》《近代史研究》等国内学术期刊上读到他的论文。作为老师，这是最感欣慰的事。

近几年来，或许因为疫情的关系，我很少看到他发表的论文。我曾担心他是否因担任学科主任等行政职务，受公务之累而影响研究工作。后来才知道，这些年来他始终没有放弃科研，集中一切可利用的时间,撰写了两本著作。其中之一就是这本《中日外交战略的博弈(1931—1941)》。

我们做研究工作时,总是强调要有"问题意识"。"问题意识"不仅是我们研究的出发点,更是我们研究的动力。鹿锡俊的新著,能够紧紧扣住"如何解决中日矛盾"这个主题,从独特的视角,展现了1931—1941年中日两国十年博弈的过程,论证了中日两国战争为何于1937年全面爆发,又为何于太平洋战争爆发后扩大为多国战争。读者在读完本书后,如果回过头来重温一下本书的导论,当可看到作者围绕自己提出的"问题",确实做出了扎实的努力。给我留下深刻印象的,主要有以下几点:

首先,在史料运用上,作者特别重视中外多国资料尤其是日本资料的互补。他广泛引用了近十余年来陆续开放的文献,在高度重视会议决议等官方记录的同时,又能够关注当局者的日记、书信等私密记录,相互印证。同时,将1931—1941年间的中日关系,置于包括美、英、苏、德等各国在内的多边关系中综合考察。以往学界较多注意美、英的作用,而本书更将视角扩充到苏联和德国,来考察中日之间的博弈,颇有新意。

作者在写作中融合政策研究与人物研究于一体,既深入中日双方当局者的心理,以探究其决策的深层理由,又通过对各自决策效果的比较,检讨重要人物在思考与判断上的得失。全书叙述有血有肉,表里互见。特别是在写作中,通过对关键节点的个案研究,探明不为人知的细节,在此基础上揭示历史演变的内在逻辑。此外,作者在论述中提出如何看待"国家利益"与"政党(政权)利益"的区别,如何分析"自助"与"敌助"的关系等,都会令读者产生思考,为抗日战争研究提供新的思路与视角。

2025年是中国人民抗日战争暨世界反法西斯战争胜利80周

年。本书在这样的时代背景下出版,对于我们重新认识这段历史,肯定会有很大的帮助。作者自1985年随我读研究生以来,40年间始终在近代中日关系领域深耕,从未放弃研究工作。他在撰写本书的同时,还完成了一本以考察抗日战争时期中日苏三角关系为主题的日文专著。该书作为日本学术振兴会科研基金的优秀结项成果,获得资助出版的奖励,即将由东京大学出版会推出。我想这两部姊妹篇的相继问世,或许也是他在中日关系领域坚持研究工作40年最好的纪念吧。

2024年6月10日

目　录

凡　例

1. 本书研究对象时期的中国国名是中华民国，为避免标记上的繁杂，本书除引文外，原则上略为中国。日方文书中的“支那”与“北支”，除直接引用外，亦一律分别译为“中国”与“华北”。

2. 除特殊需要外，日方文书中的“满洲”，本书原则上译为“中国东北”或“东北”；“满洲事变”统一译为“九一八事变”。

3. 在某些人名、地名的标记上，往昔的电报等史料与现在约定俗成的用法有所不同，为保留原貌，本书在引用原文时一概不加变更。

4. 蒋介石日记等尚未出版的手稿，文字上难免有不通顺甚至错、漏之处，只要不影响读者的理解，本书不作修正。另外，这一时期的蒋介石日记系写在预先印好年月日的本子上。这使一些内容因篇幅不够而移写在其他页面。为方便读者查找，笔者对此在括号中加以注明，如〔杂录〕即表示该内容记在日记的杂录部分。

5. 凡是未注明书名的日方史料，均系笔者抄录自日方相关史料机构所保存的原始档案。其中，有的目前已经出版，或在日本亚洲历史资料中心的网页上开放阅览。为了纪念当年抄录的辛劳并对提供帮助的工作人员表示感谢,本书在注释中均照抄录时的档案号标记出处。同时,为了方便读者查核,笔者也尽可能补注了日本亚洲历史资料中心网页上的图像档号。

导　论

本书的目的，是以1931—1941年间的中国外交为主线，以同一时期的日本外交为辅线，探究双方围绕如何解决中日矛盾而展开的战略博弈，并从这一战略博弈的视角重新检讨两大问题：九一八事变后的中日纷争为何在1937年发展为两国之间的全面战争？又为何在1941年扩大为一场多国参加的太平洋战争？

以1931年为研究的起点，是因为这一年爆发的九一八事变使中日关系陷入了空前的危机，在解决事变所带来的中日矛盾的方法上，中方主张有第三方参加的"国际解决"，日方主张限定于中日两国的"单独解决"，这一对立成为其后两国外交上战略博弈的开端。以1941年为论述的终点，则是因为以此年12月日本偷袭珍珠港为契机，中日两国的战争正式扩大为多国战争，随之，双方的战略博弈也跨过了不可逆转的拐点，而最终确定了国际解决的方向。

为了有助于读者对本书的理解，以下分3个方面对本书略作说明。

一、研究现状的反思与本书的目标

从围绕上述目的撰写系列论文开始,到在它们的基础上补充资料,加以修改、充实与提高,最终完成现在的这本专著,经过了一段漫长的岁月。其间,随着抗日战争成为研究的热点,关于这一时期的中日关系的论文与著作已经汗牛充栋,甚至还出现了与本书主题相近的作品。①

在如此背景下仍能坚持不懈地为本书的问世付出心血,除了由于笔者的研究早在十几年前就已开始,故在发表成果的时间领先性上有一定的自信外,主要是因为笔者在对研究现状的反思与反省中,为本书确定了5个目标,并期待自己能通过在实现这些目标上的努力,在研究的创新性上也能有所贡献。

(1) 中日关系是在相互作用中演变的,因此,关于中国的考察不能脱离对日本的检讨,关于日本的检讨也不能脱离对中国的考察。但是,长期以来,关于中日双边关系的研究成果,很多还是只集中于其中的"这一边",对处于相互作用中的"另一边"却大多停留于浮光掠影,甚至一带而过的状态。基于对现状的这一认识,本书的第一个目标,是努力尝试真正兼顾两边、双向比较的中日关系研究。

(2) 中日关系是在世界形势和国际政治的大环境中展开的,故影响中日问题的因素,还存在于第三方。特别是在1931—1941年,中国的对日政策和日本的对华政策,都和各自对美、英、德、苏等第三方的政策紧密相连,形成了一个多重交叉、错综复杂的矛盾

---

① 关于学界的研究现状,请参见书末附录的"中日两国相关论著"。

的复合体。因此,要研究中日关系,还必须就中日两国与第三方之间的作用与反作用进行多角度的考察。但是,在现有的研究成果中,很多论著还是止步于双边,而忽略了双边关系与多边关系的互动。基于这一认识,本书的第二个目标,是注重在多边关系中考察中日双边关系。

(3) 1931—1941 年发生了很多历史事件。其中,就本书的主题来说,特别重要的是 1931 年九一八事变的爆发及中日两国战略博弈的起步、1932 年的上海事变与热河危机、1933 年的《塘沽停战协定》及中日局部妥协局面的形成、1935 年的华北事变、1937 年的和战抉择、1938 年的日本东亚新秩序声明、1939 年的《苏德互不侵犯条约》与欧战爆发、1940 年的国际援华物资运输通道的关闭与日德意三国军事同盟的建立、1941 年的《日苏中立条约》与苏德战争、日美交涉等。它们作为这 10 年中的重大节点,都具有历史转折点的意义。对这些节点及事件进行深入的精细个案研究,究明其中的细节,再在此基础上宏观地串通节点与节点、个案与个案之间的内在联系,当能深化对历史的认识。但既有论著中,有的偏重于对个案的探究而缺乏对个案之间的因果联系的关照,有的则相反,偏重于对全局的描述,却缺乏以个案研究为基础的实证。基于这一认识,本书的第三个目标,是融合微观分析与宏观考察,争取做到既以个案研究再现隐藏在深层的细节,又在整体上找出贯穿于各个节点与事件之中的内在逻辑。

(4) 如何认识和处理秩序问题,是当时中日关系的一个焦点。所谓"秩序"具有两大含义:其一是使社会保持理想状态的规则与原理,其二是实现这些规则与原理的方法与战略。就 1931—1941 年中日关系中的秩序问题来说,在前一个含义上,它指的是以下 4 点:中国、日本各自的应有状态;中日关系的应有状态;中日两国和美、英、德、苏等第三方相互关系的应有状态;对既存条约的态度。就后一个含义来说,它指的是以什么战略来实现以上述 4 条为主体的秩序内涵。因此,研究这一时期的中日关系,必须既关注双方对秩序内涵的定义,又关注双方实现秩序内涵的战略。但是,在既有研究中,往往或是偏重内容,或是偏重战略。基于这一反省,本书的第四个目标,是努力融合内容和战略两个视角,争取做到既厘清中日双方围绕规则与原理问题的对立,又揭示双方为实现各自理想的秩序所实施的战略。

(5) 外交政策与战略是由人的思考与判断决定的,人的思考与判断的对与错又是由其决定的政策及实施后的效果所体现的。因此,对外交政策与战略的研究,必须和对包括决策者的认知、心态等因素在内的人物研究相结合。但从现状看,这种结合还很不够。基于这一认识,本书的第五个目标,是努力将政策研究与人物研究融于一体,既深入决策者的心理以探明其决策的深层理由,又由其所决定的政策及效果检讨人物的是非,使对历史的叙述有血有肉,表里互见。

关于第五个目标,要补充说明的是,在作为研究主线的中方的人物研究上,本书特别置重点于蒋介石。这是基于本书对象时期的历史特点而决定的。

回顾 1931—1945 年的中日关系史,必须注意到双方在政治体制与政策决定上的一个重大差别:在日本,虽然其基层政治组织严密、国民团结,但在中央政治层面则是天皇、政府与军部的多元体制,而且,天皇一般不直接参与决策,首相则是频繁更迭①,致使日本决策层事实上始终缺乏一个能够长期持续、稳定地左右大政方

---

① 在 1931 年 9 月至 1941 年 12 月的 10 年中经历了 13 届内阁。

针根本方向的核心人物。而当时的中国则与日本形成了鲜明对照:虽然基层政治层面相当涣散,而且一直存在着国共两党的对立和地方对中央的牵制,但在国民政府的中央政治层面,蒋介石一直身居最高实权者的地位,在内政与外交的决策中持续地发挥着决定性的作用,以致日本在这一时期往往把其对华政策称为对蒋政策。因此,不研究蒋介石,就无法真正认识抗日战争时期中国内政外交的性质和政策决定的特色。另外,国外学界一般认为,蒋介石在抗日战争时期的作为,既是他人生中最辉煌的功绩,又是他最终丧失政权败退台湾的远因。因此,不研究抗日战争的历史,也就不能真正理解蒋介石。从这个意义上来说,作为人物研究的蒋介石研究和作为抗日战争研究的外交战略研究,是一种相辅相成的互补关系。本书在人物研究上置重点于蒋介石就是出于这一理由。

上述 5 个目标既是笔者为本书设定的努力方向,同时也是本书在研究上的主要视角与方法。

二、本书的资料与使用方法

在很长一个时期,战时外交的研究在资料方面主要依靠官方档案。但是,外交问题是高度隐秘、敏感并容易遭受误解与非议的领域。特别对身处弱势而常常不得不在两难困境中作出抉择的国民政府来说,决策者的真心往往难以在公开场合表达,而只能在其日记、书信等私密记录中披露。因此,如果仅仅依据官方的档案记录,就容易停留于政策的表层,只有同时注意充分运用当事者的日记、书信等私密记录,才能深入其内心而找出不为人知的秘密。基于这一认识,本书在资料方面的着力点,是尽最大可能细致对照官方记录与当事者的私密记录,以更贴切地展示历史的真实。

说到当事者的私密记录,有必要着重谈一谈蒋介石日记的意义及使用上的注意点。

1994年黄仁宇教授出版的《从大历史的角度读蒋介石日记》(台北:时报文化出版企业有限公司,1994年)可能是学界最早具体涉及蒋介石日记的专著。作者在书中介绍了蒋介石日记的概况,并通过对有关问题的考察,有力地展示了蒋介石日记对学术研究的价值。因此,该书在日本也被翻译出版①,在学界引起了一定的反响。

不过,由于当时客观条件的限制,黄仁宇教授直至去世也未能看到蒋介石日记的原貌。他的上述著作,引用的只是日本出版的《蒋介石秘录·日中关系八十年的证言》②和在中国台湾内部发行的《"总统"蒋公大事长编初稿》中收录的蒋介石日记的摘要。比起完整的蒋介石日记来,这两本书所摘录的量非常有限,文字也经过编者修饰。换言之,黄著在使用蒋介石日记上开了风气之先,但要真正发挥蒋介石日记的效用,则有待日记全面公开。

2006年后,研究条件有了很大改善。其主要原因,是从那一年起,人们开始可以使用暂存于斯坦福大学胡佛研究所的蒋介石日记手稿,来弥补过去的遗憾。当然,关于蒋介石日记的意义,学界有各种看法。譬如,有人质疑其是否和一般的名人日记一样,记好不记坏,以免日后有损本人名誉。还有人担心,经过蒋介石的亲属对日记原文的遮掩后,人们是否还能读到原汁原味的内容,等等。笔者认为,对于蒋介石从1915—1972年的全部日记,不能一概而

---

① 北村稔・永井英美・細井和彦訳:『蒋介石:マクロヒストリー史観から読む蒋介石日記』,東京:東方書店,1997年。

② 该书先于1974年8月至1976年12月在日本『産経新聞』连载,后于1985年以『蒋介石秘録・日中関係八十年の証言』「改訂特装版」为题由産経新聞社出版。

论，而应该区别不同时期作出评价。据笔者本人在斯坦福大学胡佛研究所的反复确认，就与本书主题直接相关的20世纪三四十年代的蒋介石日记来说，除了记有每天公私两面的主要活动外，更有对国内外形势的观察和关于政策方针的思考，以及处理重大问题时内心的纠结，其中不乏有损蒋介石本人印象的内容，因此其私密性毋庸置疑。至于蒋介石亲属对日记的遮掩，也仅限于涉及个人及家属的病情等隐私之处，由于采取的是涂黑方式，还可看出被遮盖的文字极少，并不影响读者了解日记原貌。正因如此，20世纪三四十年代的蒋介石日记对于蒋介石研究及抗日战争研究的重大学术价值，很快就在学界获得了明确肯定。

以此为背景，2007年以降，以杨天石教授的《找寻真实的蒋介石——蒋介石日记解读》（香港：三联书店，2008年、2010年）、陶涵（Jay Taylor）的 *The Generalissimo: Chiang Kai-shek and the Struggle for Modern China*（Harvard Business Press, 2009）为首，利用蒋介石日记的新书不断涌现，论文更是不胜枚举。它们带来了抗日战争研究和蒋介石研究的繁荣，同时也再次证明私密记录对学术研究的价值。

但是，在肯定成绩的同时，也需要指出在蒋介石日记的使用方法上出现的一些不足。概言之，有以下5点：

第一，在论著中直接引用蒋介石日记，应该和它们的原文相同；用外语翻译蒋介石日记，应该和它们的原意相符。这些都是做学问的基本常识。但是，由于蒋介石日记尚未公开出版所造成的使用上的客观困难，也由于日记使用者个人的主观原因，我们看到，一些论著所引用的蒋介石日记不够正确，特别是外语论著中所翻译的蒋介石日记，有些并不符合日记的原意，甚至和原意有很大出入。

第二，运用蒋介石日记，本来应以充分理解日记所述内容的历史背景及内在逻辑为前提，但目前的一些论著对此前提重视不足。有些引用不顾前后脉络，断章取义；还有些论著不是从精读日记中得出论点或结论，而是先有了论点和结论，再从蒋介石日记中找出片言只语充当根据。

第三，近年在中国内地（大陆）和港台都出版了大量民国要人的日记，特别是王世杰日记、徐永昌日记、胡适日记等，都可很容易地找到。这使研究者可以对同一天所发生的事情，用不同人物的日记进行对照。如此，既可以弥补各自的漏记、误记或故意的回避，又可以从不同人物的特殊视角对历史事实作多面考察和多重比较。同时，把这些私人文书和官方档案进行对照，还可以从公、私两个角度对历史进行立体考察。这样，既可充实论据，加强论证，又可防止误读与误判。近年，这两个方面的对照，都已经有人着力实施，但就整体来看，还只是刚刚开始，日后还有很大的发展余地。

第四，像蒋介石这样跨越战前、战时、战后，长期身处权力顶峰的领袖人物的日记，仅读其中几个星期或几个月的内容，很难把握其历史脉络及内在逻辑。譬如，如果要考察国民政府如何应对 1939 年 9 月爆发的欧战，仅看欧战爆发之际蒋介石的日记是不够的。只有结合阅读欧战爆发以前的蒋介石日记，从中厘清他在事前的认识，再结合阅读欧战处理完毕以后的蒋介石日记，从中找出他在事后的反思、反省，才能得出一个比较全面的结论。因此，研究者只有在耐心读完一个较长时期的日记，掌握其对某一个案之发展过程的完整记录后，才能真正充分发掘出蒋介石日记内含的全部价值。易言之，在耐心读完一个较长时期的蒋介石日记之前，应该克服“即使零零碎碎也先用了再说”的急躁情绪。

第五，这些年来海内外各家史料机构已经出版或开放阅览了有关蒋介石与抗日战争的大量历史档案，以此为基础，关于蒋介石和抗日战争的研究，也已有深厚的积累。因此，目前对蒋介石日记的使用，更多的不是发现完全未知的事物，而是探索既知事物中有待发掘的深层真相，通过深入蒋介石的内心，来深化我们的对历史本质的认识。但目前有一种倾向是只注重从蒋介石日记中发现未知，而轻视从蒋介石日记中开拓对既知事物的深层考察。

鉴于上述反省，笔者写作本书时，在蒋介石日记的使用上一直提醒自己努力克服这些缺陷。为此，在“耐心通读”方面，笔者利用在胡佛研究所任访问学者的机会，累计用了 15 个月的时间来阅读蒋介石日记手稿，并反复校对自己的抄本。在蒋介石日记与其他要人日记的互相对照方面，笔者特别致力于和徐永昌、王世杰、张嘉璈、胡适等人所遗日记的比较。

另外，在公私文书的互相对照方面，笔者长年致力于收集与利用下述机构所保存的史料：日本的国会图书馆、外交史料馆、防卫研究所图书馆、东京大学图书馆、一桥大学图书馆；中国大陆的第二历史档案馆、中国社会科学院近代史研究所、相关地区及大学的档案馆和图书馆；中国台湾地区的“国史馆”、中国国民党党史馆、“中央研究院”近代史研究所等。

同时，近年笔者还利用各种机会在哈佛大学、斯坦福大学、哥伦比亚大学、牛津大学和美国国会图书馆、美国国家档案馆、大英图书馆、英国国家档案馆等第三方的机构收集与本书相关的公私史料，并参加学术交流。

在对照使用公私史料的具体作业中，笔者对以下 4 种场合予以特别的重视：(1) 私密记录中有，官方档案中无；(2) 官方档案中有，私密记录中无；(3) 官方档案与私密记录对同一问题的不同描述;(4) 被刻意隐蔽的考量、判断与动机、意图。①

三、本书的架构及各章要旨

以上向读者汇报了本书的主题、目标和视角、方法、资料。② 必须强调的是,它们只是表明了笔者在写作本书时的自我要求,而绝不等于说本书已经达到了这些要求。事实上,“要求”与“实际”之间还存在着很大的差距。这既和笔者在认识水平、研究能力等主观条件上的不足有关,也和本书因所涉主题的敏感性、复杂性而在一定程度上受到客观条件的制约有关。总之,笔者尽管对本书设定了不低的自我要求,但对本书的不足是有自知之明的。另外,如果读者能够通过本书看到笔者在“四个结合”(中国研究与日本研究相结合;中日双边关系研究与中日美苏德等多边关系研究相结合;政策研究与人物研究相结合;官方记录研究与私密记录研究相结合)上作了一定的努力,将是笔者最大的欣慰。

最后,作为导读,简单地介绍一下本书的架构及各章要旨。

本书的正文总体上分为两大板块。第一板块由第一章至第五章构成,考察的时间范围是 1931—1937 年。这一时期,是引入第三方因素而国际性地解决中日矛盾,还是局限于中日两国单独解决中日矛盾,这是中日双方的重大分歧点。第一板块紧扣这一分歧点,在分别考察中日双方在处理事变的目标与对待“直接交涉”等问题上的政策演变的同时,追踪国民政府的国际解决战略从雏形至定形的经纬,并概观《塘沽停战协定》签订后双方在大战略的

① 关于本书所利用的公私资料,详见书末参考文献。

② 关于标记方面的技术性问题,另请参见本书凡例。

对峙中走向全面战争的过程。

第一章《九一八事变之初的中日交锋》通过对照中日两国的原始记录，重新检讨1931年9月至翌年1月之间的中日关系。其中，第一节至第三节着重从中国的国情和外交、军事的角度辨析所谓“不抵抗政策”的真伪，第四节与第五节则以“直接交涉”问题为中心，考察中日主政者各自的政策变化。

第二章《“三路并行”的曲折》以1932年1月至12月初为时间范围，先以前三节检讨蒋汪合作政权如何推行“军事抵抗”“直接交涉”和“国际解决”的三路并行方针，如何确定先安内、后攘外的优先顺序并为此尝试“对日接近”，然后在第四、第五节中考察日本对中方新方针的态度。

第三章《热河危机中的分歧》以1932年12月至翌年春的史实为对象，展示国民政府围绕热河危机出现的政策对立，并分析其时日方对华认知中的片面性。

第四章《国际解决战略的形成》先通过对1933年2月国民政府对日断交计划受挫原因的分析，揭示主政者对中国所处国际环境险恶性的认识的深化，进而结合国人对热河惨败的反省，讨论国民政府在外交上走向局部妥协的原因，最后对照九一八事变爆发之初的认识，探究“国际解决”这第三条路最终成为国民政府对日基本战略的理由。

第五章《在大战略的对峙中走向全面战争》是连接本书第二板块的过渡章。在介绍1933年下半年国民政府围绕“单线外交”与“四线外交”的讨论后，分“1933—1934”“1935”“1936—1937”3个阶段，概观中日两国在大战略的对峙中走向全面战争的过程。其中特别涉及华北事变后中国关于对日问题的考量与日本逼迫中方“共同防共”所引起的中日苏关系的变化。

第二板块由第六章至第十二章组成，考察的时间范围为1937—1941年。其目的是通过对重大节点与事件的个案研究，论述中方对国际解决战略的修正与贯彻，同时，由剖析日本在大战略上与中国殊途同归的背景，从战略博弈的视角挖掘中日战争扩大化的潜因。

第六章《开战初期的危机、转机与欧局应对》以1937年7月至1939年7月的两年为对象，先以5个小节交叉考察中日开战后双方所处国际环境的不同变化及由此引起的对外方针的转折，然后用3个小节论述国民政府对欧洲局势的负面评估，以及据此出发的目标设定和外交调整。

第七章《欧战冲击下的中国——对德关系的曲折与“两个同时”的出台》以蒋介石等重要当事者的日记为线索，探讨国民政府对1939年8月《苏德互不侵犯条约》问世与9月欧战爆发这两大事件的应对过程，并由蒋介石其时的心路历程，揭示国民政府如何再次修正国际解决战略，使之上升到以“两个同时”为原则的新阶段。

第八章《欧战冲击下的日本——日美关系的恶化与三大方针的登场》是第七章的姊妹篇，旨在梳理1939年7月至翌年7月的日本外交，分析其对欧局的反应和对日美关系的处置。同时，通过剖析日本的“世界规模解决策”及基此登场的三大方针，揭示其南进意图和结盟取向，反证导致中日战争扩大化的日本因素。

第九章《1940年夏季危机对中国的考验》以中方此期在对德、对日政策上的重新抉择为中心，探究国民政府如何应对由法英两国封锁中国抗日物资主要通道所带来的危机，并从中观察中方决策和日方动向的相关性。

第十章《针对日德意三国同盟的多角外交》目的是论证国民政府对1940年9月成立的日德意三国同盟的认识及应对。在说明蒋介石以中立为“上策”的理由后，考察了中方利用三国同盟带来的有利形势开展对英、美、苏、德、日之多角外交的经纬。

第十一章《对苏德关系的预测及对策》在对照官方文书和决策者的私密记录的基础上，考察国民政府在苏德战争爆发前如何预测苏德关系的发展趋势，在苏德战争爆发后又是如何应对这个变局。同时，通过介绍党政军大员对“蒋氏三问”的回答，揭示中方主政者在新国际形势下的对日认识。

第十二章《围绕日美交涉的较量》以 1941 年 4 月至 12 月期间的日美交涉为事例，考察其时日本与美国各自如何考虑中国问题，如何处理中国因素和自身战略取向的关系。同时，通过分析中方对日美交涉的反应，揭示主政者在对日认识上出现的误判。

结论部分通过回答“如何评价 1931—1933 年国民政府的对日政策”“如何评价国民政府的对德因应及结盟选择”“如何评价国民政府对日苏关系的处置”“如何评价中日战争扩大化的原因”“如何评价‘自助’‘敌助’和‘友助’”，对全书的观点作了补充和总结。

第一章　九一八事变之初的中日交锋

从1931年9月18日日本关东军发动九一八事变开始，到翌年1月下旬为止，这4个多月是国民政府处理中日纷争的第一个阶段。其间，日方经历了从若槻礼次郎内阁到犬养毅内阁的变化，中国也发生了从蒋介石政权到孙科政权的更替。本章的目的，是通过对照中日两国的原始记录，重新检讨这一阶段中日双方对事变的因应方针及其背景、影响。其中，第一节至第三节着重从中国的国情和外交、军事的角度，对所谓"不抵抗政策"的真伪重作辨析；第四节与第五节则以"直接交涉"问题为中心，考察中日两国主政者各自的政策及其中的因果关系。

一、国民政府对日外交的国内条件

1931年春，时任驻德公使的蒋作宾在从德国回国时，遵循蒋介石的命令，特地途经东三省，对中日关系进行现场调查。5月，他报告南京说："东三省事急，日人竟敢在东省开自主同盟会，实属骇人听闻，应有相当宣言，促日人觉悟，否则恐日人不久将有事于东省，未可漠视。"提出这一警告的同时，蒋作宾还建议立即成立"中日交涉委员会”，加强对日工作。①

蒋介石接此建议后，决定派蒋作宾出使日本，以打开中日关系的僵局。② 6月初，国民政府通知日方：中国拟将蒋作宾作为“大使”派驻日本，希望日本也能采取类似措施。③ 日本对此没有作出回应④，但国民政府仍然在内部将驻日公使馆升格为“大使馆待遇”（每年增加40%的经费）。同年8月，蒋作宾被正式任命为驻日全权公使。出发前，蒋介石等政府要人多次与蒋作宾讨论中日问题，并敦促他尽快到任。⑤ 这和前述“大使待遇”一样，反映了当时蒋介石及国民政府对中日关系现状的深刻不安和急于予以缓和的强烈愿望。

但是，由于长期忽视日本问题，国民政府在对日政策方面总的来说缺乏研究。因此，虽然有缓和中日关系的强烈愿望，却不知从何着手，连当时被公认为日本问题权威的考试院院长戴季陶，在蒋作宾向他请教时，也只是回答“对日总以不问不闻为唯一无二之好

---

① 蒋作宾：《蒋作宾回忆录》，台北：传记文学出版社1967年版，第52—53页。北京师范大学、上海市档案馆编：《蒋作宾日记》（1931年5月6日条），南京：江苏古籍出版社1990年版，第321页。

②《蒋作宾日记》（1931年5月25日条），第325—326页；《蒋作宾回忆录》，第52—53页。

③《蒋作宾日记》（1931年6月4日条），第328页。

④ 日本的处置详见島崎貞彦：「在中国日本公使館の大使館昇格問題」，『国際政治』1965年第28号，第101—116页。

⑤ 根据1931年5月至9月期间的蒋作宾日记，蒋介石和蒋作宾的谈话是6月17日、7月23日、8月21日、9月6日，共4次；外交部部长王正廷和蒋作宾的谈话是6月10日、6月18日、6月27日、6月28日、8月22日，共5次。另外，张群和戴季陶也分别于8月13日、8月22日和蒋作宾谈了话。详见《蒋作宾日记》，第325—326页，第328页，第332页，第352页等。另见《蒋作宾回忆录》，第52—53页。

主义;若至于国家存亡有关时,则以死拼之”。[①]

戴季陶的这种回答反映了国民政府领导层对日本现状的认识不足。据重光葵[②]回忆,在当时的日本,议会中充斥着对币原喜重郎[③]“软弱外交”的攻击,军部的强硬派态度日趋激烈,就内政来看,对中国推进币原外交的可能性已完全消失。[④] 但是,南京的国民政府与东北的张学良当局,虽然对日本在东北的意图抱有危机感,从总体上来说,却只是判断日本仅仅是要维护既有的“满蒙权益”,对日本以武力占领东北的可能性,则都无预感。[⑤]

外交的基础是内政。从当时中国的内政来看,国民政府也缺乏处理对日问题的国内条件。

---

①《蒋作宾日记》(1931 年 8 月 22 日条),第 351 页。

② 重光葵(1887—1957),东京帝国大学毕业后入外务省,1931—1932 年任日本驻华公使。

③ 币原喜重郎(1872—1951),东京帝国大学毕业后入外务省,历任外务书记官、驻荷公使、驻美大使馆参事官、驻美大使和外务次官等。1924 年起任加藤高明、若槻礼次郎等四届内阁的外务大臣(外相),开辟了日本的“币原外交”时代。“币原外交”因主张对英美协调和不干涉中国内政等,既在国际上被赞扬为“协调外交”,又在日本国内被批判为“软弱外交”。九一八事变时期,币原作为若槻内阁的外务大臣负责外交方面的折冲,直至 1931 年 12 月和若槻内阁一起退场。战后,币原复出,历任首相和众议院议长等要职。

④ 重光葵:『重光葵外交回想録』,東京:毎日新闻社,1978 年,第 78 页。

⑤ 蒋作宾为作赴任准备,向外交部国际司的人“询与日本近来交涉症结所在”,获得的回答是:“日本要求取消法权同时须允许内地杂居。外部则以一切不平等条约取消后,始能内地杂居,若允日本,则无以对英法等国。又南满铁路平行线问题,亦最难解决。旅大二十五年期早已届满,日本则以新约已由吾国正式交换,坚不肯交还,亦一难解决之大问题也。”(见《蒋作宾日记》1931 年 6 月 7 日条,第 329 页)另外,1991 年,张学良打破长年的沉默,接受日本 NHK(日本广播协会)的采访。在回答“您在九一八事变前如何判断日本”的提问时,张学良说:“那时候我完全没有预想到日本军队竟会如此大干。我以为那是绝对不可能发生的。”(见 NHK 取材班・臼井勝美編:『張学良の昭和史最後の証言』,東京:角川書店,1991 年,第 123—124 页。)

1931 年的中国，国民政府距南京建都刚过 4 年，其面对的国内状况可以概括为 3 点：

一是军事的虚弱。国民政府的军队名义上号称有 240 万人，但听命政府的“中央军”只有 40 余万，其他大多是从旧军阀军队改编而来的部队，中央对他们无法直接指挥。此外，几乎所有军队都只经历过内战，而无国际战争的经验。至于从组织、训练和精神等方面来看，则都还处于混沌状态。时人还形容其在装备方面，从古代的器械到先进的武器，一切皆有，但一切都不完全，如果逐一收齐它们，将汇成一个不错的博物馆。①

二是经济的贫困。由于多年的外患和内乱，1931 年的中国，科学技术极端落后，现代工业产值仅占总产值的 5%不到，而且其大部分是集中于沿海或沿江城市的轻工业，重工业产品则大多依赖进口。同时，1931 年夏天，作为中国经济中心的长江流域还遭受了空前严重的水患，受灾人口多达 5 000 万。②

三是政治的分裂。自 1927 年建都南京以来，国民政府与各种反政府势力内战不绝，到 1931 年才终于初具中央政府的雏形，但离真正的中央政府仍然存在巨大差距，国家的统一也还停留于形式。

这种政治局面主要缘于以下 3 点。

首先，1927 年 4 月国共分裂后，中国共产党领导的武装革命到 1931 年已经影响到湖南、湖北、江西、福建、浙江、河南、安徽、广东、广西等多个省份，红军已有数万人，并在所占地区建立其自己的苏维埃政权，对国民政府造成了严重威胁。

其次，在中国国民党内部，也存在着各种反蒋集团，特别是其

---

① 详见蒋廷黻：《九一八——两年以后》，《独立评论》第 68 号（1933 年 9 月 17 日）。

② 刘维开：《国难期间应变图存问题之研究》，台北：“国史馆”1995 年版，第 9 页。

中被日本当局称为“广东派”的势力,还刚于1931年5月在广州建立了自己的“国民政府”,并自称正统,而全面对抗以蒋介石为首的南京国民政府。

再次,旧军阀势力和地方势力虽然在名义上归顺了南京国民政府,但在自己的地盘上,依然维持着独立或半独立的地位。因此,在国民政府名义下的24个省中,向中央缴税的只有江苏、浙江、安徽、江西和湖南5个省。[①] 尤其是以张学良为首的原东北军阀势力,在宣布“易帜”之后,不仅继续保持着对东北地区的控制,而且还利用1930年爆发的中原大战,将其势力范围进一步扩大到了华北。至同年11月,张学良以全国陆海空军副总司令的名义统治着黄河以北的几个省份。他虽然在名义上保持和南京政府的统一,但蒋介石的中央政府已经对之无可奈何。[②] 特别是,1931年3月,受到中国共产党的武装革命和国民党粤系等反蒋势力两面夹击的蒋介石,虽然身兼国民政府主席、行政院院长和全国陆海空军总司令三大要职,却不得不为了确保得到张学良的“诚意合作”,而承诺让张学良控制“北方十省”,使张的权力更加强大。[③]

---

① 《汪院长发表重要谈话,改组国府与长期抵抗,各省截税恶例必须铲除》,《中央日报》1932年8月10日。

② 《于学忠致臧式毅电报》(1930年12月1日),日本外務省藏,外務省記録A.6.1.0.5。笔者附注:当时日本的间谍通过收买北平电报局的中国职员(「月々若干額ノ手当ヲ給シテ」),获得了蒋介石等要人的密电。它们被汇编为《各派要人之间来往密电》(「各派要人ノ間ニ往復スル暗号電報」),现在还保存在日本外务省外交史料馆。参见「昭和5年8月23日発矢野一等書記官より幣原外務大臣宛機密第787号」,日本外務省藏,外務省記録A.6.1.0.5。JACAR(亚洲历史资料中心),Ref. B02031683500,第55画像目。

③ 《蒋介石致张继等电报》(1931年3月22日),日本外務省藏,「各派要人ノ間ニ往復スル暗号電報」,日本外務省藏,外務省記録A.6.1.0.5。JACAR(亚洲历史资料中心),Ref. B02031683700,第26—27画像目。

归结而言,1931 年的中国国情可概括为军事虚弱、经济贫困和政治分裂。因此,虽然国民政府试图通过蒋作宾使日来回避或推迟日本的侵华行动,但对看穿中国困境的日本来说,它几乎毫无意义。因为,外交是要以强大的国力为基础才能受到对手尊重的。

正是在这样的背景下,身负重命的蒋作宾还在赴任途中的时候,日本就发动了九一八事变。

二、解决中日纷争的三条道路

面对日本发动的九一八事变,如何解决中日纷争成为中国的核心课题。其时,各界围绕此课题所提出的方案可大致归纳为3 种。

第一种是主张对日绝交,以军事决战打退日本的侵略。它主要出自以青年学生为中心的一般舆论及各种反政府势力,而且占据着多数。其理由很单纯:被战争夺去的领土只有用战争夺回。其逻辑也很简单:爱国就要主战,妥协退让就是卖国。

第二种是主张与日本一对一地直接交涉,通过外交谈判解决纷争。从日方的档案看,时任行政院副院长兼财政部部长的宋子文在事变爆发的翌日即 9 月 19 日就向日本驻华公使重光葵建议:"作为解决国际纷争的一般方法,中日两国立即挑选合适的有力人物组成一个委员会,着手调查与解决。"①9 月 21 日,币原外相对此表示同意。② 但是,22 日宋子文在接获日方答复后,突然撤回了自

---

①「重光より幣原宛電報第 984 号」(1931 年 9 月 19 日),外務省編纂:『日本外交文書　満洲事変』1—2,東京:外務省発行,1978 年,第 292 页。

②「幣原より重光宛電報第 372 号」(1931 年 9 月 21 日),『日本外交文書　満洲事変』1—2,第 305 页。

己的建议,说:当时无论是我还是重光公使都以为事情只是地方性的单纯的骚乱,但现在整个东北都已经处于战争状态,因此,从中国目前的气氛看,难以进行直接交涉。①

宋子文突然改口的原因在于9月21日国民政府举行的紧急会议。它是由刚刚从"剿共"前线赶回南京的蒋介石召集的。蒋介石在会上强调:目前唯一可行的道路是诉诸公理,而第一步是将日本侵略东北的事实提诉于国际联盟和《非战公约》的参加国。在蒋介石的主导下,会议最终决定目前不和日本直接交涉,而信赖国际联盟的裁决。② 这在当时被称为第三条路。

对于深知中国虚弱国情的蒋介石来说,用外交而非军事解决冲突,是最自然的选择。但是,既然重视外交,他为何要否定宋子文建议的对日直接交涉,而专以第三者即国际联盟和《非战公约》的参加国为对手,谋求国际解决呢? 对于这个问题,蒋介石和他的支持者后来在许多场合作了解释。其要点可分以下两个方面加以整理。③

首先是谋求国际解决的必要性。

具体言之,一是认为中国目前尚处于虚弱、贫穷与分裂状态,

① 详见「在南京上村領事より幣原宛電報第572号」(1931年9月22日),『日本外交文書 満洲事変』1—2,第312—314页。

②《蒋主席召集会议决定对日方略记事》(1931年9月21日),秦孝仪主编:《中华民国重要史料初编——对日抗战时期》绪编(1),台北:中国国民党中央委员会党史委员会,1981年,第281页。

③ 详见蒋介石:《一致奋起共救危亡》(1931年9月22日),《蒋介石致张学良电》(1931年10月6日),《中华民国重要史料初编——对日抗战时期》绪编(1),第282—283页、第291页。《戴院长复某君电》(1931年12月),《中央周报》第184期,1931年12月14日。《外交部长顾维钧为日本侵占东三省对世界宣言》(1931年12月20日),罗家伦主编:《革命文献》第35辑,台北:"中央"文物供应社1965年版,第1285页。

受双重外患（来自苏联的“赤祸”与来自日本的侵略）与多重内忧（国共内战、中央与地方对立等）所困扰，军事上亦尚未作好准备，故同日本作一对一的军事决战等于自杀。

二是认为，一旦中国向日本绝交、宣战，《国际联盟盟约》《九国公约》《非战公约》等有利于中国的国际条约①会立即随之对中日两国丧失效力。结果是中国不仅自己放弃了条约的保护，而且还要负废除条约的责任，而日本则解除了国际条约的束缚，可凭借其强大武力在中国为所欲为。

三是认为，在日强中弱的状况下，没有国防实力作依托的一对一的中日外交谈判，不但必使中国处于不利地位，而且即使达成协议，也不能保证日本一定遵守。所以，中日问题的解决，一定要有第三国的参加与监督、保障。

其次是谋求国际解决的可能性。它的主要根据有两条。

一是认为中日两国都是《国际联盟盟约》《九国公约》《非战公约》的缔约国，而日本发动九一八事变的暴行不仅背离了国际道义，而且亵渎了前述国际条约的精神。所以，由日本的违约所造成的中日纷争本身具有国际性质，三大条约的其他相关国为维护国际公理，必定会援助中国与制裁日本。

---

① 1920 年 1 月生效的《国际联盟盟约》规定了成员国反对战争和以和平手段解决争端的义务。1922 年 2 月由美国、英国、日本、法国、意大利、荷兰、比利时、葡萄牙和中国签署的《九国公约》，全称《九国关于中国事件应适用各原则及政策之条约》，其第一条规定了 4 项原则：(1) 尊重中国之主权与独立及领土与行政之完整；(2) 给予中国完全无碍之机会以发展并维持一有力巩固之政府；(3) 施用各国之权势，以期切实设立并维持各国在中国全境之商务实业机会均等之原则；(4) 不得因中国状况，乘机营谋特别权利而减少友邦人民之权利，不得奖许有害友邦安全之举动。1928 年 8 月签订的《非战公约》全称《关于废弃战争作为国家政策工具的一般条约》，主旨是规定缔约国放弃以战争作为国家政策的手段并仅以和平方法解决国际争端。

二是认为英、美等第三国在中国拥有国际条约所赋予的种种权益，故谋求独占中国权益的日本的侵略，不仅损害中国，而且损害第三国。因此，在日本侵华问题上，第三国和中国具有共同的利害关系，他们即为保卫本国利益也必然实行援华制日。这样，对于日本的侵略，中国除了军事决战与直接交涉(中日两国的外交谈判)外，还有依赖国际组织与国际条约的第三条路。

综上所述，蒋介石等人提出的第三条路，既基于对日本的不信任和从中日两国国情出发的策略性考虑，又立足于对国际公理的信赖和对中国与第三国共同利害所构成的“利益连锁”的期待。

但是，就当时全国的一般反应来看，虽然关于第二条路(直接交涉)的主张因处于极少数而立即就被否定，关于第一条路(对日绝交、军事决战)的主张却在舆论上占据着主流地位，并形成对国民政府的巨大压力。因此，蒋介石等人所主张的第三条路能否真正成为解决中日问题的基本国策，还须先经过国人对“军事决战”可行性的检验。

三、军事抵抗的失败

在军事方面，国民政府对九一八事变的应对，长期被批判为“不抵抗政策”。但从敌方的档案来看，这种一概而论式的观点是值得商榷的。

当时，日本通过破译张学良和国民政府之间的秘密电报，对中国的对日态度留下了许多原始记录。[①] 它证明，在 1931 年 7 月 2 日发生万宝山事件后，蒋介石于 7 月 11 日给正在北平的张学良发

---

① 即前引「各派要人ノ間ニ往復スル暗号電報」。

出的是这样的电报：

> 本次对日交涉，我方应该尽量保持冷静，(1) 不虚张声势；(2) 不扩大宣传；(3) 不排日排货；(4) 不采取游行演说一类行动，不煽动风潮。日本素来狡猾阴险，但目前我国尚非与之对抗之时。①

由该电报的时间可知，它针对的是万宝山事件而非尚未发生的九一八事变，其本意是强调目前尚不具备对日采取强硬手段的条件，故应该以冷静态度处理万宝山事件。因此，过去以这封电报作为蒋介石命令张学良不抵抗的证据，在时间上与内容上都是缺乏说服力的。

相反，日本的记录还证明，张学良对万宝山事件，在比蒋介石电报早 4 天的 7 月 7 日，即已命令东北军：

> 日人乘我多事及军事紧张之际，八方挑衅，图以武力压迫满蒙。我方若与日本冲突，彼将重演旅顺大连旧事，一举占领满蒙。鉴此，我方应竭力避免冲突。②

---

①「矢野より幣原宛電報」(1931 年 7 月 14 日)，日本外務省藏，外務省記録 A. 1. 1. 0. 20。JACAR(亚洲历史资料中心)，Ref. B02030167500，第 17 画像目。笔者附注：此件引自「各派要人ノ間ニ往復スル暗号電報」，矢野把中文译成了日文，笔者根据此日译文回译成中文。梁敬錞在所著《九一八事变史述》中把电报的最后一句"我国ハ尚之ニ対抗シ得ヘキ時期ニアラス"译成"此非对日作战之时"(见该书第 4 版第 107 页)，其实并不符合日文原意，但后来很多人都以此句作为蒋介石主张"不抵抗政策"的证据。此外，中国史学会与中国社会科学院近代史研究所主编的《中国近代史资料丛刊・抗日战争》(四川大学出版社 1997 年版)在"不抵抗政策"部分作为蒋介石的指示所收录的文字，均引自洪钫《九一八事变当时的张学良》、何柱国《"九一八"沈阳事变前后》、应德田《张学良与西安事变》等这些在"文化大革命"前后发表的回忆录。

②「張学良より王家楨宛電報」(1931 年 7 月 7 日)，日本外務省藏，外務省記録 A. 6. 1. 0. 5。JACAR(亚洲历史资料中心)，Ref. B02031683900，第 17 画像目。

张的电报说明,九一八事变之前在东北避免对日冲突的方针,是东北的实际统治者张学良的主动决策,而并非基于蒋介石的命令。① 换言之,蒋介石7月11日的电报仅是对张学良7月7日方针的赞同。

这是在九一八事变爆发之前的史实。

九一八事变爆发后,中方确实有"不抵抗"的命令,但这不是来自蒋介石或南京中央,而仍然是来自东北的实际统治者张学良本人。② 如张学良在晚年自己承认的:南京方面对张学良的指示是"相机处理",而非"绝不抵抗"。③

另一方面,从9月18日至10月,蒋介石等南京高层对张学良的"不抵抗"采取默认态度也是事实。其背景,除了前述对国际解决的考虑外,另一原因是事变初期蒋介石等人认为,东北的事态只是日本关东军的自由行动,在日本政府的制止和国际联盟的压力下,关东军不久就会自动撤退。④

他们得出这一判断的理由有3点:

其一,关东军的行动既然不是出自其政府意志,中方如果和关

---

① 关于此点,日本学者土田哲夫在题为《张学良与不抵抗政策》(漠笛编:《张学良生涯论集》,光明日报出版社1991年版)的论文中,根据原始档案作了严密的论证。

②《张学良自北平报告日军进攻沈阳各地详情呈国民政府电》(1931年9月24日),《中华民国重要史料初编——对日抗战时期》绪编(1),第259—261页。

③ 这是张学良对日本NHK所作采访的回答,详见NHK取材班・臼井勝美編:『張学良の昭和史最後の証言』,第125—126页。

④ 据蒋介石说,他获悉九一八事变后,于9月20日回到南京,在问国际联盟在宁人士对日本占领沈阳的结果如何看法时,得到的回答是"这没有多大问题,日本占领沈阳,在一星期间,一定不敢不退出来"。蒋介石自己的看法虽然比国际联盟人士保守,但也只是"恐怕一个月甚至一年还不能撤兵"。详见蒋介石:《对"对日问题专门委员会报告"补充说明》(1931年11月20日),《中华民国重要史料初编——对日抗战时期》绪编(1),第305—307页。

东军发生武装冲突，反而会给它提供拒绝撤退和扩大侵略的口实。①

其二，日方内部存在着军部和外务省、经济界等方面的对立，军人的非法行动不久就会被以币原外相为中心的稳健势力制止。②

其三，国际联盟值得信赖，日本将屈服于国际联盟的压力。③

但是，随着日本关东军的侵略行动步步扩大，日本政府对其实质上持默认态度的真相日趋明显，国民政府越来越意识到局势的严重性，并随之作出了反应：

9月30日，中国国民党中央执行委员会政治会议提出要筹划应付“日本运动东北独立”等重大问题的方策，并决定：以政治会议外交组④为基础，再增加若干政界、外交界要员，成立统辖对日问题

---

① 参见蒋介石：《对“对日问题专门委员会报告”补充说明》（1931年11月20日），《中华民国重要史料初编——对日抗战时期》绪编（1），第305—307页。另见『張学良の昭和史最後の証言』，第126页。

② 蒋作宾是9月22日抵达东京的，当天下午他就为九一八事变和日本外相币原喜重郎会谈。币原在强调自己仍持亲华态度后说：“陆军愿吞并东三省，余则视为吞一炸弹，决无侵并土地之心。”（《蒋作宾日记》1931年9月22日条）对于币原的这个观点，蒋介石高度评价，称“币原在外交上，是比较有些世界眼光，对中国必先有深刻的研究，才能说出这一句话来”（蒋介石：《对“对日问题专门委员会报告”补充说明》）。另参见《中国国民党中央政治会议特种外交委员会第三次会议记录》（1931年10月2日），刘维开编：《国民政府处理九一八事变之重要文献》，台北：中国国民党中央委员会党史委员会1992年版，第12—16页。

③ 详见本章第四节。

④ 中国国民党中央执行委员会政治会议下设政治报告组、经济组、外交组、财政组、教育组等。各组由9至13人组成。1931年9月的外交组成员有胡汉民、王宠惠、王正廷、孔祥熙、宋子文、吴敬恒、李煜瀛、王树翰、张群、朱培德、刘尚清、贺耀组等12人。但其时胡汉民拒绝与会，王宠惠、王正廷、王树翰、刘尚清等人则因故缺席。经常出席的主要是孔祥熙、宋子文、吴敬恒、李煜瀛、朱培德等人。参见《国民政府处理九一八事变之重要文献》第1—18页的作者序言。

的"中国国民党中央执行委员会政治会议特种外交委员会"(以下简称"特种外交委员会")。[①] 这是国民党中枢应对事变的一个重要措施。

10 月 8 日,蒋作宾公使在和币原外相的会晤中,感到"日政府外交与陆军似渐趋一致,世界大战恐不免也"。[②] 特种外交委员会收到蒋作宾的相关报告后,立即指示他了解"(1) 西园寺[③]意见,(2) 陆军派和外交系妥协程度,(3) 各政党行动,(4) 日政府对中国所抱最低限度要求"。[④]

上述指示似乎还对日本的"稳健势力"留有一线希望。但在 10 月 29 日(国际联盟第二次作出要求日军撤退决议的第 5 天后),蒋介石终于认识到:日本拒绝国际联盟决议的态度已十分明显,虽然

① 《中国国民党中央执行委员会政治会议第 291 次会议速记录》(1931 年 9 月 30 日),《国民政府处理九一八事变之重要文献》,第 187—188 页。笔者附注:外交组成员是特种外交委员会的当然委员,第 291 次会议所指定的其他委员是戴季陶(国民政府考试院院长)、于右任(国民政府监察院院长)、丁惟汾(国民政府委员)、邵力子(国民政府委员)、邵元冲(立法院副院长)、陈布雷(教育部政务次长)。其后,颜惠庆、刘哲、罗文干、顾维钧、何应钦等人也相继被任命为委员,蒋介石也不时以中央政治会议主席身份参加特种外交委员会的会议。至 1932 年 1 月 2 日解散止,特种外交委员会是国民政府处理对日外交的重要角色。(参见《国民政府处理九一八事变之重要文献》第 1—18 页的作者序言。)特种外交委员会解散后,中国国民党中央执行委员会政治会议于同月 27 日决定设立"外交委员会","其权限:一,外委会对政治会议负责;二,外委会对外不发表命令;三,外委会决议交外交部长执行;四,外交重要方针,外委会须提请政治会议决定之"。主席由临时回国的驻日公使蒋作宾担任。(参见《蒋作宾日记》1932 年 1 月 27 日条,第 404 页。)

② 《蒋作宾日记》(1931 年 10 月 8 日条),第 367 页。

③ 西园寺公望(1849—1940),日本政治家,曾两次担任内阁总理大臣(首相)。1920 年代后,作为最后的元老,负责推荐首相人选,在日本政坛拥有巨大的影响力。

④ 《中国国民党中央执行委员会政治会议特种外交委员会第 15 次会议记录》(1931 年 10 月 16 日),《国民政府处理九一八事变之重要文献》,第 58—59 页。

它正面临进还是退的抉择，惟从日本传统对华政策看，其必定更进一步。①

以此为契机，南京中央改变了对张学良“不抵抗”的默认，而一步步推动军事上的对日抵抗：11 月 12 日，蒋介石致电表彰马占山军队的自卫；②14 日，在南京举行的国民党第四次全国代表大会宣言以实力收复东三省；③20 日，代表大会授予国民政府“采取一切必要的正当防卫手段之全权”；④25 日，针对日军对锦州的进攻，蒋介石和特种外交委员会决定：“锦州一带地方，如能获各国援助，以和平方法保存，固属万幸，万一无效，只能运用自国实力以图保守。”⑤翌日，美、英驻华公使拒绝了国民政府关于“第三国保障锦州安全”的要求，并施加压力，要国民政府为避免与日本的冲突而将中方军队自行撤退至山海关。⑥ 据此，国民政府抛弃了“和平保护锦州”的设想，确定了“实力防御”方针，并向张学良发出了对日本的进一步进攻必须自卫抵抗的命令。⑦

---

①《中国国民党中央执行委员会政治会议特种外交委员会第 25 次会议记录》(1931 年 10 月 29 日)，《国民政府处理九一八事变之重要文献》，第 89—90 页。

②《蒋介石致马占山电》(1931 年 11 月 12 日)，《中华民国重要史料初编——对日抗战时期》绪编(1)，第 300 页。

③《中国国民党第四次全国代表大会对外宣言》(1931 年 11 月 14 日)，《中华民国重要史料初编——对日抗战时期》绪编(1)，第 301—303 页。

④《中国国民党第四次全国代表大会对日寇侵略暴行之决议案》(1931 年 11 月 20 日)，《中华民国重要史料初编——对日抗战时期》绪编(1)，第 308 页。

⑤《顾维钧等致张学良电》(1931 年 11 月 25 日)，中国第二历史档案馆编：《九一八事变后顾维钧等致张学良密电选》，载《民国档案》1985 年第 2 期。笔者附注：以下凡省略出处的电报均载《民国档案》1985 年第 1 期或第 2 期，不再一一标注。

⑥《顾维钧致张学良电》(1931 年 11 月 26 日)，《九一八事变后顾维钧等致张学良密电选》。

⑦《顾维钧致张学良电》(1931 年 11 月 27 日、28 日、29 日)，《九一八事变后顾维钧等致张学良密电选》。

但是，接着发生的事态说明，“要不要”军事抵抗是一回事，“能不能”军事抵抗是另一回事。因为，对后者起决定作用的，不是当局者的主观意志，而是中国的客观国情。

先看国民党广东派的态度。九一八事变爆发后，南京国民政府在9月21日即中止了对广东国民政府的讨伐，并决定派出蔡元培、张继、陈铭枢到广东呼吁“统一团结，抵御外侮”。[①] 但日本的谍报证明，广东派口头上宣言打倒日本帝国主义，行动上却以推翻蒋介石为优先，“反复向代理总领事须磨弥吉郎[②]表示：广东政府此际正要求蒋介石下野，蒋如不从，广东将要求列国撤销对南京政府的承认，请日本承认广东政府为事实上的中国政府，然后与广东解决满洲问题。”[③]因此，尽管南京方面反复呼吁一致团结，广东派的回应却仍然是一边谴责南京“卖国”，一边为逼迫蒋介石下野而暗中争取日本支持。

再看包括张学良的东北军在内的各种地方势力的表现。九一八事变后，他们一边高喊与日本侵略者血战到底，一边却不停止相互间的内战或纠纷。在国家、民族利益和地方、团体利益之间，他们更重视的是后者而非前者。因此日方评论说：中国的旧军阀最怕的是中国统一，因为那将使他们失去昔日的荣华富贵。他们嘴上高喊以身殉国，心里想的却不是夺回东北地区，而是如何不让蒋

① 参见《蒋主席召集会议决定对日方略记事》(1931年9月21日)，《中华民国重要史料初编——对日抗战时期》绪编(1)，第281页。

② 须磨弥吉郎(1892—1970)，中央大学毕业后入日本外务省，1931年九一八事变时任驻广州总领事代理，1932年7月任驻中国公使馆一等书记官，1933年12月任驻南京总领事。1937年1月短暂回日后，4月转任驻美大使馆参事官。1939年任外务省情报部长。1940年任驻西班牙公使。战后因甲级战犯嫌疑被逮捕，但未受起诉。

③「幣原外相より寿府全権他宛合第624号電」(1931年9月25日)，鹿島平和研究所編:『日本外交史』第18卷，東京:鹿島研究所出版会，1973年，第120页。

介石统一中国。[①] 同理，他们视自身的单独抗战为愚蠢的自杀行为，因为它既不能战胜日本，保卫中国，还丧失了保存自身地盘所必需的实力，因而难免在以后的内争中垮台。

最后，当时正处于"左"倾路线支配下的中国共产党，也不愿意同国民党共同抵抗日本。因为，中共认为，日本侵略中国的最终目的是消灭无产阶级专政的国家苏联，而蒋介石政权是勾结日本侵略者的卖国政权。他们还认为，日本帝国主义和国民党反革命政权的自相残杀，给中国带来了加速无产阶级共产主义革命的机会。1931 年 11 月 7 日，中共宣布建立"中华苏维埃共和国"与"临时中央政府"。[②] 这就在客观上造成了对政府军的牵制。

就在这种国情的制约下，尽管国民政府已经从一时的"默认不抵抗"逐步转变为"力图抵抗"，实际出现的局面却是政府能够指挥的中央系军队深受牵制，政府不能真正指挥的地方系军队则仍然

---

① 参见内田康哉 1932 年 5 月的笔记。原文谓：「由来支那軍閥の最も忌嫌するものは所謂支那の統一にあり。支那統一は其の大多数をして失脚せしむるに至るべく、尠くとも彼等が今日享受する王者的栄華を受くるものの数を激減するに至るべし。是彼等が口に天下統一を唱道し乍ら、其の行為は常に之に反する所以なり。昨秋満州事変の勃発するや、彼等は挙国一致従来の成行を一擲して国難に殉ずべしと唱道し乍ら、其の第一の行為は蒋介石の下野を要求せるに在り。彼等は満州国の回収如何は問ふ所にあらずして、蒋介石の天下統一を恐るるものなり。挙国一致を実行して蒋介石を援助するは蒋介石をして天下を統一せしめ、彼等の多数は王者の位置を奪はるるに至るものなるが故なり。」内田康哉伝記編纂委員会・鹿島平和研究所编：『内田康哉』，東京：鹿島研究所出版会，1969 年，第 336—337 页。

② 详见《中国共产党为日本帝国主义强暴占领东三省事件宣言》(1931 年 9 月 20 日)，《由于工农红军冲破第三次"围剿"及革命危机逐渐成熟而产生的党的紧急任务》(1931 年 9 月 20 日中央决议案)，《中央关于日本帝国主义强占满洲事变的决议》(1931 年 9 月 22 日)，《中华苏维埃共和国临时政府对外宣言》(1931 年 11 月 7 日)等，中央档案馆编：《中共中央文件选集》第 7 册，北京：中共中央党校出版社 1991 年版，第 396—424 页，第 802—803 页等。

不听调遣。这种分裂状态,再加上前述在装备和训练等方面和日本的巨大落差,使国民政府的抗战努力步步受挫。在锦州问题上,尽管蒋介石和国民政府再三阻止张学良放弃锦州,但均遭到张的无视,1931 年 12 月底,锦州沦陷于敌手。

四、围绕若槻内阁“大纲”的角力

在非军事方面,9 月 21 日的方针决定之后,国民政府在开始对国际联盟提诉外交的同时,在国内立即阻止了主张直接交涉的人物的行动。

当时,刚刚上任的蒋作宾公使和掌握东北实权的张学良都倾向于宋子文所说的直接交涉。国民政府在让宋子文撤回前述对日提议的同时,致电蒋作宾停止和币原外相的外交折冲。[①] 对张学良,则由蒋介石亲自通过万福麟(东北边防军副司令兼黑龙江省政府主席)警告说:东三省“与其单独交涉而签丧土辱国之约,急求速了,不如委之国际仲裁,尚有根本胜利之望,否则亦不惜与倭寇一战,以决存亡也”。[②]

接着,10 月 1 日举行的特种外交委员会第 2 次会议决议:“在日本未撤兵以前,中国不能与日本作任何交涉,即在日本完全撤兵后,中国对于日本之侵略与压迫,亦唯有信任国际联盟始终主持公道,以维持世界之和平。”[③]3 日,特种外交委员会第 4 次会议还决定了 3 项对外措施:请求英、美、法、德、意等国的驻华公使调查九

---

① 《蒋作宾回忆录》,第 53—54 页。

② 《蒋介石日记(手稿)》(1931 年 9 月 23 日条),斯坦福大学胡佛研究所藏。

③ 《中央政治会议特种外交委员会第 2 次会议记录》(1931 年 10 月 1 日),《国民政府处理九一八事变之重要文献》,第 10 页。

一八事变的真相；派代表赴欧美进行说服工作；加强对美工作。①

对中国当时的动向，日本是如何认识与应对的呢？

9月23日，驻华公使重光葵致电币原外相分析说：国民政府“企图用以夷制夷的传统政策解决事件，先走利用国际联盟和《非战公约》之路，同时依赖美国，辅之以国内外的宣传，强迫日本军队撤退。其做法和要求日本归还山东时一样”。随之他建议：“维护日本在中国东北的合法的历史地位，是日本的生死问题。如果国际联盟及他国对此不予理解，我应表示不惜退出国际联盟的态度。我方的这种决心既可避免第三者介入，又有可能迫使国民政府转变态度，同意和我举行妥协性的交涉。”②翌日，重光葵又致电币原说：“国民政府欲把问题交给第三者（国际联盟），以获得有利于中国的立场，并同时借用国际舆论的力量。但我方无论如何要避免把满洲问题交由国际联盟等第三者处理。”③

重光的电报说明，在中国现场的日本外交官是非常了解国民政府的政策核心的。因此他针锋相对地提出了阻止第三者介入的建议。与此相关，10月9日，若槻礼次郎④内阁作出决定：“当务之急是日中双方协同缓和国民感情。为此，双方应该迅速商定一个能作为确立正常关系之基础的大纲。在制定这一大纲并据此缓和国民感情以后，日本军队方能安心返回满铁附属地。”⑤13日，在内

①《中央政治会议特种外交委员会第4次会议记录》（1931年10月3日），《国民政府处理九一八事变之重要文献》，第18—19页。

②「重光より幣原宛第1022号極秘」，『日本外交文書　満洲事変』1—2，第314—315页。

③「重光より幣原宛第1027号」，『日本外交文書　満洲事変』1—2，第316—317页。

④若槻礼次郎（1866—1949），东京帝国大学毕业，大藏省官僚出身的政党政治家。1931年4月作为民政党总裁第二次成为日本内阁总理大臣（首相），九一八事变在其任中发生。1931年12月13日辞职。

⑤『日本外交文书　满洲事变』1—2，第334—335页。

阁会议上，币原以外相立场表明："断然拒绝国际联盟、美国等第三国之干涉性的介入。"①至此，日本正式确立了以"中日直接交涉"和"商定大纲"为撤兵前提的方针。这和中方坚持的"撤兵先行"与"诉诸第三方"的方针是截然相反的。

10月9日内阁决议作出后，币原当天就把它的要旨通知了蒋作宾。② 这是日本第一次正式向中方提出"直接交涉"和"商定大纲"，因此国民政府很重视，马上就开始检讨如何应对。在13日举行的特种外交委员会会议上，多数意见仍反对直接交涉，故决定"明日仍继续讨论，要以国际空气为何，始定进行之方针"。③ 但顾维钧担心中国如不尽快确定整体方针，会丧失国际同情。④ 所以，14日他提议：中国可以日本立即撤兵为前提，原则上赞成日方的提案，同时声明"对于将来日本提出之大纲具体条件有关我国主权者，保留修改或反对之权"。⑤ 宋子文等人亦赞同顾的提议，因为它"目前即可避免直接交涉，而商定大纲且为实际，得理事会居间调停之益，使全盘问题渐入解决途径"。⑥ 但是，由于"国际空气"即第三国的反应还不清楚，所以这次会议仍没作出决定。

15日，第三国终于对日本的提案有所反应。这天早上，英国驻华公使访问蒋介石，指出中日两国的直接交涉不可或缺，中国坚持以恢复原状为开始交涉的前提，是有困难的，故希望蒋再作考虑。⑦

---

①「第三者の干涉拒否　首相外相强硬に言明」,『東京朝日新闻』(1931年10月14日夕刊)。

②「幣原より在本邦蒋中国公使宛」(1931年10月9日),『日本外交文書　滿洲事変』1—2,第337—338页。

③《顾维钧等致张学良电》(1931年10月13日),《九一八事变后顾维钧等致张学良密电选》。

④《顾维钧致张学良电》(1931年10月14日),《九一八事变后顾维钧等致张学良密电选》。

⑤《顾维钧致张学良电》(1931年10月14日),《九一八事变后顾维钧等致张学良密电选》。

⑥《顾维钧致张学良电》(1931年10月14日),《九一八事变后顾维钧等致张学良密电选》。

⑦《顾维钧致张学良电》(1931年10月15日),《九一八事变后顾维钧等致张学良密电选》。

其后，英国方面还传来了国际联盟理事会的意见，其主旨是三条："（1）日军退出被占区域。（2）派中立国文武人员监视接收。（3）两国直接开谈判。"①此外，14 日特种外交委员会曾主张"如国联无办法，再请美国提出九国公约以制日"。② 但是，17 日颜惠庆在特种外交委员会第 16 次会议报告："关于希望美国根据九国条约召集国际会议一点，探美使口吻目前殊无把握。"③

国民政府尽管反对中日直接交涉，但不能无视英美的意向。在英美都不支持中国拒绝直接交涉，且对日本的提案抱有好感的背景下，中国内部重新出现了主张中日直接交涉的声音。譬如，张学良方面向南京中央要求说："应趁国联空气良好，日方稍有转机，迎头办去。若再失机会，后悔无既。"④顾维钧也对蒋介石说："此事关系我国甚大，恐不能全恃国联，亟望政府速定具体方针与步骤，庶不拖延愈久，收拾愈难。"⑤

在上述内外两个方面的影响下，蒋介石等领导层不得不为确保"不失国际同情"和"不使日本军阀走向极端"的目标⑥，而对以前的主张有所修正，以应对日方提案。但是，由于对依靠第三者介入实现国际解决这一基本方针的执着，国民政府在实际的调整中只是修正了若干文字，在对日外交的总体上仍然保持着强硬

---

①《顾维钧致张学良电》(1931 年 10 月 15 日)，《九一八事变后顾维钧等致张学良密电选》。

②《顾维钧等致张学良电》(1931 年 10 月 14 日)，《九一八事变后顾维钧等致张学良密电选》。

③《中央政治会议特种外交委员会第 16 次会议记录》(1931 年 10 月 17 日)，《国民政府处理九一八事变之重要文献》，第 61—63 页。

④《王树翰致刘哲电》(1931 年 10 月 17 日)，《九一八事变后顾维钧等致张学良密电选》。王树翰时任张学良秘书长兼特使，刘哲为驻南京的张学良特使。

⑤《顾维钧致张学良电》(1931 年 10 月 16 日)，《九一八事变后顾维钧等致张学良密电选》。

⑥《中央政治会议特种外交委员会第 16 次会议记录》(1931 年 10 月 17 日)，《国民政府处理九一八事变之重要文献》，第 61—63 页。

态度。

先看对直接交涉的先决条件的修正。如前所述，特种外交委员会10月1日的决议规定了两条：日本完全撤兵之前绝不交涉；日本撤兵以后也唯有信任国际联盟主持公道。修正案对第一条坚持不变，对第二条则仅改为在日本完全撤兵以后可考虑第三国的意见，不拒绝和日本交涉。后来还根据蒋介石的指示，使修改案中含有“关于直接，至少须设法办到华府办法，由第三国代表旁听”之意。① 这些修改意味着，虽然答应在日军完全撤军后可以交涉，但实际上这种交涉仍然是回避“直接”与“单独”。蒋介石和戴季陶、宋子文等在10月19日还对第一项增加了关于日本撤兵的3个条件：“一，日军限十日内撤尽。二，日军撤退、商计接收办法及实行接收三事，均由中立国人员监视。三，接收办法以有关交接手续者为限。”②这3个条件都反映了蒋介石等人对国际解决用心至深。

再看对日本提议的“协商大纲”的应对。

10月9日收到币原的照会后，国民政府急于了解日本所主张的大纲的具体内容，但在10月26日日本发出第二次声明前，一直没有得到日方的回答，所以只能根据日方报纸的报道和国际联盟的传闻等来判断。即使如此，特种外交委员会还是于10月17日，对日方可能提出的方案，预先制定了中方的6条应对原则：

(1) 日本必须在国联监视之下撤兵。

(2) 中日将来交涉必须在国联照拂之下进行。

---

①《顾维钧致张学良电》(1931年10月15日、16日)，《九一八事变后顾维钧等致张学良密电选》。

②《顾维钧致张学良电》(1931年10月19日)，《九一八事变后顾维钧等致张学良密电选》。

(3) 地点在日内瓦或其他国联所认为适当之地。

(4) 以后交涉必须在国际公约所定原则之下进行，不得违反下列三要点：①尊重中国独立主权领土主权完整；②实行门户开放机会均等；③促进远东和平，不得以武力为实行国策之手段。

(5) 日本必须负此次出兵之责任。

(6) 日本所有任何提案我方保留修正及另行提案之权。①

10 月 21 日，特种外交委员会还根据报纸上所报道的日方的大纲方案，将与之对抗的中方的大纲方案提交给国民党中央政治会议。它有以下 5 条：

(1) 保持中国领土主权之完整及行政的统一。

(2) 主张东三省门户开放机会均等。

(3) 以后两国间无论有何事故发生，不能以武力为解决之手段，要遵从国联盟约、非战公约及其他国际公约办理。

(4) 中日间一切问题都要根据上述三项原则，由两国政府将过去条约，酌量修改。

(5) 在国联协赞之下，中日两国不能解决一切问题时，要用其他国际办法解决(指用国际会议评判的形式)，就是说要由中立国参加解决。将来解决地点不在中国也不在日本。②

以上的“六原则”与“五条件”，反映了国民政府所希望的国际解决的基本内容。从中可以看到，这个时期的国民政府，对日方的野心及其造成的事态的严重性，认识很不充分。所以，他们无论对九一八事变后的新问题还是对九一八事变前的老问题，都设定了

---

①《中央政治会议特种外交委员会第 16 次会议记录》(1931 年 10 月 17 日)，《国民政府处理九一八事变之重要文献》，第 62—63 页。

②《国民党中央执行委员会政治会议第 294 次会议速记录》(1931 年 10 月 21 日)，《国民政府处理九一八事变之重要文献》，第 196—197 页。

很高的目标,并为此而坚持着毫不妥协的强硬态度。

另一方面,10 月 26 日,若槻内阁终于通过其关于九一八事变的第二次声明,正式公布了日方拟定的《确立日中平常关系的基本大纲》。它由以下 5 条构成:

(1) 否定相互性的侵略政策及行动。

(2) 尊重中国领土主权的保全。

(3) 相互彻底取缔一切妨碍通商自由、煽动国际仇恨的有组织的运动。

(4) 有效保护日本人在中国东北各地的一切和平的业务。

(5) 尊重日本在中国东北的条约权益。①

至此,国民政府终于清楚了自 10 月 9 日以来一直想知道的日方的大纲内容。不少人认为,如果能区别九一八事变前后的新、老问题,为优先解决更有紧急性的新问题,而对以往的老问题持柔和态度,日本的这个大纲是可以作为交涉的基础的。因此,在国民政府内外,都出现了主张理性利用日方大纲的声音。譬如,北京大学教授胡适致信宋子文,建议以日方大纲为基础开始直接交涉。② 顾维钧也在 10 月 28 日向蒋介石建言说:"日方似已稍让步,将基本大纲与撤兵接收事宜并为一谈,准备与吾国开议,如果日本诚意转圜,不难就其提议谋一无损双方体面而有利吾国主张途径,以辟僵局。"蒋介石听了顾的意见,也"深以速觅两全之途径为然"。③

但蒋介石的这个"深以为然"只是一瞬间的。同日,他再次指

---

①「満州事変に関する日本政府第二次声明」(1931 年 10 月 16 日),『日本外交文书　满洲事变』1—2,第 358 页。

② 胡颂平编著:《胡适之先生年谱长编初稿》第 3 册,台北:联经出版事业公司 1990 年版,第 997—998 页。此件的原始记录见台北:中国国民党党史馆藏,政治 10/6-2。

③《顾维钧致张学良电》(1931 年 10 月 28 日),《九一八事变后顾维钧等致张学良密电选》。

示要坚持日本不先撤兵中国就不能进行中日直接交涉的既定方针。① 结果,胡适、顾维钧的建议只能停留于少数意见,国民政府的主流和军事上的步步败退相反,在外交上仍然坚持一步不让。因为他们认为,日本大纲的前两条虽然冠冕堂皇,但后三条含有重提“二十一条”要求的毒药。因此,日本的大纲总体上令东北问题更难解决,从而使交涉自身丧失了意义。②

10 月 29 日,特种外交委员会举行第 25 次会议,蒋介石在会上提出:今后日本将进一步侵略东北,对日问题的单独解决更加困难,所以中国应更加重视国际解决,“除始终与国联合作以外别无选择”。③ 11 月 2 日,国民政府决定:“日军未撤尽以前,不与日方作任何接洽,即将来撤兵后如何开议,手续问题亦不拟先表示。另用间接办法催促撤兵。”④这样,国民政府又回到了 10 月 1 日决定的完全拒绝直接交涉的方针。

其后,国民政府更加致力于国际解决。譬如,11 月中旬,蒋介石和戴季陶、宋子文、顾维钧等人以天津事件⑤为契机,要求英美法的驻华公使组织一个“国际巡逻团体”,在天津有关地区从事巡

---

①《蒋介石致张群电》(1931 年 10 月 28 日),台北:“国史馆”藏,蒋中正“总统”文物,档案号 002－010200－00061－071。

②《顾维钧致张学良电》(1931 年 11 月 16 日);另见中国第二历史档案馆藏,《对日绝交的意见》,李石曾文书,档案号 3019。

③《中央政治会议特种外交委员会第 25 次会议记录》(1931 年 10 月 29 日),《国民政府处理九一八事变之重要文献》,第 89—90 页。

④《顾维钧致张学良电》(1931 年 11 月 2 日),《九一八事变后顾维钧等致张学良密电选》。

⑤ 1931 年 11 月 8 日,日本关东军特务机关长土肥原贤二在日本天津驻屯军的协助下,指挥由 2 000 余名土匪、兵痞、游民等组成的便衣队在天津发动暴动,袭击天津市政府及河北省政府,并占领警察所。东北军组成的天津保安队对此予以镇压,日本则乘机提出要中国军队退出天津的要求。后来中国的保安队被迫于同月末撤退。在混乱中,土肥原实现了将溥仪秘密带出天津的计划。

逻,“帮同中国”。[①] 同月下旬,针对关东军进攻锦州的动向,国民政府在命令张学良自卫抵抗的同时,提出了“锦州中立区”方案。它的着眼点是由英、美、法三国保证日军不侵入锦州地区,以间接地阻止日军的进攻。[②]

然而,不管国民政府如何执着于国际解决,他们提出的上述方案都遭到了第三国的拒绝。至此,在军事抵抗无效的同时,国际解决的努力也接连遭到了挫折。

五、孙科政权的转向与犬养内阁的推诿

1931 年 12 月 15 日,蒋介石迫于各方压力,接受了广东派的下野要求,辞职下台。广东派取而代之,在解散广州的国民政府后,在南京成为改组后的国民政府的核心。这一政府因为由孙科担任行政院院长,亦被称为孙科政权。由此开始至 1932 年 1 月下旬为止的 40 余日,中国的对日外交由孙科政权所主导。

与坚拒直接交涉的蒋介石政权不同,孙科政权一上台就转变方向,开始摸索对日直接交涉。其原因有 4 点:

第一,孙科等广东派要员因为初掌外交,既不受蒋介石时期的方针的束缚,也缺乏对国内外形势的认识。

第二,在日本发动九一八事变之前的 1931 年 7 月,广东派为争

---

① 《顾维钧致张学良电》(1931 年 11 月 13 日),《九一八事变后顾维钧等致张学良密电选》。另见“The Minister in China (Johnson) to the Secretary of State (November 14, 1931)”, Tyler Dennett (eds.), *Papers Relating to the Foreign Relations of the United States*(以下简称 *FRUS*), *1931*, Vol. Ⅲ, Washington: United States Government Printing Office, 1946, pp. 436 - 437。

② 关于“锦州中立区”构想,参见《顾维钧致张学良电》(1931 年 11 月 24 日、26 日、29 日,12 月 2 日等),《九一八事变后顾维钧等致张学良密电选》。

取得到日本对广州国民政府的承认，曾派其“外交部长”陈友仁到日本谋求亲善。[①] 另外，如前所述，在九一八事变爆发后，广东派也无视南京拒绝直接交涉的方针，继续和日本密切来往。[②]

第三，广东派认为九一八事变只是“少数日本军人的偷鸡行为”，并非重大问题，最严重也不过是 1928 年的济南事件那种程度，所以凭外交交涉就可解决。对于目前事态的恶化，他们以为是缘于蒋介石、张学良处置上的失策。[③]

第四，和孙科政权的诞生几乎同时，日本也在 1931 年 12 月 13 日发生了政权交替，由政友会的犬养毅[④]内阁取代了若槻内阁。因为犬养毅是孙中山的好友，历史上曾大力支持过国民党的革命，故广东派视之为“国民党的老同志”[⑤]，从而把日本内政上的这个变化看成解决东北问题的大好机会。[⑥]

在上述背景下，12 月 18 日，广东派的核心人物胡汉民在广州秘访日本驻广州代理总领事须磨弥吉郎，说：“目前日本诞生了对中国

---

① 参见「幣原大臣陳友仁会談録」(1931 年 7 月 29 日、31 日，8 月 4 日，谷亜细亜局长口述筆記)，外務省編纂：『日本外交年表竝主要文書』(下)，東京：原書房，1988 年，第 172—180 页。

② 参见「在広東須磨より幣原宛」(1931 年 10 月 5 日第 492 号、11 月 18 日第 614 号、12 月 3 日第 679 号)，『日本外交文書　満洲事変』1—2，第 327、399、453 页。

③「須磨より幣原宛電報第 492 号」(満洲事変に関する陳友仁の談話について，1931 年 10 月 5 日)，『日本外交文書　満洲事変』1—2，第 328 页。胡汉民：《论中日直接交涉》，见蒋永敬：《抗战史论》，台北：东大图书股份有限公司 1995 年版，第 118 页。

④ 犬养毅(1855—1932)，1929 年任政友会总裁，1931 年 12 月接替辞职的若槻礼次郎任内阁总理大臣，翌年 5 月在日本五一五政变中被杀害。

⑤「須磨より犬養宛電報第 721 号至急極秘(時局解決方法に関する胡漢民の犬養首相宛所見について)」(1931 年 12 月 19 日)，『日本外交文書　満洲事変』1—2，第 476—478 页。

⑥「重光より犬養外務大臣宛電報第 4 号極秘」(1932 年 1 月 5 日)，外務省編纂：『日本外交文書　満洲事変』2—2，東京：外務省発行，1980 年，第 659 页。

富有理解的政友会内阁。在中国,不理解'满蒙'利益是决定日本存亡大问题的蒋介石政府也已经垮台,而产生了以回归中山先生宗旨的广东派为核心的统一政府。因此双方应该重新开始。"在讲完这个开场白后,胡汉民和须磨弥吉郎长谈了两个小时,提出了 4 点意见:

(1) 中日两国应该弃小异求大同。中方对于日本所采取的自卫措施不必说,即对于日本因为人口众多而必然追求的经济方面的扩张,也都予以理解。同时,日本也不要无视中国人最近高涨的政治意识特别是国家主权意识。双方由此出发,共谋迅速解决。

(2) 日本应该避免主张强烈刺激中国人感情的"二十一条"问题等法律问题,要从长远的观点考虑如何打开对华外交。

(3) 日本自发撤兵,同时,中国将不理解日本"满蒙"权益的张学良及其同党全部驱逐一空,并采取措施,使此等军阀今后也无跋扈余地。

(4) 为迅速而又秘密地处理问题,中方先派遣两三名代表和犬养首相开始谈判。①

会谈的翌日,胡汉民准备好了写给犬养毅的亲笔信,打算一得到日方回音就派自己的心腹陈中孚作为密使东渡日本。②

胡汉民所代言的孙科政权的对日态度,充分地反映了他们对直接交涉的热心。但是,他们对日本现状及九一八事变性质所作判断的幼稚,也是明显的。

日本的反应很快就给了他们教训。

九一八事变刚刚发生的时候,在日本内部,意图直接统治中国

---

① 详见「須磨より犬養宛電報第 721 号至急極秘(時局解決方法に関する胡漢民の犬養首相宛所見について)」(1931 年 12 月 19 日)。

② 蒋永敬编:《胡汉民先生年谱》,台北:"中央"文物供应社 1978 年版,第 512 页。

东北的关东军和若槻内阁的政治家之间，在对华政策上是有分歧的。在以币原为中心的被称为“国际协调派”的人物的努力下，日本政府虽然受到军部的掣肘，但还想在“尊重日本在满洲的条约权益”的前提下，尽量避免事态的扩大。然而，由于日本军部的压力日益严重，在若槻内阁下台的1931年12月，日本军部所主张的“在日本军队的威力下使满蒙在本质上成为日本的保护国”的方针①，已经超越“日本在满洲的条约权益”，成为日本举国一致的国策。② 据此国策，犬养内阁在对华政策上并不会因为犬养和孙中山的个人友谊，就接受胡汉民的主张。

所以，12月24日犬养在给须磨弥吉郎的电报中说：“所谓(孙科)统一政府不仅前途难以预料，广东派在掌握政权后到底在多大程度上能满足我方，也令人怀疑。而且，从现状看，即使其作出了令日本满足的承诺，也很难落实。总之，从现今日中两国的政治状况出发，无论是正式的还是非正式的，双方该不该立即就本次事件进行谈判，都是必须慎重考虑的。”最后，电报还指示须磨弥吉郎“把上述意见作为个人传言”通知胡汉民。③

12月26日，须磨弥吉郎把犬养毅谢绝中方派遣代表的意向告知了胡汉民。他没想到，胡汉民听到这个消息后，依然“始终欣然招待，好像有无法抑制的愉快”。④ 为何如此呢？第一是因为，

---

① 関東軍参謀部総務課片倉衷：「満洲事変機密政略日誌」其三(1931年12月)，島田俊彦ほか編：『現代史資料』第7巻，東京：みすず書房，1964年，第320页。

② 从若槻内阁到犬养内阁时期日本政治的变化，参见江口圭一：『十五年戦争の開幕』，東京：小学館，1994年，第58—142页。

③「犬養より須磨宛電報第63号極秘」(1931年12月24日)，『日本外交文書　満洲事変』1—2，第479页。

④「須磨より犬養宛電報第739号極秘」(1931年12月27日)，『日本外交文書　満洲事変』1—2，第492—493页。

犬养为了“照顾广东派在中国政界的地位和犬养对孙文的友谊”，令须磨弥吉郎在传言时要注意留有余地。① 所以，胡汉民可能没有完全领会须磨弥吉郎讲得很婉转的话到底是何意思。第二是因为，在听到须磨的传言前，12 月 23 日，萱野长知②刚刚向孙科政权提交了一份题为“犬养首相私案”的文件，其要旨是：“日本撤兵，将东三省主权归还中国；作为回报，中国承认日本在东三省的商租权。”③

然而，犬养让萱野长知访问中国，实际目的只是“大致把一下南京的脉搏”。④ 此外，从这一时期日本的政治形势看，即使萱野提交的“犬养首相私案”真的反映了犬养个人的意向，也完全没有实现的可能。但是，由于萱野确实是犬养的好友，他本人过去也帮助过孙中山逃亡日本，和国民党有很深的渊源⑤，加之 18 日胡汉民刚刚通过须磨弥吉郎把前述建议转达给犬养，因此，胡汉民等广东派要人对萱野及他带来的“犬养首相私案”深信不疑。这样，胡汉民

---

①「犬養より須磨宛電報第 63 号極秘」(1931 年 12 月 24 日)，『日本外交文書　満洲事変』1—2，第 479 页。

② 萱野长知(1873—1947)，早年与孙中山结交，1905 年加入中国同盟会，协助孙中山的革命活动，1915 年 11 月任中华革命军东北军顾问。

③ 邹鲁：《犬养毅确曾致力中日和平》，见蒋永敬：《抗战史论》，第 122—123 页。另据古島一雄：『一老政治家の回想』(中央公論社，1975 年)，萱野提交孙科政权的提案约定：在“满洲”建立一个“宗主权仍归中国，但经济上日中合作的新政权(宗主権は中国のまま経済的に日支が合作する新政権)”。这与中方的记录略有不同。见该书第 245 页。另外，关于日方“萱野工作”的概要，可参见时任英人：「犬養毅と満州事変」，〔日〕『政治経済史学』，第 209 号，1983 年。

④「犬養より重光宛電報第 1 号極秘」(1932 年 1 月 3 日)，『日本外交文書　満洲事変』2—2，第 659 页。

⑤「長警視総監より中橋、犬養宛外秘第 46 号(南京帰来邦人ノ言動ニ関スル件)」(1932 年 1 月 12 日)，『日本外交文書　満洲事変』2—2，第 668—669 页。

在26日听到须磨弥吉郎的传言后，不以为意。在须磨弥吉郎否定了萱野自称的“犬养首相密使”身份①后，胡汉民还是认为“通过萱野判明了犬养首相的意向，问题已经不难解决”，所以中国的代表也没有必要访问日本了。随之，胡汉民还内定了“接收东北委员会”的人选。②

外交经验的缺乏和对日认识上的过度乐观相叠，再加上萱野来访所带来的混乱，这三者的汇合使孙科政权对犬养内阁的幻想越来越强烈。因此，1932年1月3日，尽管东三省随着锦州的失陷已几近被日军完全占领，孙科政权对形势仍然没有悲观。③ 1月5日，东京命令萱野紧急回国。④ 但同日孙科政权的外交部部长陈友仁在接见日本驻南京领事上村伸一时，还是强调：中国决心在大亚细亚主义的理想下和日本恢复友好关系，在“满洲”实现中日共存共荣，在这一点上现在也无任何变化。接着，陈友仁提议中日双方先缔结互不侵犯条约，并断言：“只要缔结了互不侵犯条约，撤兵就成为当然的结果。如此，日本军部不损面子，还能给中国舆论带来良好的影响”，所以中方愿意在这一基础上，马上和日方进行直接

---

①「重光より犬養宛電報第1423号極秘」(1931年12月31日)，『日本外交文書　満洲事変』2—2，第658页。

②「重光より犬養宛電報第1424号極秘」(1931年12月31日)，「重光より犬養宛電報第4号極秘」(1932年1月5日)，『日本外交文書　満洲事変』2—2，第658页，第660页。

③ 譬如，1月4日外交部部长陈友仁在和南京的美国外交官的谈话中披露说日本首相已经和中国在进行非正式交涉，并表示乐观。“The Minister in China (Johnson) to the Secretary of State (January 5, 1932)”, E. R. Perkins (eds.), *Foreign Relations of the United States Diplomatic Papers, 1932*, Vol. Ⅲ, Washington: United States Government Printing Office, 1948, pp. 3 - 4.

④「犬養より重光宛電報第2号」(1932年1月5日)，『日本外交文書　満洲事変』2—2，第661页。

谈判,希望上村尽快确认日本政府的意向。①

但是,和陈友仁的期待恰恰相反,在此时的日本,外务省和陆军省、海军省已经就“满蒙问题”的处理方针达成了一致。1月5日,外务省在命令萱野紧急返日的同时,秘密向重光公使传达了这一方针的内容:

> 关于解决满蒙问题,关键是竭力削弱该地方和中国本部的政治关系,同时,以满蒙的现有地方官民或新诞生的该地方的统一政权为对手,恢复并扩充我方的权益,切切实实地一步步造成既成事实。所以,对待中国本部政权,要促使其对满蒙自发断念,在造成上述既成事实后,或逼其承认,或我强行按既成事实办。当然,在南京政府要求开始直接交涉的场合,我方不便正面拒绝以中国本部政权为对手。为此,中国若在近日提出上述建议,我方要提出国民党无法接受的条件,如重新确认1915年的条约及其他一切条约与协定的有效性,根绝排日抵货等。如此,使中国在事实上无法开始直接交涉。总之,我方最重要的,是尽量推迟和中国本部政权的直接交涉。②

从上述电报可知,随着对“满蒙问题”处理方针的确定,犬养内阁对直接交涉问题的态度和若槻内阁相比发生了很大的变化。具体言之,在若槻内阁时期,日本一边坚持要中国“尊重日本在满洲的条约利益”,一边还希望和国民政府直接交涉,但它遭到了蒋介

---

① 「上村より犬養宛電報第14号至急極秘」(1932年1月6日),『日本外交文書　満洲事変』2—2,第664—665页。

② 「犬養より重光宛電報第2号　付記(萱野ニ関スル件)」,『日本外交文書　満洲事変』2—2,第661—662页。

石政权的坚决拒绝;[①]到了犬养内阁登台,虽然孙科政权热切期待和日本直接交涉,日本却已经决定了"使中国在事实上无法开始直接交涉"的方针,而要以自己制造的傀儡政权为对手扩充权益了。

因此,急切等待着日方答复陈友仁缔结互不侵犯条约建议的孙科政权,很快就收到了萱野从东京发来的如下电报:"不说外务省方面,至少军部方面已经决定使满蒙独立,而且意志十分坚定。"[②]这一和"犬养私案"有天壤之别的电报,对孙科政权带来了沉重冲击。

在这一背景下,孙科政权的对日方针,开始从一个极端走向另一个极端。

首先,在陈友仁为首的外交部的公开发言中,出现了要和日本断交的暗示。它使日本在华外交官深感"和 1 月 5 日陈部长的建议相比,完全相反的东西增多了"。[③]

接着,1 月 13、14 日,孙科政权连续三次讨论对日政策。陈友

---

① 蒋介石后来反思说:"及至九一八事变既起,彼时中国舆情昂奋异常,但也有一部分人烛及危机,主张相机及早解决。例如胡适之先生等即有不惜依据日本所提五项原则,毅然直接交涉的主张,当局终于迟回却顾,坚持不撤兵不交涉之原则,致使日本缓和派不能抬头,军人气势日张,问题愈陷僵化。就是沈阳陷落,尚未侵入关内的时候,也还有使日本止于锦州以徐图转换局势的可能,可惜步步错过,以造成此后不可收拾的局面,这不能不说当局没有决心及不负责任之所致。"蒋介石:《敌乎? 友乎?》(1935 年 1 月),中国国民党中央委员会党史委员会编:《"总统"蒋公思想言论总集》第 4 卷,台北:中国国民党中央委员会党史委员会 1984 年版,第 145 页。笔者附记:以往一般认为《敌乎? 友乎?》写作于 1934 年 12 月,近据刘维开教授考证,实际上应为 1935 年 1 月。详见刘维开:《〈敌乎? 友乎? ——中日关系的检讨〉新探》,《抗日战争研究》2012 年第 1 期。

② 「在上海田代公使館付武官より真崎参謀次長宛電報支第 169 号極秘」(1932 年 1 月 18 日),『日本外交文書　満洲事変』2—2,第 674 页。

③ 「上村より芳沢外務大臣宛電報第 35 号極秘」(1932 年 1 月 15 日),『日本外交文書　満洲事変』2—2,第 671—672 页。

仁正式提出:如果日本不具解决东北问题的诚意,中国应该对日断交。对此,多数出席者表示赞同,外交部的人尤其强硬。会议最后决定待再次确认日方真意后作出定夺。① 1月18日,陈中孚以"孙科使者"名义访问日本公使馆武官,在介绍上述政府会议的状况后问:"关于东北问题,只要不使之独立,中国对其他方法都可考虑。如果日方强行使之独立,则可能造成中日断交。日本真意到底如何?"②

到此地步,日本也不得不作出一定的回应了。

同日,刚刚接任外务大臣的芳泽谦吉③就陈友仁缔结互不侵略条约的建议指示上村领事说:陈友仁的建议和目前日本的国论有相当大的距离,而且南京政府的地位也很不安定。从这一现实出发,我方不考虑陈的建议。但是如果公开表明我方的这一态度,也不合适。因此,你应以不即不离的方法应酬之。④

19日,对于陈中孚的提问,日本军部在和外务省商量后,作出了如下回答:"日本政府对满洲问题的态度已经表明于我屡次声明之中。故这种性质的问题,日本军部的代表不宜回应。"⑤

得到上述回答后,孙科政权终于作出了强硬反击。1月22日,

---

①「守屋より芳沢宛電報(陳中孚の内話について)」(1932年1月16日第19号,1月18日第23号),『日本外交文書　満洲事変』2—2,第672页,第673页。

②「在上海田代公使館付武官より真崎参謀次長宛電報支第169号極秘」(1932年1月18日),『日本外交文書　満洲事変』2—2,第674页。

③ 芳泽谦吉(1874—1965),1899年东京帝国大学毕业后入外务省,曾任驻华公使,1932年1月出任外务大臣。

④「芳沢より上村宛電報第1号極秘」(1932年1月18日),『日本外交文書　満洲事変』2—2,第674—675页。

⑤ 详见「守屋より芳沢宛電報第26号至急極秘」(1932年1月19日),「芳沢より出淵他宛電報合第160号」(1932年1月22日),『日本外交文書　満洲事変』2—2,第676、681页。

陈友仁等人在国民党中央委员谈话会上强调必须立即对日断交。[1] 但是，在国民党中央，以下野后还实际保有最高权力的蒋介石为首，很多人强烈反对陈友仁等人的主张。[2] 另外，本来倾向于对日强硬的媒体，此时也正在批判孙科政权的鲁莽。譬如，《大公报》早在 1 月 17 日的社论就分析说：

以现在之事实，中国无和平之途可趋，故绝交之议，为逻辑上当然必然之事。且岂特绝交哉，在通常国际间，当然诉之自卫的战争，且不待今日。虽然，就中国今日言，凡此皆无可不可之问题，只为能不能之问题，能则必办，不能则欲办不得。

以今日情势而宣布绝交，则第一必须考虑如何能贯彻绝交之令。盖绝交之义，当然系撤去使领，收管租界，然彼不允撤不允管则如何？政府有无强制执行之方法及其准备？此首应解决者也。大抵事实上绝交之宣布，将至人于交战状态，纵不至此，然吾国如不能使绝交之宣布，有效执行，是绝交为空文，徒使日本得寻衅各处之便利，且委责中国，以杜各国发言。是事实上我仍受有约之拘束，而彼转增加无约之便利，是在我为两重损害矣。是以应绝交，应为自卫而宣战者，理也；不能

---

① 《中国国民党中央政治会议第 24 次临时会议速记录》(1932 年 1 月 28 日)，台北：中国国民党党史馆藏，中央临时 024。另见王仰清、许映湖标注：《邵元冲日记》(1932 年 1 月 22 日条)，上海人民出版社 1990 年版，第 823 页。

② 早在陈友仁对日暗示断交的时候，蒋介石即于 1 月 10 日致电何应钦等人，从中、日、苏和"国际"四者之连锁关系的角度批判说："如对日绝交即不能不对俄复交，陈提此案，众皆不察，且多数主张绝交，是诚国家最大危机。此时我国地位若战而不宣，尚犹可言，如绝交即为宣而不战，则国必危亡。以对俄复交，则列强对我不但不助，而且反而助日。故东三省问题未决以前，如对俄复交，则不止断送满蒙，是乃断送全国。"见《蒋介石致何应钦、朱培德、陈果夫电》(1932 年 1 月 10 日)，台北："国史馆"藏，蒋中正"总统"文物，档案号 002－020200－00014－040。

宣战,便不能绝交者,势也。①

对于来自国民党内外的批判与疑问,孙科和陈友仁只能用“绝交方能引起国际注目”②一类的说辞进行辩驳,但事实上陷入了孤立状态。加上政府在财政上的困境等内部危机的加剧,1 月 24 日与 25 日,陈友仁和孙科相继辞职,昙花一现的孙科政权及其对日外交就这样结束了。

① 社评《论绝交》,(天津)《大公报》(1932 年 1 月 17 日)。

②《外患危紧中政局波澜》,(天津)《大公报》(1932 年 1 月 26 日)。

第二章　“三路并行”的曲折

随着孙科政权的退场，1932年1月下旬，蒋介石重新登上了国民政府的舞台。在再次重组的国民政府中，蒋介石以军事委员会常务委员(3月6日起改称委员长)的身份执掌以军事为中心的全部实权，汪精卫以行政院院长身份执掌外交等行政事务。这一政权因此被称为蒋汪合作政权。另一方面，与蒋汪合作政权的相对稳定不同，1932年的日本以5月爆发的五一五政变为分界线，又发生了从犬养毅内阁到斋藤实内阁的政权更替。本章的前三节，着重论述蒋汪合作政权在1932年中如何推行“三路并行”方针，如何考虑“外患”与“内忧”的相互关系及解决顺序。后两节，则以“满洲国”问题与“直接交涉”问题为重点，考察日本对中方新方针的反应及其后果。

一、“三路并行”方针的出台

蒋汪合作政权诞生后，当务之急是重新修正内外政策特别是其中的对日方针。1932年1月29日，蒋介石向政府提出了以下的《对日交涉的原则与方法》：

原则：

一面预备交涉，一面积极抵抗。

方法：

一，交涉开始以前，对国联与九国公约国先与接洽，及至交涉开始时，同时向九国公约国声明。

二，对日本先用非正式名义与之接洽，必须得悉其最大限度。

三，交涉地点。

程度：

交涉必须定一最后防线与最大限度，此限度至少要不妨碍行政与领土完整，即不损害九国公约之精神与不丧失国权也。如果超此限度，退让之不能忍受之防线时，即与之决战，虽至战败而亡，亦所不惜。必具此决心与精神，而后方可言交涉也。①

对照本书第一章的论述可知，蒋介石的提案和九一八事变爆发初期国民政府的处置相比，最大的不同，是从外交上坚决拒绝中日直接交涉，完全集中于在国际联盟谋求国际解决，转变到了一边继续谋求国际解决，一边同日本也开始交涉。

对于蒋介石的这个提案，汪精卫表示支持。他后来如此解释自己的理由：

现在很多人有两种错误见解。第一种是以为中国是弱国，故不能与日本抵抗。另一种是唱高调的，如“杀尽倭奴”“杀到东京去”。只要有人鼓掌，什么激烈夸大的话都说得出。

① 《蒋委员中正手定对日交涉之原则与方法》(1932 年 1 月 29 日)，《中华民国重要史料初编——对日抗战时期》绪编(1)，第 431 页。

前者只能造成投降派,后者则是无视中国在军事、经济、社会组织及能力等一切方面的落后,缺乏责任心。

我们应该采取的态度,是军事上的抵抗与外交上的交涉同时进行。

关于抵抗。日本是富国强兵的国家,中国是广土众民的国家。只在一个地点打仗,中国打不过日本,但全国一起抵抗,中国可以打胜。因为日本能够派二、三万人的军队在一个地方登陆,但不能把二、三万人的军队分散于各地。所以中国应该利用广土众民的条件长期抵抗、处处抵抗、人人抵抗。

关于交涉。日本出兵中国比德国侵犯比利时中立时还要无理。但比利时很快得到英国的救助,中国则经过了140余日还没等到列国的行动。故中国只能作长期的抵抗,但不能唱绝交宣战的高调。因为日本破坏了国联公约、非战公约、九国公约,中国有充分的理由要求国际干涉日本,所以不能放弃外交的方法。如果日本放弃其无理的要求,中国无论何时都可交涉。

总之,中国应该一面抵抗,一面交涉,同时并行。在最低限度以下,我们不退让,在最低限度以上,我们不唱高调。①

这样,在蒋汪的主导下,国民政府吸取过去的教训,在否决孙科政府对日断交的主张后,对九一八事变初期坚拒直接交涉、向国际解决一边倒的方针,也予以修正,而提出了可称为“三路并进”的新方针,即一边坚持以国际解决为对日政策的主轴,一边继续尝试军事抵抗,一边在外交上展开对日交涉。

---

① 汪精卫:《政府对日方针》(1932年2月15日),内容经笔者缩写,全文见罗家伦主编:《革命文献》第36辑,台北:“中央”文物供应社1965年版,第1569—1573页。

三路并进方针的背景,一是对国际联盟的失望,二是对过去的教训的反省。这两点在前引蒋汪的言论中已有反映,毋庸赘述。① 笔者想特别强调的是第三个原因,即本书第一章第五节所述孙科政权的对日直接交涉,是在保密状态中进行的,在遭受失败后,孙科等人为避免被骂为"卖国",也一直没将实情告知后继的蒋汪政权。加之日方也一直以不即不离的态度,刻意隐藏其"使中国事实上无法开始直接交涉"的新方针,所以蒋汪政权不明白日方的变化,误以为犬养内阁时期的日本还和若槻内阁时期那样希望中日直接交涉。②

正因如此,在考虑三路并进的方法时,蒋汪政权本来还想以推进直接交涉作为落实对日新政策的第一步。为此,1 月 23 日与 26 日,蒋介石反复指示由日本回国商讨对日政策的蒋作宾公使,"对于日本外交宜求一迅速了结方法","此时若于土地主权无损伤,总宜早了为好"。③ 27 日,蒋介石还在与顾维钧面谈时透露说"对日外交方针多数倾向谈判"。④

---

① 1936 年 7 月 10 日,国民政府外交部部长张群在中国国民党五届二中全会的外交报告中回顾说:"在事变之初,中国信赖国联,认国联能主持正义,对侵略国实施相当制裁,使中日问题,得到国际公理的解决,所以我国当时主张避免直接交涉,如果日本不撤兵,我们是没有交涉可言的。后来一·二八淞沪战役继续发生,我们虽然抱着抵抗态度,可是在国联方面,还是博得文字与舆论上的赞助,并没有实施军事或经济的制裁。这时候,我们就感觉靠国联是没有希望的,同时日本方面的态度,也异常强硬,声称不愿接受任何第三国的调解意见,在这情形下我们靠国联既无办法,所以就决定采取一面抵抗一面交涉的策略。"详见《中国国民党五届二中全会张群委员外交报告》,秦孝仪主编:《中华民国重要史料初编——对日抗战时期》绪编(3),台北:中国国民党中央委员会党史委员会 1981 年版,第 660 页。

② 如后文所示,这种错觉持续了相当长的时间。

③《蒋作宾日记》(1932 年 1 月 23 日条、1 月 26 日条),第 403 页。

④《顾维钧致张学良电》(1932 年 1 月 28 日),《九一八事变后顾维钧等致张学良密电选》。

但出乎蒋介石的预料，恰在这个节点，日本为了转移列国对关东军建立“满洲国”的注意，正在上海挑起事端。① 为了避免和日本的新冲突，早日开始直接交涉，蒋汪政权曾“对日方的无理要求尽量让步”，在日本规定的期限之前，接受了它所提出的关于上海问题的全部条件。② 但是，1月28日，上海事变还是在日本海军陆战队的蓄意挑衅下爆发了。③ 由此，蒋汪政权不得不暂时搁置“对日交涉”之念，而先走上“三路并进”中的“军事抵抗”之路。

二、上海抗战与《全国防卫计划》的流产

和东三省不同，临近首都南京的上海，无论在政治上还是经济上都是中国的心脏。同时，上海还是列国在华权益的集中地。因此，在开展军事抵抗的条件方面，上海比东北有利；国民政府所期待的第三国介入的可能性，上海也比东北大。这种种因素的汇合，使国民政府决心在上海打一场对日抗战的硬仗。

1月29日，国民党中央政治会议决定设立国民政府军事委员会，在蒋介石的领导下，指挥对日抗战。④ 30日，国民政府宣布为

① 详见田中隆吉「上海事変はこうして起こされた」(别冊知性『秘められた昭和史』第5号，1956年12月)。另外，日方学界的研究参见日本国際政治学会太平洋戦争原因研究部編著:『太平洋戦争への道』第2卷，東京:朝日新聞社，1987年版，第118—120页。

② 汪精卫:《国民政府暂移洛阳办公之原因及经过》(1932年1月31日)，《革命文献》第36辑，第1556—1557页。

③ 日方档案的记录见「重光公使より芳沢外務大臣宛電報第62、63号」(1932年2月2日)，外務省編纂:『日本外交文書　満洲事変』2—1，東京:外務省発行，1979年，第43—44页。

④ 李云汉:《中国国民党史述》第3编，台北:中国国民党党史委员会，1994年，第187页。

不受日本暴力威胁而临时移政府于洛阳。① 与中枢的强硬姿态相呼应,粤系的第 19 路军与中央系的第 5 军第 87、88 师在淞沪地区和日军进行了顽强战斗。日军除出动海军第三舰队外,还先后派出陆军第 9 师团、混成第 24 旅团和第 11、14 师团增援,在付出了 3 091 名死伤者的巨大代价②后,才迫使中国军队撤退。其后,双方在 3 月 3 日停止战斗,5 月 5 日在英、美、法、意的调停下签订了《上海停战协定》。

上海抗战的这一结果,给国民政府后来的对日政策带来了正负两种影响。

正面影响是对抗战必要性认识的深化与对将来的自信的增强。关于这一点,汪精卫总结说:"抵抗即经 30 日而不失寸土,不抵抗 24 小时可亡两省,这是在民族存亡关头的一重大教训。所以上海 30 日的抵抗,是表示即使中国可以灭亡,但不至于不流血而可亡,这是给日本一个深刻的教训。"他还指出:以前各国对我虽勉说公道话,却很冷淡,最大的原因是中国自己不作抵抗。从上海抵抗以来,世界舆论,即时变更,各国态度,亦好于襄时。事实证明我们必须抵抗方能引起国际注意。③

关于汪精卫的观点,在日方也有类似的观察。譬如,须磨弥吉郎从中国现场报告东京说:中国军人经过在上海的冲突,认识到自身虽然在武器与组织方面不如日本,但作为军人丝毫不比日本逊

---

①《国民政府移驻洛阳办公宣言》(1932 年 1 月 30 日),《革命文献》第 36 辑,第 1552—1554 页。

② 江口圭一:『十五年戦争の開幕』,第 154 页。

③ 详见 1932 年 2 月 29 日的汪精卫讲演,《革命文献》第 36 辑,第 1580—1582 页。

色。因此，他们在总体上加深了“日本并不可怕”的信念。①

胡适也从民间人士的角度评论说：

> 十九路军在淞沪一带的 30 多日的血战，用鲜血和爱国心替我民族一洗无抵抗的奇耻，使敌人震惊，使全世界起敬，使中国人人感觉一种新的生命，新的希望。虽然血肉搏战终究抵不住世界最精的武器，然而这一个月的抵抗可算是已为我们这个老病民族注射了一针返老还童的灵药。自从鸦片战争以来，90 年中，不曾有过这样振衰起懦的兴奋剂。民族自信力的恢复，国家的振作，都可以说是在这一役建立下了精神的基础。②

上海抗战的负面影响，则表现在后来《国际联盟调查委员会报告书》中的这样一种观点中：中国军队在上海抗战初期取得的一定程度上的成功，使中国到处出现强硬意见，过去的悲观一变而成“夸大的乐观”。③ 一些人还产生了过度的自信，以为只要有抵抗的决心就能够抵抗。④

不过，与民间出现的这种“夸大的乐观”相反，蒋介石为首的国民政府领导层在对将来的胜利增强自信的同时，更多的是进一步切实看到了中国目前存在的巨大难题，即军事实力的虚弱、国防基础条件的匮乏和政治的分裂。他们因此而进一步认识到对日政策

---

① 参见「須磨より芳沢宛電報第 328 号」(1932 年 4 月 27 日)，『日本外交文書　滿洲事変』2—2，第 746—747 页。

② 适之：《上海战事的结束》，《独立评论》第 1 号(1932 年 5 月 22 日)。

③ “Observations of the Japanese Government on the Report of the Commission of Enquiry”，日本外務省編纂：『日本外交文書 満洲事変』别卷，東京：外務省発行，1981 年，第 165—166 页。

④ 详见本书第三章。

必须符合本国的国情。

要说明这一点，有必要回顾一下《全国防卫计划》流产的经过及其带来的教训。

为了赢得上海抗战的胜利，国民政府军事委员会在2月初制定了一个《全国防卫计划》。其概要如下：

全国分为4个防卫区与1个预备区。

第一防卫区：其区域为黄河以北。司令长官张学良，副司令长官徐永昌。指挥东北军和山西、绥远各军。

第二防卫区：其区域为黄河以南至长江以北。司令长官蒋介石，副司令长官韩复榘。指挥山东省、河南省与江苏、安徽两省北部的军队。

第三防卫区：其区域为长江以南及浙闽两省。司令长官何应钦，副司令长官陈铭枢。指挥第19路军与第5军，并从江西省出动5个师支援上海。同时，为警戒江西南部中共军队，从湖南省移出2个师到江西，从广东移出部分军队到江西。

第四防卫区：其区域为广东省与广西省。司令长官陈济棠，副司令长官白崇禧。指挥广东、广西部队；出动部分军队参加江西省的"剿共"。

预备区：其区域为四川省。司令长官刘湘，副司令长官刘文辉。集中五师以上的兵力到湖北省东部待命。①

以上4个防卫区加1个预备区的总兵力约240万人。按照军事委员会的计划：第三防卫区的兵力用于上海作战，第二防卫区的

---

①《军事委员会通电》(1932年2月4日)，《中华民国重要史料初编——对日抗战时期》绪编(1)，第438页；汪精卫：《两年来关于救亡图存之工作》(1934年1月23日)，台北：中国国民党党史馆藏，一般240/12.1。

兵力用于第三防卫区的后续部队，第一防卫区的军队出动到东北，以牵制日军，使之无法集中兵力于上海作战。另外，为了缩短前往上海增援的部队的移动距离，减少到达目的地所需要的时间，该计划还试图调动在江西“剿共”战场上的中央军的5个师前往上海增援，而由湖北、广东的部分军队前往江西“剿共”，四川的军队则前往湖北填补空白。①

从上述《全国防卫计划》可知，由于各区各军处于一种互相协作、相辅相成的关系之中，所以只要有一个环节失灵，整个计划就会瓦解。换言之，为了实现这个防卫计划，各区各军相互之间的高度统一和精诚合作是不可缺少的前提。可是，接下来的事实说明，在当时的中国，最缺乏的正是这个前提。

先看第一防卫区总司令张学良的行动。1931年12月16日，张学良因丧失东北而辞去中国陆海空军副总司令的职务，降格为“北平绥靖公署主任”。② 但是，这种名义上的变动，并不影响他在华北对中央政府继续保持实质上的独立地位。借汪精卫的话来说，在东北军统治下，“河北、热河、察哈尔等地的税收一分也到不了国库，张学良自己任命税收官吏征税，并自称把其中的大部分用到了军费。但是，兵士的数目和每个兵士的费用中央一切不能过问。故名为一家，实为异国”。③ 国民政府在发布《全国防卫计划》后，除发电报命令张学良出兵东北外，还派训练总监李济深和实业

① 汪精卫：《两年来关于救亡图存之工作》(1934年1月23日)，台北：中国国民党党史馆藏，一般240/12.1。

② 《准张学良辞副司令任绥靖公署主任》，(天津)《大公报》(1931年12月17日)。

③ 《汪精卫致国民党中央执行委员会电》(1932年8月8日)。笔者附注：这封电报被日本驻华外交官译成日文报告给外务省。详见「上村より内田宛電報第564号」，『日本外交文書　満洲事変』2—2，第787—788页。

部长陈公博北上对张说服。但张学良认为,与其为胜利无望的抗日作战消耗自己的军队,不如保存实力。因此,他虽然设宴款待中央来客,但一旦提到出兵之事即顾左右而言他,使人不得要领。结果,陈公博和李济深只得无功而返,而《全国防卫计划》所设想的“南北夹击日军”,也就随之落空了。①

再看作为预备区的四川省的动向。国民政府为使部分四川军队移往湖北,专派张笃伦为特使赴川。但是被任命为正副总司令长官的刘湘与刘文辉,本来就是互相对立的地方军阀。刘湘因为怕刘文辉以中央的命令为口实抢夺地盘,特地致电赴川途中的张笃伦,威胁他“来川必杀”,张笃伦只得半途折回。②

至于被划为第四防卫区的广东省和广西省,众所周知是国民党广东派的地盘。如前所述,广东派在孙科政府时期曾和南京势力汇合,但在蒋汪合作政权成立后,广东派以“国民党中央执行委员会西南执行部”和“西南政务委员会”“西南军事分会”的名义,实际上对南京维持着半独立状态,并继续作为国民党内最大的反对势力而同南京分庭抗礼。③ 上海抗战发动后,汪精卫致电广东派大佬胡汉民、邓泽如等称:政府已下最大决心谋长期之抵抗,切望后方的广东、广西“于增援助饷两者,努力加意”。④ 但广东派接电后,“即日召开紧急会议,结合本方特殊关系熟议今后方针,结果多数意见认为此际若受蒋利用卷入上海的中日冲突,对国民党的将来并非贤明之举”。2月1日,邓泽如还专门派林丽生访问日本驻广

① 汪精卫:《两年来关于救亡图存之工作》;陈公博著,冈田酉次訳:『中国国民党秘史——苦笑録・八年来の回顧』,東京:講談社,1980年,第233—235页。

② 汪精卫:《两年来关于救亡图存之工作》。

③ 因此,广东派从此常被称为西南派,本书在表述上亦根据需要而使用这一称呼。

④《汪精卫电》(1932年1月31日),《革命文献》第36辑,第1559—1560页。

东代理总领事须磨，在通报了上述会议的结论后称：广东派认为暗中脱离国民政府，避免对日冲突，符合过去广东国民政府开展反蒋运动的目的。① 其后，广东派一边批判“南京政府对日不抵抗”，“南京阻止两广援助抗日”，一边在实际上拒绝了南京要其出兵赣南的命令。个中经纬都由日本外交官报到了东京。②

以第一防卫区的出兵东北来牵制日本，以预备区与第四防卫区的合作来增援上海，是实行全国防卫计划的两大关键。但是，前者由于张学良的拒绝而成泡影，后者则由于四川和广东派的拒绝而成画饼。按汪精卫当时的观点，对日抗战必须以“全民抵抗、全土抵抗”为基础，可是，如上述事实所示，地方势力和国民党内的反对势力优先考虑的都不是全民、全土，而是保存自身势力、维护自身地盘。《全国防卫计划》就这样在他们所造成的分裂、割据状态中成为海市蜃楼。

在这样的背景下，国民政府要维持上海抗战，唯一的选择是中止或缓和与中共军队的内战，以抽出担任“剿共”主力的中央军驰援上海。但是，在中国的国情面前，这个唯一的选择也无法实现。这和此期中国共产党的动向是密切相关的。

上海事变前后，“左”倾路线支配下的中共的内外方针，是由苏联及其控制下的共产国际主导的。共产国际在1931年12月29日发给中共中央的指示中提出的基本方针，是“反对一切帝国主义”

① 「須磨より芳沢宛電報第83号極秘」(1932年2月3日)，外務省編纂：『日本外交文書』昭和期Ⅱ-1-1，東京：外務省発行，1996年，第551—552页。

② 「須磨より芳沢宛電報第121号(西南執行部及政務委員会合同記念週ニ於ケル李宗仁ノ対日問題演説要旨)」(1932年2月16日)，『日本外交文書　満洲事変』2—2，第705页。「須磨より芳沢宛電報第134号」(1932年2月20日)，『日本外交文書』昭和期Ⅱ-1-1，第555页。

和“打倒国民党是取得反帝民族革命战争胜利的先决条件”。[1] 在这个指示的引导下,1932 年 1 月 9 日,中共中央作出了《中央关于争取革命在一省与数省首先胜利的决议》,其中表明了它对国内外形势的认识和态度。其要点可概括为 3 条:

第一,日本占领“满洲”是帝国主义新的瓜分中国的开始,是进攻苏联的具体的危险的步骤。在反对苏联的战争准备上,在将“满洲”造成反苏联的军事根据地上,在掠夺中国民众压迫中国革命运动上,帝国主义是一致的,国际联盟及美国都一样是掠夺和压迫中国的强盗。因之党的任务是组织、准备、领导、武装无产阶级与农民群众,进行革命的民族解放战争来保护中国,反对日本帝国主义,反对一切帝国主义。

第二,蒋介石派占有重大影响的国民党各派的联合政府依然是地主资产阶级专政,在阶级的实质上,对内对外的政策上,当然不会有任何改变。新政府中亲日势力的优势,将使它更迅速地完全投降日本帝国主义。党和苏维埃政权应该号召民众武装起来,进行民族革命战争来反对一切帝国主义争取中国的独立与统一,并再次告诉民众,推翻勾结帝国主义的国民党政府,是求得民族革命战争胜利的先决条件。

第三,当前的形势造成的国内阶级力量的变动是有利于工农,有利于红军苏维埃的。不占取大城市的战略已经不适合于现状。扩大苏区,利用目前顺利的政治与军事的条件,占取一二个重要的中心城市,以开始革命在一省数省的首先胜利是目前党的

---

[1]《共产国际指示——关于反帝斗争问题》(1931 年 12 月 29 日),周文琪、褚良如编著:《特殊而复杂的课题——共产国际、苏联和中国共产党关系编年史(1919—1991)》,武汉:湖北人民出版社 1993 年版,第 224 页。

总任务。①

由上可见,虽然九一八事变已经过去了近 4 个月,中共中央在对国际政治的认识上,仍然忽视因日本侵略中国而形成的日本和国际联盟、英美等国的矛盾,故把“反对日本帝国主义”和“反对一切帝国主义”并列,且以“保卫苏联”的“国际主义立场”为党的优先考虑。与此相关,中共中央在针对国内政治的政策上,重视的是“阶级斗争”而非民族斗争,并把打倒国民党、推翻国民政府作为打倒日本帝国主义的前提。

正是在这种认识的主导下,中共中央把九一八事变后的内外形势看成有利于“苏维埃革命”,从而把党的战略转换到了扩大与加快苏维埃革命的进攻路线之上。因此,上海抗战爆发后,中共中央决定:“反对日本帝国主义与一切帝国主义,反对国民党的南京政府与一切国民党的派别,在反帝与反国民党的旗帜之下,宣传民众,组织民众与武装民众,这仍旧是我们党目前的中心任务。”②

在这一方针的指引下,在上海抗战期间,中共中央在上海号召国民政府军的士兵“不顾一切长官的命令,追击日军到租界内”,“倒转枪来向帝国主义与国民党瞄准”,“杀掉你们的长官,加入红军”;对民众则号召“总同盟罢工反对日本与一切帝国主义及国民党”。③ 同

① 详见《中央关于争取革命在一省与数省首先胜利的决议》(1932 年 1 月 9 日),中央档案馆编:《中共中央文件选集》第 8 册,北京:中共中央党校出版社 1991 年版,第 34—47 页。

②《中央为上海事变给各地党部的信》(1932 年 2 月 15 日),《中共中央文件选集》第 8 册,第 113—114 页。

③ 详见《中国共产党关于上海事件的斗争纲领》(1932 年 2 月 2 日)、《中央为上海事变给各地党部的信》(1932 年 2 月 15 日)、《请看!!! 反日战争如何能够得到胜利?》(1932 年 2 月 26 日),分别见《中共中央文件选集》第 8 册,第 100—102 页,第 110—124 页,第 142—145 页。

时，在苏维埃区域，中共中央还根据1月决议，动员所有红军，以占领主要城市和“首先取得一省数省的革命胜利”为目标，展开了对国民政府“剿共”军队的大反攻。[①] 结果，和《全国防卫计划》“南北夹击日军”的设想相反，国民政府自己受到了另一种意义上的内外夹击，而无法从江西、湖北增援上海。[②]

正是在上述国情的制约下，在上海抗战的全过程中，仅有20多万常备军的日本可以自由地向上海战场不断增兵，拥有240余万军队的国民政府，真正能够投入到上海战场的兵力却仅有第19路军和第5军的两个师。所以，和前述民间的一般认识不同，对蒋汪合作下的国民政府来说，上海抗战的结果，更多的是负面的教训：在对日方面，国民政府被迫签订《上海停战协定》，使中国军队丧失了驻兵上海的权利；在国内方面，则是中共苏维埃革命的范围已经扩大到湖南、江西、浙江、福建、湖北、安徽、河南七省。因此，日本外务省也总结说：上海事件的爆发，致使国民政府的“剿共”事

---

① 关于这一时期中国共产党的自我总结，1945年4月20日中国共产党第六届中央委员会扩大的第七次全体会议通过的《中国共产党中央委员会关于若干历史问题的决议》指出：“日本帝国主义在一九三一年‘九一八’开始的进攻，又激起了全国民族民主运动的新的高涨。新的中央对于这些事变所造成的形势，一开始就作了完全错误的估计。它过分地夸大了当时国民党统治的危机和革命力量的发展，忽视了‘九一八’以后中日民族矛盾的上升和中间阶级的抗日民主要求，强调了日本帝国主义和其他帝国主义是要一致地进攻苏联的，各帝国主义和中国各反革命派别甚至中间派别是要一致地进攻中国革命的，并断定中间派别是所谓中国革命的最危险的敌人。因此它继续主张打倒一切，认为当时‘中国政治形势的中心的中心，是反革命与革命的决死斗争’；因此它又提出了红军夺取中心城市以实现一省数省首先胜利，和在白区普遍地实行武装工农、各企业总罢工等许多冒险的主张。”详见《中国共产党中央委员会关于若干历史问题的决议》，北京：人民出版社1980年版，第17—18页。

② 参见《何应钦致吴敬恒电》(1932年2月12日)，《历史档案》1984年第4期。

业完全没法顾及，红军更加得势。①

面对这个结果，对于“安内”与“攘外”的优先顺序问题，国民政府不得不再作检讨。

三、“安内第一”与“对日接近”

自1931年中日关系尖锐化以来，先“攘外（抵抗日本侵略）”还是先“安内（消除内忧安定内部）”？这一政策选择上的先后顺序问题，一直是国民政府内外各界议论的焦点。围绕这个焦点，一些人从现实主义出发，主张“安内先行”；一些人从爱国主义出发，主张“攘外先行”；还有一些人则从理想主义出发，主张“攘外安内并行”。

面对这3种意见，蒋介石从1931年7月的万宝山事件开始，就基于“不安内就无以攘外”的观点，主张安内先行。② 九一八事变爆发后，蒋介石在1931年11月再次强调了这个观点，称“攘外必先安内，统一方能御侮，未有国不能统一而能取胜于外者。故今日之对外，无论用军事方式解决，或用外交方式解决，皆非先求国内统一，不能为功。盖主战固须先求国内之统一，即主和亦非求国内之统一，决不能言和”。③ 蒋介石的主张虽然反映了国民政府领导层的

① 关于日本对九一八事变后中国共产党的观察，详见「芳沢外務大臣より在厦門三浦領事宛電報案〔厦門進撃以前の共産軍活動情況〕」(1932年4月26日起草)。正文所引用的部分，日语原文是「上海事件ノ勃発ノ結果剿匪事業ハ全ク顧ミラレサルニ至リ其結果紅軍ハ愈々勢ヲ逞ウセリ」。『日本外交文書』昭和期Ⅱ-1-1，第624—626页。

② 蒋介石：《告全国同胞一致安内攘外》(1931年7月23日)，中国国民党中央委员会党史委员会编：《“总统”蒋公思想言论总集》第30卷，台北：中国国民党中央委员会党史委员会1984年版，第150页。

③ 蒋介石：《外交为无形之战争》(1931年11月30日)，中国国民党中央委员会党史委员会编：《“总统”蒋公思想言论总集》第10卷，台北：中国国民党中央委员会党史委员会1984年版，第482页。

主流意见，但是，它既在内部无法压倒“血浓于水”的民族感情，本身又缺乏安内所需的外部条件即中日关系的平静，所以实质上“安内先行”一直未能真正贯彻。

另一方面，“攘外先行”论固然符合血浓于水的民族感情，但是，不管是国民党还是共产党，各自都把先消灭对方看成攘外的前提，而国共两党以外的各种政治势力，则都把保存自身实力及维护自身地盘作为至上目标，所以，在实际上，“攘外先行”也未能真正成为为政者的自觉行动。

在这样的国情下，直至上海抗战结束，在先攘外还是先安内的课题面前，国民政府只能是哪个急就先抓哪个，换言之，实际上贯彻的是安内攘外的同时并行。

在《全国防卫计划》的挫折所提供的教训面前，国民政府从1932年4月开始重新检讨对日政策。结果，“同时进行”论和“攘外先行”论都因为它的不可行性已得到证明，而失去支持，“安内先行”论随之成为国民政府的共识。

特别重要的是，经过上海抗战的实践以后，此时的“安内先行”论已经比九一八事变刚刚发生的时候，有了更多、更强的根据。归纳蒋介石在各次会议上的相关发言①，可从两个视角对它们加以总结。

---

① 蒋介石：《整理军队统一军事》(1932年4月2日在高级军事会议的讲话)，《复兴中国之道》(1932年4月11日中央陆军军官学校总理记念周讲话)，《党员在危急存亡之中对于主义更应具坚定的信念》(1932年5月2日)，《雪耻救国之道》(1932年5月9日)，《“清剿匪共”与修明政治之道》(1932年6月18日在五省“清剿”会议讲话)，分别见《“总统”蒋公思想言论总集》第10卷，第483—485页，489页，519—525页，526—533页，620—626页。另见《蒋委员长在牯岭对各军政长官训话》，《中央日报》(1932年6月24日)。

首先是关于内忧与外患的因果关系的视角。蒋介石认为，中国的内忧在广义上包括政治上的分裂、军事上的虚弱、经济上的贫困、教育水准的低下、组织能力的落后、国家思想与民族观念的缺乏，等等。这些缺点与弱点所具有的自我破坏作用，不仅招来了外国的压迫与侵略，而且使中国丧失了击退外国压迫与侵略的能力。从这个观点出发，蒋介石认为内忧是因，外患是果。所以，消除内忧是驱逐外患的前提。

其次是内忧与外患之“大小、缓急”的视角。在这个视角上，蒋介石根据上海抗战时期的教训，把中国共产党领导的苏维埃革命看成“现今最大的内忧”。因为他认为，日本的侵略只是要攫夺中国的利权，中共的苏维埃革命则是要在苏联及共产国际的支持下打倒国民政府、颠覆国家制度，从根本上毁灭中国。而且，中共目前的根据地是在作为中国精华所在的长江流域周边。据此，蒋介石把日本的侵略视为肌肤之病，把苏联与共产国际指导下的中共苏维埃革命视为心腹之祸，这二者具有相互助长的关系。因此，蒋介石认为，从外患与内忧的大小缓急出发，只有先根治心腹之祸才能消除肌肤之病。①

在经过对内忧外患的性质及解决顺序问题的再检讨以后，

---

① 这种观点至迟在一·二八上海抗战时即已抬头。譬如，1932 年 2 月 6 日“剿共”前线的熊式辉在发给何应钦的电报中说：“由江西抽出一师赴沪，对倭无致胜之望，对匪有先败之虞。夫倭寇如割肉之痛，‘赤匪’乃烂心之痛，此时两方兼顾，则两方俱不能顾也。似应尽江苏兵力抵抗割肉，尽江西兵力治止烂心。日本之兵可随时添加，我之增援自穷，故不如不予增援。江西之匪可随时爆发，我之防备不可疏，故不宜稍予抽调。不然，万一江西防线有一部动摇，则影响所及，不堪设想。顷与一民兄熟商，蒋铭三师决不能抽调赴浙，请公等有以统筹之，勿剜不可剜之肉，而补不能补之疮，则国家生命有望苟延一息。”见《熊式辉致何应钦电》（1932 年 2 月 6 日），《历史档案》1984 年第 4 期。

1932年6月中旬,国民政府军政首脑在庐山举行秘密会议,正式确定了先安内、后攘外的"攘外必先安内"方针。[①] 其中,广义上的安内是以国家的统一与建设为旗帜,克服国家的一切重大缺点与弱点,狭义上的安内则是指要以"消灭中共""根除赤祸"为当务之急。

在决定了安内与攘外的优先顺序以后,国民政府就对日政策也再次进行了相应的修正。

在4月中旬开始的再检讨中,负责对日政策的各部门提出,迄今为止的对日政策几乎都属于临时应付性质,缺少明确性与具体性。[②] 在这一反省的基础上,6月中旬的庐山会议就对日问题决定:禁止各地抵制日货,禁止过激的反日运动,防止再次发生重大事件。[③] 与此相呼应,同月22、23、24日,蒋介石在庐山连续召见正准备返日复职的蒋作宾,在详细讨论中日关系后,确定了"对日总取携手主义"的方针。[④] 7月初,国民政府作为贯彻攘外必先安内政策的重要步骤,着手进行对中共的第四次"围剿"。同时,以蒋作

---

① 秦孝仪主编:《"总统"蒋公大事长编初稿》第2卷,台北:中国国民党中央委员会党史委员会1978年版,第202—203页。另见李云汉:《中国国民党史述》第3编,第216—218页。

② 参见《蒋作宾日记》(1932年4月10日条),第427页;《中央政治会议秘书长唐有壬致胡适信》(1932年6月28日),中国社会科学院近代史研究所中华民国史组编:《胡适来往书信选》中册,北京:中华书局1979年版,第123页等。另外,《黄郛日记》(1932年4月17日条)记曰:"早餐后介石偕岳军来谈:(一)对党对外交有亡羊补牢说;(二)根本分期建设计划。未几,雨岩亦来谈,至十一时别去。正午雨岩请至聚庆楼午餐。午后三时,介石又来单独谈至五时一刻别去,系继续午前之说加以详密讨论。此次与介石谈,似觉对公对私,彼均有相当觉悟。"任育德编:《黄郛日记》,香港:开源书局2019年版,第157页。

③「坂根より斎藤外務大臣宛電報第442号(廬山会議の経過に関する楊揆一の内話)」(1932年6月22日),『日本外交文書　満洲事変』2—2,第758页。

④《蒋作宾日记》(1932年6月22、23、24日条),第447页。

宾返日为契机，国民政府开始实行以“使中日两国渐渐接近”为目标的对日新政策。①

必须指出的是，从政策的制定过程看，这个对日新政策是含有“策略”与“诚意”两个层面的。

在策略层面，蒋介石等人认为，中国要通过安内工作克服和日本在国力上的差距，需要一个相当长的时间。另外，就国际解决战略来说，中国必须利用日本和第三国的矛盾，而从世界大势看，英、美、法、苏至少要到1936年才可能和日本开战。以对国内和国际的上述分析为依据，蒋介石等人认为，如果中日矛盾最终必须靠军事解决的话，中国至少要使之推迟到1936年以后。在此之前，中国必须卧薪尝胆，采取拖延策略，在“对日接近”的掩护下赢得作准备的时间。②

至于对日接近的诚意的一面，则是和国民政府领导层此期在对日认识上的二重性密切相关的。

仔细分析一下自九一八事变到1932年6月庐山会议期间国民政府领导人对日本的认识，不难发现和公开场合的对日批判不同

---

①《蒋作宾日记》(1932年7月5日条)。此日是蒋作宾返任的出发日，其记道：“晚11时上船，来船送者至伙。余此次回日赴任，其目的在使两国渐渐接近，感情尤关紧要，故特选定日本邮船会社之平安丸。”(第449—450页)笔者附注：据日方情报，蒋作宾公使的随员王长春还向日本驻上海的外交官秘密披露了蒋作宾为对日接近而构想的“腹案”：“中国确认日本在东三省的条约上的权益；溥仪以下的‘满洲国’官吏继续任用，全国禁止排日运动(含抗日教科书)。在此条件下，要求日本承认中国对东三省的主权。”(日语原文：「東三省ニ於ケル日本側ノ条約上ノ権利ヲ確認スルコト溥儀以下満洲国ノ官吏ハ其ノ儘継続任用スルコト全国ニ於ケル排日運動(抗日教科書ヲ含ム)ヲ禁止スルコト等ノ各条件ノ下ニ東三省ニ対スル支那側ノ主権承認方ヲ日本ニ要求スル」)详见「在中国守谷臨時代理公使より斎藤外務大臣宛電報第1016号極秘」(1932年6月27日発)，『日本外交文書』昭和期Ⅱ-1-1，第576页。

② 参见汪精卫：《在洛举行国难会议之意义》(1932年4月9日)，《国难会议宣言》(1932年4月12日)，分别见《革命文献》第36辑，第1748—1749页，第1755—1757页。

的另外一种声音,其核心是对日本内部所谓反陆军派或稳健势力的期待。

譬如,1931 年 12 月 2 日提出的特种外交委员会委员长的报告书,一边指出日本“现在外交完全受军略所支配”,一边又认为:“日本国内反陆军政策之力量并不弱,且部分甚多,唯此时均被军部举国一致之威力所屈服,但至军部政策用尽时,一切反陆军政策之势力,必将继起执政,至此中日间方入纯真外交时期。就大体推测,反陆军政策之势力者,即与占领满蒙之政策,在主义上或利害上冲突之全部势力。第一,西园寺、牧野等元老一派;第二,海军山本、财部等一派;第三,金融家全部;第四,对中国中部、南部贸易之一切商家皆属之。”①

过了 1 个多月,日本军队已在 1931 年底基本占领了整个东北,但在国民党中央政治会议上,还有人认为日本出兵东北只是为了要中国承认它的既得权益并提供新的权益,占领中国领土并非日本的目的。②

接着,在经过上海事变的新的打击,而且“满洲国”也已经成立后,国民政府的很多领导人还是把日方的这一系列行动看成只是以日本陆军为中心的侵略势力的暴行,内心里还是保留着对日本“稳健势力”的期待。因此,在 1932 年日本发生五一五政变③后,蒋介石在 5 月 19 日一边指出“日本的现状表明军人想组织法西斯

---

①《特种外交委员会委员长戴传贤上中央政治会议报告》(1931 年 12 月 2 日),《国民政府处理九一八事变之重要文献》,第 206—209 页。

②《中国国民党中央执行委员会政治会议第 300 次会议速记录》(1931 年 12 月 29 日),《国民政府处理九一八事变之重要文献》,第 213—214 页。

③ 1932 年 5 月 15 日以日本海军少壮军人为主发动的政变,部分日本陆军士官候补生亦参加。政变者袭击了首相官邸等要所,杀害了首相犬养毅。结果,5 月 26 日成立了以海军大将斋藤实为首的所谓“举国一致”内阁,日本政党内阁时代由此结束。

党”,一边还是强调日本教育普及,民族性强烈,法西斯主义的独裁政治与共产主义的独裁政治可以在意大利、苏联取得成功,但决不会在日本成功。日本的军人不顾本国的环境与国民的素质,一心推行侵略中国的强硬政策,当然会遭到失败。①

和对日本“反陆军派”的“自我净化能力”的期待相关,国民政府领导层虽然在上海事变时对日本的企图一时作出了过度的判断②,但对九一八事变的性质和日本对华政策的最终目标,在事变发生10个月后还没有作出断定,并对日方发生变化的可能性寄以希望。另外,很多人还认为,国民政府和日本都是反共的,在反共这一共同的立场上也必定能建立中日和平。③

正是在这些认识的引导下,在解决中日问题的方法方面,国民政府一边强调卧薪尝胆和军事准备、长期抵抗的必要性,一边并不把军事对决看成唯一的选择,而对通过交涉争取和平解决保持着乐观态度。④

在把“剿共”定为安内的当务之急后,国民政府开始对以共同反共反苏、改善中日关系抱有更大的迫切感。因为他们认为,照目前现状推移下去,中国共产党将利用九一八事变和上海事变造成的混乱

---

① 蒋介石:《军队政治工作方法的改善》(1932年5月19日在励志社对政治工作人员训话),《“总统”蒋公思想言论总集》第10卷,第574页。

② 上海事变初期,国民政府曾判断日本的军事目的是占领南京,控制长江流域。详见《第二期抵抗作战方案》(1932年3月10日),《中华民国重要史料初编——对日抗战时期》绪编(1),第516—517页。

③ 汪精卫:《十年来和平运动的经过》,台北:中国国民党党史馆藏,一般715.1/174。

④ 譬如,在1931年12月29日举行的国民党中央政治会议第300次会议上,与会者认为如果不顾民意反对,毅然进行对日直接交涉,马上就能打开目前的重大局面。从本书的论述可知,这种观点至少一直持续到1932年9月。

“为所欲为”,而作为中共后台的苏联也将直接“支配中国”。①

这样,如果说国民政府对日认识中含有的危机感与敌忾心塑造了“对日接近”新政策的策略性的一面的话,那么,其中同时存在的对日本自净作用的期待感、对和平解决的乐观论、对反共共同立场的侥幸心,则形成了对日接近的诚意的一面。

对日认识中上述二重性的存在,说明从九一八事变爆发到1932年夏国民政府对日接近新政策的确立,中日关系还有很大的流动性。但是,它最终流向哪个方向,关键是在国民政府推进对日接近政策以后,日本的反应到底是证明了国民政府对日危机感的一面正确,还是对日期待感的一面正确?从这个意义来说,掌握中日关系主导权的是日本而非中国。

日本的反应是什么呢?

四、日本的反应与中国的挫折

在东京具体落实对日接近政策的蒋作宾,没费多少时间就清楚了日本的答案。

作为对日接近的第一步,蒋作宾于7月8日回到日本后,首先致力于同他所认为的日本稳健派要人的接触。但是,不到两个星期,蒋作宾就在日记中写道:“日本国内军政两界均无中心人物,一般有识者均不敢主持正义,政党噤若寒蝉,军人老辈徒仰少壮派之鼻息,一般人士如中风狂走,明知日本四面树敌,处极危险之境地,

---

① 这是孙科对须磨谈话中的观点。详见「桑折より内田宛電報第138号」(1932年7月18日),『日本外交文書　満洲事変』2—2,第772—773页。

而亦不敢倡言挽救，亦可哀也。”①

然而，尽管蒋作宾在东京很快产生了不好的预感，在中国国内，国民政府还是加强了对日直接交涉的努力。

如前所述，国民政府在决定三路并进方针之初，本来就是打算以其中的交涉之路为优先的，后来只是由于突然爆发了上海事变，他们才不得不推迟交涉。所以，随着上海事变的结束，在蒋作宾返日复职的同时，蒋汪就对尽快实现对日交涉达成共识，并立即在暗中身体力行。②

一方面，8月初汪精卫手持蒋介石写给张学良的亲笔信前往北平，要求被视为中日直接交涉障碍的张学良辞去北平绥靖公署主任一职。在遭到张学良拒绝后，汪精卫还以自身的辞职逼迫张学良同意两人同时辞职。③ 汪精卫的这一做法引起了巨大的政坛风波，但为了早日实现中日交涉，汪精卫宁愿如此。

另一方面，为了回避民意对直接交涉的反对，以及不给反政府势力留下借口，汪精卫无法公开汪张之争的症结所在，所以当时的内外舆论都把汪张之争单纯看成是两人在热河防卫问题上的分歧，有些人甚至视之为汪和张的权力斗争。④

---

①《蒋作宾日记》(1932年7月18日条)，第453页。

② 详见「矢野より内田宛機密公第257号(唐有壬堀内へノ内話ノ件)」(1932年8月30日)，『日本外交文書　滿洲事变』2—2，第802—804页。笔者附注：关于对日交涉，1932年3月举行的中国国民党四届二中全会决定：以不屈服于丧权辱国条件为前提，以公开的系统的行动为方法(《革命文献》第36辑，第1584页)。但实际上为了避免遭到舆论与反政府派的攻击，蒋汪不得不秘密进行对日接触。

③ 详见前引「矢野より内田宛機密公第257号(唐有壬堀内へノ内話ノ件)」(1932年8月30日)。

④ 这一看法在很长时期一直是学界的定论。其实，围绕热河防卫问题的汪张对立虽然是事实，但它仅是汪张之争的原因之一，而非全部。

对汪张之争的真相心知肚明的蒋介石,在看到汪张纠纷已经妨碍对日直接交涉后,只得自己出面尝试。8月23日,他致密电给蒋作宾说:“本庄去,武藤来,新旧更替,如日本当局,有稍变方针,借此重谋中日亲善之转机,中国可与径开谈判”。① 25日,蒋介石还致电黄郛,指示他“下山过沪时,如日方有可以接洽之人,不妨先与接洽,再来汉面商。”②

黄郛自因1928年的济南事变辞职以后,一直谢绝和日本人的来往。接到蒋介石的委托后,鉴于和结拜兄弟的情谊,黄郛立即恢复接触日本人,为对日直接交涉发挥了私人途径的作用。③ 如日本所观察的,在当时的中国,无论是谁当政,只要他主张对日直接交涉,反对者马上就会竭力加以攻击,并利用为推翻政府的工具。④ 因此,蒋汪在这样的政治环境中仍为实现对日直接交涉而秘密发力,正反映出了他们在贯彻“接近”政策上的热心。

但是,对此时的日本来说,蒋汪的热心只能遭到冷脸。因为,蒋汪的对日接近并非无原则的对日屈服,而是要试用新的方法实现老的目标,即“一须日本放弃满洲;二须放弃破坏中国统一政策”。⑤ 然而,从1932年3月1日成立“满洲国”以后,日本的对华政策和中国的对日目标之间的距离,已经进一步扩大。3月12日犬养内阁决定的《满蒙问题处理方针要纲》,规定了以下5项:

---

①《蒋介石致黄郛电》(1932年8月25日),沈云龙编著:《黄膺白先生年谱长编》下册,台北:联经出版事业公司1976年版,第497页。

②《蒋介石致黄郛电》(1932年8月25日),《黄膺白先生年谱长编》下册,第497页。

③《黄膺白先生年谱长编》下册,第505页。

④「内田より連盟代表他宛電報合第2169号」(1932年11月24日),外務省編纂:『日本外交文書　満洲事変』3,東京:外務省発行,1981年,第87页。

⑤《蒋介石致黄郛电》(1932年8月27日),《黄膺白先生年谱长编》下册,第498页。

(1) 在日本帝国的支持下,使“满蒙”在政治、经济、国防、交通、通信等各方面成为对日本的存立具有重要机能的地区。

(2) 鉴于“满蒙”已经成为从中国本部政权分离、独立之政权的统治地区,要诱导其逐步具备独立国家的实质。

(3) “满蒙”的治安目前主要由日本维持。

(4) 使“满蒙”成为日本对苏对华的国防第一线,不容外部搅乱。

(5) 以新国家为对手恢复日本在“满蒙”的权益。①

同日,犬养内阁还通过了《伴随满蒙新国家成立之对外关系处理要纲》。它一面说“日本目前暂不对新国家予以国际法上的承认,仅在可能的范围内,以适当的方法提供各种援助”,一面又决定:帝国要尽可能以非正式的方法和新国家形成事实上的关系,以努力扩充帝国的权益,造成事实上的既成状态,并据此掌握“满洲国”的军事实权和外交、内政实权。②

随着上述两个决定的产生,日本军政各方已就支持“满洲国”达成一致。在斋藤实③内阁作为五一五政变的结果而于 5 月 26 日登台后,日本更是在总体上朝着承认“满洲国”推进。到了 7 月 12 日,斋藤内阁正式就承认“满洲国”作出了决定。在随后举行的内田康哉④外相和国际联盟李顿调查团的会谈中,内田公然宣称:“承认满洲国是唯一的解决方法”,“日本曾经想就满洲问题和中国交

① 全文见『日本外交年表竝主要文書』(下),第 204—205 页。

② 「満蒙新国家成立に伴ふ対外関係処理要綱」(1932 年 3 月 12 日閣議決定),小林龍夫・島田俊彦編:『現代史資料』第 7 卷,東京:みすず書房,1964 年,第 495 页。

③ 斋藤实(1858—1936),军人出身的政治家,最终军衔为海军大将。1932 年 5 月 16 日接替在五一五政变中被暗杀的犬养毅任日本第 30 任内阁总理大臣,至 1934 年月 7 月辞职。1936 年 2 月在二二六事件中被杀。

④ 内田康哉(1865—1936),日本外交官、政治家,曾 5 次出任外务大臣(外相)。

涉,但在满洲国已经独立的今天,日本和中国已无交涉的余地”。①

以上就是蒋汪暗中推行对日接近之际所面对的日本现状。对蒋汪合作政权来说,中国冒着内政上的风险,改变过去拒绝直接交涉的方针,主动向日方争取直接交涉,是对日本的巨大善意,所以日本应该对此作出诚意的回应。但是,对日本来说,对“满洲问题”的方针,已经从犬养内阁的“使中国事实上无法开始直接交涉”,进一步强化成了斋藤内阁的公开拒绝直接交涉。这样,在直接交涉问题上,中日双方完全陷入了背道而驰的局面。

和对日方的现状认识不足的蒋汪相反,日本对7月以后的蒋汪政府的意图看得很清楚。当时,在中国的日本外交官向东京报告说:张学良的下野,不过是蒋介石为了有利地开展对日交涉而导演的一场戏剧。国民政府的目的是以张学良的下台为转机,使日中关系逐步恢复正常,而且很多人对此寄予很大期待。同时,对于国际联盟,中国也已经没有往昔那样的依赖心了。②

很显然,日本当局者是清楚了解蒋汪在对日政策上的变化的。但是,他们当然不会因为怕蒋汪失望而放弃承认“满洲国”的既定方针。恰恰相反,他们还加快了承认“满洲国”的步伐:8月20日,陆军大将武藤信义以“关东军司令官”和“特命全权大使”“关东厅长官”的三重身份到“满洲国”上任;8月25日,亦即前述蒋介石致蒋作宾电报的两天后,被国民政府视为“稳健势力”要员的近卫文麿③面访蒋作

① 详见「内田より沢田連盟事務局長ら宛電報合第1548,1549号極秘」(1932年7月16日),『日本外交文書 満洲事変』2—1,第956—959页。

② 「中山より内田宛電報第482号極秘」(1932年8月18日),『日本外交文書 満洲事変』2—2,第794页。

③ 近卫文麿(1891—1945),京都帝国大学毕业,1916年成为世袭的贵族院议员,1931年任贵族院副议长,1933年任贵族院议长。1937年6月和1940年7月、1941年7月三次任内阁总理大臣(首相)。1945年12月在作为甲级战犯被捕之前服毒自杀。

宾,把作为“稳健势力”代表的西园寺公望等人的“意思”直接转达给了翘首盼望中的中方:日本对“满洲国”的承认已经无法避免,绝无交涉余地,中国唯有断念。① 同日,内田康哉宣称:即使国家化为焦土也要贯彻承认“满洲国”的国策。此即著名的“焦土外交”演说。

在接收到上述一系列信号后,蒋汪政权在无奈中再次让步,于8月27日通过中央政治会议秘书长唐有壬告知日方:“中国的第一希望是进行直接交涉,就解决条件达成合意后,提交国际联盟,促使国际联盟向中日两国提出妥协劝告。如果日本绝对反对直接交涉,中方作为第二个措施,希望至少能维持现状。”②所谓维持现状,即日本不正式承认“满洲国”,中国则暂时搁置“满洲国”问题。但是,中方的这一让步也不足以改变日本的决心。9月15日,日本照既定方针正式承认了“满洲国”。

对于蒋汪政府来说,从拒绝直接交涉到主动争取直接交涉是第一个让步,由要求立即取消“满洲国”到同意暂时维持现状是第二个让步。日本的反应却是完全无视中国当政者的这些退让,我行我素。

1932年7月以后蒋汪政权对日接近的努力,就这样遭到了挫折。

---

①《蒋作宾致国民政府外交部电》(1932年8月25日),“中华民国外交问题”研究会编:《中日外交史料丛编》第5册,台北:“中华民国外交问题”研究会1966年版,第40页。

② 前引「矢野より内田宛機密公第257号(唐有壬堀内へノ内話ノ件)」(1932年8月30日)。

五、"接近"的继续与"推迟"方针的提出

尽管如此,蒋汪政权并没有立即中止对日接近。

9月29日,须磨弥吉郎就新任驻华公使有吉明①的国书提交仪式问题访问国民政府外交部时,对外交部部长罗文干说:"鉴于日中关系的现状,举行正式会谈困难很多,所以,目前除以个人友谊进行非正式会谈外,别无选择。"对此,罗文干回答说:"在满洲问题上,中方也有很多缺点,所以我认为日本去年以来所采取的行动有一定的正当性。但不管怎么说,日本也有很多不明智的做法。特别是日本不给中国反省与直接交涉的机会,令人遗憾。坦白说,日本是以自己的错误报复中国的错误。因此,我认为现在双方应该虚心坦怀地重新认识现状。"另外,罗文干对有吉公使也表明了今后继续非正式谈判的希望。②

日方认为,罗文干的谈话大体反映了国民政府领导层的意见。③ 那么,国民政府领导层为何在日本承认"满洲国"以后还如此希望继续接触呢?

从前文已经论述的蒋汪当局对日认识的二重性及"对日接近"的两面性来看,其实上述问题不难找到答案。

---

① 有吉明(1876—1937),1899年由日本高等商业学校(现一桥大学)毕业后,入外务省。1932年7月任驻中国公使,1935年中日两国升格为大使级关系后,任第一代驻华大使,1936年退职。

② 详见「有吉公使より内田宛機密公第297号」(1932年10月5日),『日本外交文書　満洲事変』3,第623—625页。

③「有吉公使より内田宛機密公第297号」(1932年10月5日),『日本外交文書　満洲事変』3,第623—625页。

一方面，蒋汪当局对日本自净作用的期待和对和平解决的乐观等，确实已经被日本承认“满洲国”的行为所冲毁，但是，即使如此，此际他们对日认识中的另外 3 个要素还是继续存在着，这就是：对中日在反共方面的共同利害的信念，对日患是肌肤之病、“赤患”是心腹之祸的判断，以及对优先“剿共”必须要恢复中日和平的认识。换言之，和日本承认“满洲国”之前相比，虽然蒋汪当局对日接近的诚意的侧面已经大大萎缩，但在残存的 3 个要素的影响下，他们还需要为保障“剿共”这一安内事业的重中之重，而继续从在反共方面的中日共同利害出发，争取缓和中日关系。①

另一方面，伴随对日接近之诚意侧面的萎缩而来的，是卧薪尝胆和长期抵抗策略侧面的伸展。它也促使蒋汪当局为确保实现安内的外部条件和等待“国际解决”机会到来的时间，而继续缓和中日关系。②

除上述原因外，8 月下旬以后日本出现的一种新动向，也使蒋

---

① 笔者关于这一问题的比较详细的考察，请参考拙稿《1932 年中国对苏复交的决策过程》，《近代史研究》2001 年第 1 期。

② 1932 年 9 月 19 日，罗文干在给胡适的信中写道：“你来函反复争论直接交涉问题，我以为此办法是对的，惜去年初出事时未办。现在日本正在得意时候，我们亦不必急急，总要在国际有些变化的时候，或日满更倒霉，则交涉尚易开口，彼此尚有价可讲。目前我们最重要的，是不好将我们的气馁下去。……坚持一、二年，不怕小鬼不来请我们交涉。”（《胡适来往书信选》中册，第 135 页）。将前面引用的罗文干 9 月 29 日的谈话和这封信一起读一读，才能理解国民政府外交当局的内心。另外，“时间有利于中国”是国民政府此时的一种共识。譬如，宋子文也在 1932 年 10 月 23 日直率地警告日本人说：日本虽然制造了“满洲国”，但无法消灭东北的 3 000 万民众。要统治他们不仅困难，而且对日本来说负担极大。日本即从内政出发也只得在数年以内抛弃东北，所以对日本而言，不如现在就把东北归还中国，改善两国关系，方为明智之策。详见「有吉より内田宛機密公第 338 号」（1932 年 10 月 26 日），『日本外交文書　满洲事变』3，第 630 页。

汪当局感到有保持对日接近的必要。此事要从蒋作宾的一封电报说起。

8月26日,即内田康哉发表焦土演说的第2天,蒋作宾致电南京报告说:日本陆军大臣荒木贞夫等要人表示,日本不能放弃"满洲",但愿意援助蒋介石统一〔"满洲"以外的〕中国。① 9月10日,蒋作宾在和荒木的会谈中,再次获得了荒木本人对上述意向的确认。②

如前所述,在蒋汪当局对日接近的动机中,包含有两个当前目标:使日本"放弃满洲国"和"不破坏中国统一"。在第一个目标落空的状况下,如果能够首先达成第二个目标,对蒋汪来说当然也不失为明智。因为,其时日趋严重的内乱③正使完成统一显得更加具有紧迫性。

所以,9月15日日本正式承认"满洲国"后,蒋汪当局把对日接近的重点转到了争取实现第二个目标之上。就在此时,10月9日蒋作宾又向南京发来了下述报告:

> 日承认伪国后,外交已无可言。近来秋山、宫崎仍谓中日纠纷必须得到解决,据其所拟方案:(1)日本诚意援助中国统一,不再有出兵济南等事。(2)交还各处租界,撤销领事裁判权。(3)另商内河航行及军舰停泊条件。(4)另订于中国有利之关税。(5)准日人内地杂居。(6)日本废止平榆间及沪汉等

---

①《蒋介石致黄郛电》(1932年8月27日),《黄膺白先生年谱长编》下册,第498页。

②《蒋作宾日记》(1932年9月10日条),第471页。

③ 1932年10月30日,颜惠庆、郭泰祺、顾维钧等人在给南京的联名通电中,如此形容国内的混乱:"长江匪患尚炽,西南将宣布独立,北方政客密议改隶伪国,山东内战方酣,兵连祸结,四川群帅争雄,称兵十万。"参见顾维钧:《顾维钧回忆录》第2分册,北京:中华书局1985年版,第74页。

处驻兵。(7) 放弃庚款。(8) 中国不问辽案,不排日货等。私人拟议,据称或可得军部同意,并约荒木与宾日内密晤。①

同一节点,蒋介石还获悉日本陆军省军务局的铃木贞一②中佐近日将访问中国。由于铃木作为日本的“中国通”在陆军的对华政策上有很大的发言权,蒋介石对此消息很重视。10 月 11 日,他在把上述蒋作宾 9 日来电转送黄郛的同时,指示说:“铃木如来,诚关重要,请视其表示之诚意如何,善为应付,仍照既定方针进行,不必顾虑。”③黄郛接电后,再次充当蒋介石对日秘密外交的前驱,从 10 月 15 日至 21 日,一边同蒋介石保持密切联系,一边以个人立场和铃木多次会谈。④

根据黄郛自记,他在会谈中对“满洲问题”提出了下述建议:

(一) 中日间各派委员开会,国联派人列席。

(二) 在上述委员会中商议“东北问题善后办法”:

(a) 中国发表东三省定为在中国主权下之永久中立自治区域。

(b) 日本发表“满洲国”之存在与否,全视东三省住民之意志,日本毫无成见。如中国劝告“满洲执政府”取消独立时,日本不加干涉。

(c) 中日间为保障在此永久中立自治区内之安全与繁荣

---

① 《蒋介石致黄郛电》(1932 年 10 月 11 日),《黄膺白先生年谱长编》下册,第 503 页。

② 铃木贞一(1888—1989),1910 年日本陆军士官学校毕业,1917 年陆军大学毕业。主要在参谋本部任职,精通中国问题。1931 年任陆军“满蒙”班长,1933 年任陆军新闻班长,1938 年任兴亚院政务部长。1941 年转为预备役后曾任企画院总裁等。日本战败后,作为甲级战犯被判处无期徒刑,1956 年获假释出狱。

③ 《黄膺白先生年谱长编》下册,第 503 页。

④ 黄郛和铃木的会谈本来就是蒋介石所指示的,谈话内容黄郛随时以电报报告蒋介石。详见《黄郛日记》,第 212—214 页;《黄膺白先生年谱长编》下册,第 505—506 页。

起见,结两种新约。关于经济方面结互惠条约,关于政治方面结防御同盟条约。

(d) 平时在此自治区内之治安,特编练保安队以维持,中国不驻正式军队,日本亦即撤兵。①

另据铃木本人的报告,黄郛谈话的要点是:

(1) 国联以李顿报告书为基础的讨论,结果还是由国联劝告中日两国直接交涉。中国因此认清国联无可依靠,所以同意了直接交涉。

(2) "满洲"在由中日两国委员组成的委员会领导下,成为一个半独立的国家(有来客时又说是自治国)。中日两国缔结关于"满洲国"的安全保障条约(又称攻守同盟)与关于"满洲"的关税互惠条约。

(3) 目前中国的反日气势看来正在走向平静,但它只是针对国联总会的一种策略。实际上中国的对日反感绝未衰落。

(4) 倘若中日直接交涉的风声外泄,交涉立即就会遭到大众的反对而无法成功。

(5) 颜惠庆、顾维钧、郭泰祺目前仍在信奉国联第一主义,所以,要开始直接交涉,必须打倒这三人。

(6) 要取得中日交涉的成功,必须建立蒋介石的独裁政治。为此我方需要得到日方的支持,不仅是武器、资金等物质性的支持,还需要有可用于向中国大众作宣传的精神性的援助,如:废除治外法权的宣言、撤退驻华军队的声明,等等。②

---

①《黄郛日记》(1932年10月18日条),第213页。

②「有吉より内田宛機密公第338号(時局ニ対スル支那側ノ空気報告ノ件)」(1932年10月26日),『日本外交文書　満洲事変』3,第629—630页。

由上可见，黄郛的记录，内容仅集中于“满洲国”问题即中方7月以来的第一目标之上，铃木的记录则既涉及第一目标[即(1)(2)(3)(4)条]，又涉及第二目标[即(5)(6)条]。

综合双方的记录可得出两个结论：

第一，在解决“满洲国”问题上，黄郛的提案比8月27日唐有壬的“维持现状”案，又有了实质性的退让。这一退让在中方的记录里被表达为“东三省定为在中国主权下之永久中立自治区域”，并由中日两国缔结条约来保障其“安全与繁荣”；在日方的记录里，则进一步被表达为“‘满洲’在由中日两国委员组成的委员会领导下，成为一个半独立的国家。中日两国缔结关于‘满洲国’的安全保障条约(又称攻守同盟)与关于‘满洲’的关税互惠条约”。

第二，在日本“不破坏中国统一”这中方的第二目标方面，黄郛也提出了具体的要求。而且，它和中方在“满洲国”问题上的让步存在着不言而喻的交换关系。

黄郛的夫人沈亦云后来指出：黄郛的提案“实系顾到东北国防，亦顾到日本，调子甚低，着眼则在两国大处远处；在当时，不但日本军人做不到，即中国国民亦未必放心而甘心”。[①] 但对此时的日本来说，黄郛的提案不仅仅是做不到，而且还反映了“中国的强硬”。譬如，10月26日有吉明公使在把“黄郛对铃木中佐的谈话”报告给内田康哉外相的时候，先表达自己的不信感说“黄郛和蒋介石的关系最近令人生疑”，然后写了这么一段话：

> 综合中方要人的意见可知，它们都和中方对日本公使馆所表示的意见不同，显得非常强硬，并反映了中国人的传统做法。但根据本公使馆的印象，国民政府要人内心都在想着要

---

① 沈亦云：《亦云回忆》下册，台北：传记文学出版社1980年版，第449页。

> 用什么办法开始中日直接交涉。说到底,不管中方如何逞强,直接交涉的氛围已经在形成之中。所以,倘若我方因被中方表面强硬的态度迷惑而对华示弱,将产生不利后果。此际我方一面要坚持毅然态度,一面要向中方强调唯有尽快结束排日运动,恢复日中关系,走上东亚大道,方为关键。总之,我方须等中方自然向我屈服。①

这段话说明,在此时的日本,不要说军人,就连一般被看成稳健势力的外交官都认为,解决"满洲问题"的唯一方法是中方的全面屈服,即无条件地接受"满洲国"的既成事实,否则即使是黄郛提案那样的妥协也是绝对不能考虑的。与此相关,他们一面清楚地认识到国民政府愿意开始直接交涉,一面又因为不允许在"满洲国"问题上有任何谈判的余地,而迫使真正意义上的直接交涉无法开始。

正是在上述背景下,黄郛的提案很快就遭到了日本的完全拒绝,蒋汪政权想达到的两个目标随之都落空了。

先看关于"满洲国"问题的目标。11 月 12 日,国民政府军政部长何应钦面访日本驻南京代理总领事上村,再次请求说:"中国绝对不能承认满洲的独立。但只要日本在这一点上作出一些让步,中方对其他问题都不会纠缠。双方应依靠直接交涉迅速解决问题。总之,中国希望日本能考虑取消对满洲国独立的承认。"对此,上村明确回答说:"满洲国之独立是不可变更的既成事实。现在只有在这个事实的基础上寻求解决问题的方法,舍此别无他途。"②

---

① 前引「有吉より内田宛機密公第 338 号」。

②「上村より内田宛電報第 749 号」(1932 年 11 月 13 日),『日本外交文書　満洲事変』3,第 634—635 页。

再看关于中国统一问题的目标。在黄郛、铃木会谈后不到一周，蒋作宾就给南京发来了和“秋山·宫崎解决案”截然相反的报告。它称：

> 日本企图推行两个行动计划。第一个计划是煽动山东韩复榘独立，怂恿冯玉祥、阎锡山、韩复榘和吴佩孚拥戴段祺瑞为首领，并煽动帝制复辟运动，从而实现在中国挑起动乱的阴谋，并把华北从中国分裂出去。第二个计划是散布山东、四川、福建、广东和贵州的内部纷争以及共产党骚扰的消息；还散布流言说，英国正支持西藏宣布脱离中国而独立，并策动西藏军队侵入四川，以及蒙古军队将要进入包头。日本推行这两个计划的目的，是要把国际注意力转移到中国的现实局势上来，以便将来李顿报告书提交讨论时，为日本代表在国联诡辩做准备。①

这个报告是根据中国驻日公使馆的情报，不一定完全正确，但它作为对日本今后政策取向的预测，是没有错误的。因为，只要国民政府坚持否定“满洲国”，日本即使仅为保障“满洲国”也必须阻止中国的统一。正是出于这个逻辑，8 月 27 日斋藤内阁所通过的《基于国际关系的时局处理方针》虽然规定：“帝国对中国本部的政策应和帝国对满蒙的政策相分离，主要注重于发挥其贸易及企业市场的作用。因此，只要不妨碍我经略满蒙，我可和列国协作，努力保持中国本部尤其是其中在经济上和列国有重要关系的地区的和平，并开放门户。”但它同时在“对中国本部政策”上规定：“最近在中国本部，地方政权的分立状态日益显著，我方应注意其政局之

---

①《国民政府外交部致国联中国代表团电》（1932 年 10 月 28 日），《顾维钧回忆录》第 2 分册，第 72—73 页。另见《蒋作宾日记》（1932 年 10 月 26 日条），第 486 页。

推移,对其中采取比较稳重态度的政权应尽量尊重其立场,或者主动以我友好态度诱导其利于日本。""对各种事案,只要情况允许,就要和各地方政权谋求实际解决,努力避免发生事端。"①

上述内容因为是出自内阁决定,所以在表达上还留有暧昧性。但作为建设"满洲国"急先锋的关东军的方针,就很赤裸裸了。譬如,关东军高级参谋板垣征四郎②早在其1932年4、5月的"形势判断"中就写道:

> 中国政情的不安与内纷的频发,不仅可以消除或者减少它对满蒙的关心,还会促使其出于利己立场而向我寻求好意,并为此而抑制排日抗日运动。同时,中国的不安与内纷还可阻碍列强在中国的经济发展,消耗他们对中国的善意与期待。因此,中国的不统一和政情不安,有利于我解决满蒙问题。在确立东亚永久和平的过程中,必要时我可作为权宜之计加剧中国的不安与内纷。③

国民政府"对日接近"所谋求的两大目标就这样完全失败了。

12月1日,行政院代院长宋子文④和外交部部长罗文干联名

---

①「国際関係より見たる時局処理方針案」(1932年8月27日閣議決定),『日本外交年表竝主要文書』(下),第207页。

② 板垣征四郎(1885—1948),1904年陆军士官学校毕业,1916陆军大学毕业。长期在中国勤务,被称为日本陆军的中国通。1929年任关东军高级参谋,是1931年九一八事变的策划者之一。中日战争期间曾任陆军大臣、中国派遣军总参谋长等要职。1948年作为甲级战犯被执行死刑。

③「板垣高級参謀の情勢判断」(1932年4、5月),『現代史資料』第7卷,第174页。

④ 1932年8月,汪精卫因为和张学良的矛盾要求辞去行政院院长。同月22日,国民党中央委员谈话会在慰留汪的同时,决定由宋子文暂时代理行政院院长。其后,汪精卫为治病与疗养于10月22日从上海赴欧。至1933年3月30日汪精卫复职,宋子文一直代理行政院院长。

向国联中国代表团发出了下述指示：

> 鉴于日本态度顽固，坚持以“满洲国”独立为先决条件，政府对在短期内获得有利解决，不抱多大希望。理由是：(1) 当前不可能解决问题；(2) 推迟有利于争取美国支持；(3) 推迟将增加日本经济崩溃的可能性；(4) 推迟能使我有更多机会改善自身的处境。因此，时间对我有利，我们必须坚持原来立场，即恢复中国对东三省的主权、日本撤兵等。
>
> 我们所能接受的最低条件是：(1) 自愿而不是被迫建立东北自治政府。(2) 有国际保证的非军事化，包括撤走全部日军，但要避免使用“永久非军事化”一词。(3) 自愿雇佣外国军事技术专家为顾问。(4) 经济领域的国际合作。(5) 根据1932年3月汪精卫在南京会晤李顿调查团时提出的十项基本原则谈判新条约。(6) 废除“满洲国”。(7) 承认赔偿原则。①

12月2日，蒋介石把外界关于蒋主张对日直接交涉的“传闻”斥为谣言而加以否认，并再次强调要通过国联谋取中日问题之公平解决。②

以宋子文、罗文干的指示和蒋介石的声明为契机，国民政府中止了7月以来的“对日接近”及据此谋求早日解决东北问题的构想，同时，对解决东北问题的“推迟”方针也登场了。

随着这个变化，国民政府给“三路并进”方针的第一个阶段打上了句号。

---

① 详见《顾维钧回忆录》第2分册，第88—89页。

② 《蒋电日内瓦郑重声明》(1932年12月2日)，(天津)《大公报》(1932年12月4日)。

第三章　热河危机中的分歧

1932 年 12 月初国民政府决定推迟解决东北问题，这意味着中国主政者已经意识到在现状下不可能马上恢复原状，收复失土。但是，仅仅过了几天，中日之间又爆发了热河危机。它一直持续到 1933 年春，致使推迟方针事实上无法落实。本章以这 3 个月为研究对象，先分析国民政府围绕危机处理的政策分歧及文武双方的表里矛盾，然后论述日本对中方的观察，并具体检讨其中的错误。

一、热河危机与“彻底抗日”

和九一八事变爆发之初相比，1932 年 1 月蒋汪合作政权登场后开始推行的“三路并进”方针及其引导下的对日接近，在对日姿态上已经相当柔软了。但同时应该看到，尽管在对东北的处理上有“维持现状”的提议及黄郛提案那样的松动，在本质上，国民政府仍然是以维护中国对东北的主权为底线的。与此相关，蒋汪政权 1932 年 7 月秘密进行的对日接近，首要目的也是要通过缓和中日关系，而赢得优先安内所必需的外部条件。然而，日本在建立“满洲国”后，愈来愈坚持要以中国无条件接受日本制造的所有既成事实为中日交涉的前提，因此即使是黄郛提案那样的让步，也被日本视为强硬。面对这样的日本，国民政府既无法通过“接近”予以说服，又无法用武力予以制止。所以，对于1932年末的国民政府来说，在贯彻对东北问题的“推迟”方针的同时，如何安定对日关系，以实现“对日缓和→优先安内→对日解决(攘外成功)”的既定顺序，是一个紧急课题。

正在这个关头，热河危机发生了。

热河省南邻河北，西临察哈尔，东北部与“满洲国”的奉天省接壤，地理位置非常重要。所以，关东军在准备建立“满洲国”的阶段就把热河省划入“满洲国”的范围。① 1932年3月1日“满洲国”登场后，在其“建国宣言”中也宣称热河省是自己的领土。② 其后，在国际联盟李顿调查团向日本确认“满洲国”的疆界时，日本回答“南部以长城为界”，即把热河也视为“满洲国”的一部分。③ 因此，在日本尚未采取占领热河省的军事行动之前，国民政府就确知日本对热河省的野心。为了保卫热河省，1932年7月，国民政府让张学良的东北军进驻热河，替代在中国与“满洲国”之间持投机态度的汤玉麟军队。④ 针

---

① 関東軍参謀部総務課片倉衷:「満州事変機密政略日誌」其四(1932年1月4日の条),『現代史資料』第7卷,第333—334页。

②「既存条約を継承し、門戸開放を実現す　満州国建国宣言」,『東京朝日新聞』(1932年3月2日)。

③「内田より沢田宛電報第2号極秘」(1933年1月2日),『日本外交文書　満洲事変』3,第646—648页。

④ 详见《蒋介石致蒋伯诚电》(1932年7月5日,7月7日),《蒋介石致张学良电》(1932年7月10日),《蒋介石致张群电》(1932年7月23日),《中华民国重要史料初编——对日抗战时期》绪编(1),第558—561页。《蒋介石致汪精卫、宋子文电》(1932年7月23日),台北:“国史馆”所藏,蒋中正“总统”文物,档案号002-010200-00069-053。

对中方的这一动向,关东军先是提出警告①,接着于同年 11 月上奏天皇,称“热河问题拟于明春着手解决,表面上由满洲国出面,为此拟使满洲国军队从 12 月开始准备”。②

热河危机就是在这种背景下到来的。1932 年 12 月初,国民政府在把拖延方针通知国际联盟中国代表团不久,就获得了日本准备攫取热河的很多情报,其中包括:“满洲国”和日本本土的兵工厂正在加紧制造进攻热河用的车辆;日本准备在攻占热河的同时,在北平、天津制造混乱,搅乱华北,以阻碍中国对热河的救援,等等。③ 12 月 8 日,关东军的装甲列车开始炮击长城东端的战略要地山海关,致使中方对热河的危机感更加强烈。④

重读一下本书第二章第五节引用过的宋子文、罗文干的电报就可知道,国民政府允许推迟解决的只是已经被占领的奉天、吉林、黑龙江三省。因此,关东军对热河省的野心超越了国民政府的底线,它和“对日接近”的挫折相叠,重新点燃了国民政府内部对日强硬论的导火线。结果,在 12 月 15 日至 22 日举行的中国国民党四届三中全会上,通过了关于对日政策的两个决议。

第一个决议题为《集中国力挽救危亡案》。它是由以立法院院长孙科为首的 27 名中央委员提议的。在“提案说明”中,它强调:

---

①「関東軍参謀長より参謀次長宛関参一電第 219 号」(1932 年 7 月 21 日),『現代史資料』第 7 巻,第 490—491 页。

② 伊藤隆・照沼康孝編:『畑俊六日誌』(1932 年 11 月 28 日条),『続・現代史資料』4,東京:みすず書房,1983 年,第 52 页。

③《国民政府外交部致顾维钧电》(1932 年 12 月 2 日),《顾维钧回忆录》第 2 分册,第 105—106 页。《张学良致蒋介石、宋子文等电》(1932 年 12 月 3 日),罗家伦主编:《革命文献》第 38 辑,台北:“中央”文物供应社 1965 年版,第 2066—2068 页。

④ 关于这次事件的过程,中方记录详见《张学良致罗文干电》(1932 年 12 月 9 日),《革命文献》第 38 辑,第 2069—2070 页。

今日最重要的课题是抗日救亡，要实行彻底抗日必须实现国内的一致团结，要实现国内的一致团结必须实行彻底抗日。二者处于循环性的因果关系之中，难分先后。因此它们其实是一体两面，解决其一即等于解决其二。本次会议最重要的政策即在于此。基于这一理由，该决议规定："以彻底抗日为目前外交上主要方针，而与其他各关系国作切实的互惠之联合。"①

第二个决议题为《抗日提案》。它由孙科、宋子文、陈公博、吴铁城等 9 人共同提出。作为贯彻彻底抗日方针的当前的重要措施，它秘密决定了以下 3 条：

(1) 集中大军于热河省及河北省北部，在竭力抵抗敌国来袭的同时，伺机恢复失地。

(2) 竭尽党和政府之全力，对正在东北地区苦战奋斗中的军队与义勇军予以物质的、精神的援助。

(3) 竭尽党和政府之全力，领导全国民众的对日抵货。②

对照一下 1932 年 6 月庐山会议所决定的对日政策，可以看到四届三中全会的这两个决议中含有两大变化。

首先，6 月庐山会议就安内与攘外的顺序问题，规定了先安内后攘外的"攘外必先安内"国策。但是，四届三中全会的决议提出，"对内"与"对外"是循环式的因果关系，难分孰先孰后。换言之，它实质上主张的是安内和攘外的同时进行。不仅如此，由于强调"要实现国内的一致团结必须实行彻底抗日"，因此它还暗示着在某些场合攘外还会成为安内的先决条件。

---

①《中国国民党中央执行委员会公函(别字第 1063 号)》(1932 年 12 月 22 日)及附属文书《集中国力挽救危亡案》，台北：中国国民党党史馆藏，政 6/45。

②《中国国民党中央执行委员会密函(别 1091 号)》(1932 年 12 月 22 日)，台北：中国国民党党史馆藏，政 6/46。

其次，根据6月庐山会议的“攘外必先安内”国策，蒋汪秘密开始对日接近，以通过直接交涉缓和中日关系，而为安内赢得必需的外部条件。但是，四届三中全会的决议为了反击得寸进尺的关东军，主张通过向热河省集中军队、援助东北地区的抗日武装和发动全国对日抵货这三大措施，实行彻底抗日。这实质上是和既定国策相矛盾的。

上述比较说明，以四届三中全会的决议为契机，国民政府在基本的对日态度上，又回到了强硬抗日的阶段。当时日本认为，这一转变主要是国民党广东派造成的。[①] 但《抗日提案》的提案者很多不是广东派，其中，宋子文时任行政院代院长，陈公博时任实业部部长，吴铁城是国民政府直辖的上海市市长。同时，除这些提案者以外，以外交部部长罗文干和驻国际联盟中国代表团的外交官为中心，非军人出身的所谓“文人”官僚的大多数，都是支持四届三中全会的强硬对日方针的。[②] 换言之，推动强硬对日方针出台的主要力量，与其说是与南京分庭抗礼的广东派，不如说是南京内部的文人官僚。

二、“一致强硬”中的不一致

在说过后方的文人以后，再看一下必须在对日、对中共的前线应变的军人们的主张，就可发现，在四届三中全会所显示的“一致强硬”的背后，南京的中枢内部发生了对日政策上的严重分歧。

---

① 前引「内田より沢田宛電報第2号極秘」(1933年1月2日)，『日本外交文書 満洲事変』3，第646—648页。

② 详见《顾维钧回忆录》第2分册，第176—311页。

先说作为军人核心的蒋介石此期的想法。12月9日即关东军炮击山海关的第二天，蒋介石谓：

晚接各方电倭寇昨在山海关挑衅开炮，热边亦有倭蒙联合窥伺之举，前日之虑，不幸而言中矣。此后，倭寇举动，非至强逼直接解决东北问题终了之后，决不肯罢休。困心横虑，无善其后。世人但求苟安，以为承认割让乃可了事。殊不知倭无信义，得寸进尺，今日得满，明日进占平津，据山东，不惟不使中国内部有统一之日，而且必趁机打击政府，伤失领袖信用，必使中国无人可以统一也。余今于此，虽决心牺牲一切只求保全本党，维持政府，以为救国之道。然非至最后得到相当价值，于党国确有保存把握，则不作无益之牺牲也。今日谋国之道，外交固为重要，然内政不固，则外交难言。而内政又非巩固基本地区与强固基本军队不可。故以后未至最后时期，决不放弃基本，以顾其他。无论其为南为北，对内对外，总以剿除长江流域"赤匪"，整理势力范围内之政治为中心。如至不得已，亦须至赣匪肃清后，乃得牺牲个人，解决东北也。①

12月14日即四届三中全会开幕的前夜，蒋介石在全国内政会议的讲话中还说：

我们要明白：人必自侮而后人侮之，国必自伐而后人伐之。反转来讲，我们自己不欺侮自己，无论那一个外国，都不能侮我国。所以我们要想攘外，必先安内，要求安内，必须看到我们内部最大的不安，是在什么地方。第一，就是我们内部的政见不一致，第二，就是"赤匪"的纷扰。今天我们可以说，

---

①《蒋介石日记(手稿)》(1932年12月9日条)，斯坦福大学胡佛研究所藏。

日本不配做我们的敌人，我们当前的敌人还是“赤匪”，如果我们在内部把“赤匪”的祸乱消除了，对日本是没有问题的。希望大家共同一致，认定目标，对外是日寇，对内是“赤匪”。我以为如果“赤匪”的祸乱能够消灭，我们国内就可以安定，如果国内安定，我们一致对外，那么，日本就没有问题了。①

蒋介石的这两个论述说明，由于 7 月以来“对日接近”的挫折，更由于 12 月的热河危机，蒋对日本的愤怒已达顶点。但是，尽管如此，对于目前的形势，他仍然认为中国尚未到达最后关头，中国自身也还不具必可保存“党国”的条件。从这一判断出发，他仍想贯彻先安内后攘外的优先顺序。

很明显，蒋的这些观点是不符合文人官僚在四届三中全会所主张的“内外同时”论的。易言之，蒋介石真要实现自己认为唯一正确的“先内后外”的优先顺序的话，只有否定文人的主张，并在对日关系上做出比 7 月以来的“接近”更大的努力，以早日恢复中日关系的和平，从而赢得安内所必需的外部安定。

既然如此，蒋介石为什么在四届三中全会上赞成文人的提案，致使以“彻底抗日”为优先的主张成为全会的决议了呢？

对于这一疑问，日方曾有过分析。

首先，日本陆军省在国民党四届三中全会闭幕后即发表声明。它在谴责国民党的“彻底抗日”是“极其危险的游戏”后称：“国民党的真实意图是露骨地挑动中国人的反日感情，刺激人心，并以此谋

① 《修明内政与整饬吏治》(1932 年 12 月 14 日)，《“总统”蒋公思想言论总集》第 10 卷，第 678—679 页。

求国内的一时团结，而使无政府状态蔓延至外部世界。”①

9天后，外务大臣内田康哉在1933年1月2日发出的一封电报中分析国民党的“彻底抗日”案，指出它背后有两大原因。第一是针对广东派与舆论的策略。广东派特别是主张亲苏的孙科和主张亲美的伍朝枢，都在煽动无知民众，所以，蒋介石作为南京政府的最高负责人需要拉拢政敌、争取舆论，通过团结广东派来削弱其气势，逐步收拾时局。第二是针对国际联盟的策略。国际联盟对中日关系的态度逐渐趋向现实主义，中国人在国际社会的宣传则正走向失败，所以蒋介石与南京政府想通过进军热河，震惊国际联盟，使1月16日以后的形势对自己有利。②

总之，对于蒋介石等军人在“优先安内”与“彻底抗日”问题上的自相矛盾，日本强调它是出于对广东派和国际联盟的策略考虑。可以说，这些分析自有道理。但是，如果更全面地观察中国当时的状况，则还应该指出日本忽略了上述策略原因以外的其他原因。后者可概括为下述4点：

（1）对国民政府内部存在的强硬对日论的顾虑。此前，除国共对立外，国民政府和以广东派为中心的反政府势力确有冲突，但政府内部基本上都和蒋汪高层保持一致。但是，自对日接近政策失败和热河危机深化以来，在国民政府内部，以文人官员为中心，很多人开始批判6月以后的对日缓和活动，而主张对日强硬。蒋介石等军人势力如对前者不予一定的让步，很难克服国民政府内部

① 「徹底的抗日案は危険極まる遊戯　陸軍当局、きのうの声明」,『東京朝日新闻』(1932年12月24日)。

② 前引「内田より沢田宛電報第2号極秘」(1933年1月2日),『日本外交文書 满洲事変』3,第646—648页。笔者附注:国际联盟十九国委员会会议预定于1933年1月16日举行。

的分歧。

(2) 对热河省所居地位的重视。正如历史地理学者张其昀当时强调的,“热河地形为高原性之山地,下临关东平原与华北平原,故在军事上攻守咸宜,极占优势。欲谋恢复东北失地,必须以热河省为根据地;反之,热河省若一旦放弃,即平津亦不能一日安居;大河南北,沃野千里,无险可守”。[①] 因此,热河省在地理意义上既是收复东北的基地,又是保卫华北的屏障。

(3) 对华北被变成第二个“满洲国”的警惕。当时,虽然日本再三声明绝不进入热河省以外的地区,但蒋介石等军人们一直担心日本侵略的脚步不会止于热河,必定还会深入华北。[②] 与此相关,蒋介石等人认为,东北地区一时被占对中国的复兴不是致命伤,但华北相反,故必须誓死捍卫。[③]

(4) 热河、华北的丧失和东北三省的丧失对国民政府具有不同的影响。对于东北的丧失,蒋介石认为并非国民政府的责任。因为,九一八事变是日本的突然袭击,而且其时东北名义上属于国民政府,但其军权、政权、财权实质处于独立地位,并不受国民政府控制。[④] 相反,热河与华北既不能说它们不属于革命势力的支配范围,也不能说是日本的突然袭击(因为九一八以后日本一直没有掩饰要攻占热河的意图)。所以,对国民政府特别是负有卫国之职的

① 张其昀:《热河省形势论》(上),《国风半月刊》创刊号(1932 年 9 月 1 日)。

② 譬如,蒋介石在 1932 年 12 月 23 日的日记中写道:“倭寇攻热,必不能免,恐不出此三个月之内,其或进占河北,由溥仪或汉奸为傀儡,伪造独立,使中国分立。吾人于此,惟有为国牺牲,尽忠报党,勿使生我与教我者,有所玷辱,万一留有此身,则亦惟有竭力抵抗,巩固中原极小之根据地,以为将来恢复之基。如余中道而殂,亦可使后人有立足复兴之地也。”斯坦福大学胡佛研究所藏。

③ 详见蒋介石:《敌乎? 友乎?》,《“总统”蒋公思想言论总集》第 4 卷,第 138—166 页。

④ 详见蒋介石:《敌乎? 友乎?》,《“总统”蒋公思想言论总集》第 4 卷,第 138—166 页。

军人来说，如果热河、华北也同东北一样轻易被占，将是有关自身生死存亡的大问题。

归结而言，在身处热河危机的特殊时刻，如果说日本所指出的对广东派及国际联盟的策略考虑，使蒋介石等军人们明知需要对日妥协也不敢妥协的话，笔者补充的另外4个原因，则使他们明知文人主张的军事对抗不可能成功，也不得不予以支持。

因此，四届三中全会所决议的彻底抗日，不仅反映了在安内攘外顺序问题上文人与军人这两个势力之间的分歧，还反映了蒋介石及军人这同一人物、同一势力自身内心深处的纠结。

三、表与里的矛盾

1933年元旦，驻山海关地区的日本守备队用谋略挑起了第三次山海关事件。1月3日，前来增援的日军从海陆空三路发动攻击，占领了整个山海关。① 国民政府判断，日军进攻山海关是占领热河的开始，因此，保卫热河进一步成为对日关系的重中之重。

应对这个课题的过程中，在公开的外交舞台上，国民政府的文武双方相互协作，真正贯彻了彻底抗日的精神。

当时，围绕如何处理第三次山海关事件的方针，日本内部是有分歧的。关东军从“根本解决满洲问题”的目标出发，强烈主张占领热河省，甚至还提议趁机消灭驻屯在北平、天津等华北要地的张学良军队。但是，外务省和海军省则认为立即发动对热河的作战对日本内外政局影响太大，所以对关东军的主张持慎重态度。夹

---

① 日本国際政治学会太平洋戦争原因研究部編：『太平洋戦争への道』第3巻，東京：朝日新聞社，1987年，第5—7页。

在这两个主张中间的陆军省中枢,既在基本上赞同关东军的要求,又对持慎重态度的另一派也不得不予以安慰。[①] 最后,作为三种意见的折中方案,1月4日,日本内阁会议就处理山海关事件的方针,作出了“不扩大事态,将事件作为地方问题解决”的决定。[②] 这个决定的宗旨,是把对中国的要求限定于热河省,对有可能使战局延伸到平津地区的行动则强调应该慎重。[③] 同日,内田在发给驻华外交官的电报中详细说明了采取此方针的理由。其要点有5条:

(1) 目前国际关系的现状对日本有利,故日本应利用此形势充实“满洲”,而避免重新恶化事态。

(2) 解决热河问题应迅速行动,但鉴于热河在政治与军事上的地位及热河与平津的关系,对热河行使实力时,很可能同张学良军队发生冲突,届时不仅蒋介石,其他中国将领出于大义也难免在相当程度上援助张学良。考虑到平津地方既有众多日本侨民,又有日本华北驻屯军,事态有急速扩大之虞。

(3) 平津地方还有英美法意的很多侨民,英国等国在此拥有巨大权益,且驻有军队,日军若在平津地方从事大规模战斗,难保不和第三国发生纷争,甚至酿成对日极为不利的事端。

(4) 即使可避免和第三国的纷争与事端,也会急速恶化来之不易的国际形势。因为,和“满洲”不同,日本在平津地方的军事行动缺乏正当理由,即使主张其为针对张学良背信行为的自卫措施,国

① 详见原田熊雄述:『西園寺公と政局』第2卷,東京:岩波書店,1950年,第419—433页。井上寿一:『危機の中の協調外交』,東京:山川出版社,1994年,第1章。

② 「内田より武藤、有吉ほか宛電報合第28号至急」(1933年1月4日),『日本外交文書　満洲事変』3,第650页。

③ 「内田より桑島ほか宛電報第39号極秘至急」(1933年1月4日),『日本外交文書　満洲事変』3,第652页。

际联盟与列国也会视为日本的对华侵略,而展开批判与攻击。其时,中国亦将趁机运用其以夷制夷的伎俩,挽回其在“满洲问题”上的颓势,并把我逼入困境。

（5）日本国民在“满洲问题”上一致支持政府与军部,不惜为此承受重大牺牲,这是因为他们确信“满洲”是帝国的生命线。但国民对日军在平津地方的军事行动,态度将与对“满洲”的不同。万一帝国陷入重大困境,国民对政府及军部的信赖将发生破绽,甚至累及对“满洲问题”的态度。①

从这5条理由可知,1月4日日本之所以作出不扩大事态的阁议决定,是基于其领导层在热河问题上自知理亏,因而可说它是一个处心积虑的结果。②

1月5日,蒋作宾公使把日方不扩大事态的方针报告给了国民政府外交部。③ 但蒋介石的判断是:日本既然占领了山海关,今后不仅会侵占热河,还会进攻平津地区,所以,日本现今所提出的局部解决只是为其扩大侵略争取时间。④

正在此时,国际联盟中国代表团来电报告:日军占领山海关极大地震惊了国际联盟,故国际联盟的形势已经发生了有利于中国的变化;日本的局部解决方针只是出于对前者的恐惧,所以中国应

---

①「内田より桑島他宛電報合第40号極秘至急」(1933年1月4日),『日本外交文書 満洲事変』3,第653—654页。

② 因此,1933年1月13日的内阁会议还对热河作战设定了这样的条件:“绝不出兵至长城以南,不管张学良做什么也不追击,总之,仅以热河为目的。”参见『西園寺公と政局』第2卷,第429—430页。

③《蒋作宾致外交部电》(1933年1月5日),“中华民国外交问题”研究会编:《中日外交史料丛编》第3册,台北:“中华民国外交问题”研究会1965年版,第112页。

④《蒋介石致张学良电》(1933年1月4日),《中华民国重要史料初编——对日抗战时期》绪编(1),第571页;《南京会议时蒋介石的指示》(1933年1月7日),《“总统”蒋公大事长编初稿》第2卷,第253页。

该利用这一良机显示对日抵抗的决心,以利在国际联盟收到外交效果。罗文干及国民政府外交部高度肯定了这一电报。①

在蒋介石的对日判断和国际联盟中国代表团的国际形势判断的共同作用下,国民政府认为:如果同意把山海关事件作为地方事件解决,外界会以为中国已经放弃"满洲",而日军也会接着挑起第二、第三个问题,最终席卷平津。② 反之,拒绝局部解决则有利于在国际联盟的对日外交斗争。鉴此,国民政府以"山海关事件必须包括东三省问题在内全面解决"为理由,拒绝了日方将山海关事件作为地方事件解决的提议。③

接着,在对英国调停山海关事件的应对上,国民政府也坚持了彻底抗日的态度。

如前引内田电报④所述,英国对华北有基于自身权益的重大关心。因此,在国民政府表明了对山海关事件的强硬态度后,英国担心中日冲突进一步扩大。1月8日,在河北的英国领事向中方建议:参照上海事变的先例,通过英国等国的调停,将山海关事件作为地方事件解决。⑤ 国民政府外交部对此立即予以拒绝。它的理

① 《罗文干致宋子文等信》(1933年1月6日),《中日外交史料丛编》第3册,第139—141页。

② 「有吉より内田宛電報第57号極秘扱(国民政府顧問「パドー」の談話)」(1933年1月27日),「有吉より内田宛電報第77号極秘扱(賀耀組の談話)」(1933年2月3日),『日本外交文書　満洲事変』3,第667—668页,第676—677页。

③ 《罗文干致顾维钧电》(1933年1月10日),《顾维钧回忆录》第2分册,第121—122页。「内田より沢田ほか宛電報」(1933年1月16日),『日本外交文書』昭和期Ⅱ-1-2,東京:外務省発行,1998年,第1—2页。

④ 「内田より桑島他宛電報合第40号極秘至急」(1933年1月4日),『日本外交文書 満洲事変』3,第653—654页。

⑤ 前引《罗文干致顾维钧电》(1933年1月10日),《顾维钧回忆录》第2分册,第121—122页。

由可概括为3点：其一，日本目前在财政、金融、农业等方面面临巨大困难，中国只要坚持，东北问题有望得到根本解决；其二，中国越是显示抗日决心，平津一带就越是安全；其三，国际联盟因为山海关事件已经放弃对中日纷争的调停，而试图根据国联盟约第15条第4项[1]采取措施。[2]

外交部的这一态度是得到蒋介石同意的。[3] 1月10日，蒋介石还致电华北前线的张学良说："榆案非沪案可比，如榆案欲仿照沪案由各国参加调停，则必须将东三省事在内整个解决，而最要之点，为须由中央直接交涉，不可由地方谈判。又如日方果表示和平诚意，则当先自动退出榆关，否则，别无门径也。"蒋介石最后还命令张学良："惟集中(热河)计划，须积极进行，不可为此推迟为要。"[4]

在上述方针的主导下，1月19日，国民政府还拒绝了驻华北的英国海军舰长的斡旋提案。[5]

---

① 国联盟约第15条第4项规定："倘争议不能如此解决，则行政院经全体或多数之表决，应缮发报告书，说明争议之事实及行政院所认为公允适当之建议。"

② 前引《罗文干致顾维钧电》(1933年1月10日)，《顾维钧回忆录》第2分册，第121—122页。

③ 前引《罗文干致顾维钧电》(1933年1月10日)，《顾维钧回忆录》第2分册，第121—122页。

④《蒋介石致张学良电》(1933年1月10日)，中国国民党中央委员会党史委员会编：《"总统"蒋公思想言论总集》第37卷，台北：中国国民党中央委员会党史委员会1984年版，第58页。

⑤ 详见《外交部政务次长徐谟致外交部常务次长刘崇杰电》(1933年1月19日)，其称：据何柱国电，今日英舰长等来访，似受日人之暗示，特来撮合。英舰长直言，使两方军事长官直接见面，并负安全保障之责。何柱国答以榆事须照三原则方可进行：(1) 日方须先交还榆城；(2) 交涉须经过国联参加；(3) 交涉须有中央主持进行。对何柱国此电，徐谟回电认为何的处理妥当，并分析说："此事虽由英舰长等私人接洽，实则仍系英政府暗中主动，其目的既为维持平津安全与英人利益，又欲藉此令中日双方接近，俾达到调解目的，而国联遂可卸除责任，致整个东北问题解决无期。"《革命文献》第38辑，第2163—2164页。

总之,通过在公开场合对山海关事件的应对,国民政府显示出非常强硬的态度,而且文武双方保持了一致。

但是,和这种公开场合上的一致相反,在不为人知的幕后,以行政院代院长宋子文、外交部部长罗文干和驻国际联盟中国代表团为一方,以军事委员会委员长蒋介石等军人为另一方,国民政府的文武两方之间实际上存在着巨大的分歧。

先说文人一方的两个特色。

第一,在针对中共根据地的"剿共"战和针对日本的热河保卫战孰重孰轻的问题上,文人一方重视的是后者,故主张政府应集中全力应对热河问题。与之相应,他们再三要求尽快把"剿共"战场的中央军火速调往对日抵抗的华北前线,再三呼吁蒋介石本人也立即从"剿共"战场北上,亲自指挥对日抗战。①

第二,在对日政策上,文人一方坚持表里一致的强硬。譬如,据日本的情报,罗文干对南京的法国外交官强调:"中国已经忍无可忍,事到如今,忍耐唯有亡国,不如战死疆场。至于国际联盟问题,如果其根据盟约第15条第4项的报告及劝告完全不顾中国主张,中国不惜退出国际联盟;如果其接受中国主张,则应进一步根据第15条第6项②规定的保障,对日本的暴行采取必要的措施。

① 详见《宋子文致蒋介石电》(1933年2月14日),《中华民国重要史料初编——对日抗战时期》绪编(1),第594—595页;《宋子文致蒋介石电》(1933年2月14日),台北:"国史馆"藏,蒋中正"总统"文物,档案号002-090200-00007-253;《蒋介石致朱培德电》(1933年2月21日),台北:"国史馆"藏,蒋中正"总统"文物,档案号002-010200-00078-012。另据日方情报:日军攻略热河期间,蒋介石取消极主义。相反,宋子文亲自到热河,并动员3 000名税警团,竭力煽动张学良及北方将领。结果适得其反,蒋宋关系恶化,此亦一因。参见「有吉より内田宛電報第222号」(1933年4月25日),『日本外交文書　満洲事变』3,第734—735页。

② 本项规定:"如行政院报告书除争执之一方或一方以上之代表外,该院理事一致赞成,则联盟会员国约定彼此不得向遵从报告书建议之任何一方从事战争。"

总而言之，中国对日本不辞一战。”[①]基于这一立场，文人一方还否定对日忍耐和对日交涉的必要性，认为中国除彻底抗战外别无选择，故应该立即对日绝交。[②] 另外，英国驻华公使还向在南京的日本外交官转达了“从和罗文干、孙科、宋子文的会谈中”得到的如下一个印象：因为山海关事件及日本对热河欲采取的措施，中国好像变得相当好战，甚至主张不计胜败马上对日开战。总之，现在他们毫无进行直接交涉的意思，对英国也丝毫不想请求调停，《中央日报》等中方的报纸还谴责英国亲日。[③]

和文人相比，以蒋介石为核心的军人的态度另有特色。

首先，在“剿共”战和热河保卫战孰重孰轻的问题上，蒋介石虽然承认后者的重要性，并从“天理与人情”出发而理解优先对日抗战的必要性，[④]但同时他反对文人为抗日而搁置“剿共”战的主张，

① 「上村より内田宛電報第 64 号極秘扱」（1933 年 2 月 1 日），『日本外交文書　満洲事変』3，第 673—674 页。笔者注：上村在向内田报告罗文干的强硬意见后，认为罗也许是为了和法国做交易而故意摆出恐吓态度。其实，1 月 17 日罗文干已致电国际联盟中国代表团，指示：如果国际联盟作出对日软弱的提案，中国应抵制国际联盟会议。参见《顾维钧回忆录》第 2 分册，第 132 页。另外，1 月 18 日罗文干在和美国外交官会谈时也称中国有退出国际联盟以震惊全世界的意志。“The Minister in China (Johnson) to the Secretary of State (January 20, 1933)”, *FRUS*, 1933, Vol. Ⅲ, pp. 115 - 116.

② 详见本书第四章第一节。

③ 「上村より内田宛電報第 76 号」（1933 年 2 月 4 日），『日本外交文書　満洲事変』3，第 679 页。另外，罗文干在和美国外交官的谈话中也表明了对英国的不满。*FRUS, 1933*, Vol. Ⅲ, pp. 115 - 116.

④ 1933 年 1 月 20 日蒋介石日记谓：“近日甚思‘赤匪’与倭寇二者，必舍其一而对其一。如专对倭寇，则恐明末之匪乱，以至覆亡，或为苏俄之克伦斯基及土耳其之青年党，画虎不成，贻笑中外。惟以天理与人情推之，则今日之事，应先倭寇而后‘赤匪’也。”斯坦福大学胡佛研究所藏。

强调先肃清“赤匪”再移师抗日的无奈。① 因此,在日本于2月下旬正式进攻热河之前,国民政府军事委员会一直置重点于1932年7月开始的第四次“剿共”战,集中央军60余万主力于这一战场。蒋介石本人也一直作为“剿共”战的总司令驻留于“剿共”前线。② 1933年1月17日,华北地区的最高负责人张学良就热河的紧急形势向蒋介石发出详细报告,恳求其派中央军紧急支援华北。③ 但蒋介石只派出以陆军大学校长杨杰为首的20多名参谋将校北上,热河的防卫则仍然委诸张学良指挥下的华北地方军队。④ 1月下旬,华北地方军队的将领“声泪俱下”地请求蒋介石北上指挥,但蒋介石还是回答“中待南方布置后,必北上与共生死也”。⑤

其次,跟文人的对日强硬一边倒不同,军人们虽然在公开的外交舞台上和文人一样强硬,但同时又于暗中通过非正式的渠道对日表示缓和,以回避战争。譬如,1月24日,《大公报》主笔张季鸾转告日本友人:蒋介石即使只从“剿共”等内政问题着想,也清楚自己难以长时间处置复杂的中日问题。再者,现今的中日纷争从大局看是东亚的危机,所以蒋介石希望通过直接交涉予以迅速解决。

---

① 详见《蒋介石致何键电》(1933年2月2日),台北:“国史馆”藏,蒋中正“总统”文物,档案号002-070100-00030-014。

②《蒋介石致陈诚电》(1933年1月13日、20日),《蒋介石致徐源泉电》(1933年2月1日),《蒋介石致朱培德电》(1933年2月21日),台北:“国史馆”藏,蒋中正“总统”文物,四电档案号依次为002-010200-00075-013,002-010200-00075-025,002-010200-00076-009,002-010200-00078-012。

③《张学良致蒋介石电》(1933年1月17日),《中华民国重要史料初编——对日抗战时期》绪编(1),第580—581页。

④《蒋介石致张学良电》(1933年1月20日),《蒋介石对1933年2月5日张学良来电的批复》,《中华民国重要史料初编——对日抗战时期》绪编(1),第581、591页。

⑤《蒋伯诚致蒋介石电及蒋介石的批复》(1933年1月24日),《中华民国重要史料初编——对日抗战时期》绪编(1),第585页。

蒋介石也知道，日本不会主动提议直接交涉，只有中国自己先提出建议，但鉴于往昔的经历，南京也难以开口，故蒋介石考虑能否通过对日本来说能够接受、对中国来说也卓有见识的元老级的人物，譬如段祺瑞、黄郛等为中间人，交换中日双方的意见。张还表示，他本人也多多少少受着政府要人的委托，如有机会很有兴趣同日本的总领事或者领事进行面谈。①

张关于蒋介石内心想法的谈话不久就由黄郛的活动所证实。2月11日，黄郛在和日本公使馆一等书记官须磨弥吉郎的谈话中，就蒋介石的心境及中方的立场作了以下说明：

> 蒋介石为如何打开中日关系而苦思冥想，无奈日本积极展开军事行动，不知止步，致使中国人的反日感情日趋高涨。在这样的背景下，蒋介石如对日本作出什么妥协，有难保本人地位之虞，因之蒋目前无可举措。近日，蒋数次嘱我研究打开中日关系的方策。我因济南事件蒙上卖国污名，至今仍被人视为亲日，各种胁迫不绝来袭。但在中日纷争之今日，我决心为解决问题而拼死尽力。坦白而言，国民政府目前几乎处于崩溃状态，只要日军愿意，随时都可席卷热河，进而解除全中国军队之武装。问题是，日军终难奈何4亿中国人。中日问题的僵局，结果必使东亚以外的第三国得渔翁之利。又，中国亦知依赖国际联盟并非得策，故已得出结论：此际应断然依靠直接交涉解决问题。经与张群反复商讨，作为直接交涉之前提，提出下述试案：(1) 在热河和东三省之间，找出一处可作为合适的自然境界的地方，以此为界，两军均不施以敌对行为。

---

①「桑島より内田宛電報第70号」(1933年1月26日)，『日本外交文書　滿洲事変』3，第666—667页。

(2) 山海关按条约是日本天津驻屯军之管辖地区,关东军应撤退到关外,山海关的治安由同中村司令官有友好关系的周龙光下属的中国警察负责维持。①

对于黄郛的上述提案,须磨反问道:“如果蒋介石真有打开中日关系之诚意,能否以体育选手的风度出面,通过适当的负责人,向日本恳请进行直接交涉?”黄郛解释道:

> 由于目前舆论的强烈反对,中方如在对日态度上由己方主动提议直接交涉,等于自杀,故不管何人均无此勇气。希望日方以上述提案为底线,正式地或非正式地先提议开始交涉。如此,则满洲问题亦可找到解决途径。关于这个问题,有种种方法可供考虑。譬如,我个人以为,溥仪执政既然非世袭君主,那么在适当时机,他可由中方也比较能接受的人物取代之。如此,则中方面子亦得维护。又,如果日军声明以上述边境为界,不越过此线侵略热河,中方亦充分信赖日方的声明,则两国国民之感情可逐渐融和,其时满洲问题即可暂时搁置,不予触及。②

关于上述试案与解释,黄郛没有明确说明是否系蒋介石的意向,但从前文已经提及的背景看,至少可说其中回避战争的想法,毫无疑问是基于蒋介石的考虑。③

---

①「有吉より内田宛電報第92号極秘扱」(1933年2月11日),『日本外交文書　満洲事変』3,第680—682页。

②「有吉より内田宛電報第92号極秘扱」(1933年2月11日),『日本外交文書　満洲事変』3,第680—682页。

③ 热河危机以来,蒋介石在和黄郛密切商讨对策的同时,积极准备由黄郛出马谋求对日缓和。在黄郛访问须磨的两天前即2月9日,蒋介石已指示黄郛考虑热河时局。参见《黄膺白先生年谱长编》下册,第534页。

就这样，山海关事件发生后，围绕热河的防卫问题，国民政府领导层中的文武两派一边在公开的舞台上一致坚持强硬态度，一边在不为人知的舞台背后，将对日政策上的矛盾暴露无遗。

日本当时如何看待中国的内部政情呢？

四、日本对华认识的谬误

对于国民党四届三中全会以后的中国政局及国民政府对日政策的内幕，有吉明公使在1933年2月2日发给内田外务大臣的电报中说：

> 自三中全会就对日方针作出积极抵抗的决议后，与党部的活跃及商会的运动相配合，国民政府相当强硬。但它不过是针对国际联盟和广东派的策略性的行为。掌握南京实权的蒋介石一派，本心不想和日本发生事端，特别在长江流域，他们更是只求平安无事。根据本方和上海市政府及蒋的亲信等方面的接触所得印象，以及值得信赖的情报，上述观察基本无误。

从有吉明的这一报告可知，当时，在中国现场的日本外交官，对国民政府在对日政策上的表里不一，和"掌握南京实权的蒋介石一派"的"本心"，都有相当正确的观察。值得重视的是，有吉明基于上述判断，还对东京提出了3个注意点：

> (1) 由于蒋介石等实权派但求平安无事，所以只要日本严守自重态度，就可维持现状。
>
> (2) 反之，如果日本开始攻占热河的军事行动，国民政府为了应对国际联盟及国内舆论，会被迫出兵北上。而且，因为国民政府的态度和国际联盟的动向有密切关系，在国际联盟

决定适用盟约第15条第4项的场合,日本如果不接受国际联盟的劝告,中国为了诱使列国干涉,可能会急速实施积极抵抗,其结果各地有发生不测事态之虞。

(3) 蒋介石的本心是想改善两国关系,但是日本若不作出一定程度的让步,蒋介石就很难和我方接触。换言之,日本不改正"无条件的日中交涉",目前就不可能改善与国民政府的关系。①

但是,在有吉明提出的第三个注意点上,日本外务省中枢的认识和在中国现场的日本公使并不一致。二者的差异,反映在以"内田外务大臣"名义发出的下述3封电报之中。

第一封是1932年12月19日内田发给国际联盟日本代表团的紧急电报。它对中国现状的判断是:

现在中国的有识人士都明白"满洲问题"已毫无希望,唯有死心。他们内心都懂得只有从这个观点出发,才能使中日关系恢复正常,但是却无勇气力压舆论,和日本开谈。他们也充分明白国际联盟无可依靠,但还是抓住国际联盟不放,以在民众面前维持自己的立场。他们希望自己的对日交涉,是由于国际联盟的强制而被迫进行。另外,从中国的报纸可知,中国民众本来已经清楚国际联盟无用,然而,由于最近中苏复交②,中国又有人认为,既然国际联盟无用就应和美苏联合。这种论调将中国人的对外依赖心暴露无遗。因此,在中国民众彻底认识外力无可依赖,从而真心实意地对日提携之前,中

---

①「有吉より内田宛電報第74号」(1933年2月2日),『日本外交文書　満洲事変』3,第674—675页。

② 笔者关于中苏复交问题的专题研究,请参考拙稿《1932年中国对苏复交的决策过程》,《近代史研究》2001年第1期。

日问题无望解决。

接着,内田转而分析国际联盟的现状说:

> 国际联盟至今还没彻底理解日中关系的真相。从所谓起草委员会的做法可知,他们还在继续促使中国抱有幻想,以为国际联盟真的拥有对日本的强制力。不仅如此,他们还建议邀请美苏参加,这就进一步刺激起中国对依赖外力的希望。在如此现状下,事态不仅绝无好转可能,且有促使问题更加混乱的危险。因此,我方要尽可能说服国际联盟理解上述道理,以促使国际联盟让中国认清:唯有如日本所说的那样真心实意地和日本交涉,才是正路。或者,国际联盟至少应该对中日关系抱静观态度,并充分认识到邀请美苏介入是最大的愚蠢。①

第二封是 1933 年 1 月 2 日内田发给在国联机构任职的日本外交官的电报。它强调:蒋介石等南京最高当局清楚知道中日问题唯有通过直接交涉才能解决,妨碍其实行这一方针的,是南京政府的政敌广东派。②

第三封是同年 1 月 4 日内田发给驻天津总领事等人的电报。它对国际形势补充分析说:细察以"满洲问题"为中心的帝国的国际关系,现今国际联盟一边在想法维护自己的面子,一边想在事实上从中日纷争抽手。列国的态度亦在逐渐缓和,中国也已认清"满洲问题"已毫无办法,因此,他们已明白唯有从这个观点出发才能

① 「内田より在ジュネーブ連盟代表宛電報第 54 号至急」(1932 年 12 月 19 日),『日本外交文書　満洲事変』3,第 212—213 页。

② 「内田より沢田宛電報第 2 号極秘」(1933 年 1 月 2 日),『日本外交文書　満洲事変』3,第 647 页。

开始直接交涉。①

对照本书已经论述过的中国的内情，不难看出，上述3封电报所反映的日本外务省的对华认识中，至少包含有5个错误。

第一，在对日政策上，中国确实存在着南京的国民政府和两广的“广东派”的对立，但以热河危机为契机，此时的中国，同时还存在着南京内部文武两方的分歧，而且前者的气势在某些场合还压倒了后者。可是，日本外务省的对华认识只注意到了广东和南京的对立及民众舆论对南京的掣肘，而忽略了南京内部文武二者的分歧。

第二，中国民众及舆论在东北问题上反对对日退让，确实有缘于对国际联盟或美苏等第三国的期待的一面，但更主要的是基于他们对维护国家领土主权的信念。可是，日本外务省的对华认识却把中国民众及舆论拒绝日本要求的原因，仅仅归结于所谓“对外依赖心”一点，而完全无视中国民众所具有的爱国心的作用。

第三，“蒋介石等南京最高当局”确实想和日本直接交涉，而且至少在1932年7月就开始了这种努力。但阻止南京当局这一努力取得成功的最大障碍，与其说是中国内部的“广东派”等反对势力，不如说是日本。因为，日本先是在犬养内阁时期推出“使中国在事实上无法开始直接交涉”的方针，到了斋藤内阁时期更是以“中国无条件接受既成事实”作为开始交涉的前提，从而把交涉变成了中国向日本的全面屈服。可是，日本外务省的对华认识完全不顾自身给中日交涉造成的根本性的障碍，却片面地夸大了中国内部的反对势力所起的作用。

第四，本书迄今的论述已经说明，“蒋介石等南京当局”之所以

---

①「内田より桑島他宛電報合第40号極秘至急」(1933年1月4日)，『日本外交文書 満洲事変』3，第653页。

愿意对日直接交涉，最重要的动机，是在做好攘外准备之前避免“无益之牺牲”，以及为贯彻先安内后攘外的国策争取必要的外部和平。换言之，它不仅不是对东北问题的放弃，而且是为了在更有利的条件下获得东北问题的解决。正因如此，蒋介石及国民政府虽然在现阶段的解决方案上有所松动，但始终坚守着“不承认日本制造的既成事实”的底线。① 可是，日本外务省的对华认识却错误地断定蒋介石和“中国的有识者”对东北问题已经死心，只要日本在国际联盟的行动促使中国民众彻底认识外力无可依赖，中国当局就能够以放弃东北为出发点和日本恢复关系。

第五，与对华认识上的这些误判相关，日本外务省在判断国际联盟及第三国对中日关系的态度时，也显然过度乐观了。② 这种乐观促使它错误地认为国际联盟与第三国只是对与自身有密切利害关系的平津地区比较在意，所以日本只要不越过长城，国际联盟就不会强烈反对。③

日本外务省的上述这些认识与判断，都反映了日本当政者内心深处的自我优越感以及对“无爱国心的中国人”的根深蒂固的轻蔑。因此，在他们眼中，中国人不仅不配做日本军事上的对手，而且也不配做日本外交上的对手；日本对华外交的对手是国际联盟

---

① 本书既有的论述还已说明，即使是上述意义上的对日直接交涉，当时也正受到来自政府内外两个方面的激烈反对。所以，蒋介石在尝试直接交涉时，为了避免给反对者留下攻击的口实，只能尽量采用暧昧的和个人性质的方法。

② 关于这一点，除了前文已引用的内田的电报外，还可再补充一个例子：1933 年 1 月 2 日内田在发给泽田的第 2 号绝密电报中认为，国际联盟正冷静观察事态的发展，在处理日中关系时，更加尊重日本政府的主张。而且，国际联盟已经懂得只有尽可能努力促成日中交涉才适合时宜。详见『日本外交文書　満洲事変』第 3 卷，第 648 页。

③ 参见坂野潤治：「外交官の誤解と満洲事変の拡大」，東京大学『社会科学研究』第 35 卷第 5 号，1984 年。

和英、美等第三国,目标则是在这些国际场合摧毁中国的对外依赖心,只要达到这个目标,中日问题就会迎刃而解。

就这样,在此期围绕热河危机的处理中,日本外务省一边想利用蒋介石及国民政府希望直接交涉的意向,一边却不认为有对中方做有吉明公使所主张的“一定程度的让步”的必要,而是继续坚持以中国无条件地接受既成事实为交涉的前提。另外,在对国际联盟及第三国的应对方面,日本的本意是想避免退出国际联盟,①但为了要以证明“外力无用”来摧毁中国的对外依赖心,日本外务省既反对美、苏参与国联对中日问题的审议,又拒绝接受英国对国联十九国委员会报告书问题的调解,始终贯穿了强硬态度。②

---

① 参见「松岡代表復命書」(1933年4月28日),内称「抑モ聯盟臨時総会ニ臨ムニ當リ臣ハ帝国政府ノ意向ハ我満蒙政策ノ遂行上ニ実質的障害ヲ生セサル限リ或程度迄譲歩シ又ハ或程度迄我ニ不利ナル聯盟ノ言動ヲモ隠忍シテ聯盟内ニ留リ以テ日支紛争ノ実質的解決ヲ企図スルニ在ルモノト了解シタリ」。外務省編纂:『日本外交文书』昭和期Ⅱ2—2,東京:外务省発行,1997年,第16—22页。

② 关于摧毁中国的对外依赖心和反对美、苏参与这二者之间的关联,参见前引「内田より在ジュネーブ連盟代表宛電報第54号至急」(1932年12月19日)。另外,同年12月14日,内田在发给驻国际联盟日本代表的第42号绝密电报中,还补充说:我方不同意美、苏参加委员会的理由是:(1)美、苏的参加将增强委员会的权威,不管法理上如何,实际上给人以该委员会代表全世界的印象。如此,在我反对有美、苏参加的委员会的成果之场合,其世界性的影响将远远超过美、苏不参加的场合。(2)在国联,小国动辄出以过激言行,但一旦国联和日本正面冲突,这些小国实际上丝毫不会负责。因此,小国只是行使国联加盟国的权利,事实上却不能分担其义务。倘若美、苏在不承担国联加盟国的义务的前提下参加委员会,其言行必然会伴有上述小国的倾向。不仅如此,美国参加委员会的结果,其对“满洲国”的所谓不承认主义将不得不更加强烈。至于苏联的参加,鉴于该国最近的态度,也有对我不利之处。总而言之,美、苏的一言一行所产生的影响非小国可比。(『日本外交文書 満洲事変』3,第192—193页。)关于拒绝英国调停,参见前引井上寿一『危機の中の協調外交』,第36—38页。

作为这种强硬态度的必然结果，在1933年2月14日国联十九国委员会通过了承认中国对东北的主权，要求日军撤回“满铁”附属地的报告书以后，日本于17日作出了反对国际联盟劝告书和讨伐热河的内阁决定。① 随之，日本于22日拒绝黄郛11日提出的试案，向中国军队发出了立即退出热河，“否则不能保证战局不涉及华北”的通告。② 最后，中国很快就失去了热河，但日本也在2月24日国联大会以42对1的比数通过十九国委员会报告书及劝告书的状况下，于3月27日正式通告退出国际联盟，走上了加速自我孤立的道路。③

① 『日本外交年表竝主要文書』(下)，年表第74页。

② 「内田より上村宛電報第5号，第6号」(1933年2月22日)，『日本外交文書　満洲事変』3，第688—689页。

③ 前引「松冈代表复命书」含有下述分析：“之所以未能留在国联，原因甚多，其中最重要的是英国及其追随者法国于1月中旬改变了态度。”英国改变态度的理由是：(1) 中国以抵制英货相威胁；(2) 对邀请美国遭到失败的失望；(3) 1月以后热河问题的进展使英国对自身在平津地方的权益产生不安。另外，关于英国对日态度的恶化，当时美国也有和松冈类似的看法。参见“Memorandum by the Under Secretary of State (Castle)，(February 15，1933)”，*FRUS*，1933，Vol. Ⅲ，pp. 181 - 183。

第四章　国际解决战略的形成

从本书前三章的论述，读者当可看到，在解决中日纷争的三条道路中，作为第二条路的“直接交涉”为何无法走通。但是，对于“对日绝交，军事决战”这第一条路，则可能仅对军事决战之无效有所认识，对国民政府为何不对日绝交则还抱有疑问。其实，和 1933 年 2 月国际联盟的动向相呼应，国民政府是认真考虑过对日绝交的。不过，它不仅未能实现，而且还使国民政府从中看清了列国对中日纷争的真实态度及中国所处国际环境的险恶。对这一经历的反思以及对同期遭遇的热河惨败的反省，最终促使国民政府在外交上转向对日本的局部妥协。本章拟通过对这一过程的考察，在检证国民政府走向局部妥协的原因的同时，分析“国际解决”这第三条路为何最终成为国民政府解决对日问题的基本战略，并比较其 1931 年的“雏形”与 1933 年的“定形”的异同。

一、“对日绝交”的顿挫

1933 年 2 月 15 日，即国际联盟十九国委员会通过前述中日冲突报告书的翌日，由驻苏大使颜惠庆、驻法公使顾维钧、驻英公使郭泰祺三人组成的国联中国代表团致电南京说：日内瓦的直接反应，是认为它系中国在道义上、外交上的重大胜利，而日本已被完全孤立；列强虽然都不准备援用盟约第 16 条①，但在报告书通过 3 个月的等待时期期满后，各国很可能不得不援用此条；故此间中国应全力抵抗侵略，战争越扩大列强越难回避援用第 16 条。②

由于实行盟约第 16 条所规定的制裁须以“战争状态”的存在为前提，在 15 日的电报中，顾维钧等人还强调：“国联内有很多朋友都希望我们在最终报告书通过后立即与日本断绝外交关系，因为这种关系是日本用来反驳存在战争状态的有力理由。”③

国联中国代表团所表明的上述观点，首先得到了以孙科为院长的立法院的强烈支持。2 月 24 日，即国联大会通过了十九国委员会所提中日纷争报告书的当日，立法院决议：建议刚成立的国防委员会④立即决定对日绝交。其理由为：国联迟迟不愿作出经济制裁的决议，原因在于中国本身仍与日本保持外交往来；而“绝交可有下列种种利益：一，国防较为便利；二，治外法权问题可以从此解决；三，一切其他不利益之条约可以片面取消；四，抵制日货可以十

① 本条规定：无视第 12 条、第 13 条和第 15 条的规定而诉诸战争的加盟国，当然被视作对所有其他加盟国的战争行为。所有加盟国应立即对之断绝一切通商上或金融上之关系，并禁止本国国民与违约国国民之间的一切往来。参见『日本外交年表竝主要文書』(上)，第 498 页。

②《顾维钧回忆录》第 2 分册，第 176 页。

③《顾维钧回忆录》第 2 分册，第 183—184 页。

④ 据 1933 年 2 月 28 日国民政府外交部致驻美使馆电，2 月 24 日成立的该委员会“由〔国民党〕中央执行委员会、中央政治委员会、外交委员会委员长、五院院长、军事委员会委员长及其他重要军事机关长官组成”，该会“决定对外政策及一切国防事宜，直隶于中央政治委员会，一切议决，均守秘密”。秦孝仪主编：《中华民国重要史料初编——对日抗战时期》第 6 编(1)，台北：中国国民党中央委员会党史委员会 1981 年版，第 207 页。

成收效;五,国联和《九国公约》各国可以实施经济制裁”。①

从上述国联中国代表团的电报和立法院的决议可知,他们之所以建议对日绝交,主要目的是利用国联的新形势,对日实现盟约第 16 条所规定的国际制裁。就这一点来看,这一次的对日绝交计划和 1932 年 1 月孙科政权的对日绝交计划一样,既是一种对日政策,又是一种针对国联与第三国的策略。

这一以对日绝交而实现国际对日制裁的计划提出以后,国民政府外交部虽然在绝交的目的方面支持国联中国代表团与立法院的主张(如本书第三章所述,罗文干部长本人还在热河危机中不时暗示不惜对日绝交),但在达成目的之可能性方面,外交部总体上还是缺乏国联中国代表团与立法院所具有的那种自信。因此,2 月 24 日,在国防委员会指示研究立法院建议的可行性后,外交部一面责令专门部门展开具体审议,一面将立法院的决议转电国联中国代表团。外交部还向代表团指出:立法院决议所主张的对日绝交的 5 个有利点中,第二、第三点在国际法上行不通;另外,“应该考虑的重要问题是,断绝外交关系后,列强是否真正能够实行经济制裁”。电报要求代表团就此提出自己的意见并尽早答复。②

顾维钧等人接电后当日即回电说:“我们的朋友坚决认为大会通过最终报告书之后,中国必须在热河迎击日军,撤回驻东京的公使,以后,随着形势发展,国联定然会再次出面干预。而且,由于日本退出国联,使得每个人都认识到对一切有关各方来说事态严重。我们的朋友觉得,我国有理由指望各国今后将采取更加坚决的

① 参见吴鼎昌、谢冠生:《解决中日问题的三种途径》(1933 年 3 月),中国第二历史档案馆藏。另参见《顾维钧回忆录》第 2 分册,第 184 页。

②《顾维钧回忆录》第 2 分册,第 184 页。

行动。”①

即使如此，对外交部来说，仅凭上述希望性的预测仍然难作决断。26日，在发给代表团的电报中，外交部如此表明了自己的困惑：

> 对日外交政策有三种可能：（一）完全断绝外交。这样做最合乎逻辑，但实际利益究竟如何。（二）召回驻日公使蒋作宾，在东京保留代办。这是折中办法，但与日本的罪行不相称。（三）维持现状。但不知这样做是否会妨害各国实行对日制裁。②

对于南京的上述困惑，国联中国代表团于接电当日回电称：

> 经我们再三考虑，并充分认识到日本有可能对我采取报复手段，我们认为如果想援用制裁条文，则完全断绝外交关系是必不可少的一步。因为，日本有诉诸战争的行动是援用制裁的条文的唯一依据。如果我们自己不认为目前情况是日本已诉诸武力，就无法要求别人认为日本已处于诉诸战争的地位。外交关系是不能与一个把战争加于我们头上的国家同时并存的，那也是同我们国家的尊严不能兼容的。至于第二种选择，从法律上讲是毫无意味的，实际上是懦弱和虚伪的表现。而第三种选择，即维持现状，这正是国联一直反对我们要求援引第16条实施制裁的依据。除非政府想立刻着手与日本直接谈判，否则我们认为这一办法没有任何好处。再者，从国联通过报告书谴责日本为侵略国，又从日本目前进犯热河

① 《顾维钧回忆录》第2分册，第184页。
② 《顾维钧回忆录》第2分册，第188页。

来说,与一年前的形势已迥然不同,对于与日本断绝外交关系问题,我们应该以新的眼光来看待。①

上面所引用的国联中国代表团的电报与立法院关于绝交问题的决议,有以下两个特征:

第一,他们主要是从理论的观点来强调对日绝交的必要性,即无绝交就无国际制裁的前提,无国际制裁的前提就无国际制裁的发动。但对外交部所关心的"实际利益",即中国对日绝交后列国是否真的愿意发动对日制裁这样一个"达成目的之可能性"问题,他们的回答都只是一种希望性的预测,缺乏说服力。②

第二,1932 年 1 月,蒋介石在批判孙科政权的对日绝交案时,曾结合中国的国情与国际法指出:"今我明明尚无可战之力,而贸然为暴日所不敢之绝交宣战,则适予暴日加责任于我之机会,而益得以恣行无忌矣。何也,以中国已对之宣战,而彼可以一切自由行动也。即不宣战而绝交,又暴日所求之不得者。以绝交不论用何种方式,或用何种宣言,以解释其与宣战不同之理由,然而国交既经断绝,则对方即可不受任何限制,两国绝交即为敌国,为敌国则一切可以恣行无忌也。故曰:彼不度国力,不明利害,不负责任,而徒为快意之言者,盖未之思也。"他还说:绝交"不仅自失其国联盟约、非战公约与九国公约之权利,而且使此等公约完全失其效用,

---

①《顾维钧回忆录》第 2 分册,第 188—189 页。

② 关于这一点,时任国民政府国防设计委员会委员的吴鼎昌评论说:从法理上观察,希望各方对日本有所制裁,非得自己先和日本绝交不可,这种说法未必没有理由,"但回顾到事实方面,我和日本绝交以后是否就可以引用盟约第 16 条,各国是否就会加日本制裁,那依旧是毫无把握,而绝交以后种种可虑的危险,在今日日本军人的变态心理中将发生何等意外的反响,我们却不得不先准备牺牲了"。详见前引《解决中日问题的三种途径》。

不仅不能引起国际对中国良好之印象，而且予中国以破坏公约破坏和平之责任，如此中国诚陷于万劫不复之地，且使千秋后世之论世界历史者，谓中国自取灭亡，可不痛乎？”①对于蒋介石所指出的绝交所伴随的这些风险或不利之点，国联代表团和立法院都未提及，而单纯强调绝交之有利一面。

然而，国民政府内部对绝交的悬念与疑问，恰恰集中在绝交伴有的负面作用上。2月27日，负责具体研究对日绝交可行性问题的外交部参事厅与条约委员会，在其结论中说：

> 按照国际公法，两国绝交以后，对方可采取下列之方法：(1)报复；(2)复仇；(3)船舶扣留；(4)和平封锁等等。溯自东省事件发生以来，日本对我任意寻衅，占领疆域，制造伪国，攻击津沪，近且侵入榆关，进犯热河，凡此种种暴行，早且逾越公法所载绝交影响以外，惟稍有不同者，彼之上述暴行在我未与绝交之前，显属违背国际公法，为一种侵略行为，世界舆论早所公认。若假定对日绝交，则彼得藉口以行动对行动之原则，为所欲为，任意扩大，是否仍能责其违法，各方看法恐与今天不同，此先后情势殊异之点，所亦应郑重考虑者也。
>
> 至于日本在华领事裁判权及其他不平等条约，因中日绝交而可以片面手续完全废除，按照国际公法，战争之开始对于条约之效果大致如下：(一)非永久的政治条约如同盟条约完全失效。(二)通商条约之应否废除，可由当事国自行决定。大抵两国交战以后，多半废除其原有商约。可知在战争情形之下，国际条约并非完全失效。绝交程度未逮宣战，其对于条

① 详见蒋介石：《东北问题与对日方针》(1932年1月11日)，《革命文献》第35辑，第1291—1297页。

约之效果,当亦有所不及。虽在绝交期内,除某种条约规定,如关于互遣使领者,当然暂行失效外,我国可以片面手续停止日人在华其他某种条约上之权,……然此项权利之停止能否贯彻到底,则以我方之实力如何为转移,若仅恃绝交而希冀条约之废除,揆之国际公法,殊无根据也。

又,对日绝交是否可以促使国联援用盟约第十六条实行经济及其他制裁亦属疑问。盖国联果欲实行该条之规定,于我之对日是否绝交,法理无若何关系,而其所以至今未能实行者,其原因甚为复杂,尤以盟约本身之力量薄弱为最关重要。查盟约对于侵略国之制裁,其适用之处,应限于对外侵略external aggression(第十条)及从事战争 resort to war(第十六条),此等字句之解释往往发生困难。因此,某国是否为侵略国,亦未易断定。故实际上日本对于盟约显然破坏,而国联迄未加以制裁,且按照盟约之规定,行政院遇有执行上述制裁之必要时,仍须仰赖于各会员国政府之实力,万一各国政府不愿充分合作,以为被侵略国之后盾,行政院当亦无可如何。兼之,美俄两国迄今仍未加入国联,欲求制裁之实行尤非易事。是故中日事件发生一年有余,而国联对于盟约第十六条所定之制裁至今尚未主张,即使吾国对日绝交亦未必能补救盟约之根本缺点而促该条之适用也。①

同日,和参事厅及条约委员会的上述结论相呼应,国民政府外籍顾问宝道在他提出的说帖中,也从“中国舆论”“日本”及“国联”这3个角度,分析了对日绝交之不当:

---

① 外交部参事厅、外交部条约委员会:《关于中日绝交问题的陈述》(1933年2月27日),中国第二历史档案馆藏。

中国舆论　中国舆论渴望政府对于日本之侵略无已能抵抗，有此断绝关系之举自所欢迎。但应知（一）断绝外交关系与宣布不满意相等，仅属一种姿势，并无直接利益关系，既无损于日本，亦无助于中国，除为表示极度憎恶之一方法外，别无他用。（二）热河前线之武力抵抗，于表示中国之决心维持其主权为更属明显而有效之方法，在武力抵抗未开始时，断绝外交关系或可为一种有利的警告，若敌对行动已在进行，则断绝外交关系之重大意义已失去甚多。（三）情势推迁或有一日足使中国考虑由国联常设委员会或其他机关解决中日纠纷之提案，若对日外交关系业已断绝，则彼时必谋恢复或竟由中国提议恢复，此举恐又为中国舆论所反对。

日本　召回驻扎东京之中国公使，派秘书一人代办，日本对此或不甚重视，若正式破裂或停止，由第三国照料在日中国利益，则日本可看着敌视表示，为宣战之预备。设或以吾此种解释为全无可据，须知照日人现时头脑之情形，无人敢断言其意究欲何为，彼可藉此作口实，以图武力报复或将其侨民撤退，或更为足使中国政府增加困难之他种举动，一国既能以派遣五万人之远征军队至邻国领土，同时仍维持两国友好关系，谓可并行不悖，于其他最不易置信之举动自亦能行也。

国联　中国曾将此讼案交托国联，大会之判决语又予彼有利，新委员会已组织成立，以注视此争端，而便利其解决，中国凭此地位方可得到由盟约条款暨新委员会努力所给予之各种可能事项利益耳。中国业向国联保证不使局势增加严重，外交关系之完全破裂或断绝或停止，皆可视作更增严重之证。……按照盟约第十二条，中国不得于大会报告未满三个月时从事战争，如日本或行政院会员国，或委员会之委员国，以断绝外交关系为引起战争之举动，则可致中国于危险之地位。或有人云，中国如欲要求引用盟约第十六条，先须对日绝交，倘请求列强对日经济封锁，而两国外交关系仍未破裂，乃矛盾之事，但列强是否预备于目前考虑引用第十六条之事，颇属疑问。如列强感中国将逼迫彼等为非其所愿之事，与日本作公开之冲突，必甚不快。不论如何，如中国政府意见，以断绝外交关系一事，与国联及列强之行动有相联关系，则应先商列强，在未得彼等完全同意以前，切不宜有所举动。①

上面所引用的外交部专门部门的结论与宝道顾问的说帖，都抓住了问题的核心，颇具说服力。这样，首先究明列国态度，便成为决定对日绝交问题的前提。因此，外交部于 3 月 1 日向中国驻法、英、美公使馆发出了以下指示：

政府在未实行与日本断绝外交关系前，亟欲知法美英政府态度。法美英政府是否：

一、赞成我国此举。

二、愿从中国之与日绝交，撤回该国驻东京使馆长官。

三、赞助(美)采取经济或其他制裁、盟约第 16 条之执行。

希即设法探询法英当局、美新当局之意见，迅复。②

这个指示说明，国民政府欲以对日绝交问题为试金石，对列国的态度和实现对日国际制裁的可能性，进行一次具决定性意义的测验。

---

①《宝道顾问对日绝交说帖》(1933 年 2 月 27 日)，中国第二历史档案馆藏。

②《外交部致顾维钧、郭泰祺、施肇基电》(1933 年 3 月 1 日)，“中华民国外交问题”研究会编:《中日外交史料丛编》第 2 册，台北:“中华民国外交问题”研究会 1966 年版，第 68—69 页。笔者注:本书把电报的日期误记为“民国 21 年 3 月 1 日”。

列国马上交出了他们的“答案”。

首先，3 月 3 日，驻美公使施肇基[①]致电外交部，报告了即将由胡佛共和党政权过渡到罗斯福民主党政权的美国的态度：

〔关于尊电所开各节〕

第一点，政府中人对于赞同与否均拒绝表示，惟据余所得印象，渠等意似以绝交利于中国之处甚少。

第二、第三点，渠等拒绝批评。

至新政府在未正式就职以前，其意见无法探明。据余个人所得印象，在目下形势之下，美国政府若非与其他各国作共同之行动，恐不肯采取此种步骤。美国政府并认如发生制裁问题时，则该问题应由国联会员国主动之。此间主要各团体，意见均反对制裁办法。如欲扫除此项反对，唯一办法，惟有国联中各强国切实情愿采用制裁之工具，而以美国之合作，为使制裁办法得生效力之不可少之条件。

余将于及早时间内设法向新政府接洽。但新政府之态度，恐不致与现政府互相歧异也。[②]

翌日，中国驻英公使馆的电报，向南京报告了英国政府的立场：

---

① 据施肇基本人的说明，他同国联中国代表团不同，反对对日绝交，因此遭到来自国内的批判。“Memorandum by Mr. Joseph C. Green, of the Division of Western European Affairs of a Conversation with the Chinese Minister (Sze), (March 1, 1933)”, *FRUS*, *1933*, Vol. Ⅲ, p. 221.

②《施肇基致外交部电》(1933 年 3 月 3 日)，《中华民国重要史料初编——对日抗战时期》第 6 编(1)，第 208 页。

经向外交次长探明

对于(一)点〔是否赞成我国此举〕,认为不审慎且不智之举动。

对于(二)点〔是否愿从中国之与日绝交〕,英国未必将有此举。

对于(三)点,〔是否赞助采取经济或其他制裁、执行盟约第16条〕中国有请求执行盟约第16条之权,但难得全体一致同意。①

对法国政府的试探,是由顾维钧直接进行的。据顾回忆,法国驻国联特别大会首席代表保罗·彭古的回答,大意为:虽然中日之间已存在事实上的战争状态,但是断绝外交关系就等于宣战,这样就造成法律上的战争状态,日本可以据此封锁中国所有口岸,中国政府应该慎重考虑可能造成的结果;法国政府的政策是在世界任何地方都支持盟约,但不能支持可能使局势更加恶化的任何措施,也不能把尚未卷入中日两国战争的国家推入战争;关于制裁问题,如无美国参加,就无法考虑,法国之力不足以单独行动。②

美、英、法的上述答复,明确表示了它们对绝交问题的反对。由国联中国代表团为主要推进者的对日绝交计划,因之而露出了它的破绽。因为,如前所述,这一计划的根本目的不在单纯的绝交,而在以绝交实现国际对日制裁,而它又是以代表团一再强调的列国对国际制裁的赞同为前提的。但是,现在,被绝交推进者视为

---

①《驻英中国公使馆致外交部电》(1933年3月4日),《中日外交史料丛编》第2册,第72页。

②《顾维钧回忆录》第2分册,第198页。

主要依靠的这些大国的反应表明：即使中国对日绝交，列国也绝不可能发动对日制裁。换言之，绝交所被期待的有利之点无望实现，它所伴有的不利的一面，却很可能马上变为现实。

在这样一个明明白白的结论面前，尽管3月2日国联中国代表团已以电报发来了关于与日本断绝邦交的具体方案[①]，但经过3月3日至5日期间的多次会议，国防委员会还是作出了否定性的决定，即搁置对日绝交计划，暂以从东京召回蒋作宾公使作为对日抗议的表示。[②]

对此，国联中国代表团多次致电南京，坚持主张"值兹日本继续进犯之际，正是我们采取绝交行动的好机会"，并以辞职施压，但终未获采纳。[③] 3月7日，罗文干回电解释说：他已暂定在日本通知退出国联之日，就宣布先召回驻东京的公使与主要人员，以断绝同日本的外交关系。但在此之前，我们必须尽力向军人说明要冒这一风险的必要性。"倘若代表团与外交部想要我们的军人支持我们的一贯的外交政策，我们就应避免引起他们的敌意和不满情绪。""必须懂得国内军人的心理，他们的心理是风险不能冒，但由此而招致的羞辱，却要我们在国外的人去承受。"[④]

罗文干的上述电报，暴露出搁置绝交计划的关键因素是"军人"的态度。这是有其理由的。事实上，蒋介石在2月25日发给蒋作宾的电报中，就把对日宣战、绝交与召回公使的主张，斥责为"不负责之谰言"。[⑤] 而据日方谍报，在2月27日举行的国民党中央政

---

①《顾维钧回忆录》第2分册，附录6，第722—723页。

②《顾维钧回忆录》第2分册，第197、199页。

③《顾维钧回忆录》第2分册，第199页。

④《顾维钧回忆录》第2分册，第200页。

⑤ 秦孝仪主编：《"总统"蒋公大事长编初稿》第2卷，第272页。

治会议临时会议上,军事上的考虑是对绝交持慎重态度的与会者的主要根据,即华北前线的中国军队系统不一,统帅不易;军费与弹药至多只能维持 3 个月,其后补给无着,等等。①

结果,尽管罗文干所代言的"文人"对军人的不满依然存在,国民政府决策层的主流却越来越向军人主张的路线倾斜,驻国联中国代表团的对日绝交提案最终只得搁置不谈。②

二、热河惨败冲击下的反思

3 月上旬,几乎和罗文干谴责军人的电报同时,以承德的失陷为开端,热河省的大部在不到两周的时间里就被日军完全占领。时称热河惨败。

对中国来说,这是失去东北三省以来又一个重大的打击。天津的《益世报》在社论中叹息:日军仅用 7 天就占领了 60 万平方里的中国领土。从开鲁到赤峰,从北票到凌源,最后仅用 120 多人的士兵就打下了省都承德。4 万万中国人不仅在武力面前遭受惨败,在精神上也受到了巨大的冲击。国人不仅失去了领土,而且在人

---

①「上村総領事より内田外務大臣宛電報第 136 号」(1933 年 3 月 1 日),日本外交史料馆藏,A. 1. 1. 0. 21. 3. 1. 005。JACAR(亚洲历史资料中心),Ref. B02030260900,第 3 画像目。

② 关于 1933 年的对日绝交计划,顾维钧在事隔多年后出版的回忆录中,依然认为:当时确实存在着实现对日国际共同行动的可能性,只是由于国民政府未能接受他和国联中国代表团的建议,及时对日绝交,才因此错过了机会(详见《顾维钧回忆录》第 2 分册,第 2 章)。然而,由本章叙述的史实可知,这种观点并不符合当时的因果关系。因为,实际上,不是由于国民政府拖延了绝交的决断而错过了对日共同行动的可能性,而恰恰是因为列国明确否定了对日共同行动的可能性,方使国民政府无法决心对日绝交。

格上也一败涂地。[1]

《益世报》如此悲愤，是有深刻背景的。如本书第三章所述，自国民党四届三中全会及山海关事件以后，国民政府在公开场合一直坚持着彻底抗日的强硬姿态。与此相应，热河前线的张学良、汤玉麟等领导人反复发誓武装自卫，[2]行政院代院长宋子文在2月18日视察承德时，也宣称最后胜利属于中国。[3] 另一方面，本来对热河一直持慎重态度并在暗中摸索避战可能性的蒋介石，虽然对守卫热河不敢乐观，但也在2月15日发给杨杰的电报中说："如倭军真欲正式攻取热河，则在热河方面至少要有5师至7师兵力，榆关方面亦须有4师以上兵力，非由其本国新增7师至10师兵力来华不能作战。今寇不出此，而仅派一部跟随伪逆部队进取并兼带监视任务，是其非欲正面作战可知。"据此，蒋判断：只要中国军队部署稳定，"必可使敌陷于被动地位而为我击破"。[4]

出乎意料的是，2月23日日本仅用两个师团的兵力发动进攻后，以华北地方部队为主体的总共拥有31万人[5]以上兵力的中国军队，竟然如秋风扫落叶般一败涂地。

热河的这种惨败给国民政府带来了巨大冲击。3月9日，日本驻南京代理总领事上村伸一报告外务省说：南京要人因热河之惨败个个非常沮丧，陈仪[6]和我会见时用令人可怜的消沉且恐惧的表

---

① 详见《益世报》社论（1933年3月19日）。

②《张学良宋子文自热返平，二十七将领发抗日通电》，《申报》（1933年2月20日）。

③《宋子文张学良抵热词，电日内瓦表示抵抗决心》，《申报》（1933年2月19日）。

④《蒋介石致杨杰电》（1933年2月15日），台北："国史馆"藏，蒋中正"总统"文物，档案号002-080200-00412-053。

⑤ 刘维开：《国难期间应变图存问题之研究》，第107页。

⑥ 陈仪时任国民政府军政部次长。

情说“不知日本还想干啥”。①

蒋介石也在3月13日和翁文灏及胡适等人的谈话中说:“实不料日本攻热河能如此神速。本来估计日本攻热河须用6个师团人,故日本国内和台湾均须动员。万不料日本人知道汤玉麟、张学良的军队比我们知道得多多!”②另外,主张对日强硬的罗文干,3月8日在和日本外交官的谈话中也坦白地说:“我估计热河至少可守两个月,结果却是如此短的时间就被占领,实在令人震惊。”③

不过,巨大的冲击既给中国带来了震惊与悲愤,也给中国带来了反思与反省的氛围。譬如,时任山西省主席的徐永昌在日记中写道:“我们对于此次日本之侵略,我们是应如何的感谢他。我尤其觉得日本要再不明来打,将来我们要有亡种之忧呢。匈奴祇是一个内讧病,即致于求降不得,若我们现在之病且不止于内讧,而一切不争气的病,如懒惰、浮浅、奢侈等等,写不胜写,使真亡国也应当之无愧。”④

另外,因热河危机中断疗养,从欧洲急急回国的汪精卫,在论述“抵抗的决心与能力”时,结合明朝灭亡的历史经验谓:“是中国人都有抵抗的决心,但我们今日不只要有抵抗的决心,尤其要有抵

① 「上村より内田宛電報第161号」(1933年3月9日),『日本外交文書　滿洲事变』3,第699页。

② 蒋介石对胡适等人的谈话(1933年3月13日),《胡适之先生年谱长编初稿》第4册,第1133页。笔者附注:蒋介石的这种说法并不过头。据日方档案,1932年12月31日,日本驻北平外交官中山访问张学良,质问其进军热河的目的。张学良很直率地回答说:我军丝毫没有和日军作战的意志。中央下了命令,我们只有服从,但也不过是摆出架势,让民众看看而已。详见『日本外交文書　滿洲事变』3,第645—646页。

③ 「上村より内田宛電報第157号極秘」(1933年3月9日),『日本外交文書　滿洲事变』3,第698页。

④ 《徐永昌日记》第3册(1933年3月28日条),台北:“中央研究院”近代史研究所1990年版,第6页。

抗的能力。要养成抵抗的能力，不仅是军事，在经济、政治、社会和组织等物质的、精神的方面都要作踏实的努力。中国的士大夫没良心的不必说了，其有良心，成为正人君子的，也多是空空洞洞，唱着强硬的高调，论和，立刻说是通番卖国，论战，则有兵无饷、有将无兵，及至大敌当前，除了以一死报国，更无他法。这等只有抵抗的决心，而没有抵抗的能力，其亡国的结果，思之令人心痛，我们今日，决不能再蹈覆辙。"①

如前所述，在中国，包括宋子文、罗文干等文职高官在内，不少人认为，主张对日缓和的人都是因为缺乏抗日决心的缘故。汪精卫的演说是对他们的一种强烈的批判。

徐永昌、汪精卫的言论都反映了为政者的自责之念。与此相应，经历了热河惨败的冲击后，在中国民间，也和过去偏重于责怪政府抵抗不力的倾向不同，涌现出对中国及中国人自身缺点的反思与批判。其中特别值得介绍的，是刊登在《独立评论》上的胡适与蒋廷黻的两篇评论。

胡适的评论题为《举国震惊以后》。它首先指出，热河的败退证明，前年东三省 20 万大军的不抵抗，是由于不具备抵抗的能力。接着，它认为造成热河大溃退的主要原因有 5 条：(1) 军队没有科学的设备，没有现代的训练；(2) 军官的贪污堕落；(3) 地方政治的贪污堕落；(4) 张学良的体力与精神、知识与训练都不能担负重大局面；(5) 中央政府的失责。然后，文章扩大范围，论述道：我们这个民族从甲午战争以后到欧战之前的 20 年中屡经大难，确有一点自我悔悟的态度。但欧战至今，我们的虚骄与夸大狂又都回来了：

---

① 详见《汪到京尚坚辞复职，北来晤蒋行期尚未决定，对日认唯有抵抗之一途》，(天津)《大公报》(1933 年 3 月 21 日)。

“不先整顿自己的国家，而妄想用空言打到一切强敌；不先学一点自立的本领，而狂妄的藐视一切先进国家的文化与武备；不肯拼命去谋自身的现代化，而妄想在这个冷酷的现代世界里争一个自由平等的地位；这都是亡国的征象。”最后，文章呼吁：“我们今天的最大教训是要认清我们的地位，要学到‘能弱’，要承认我们今日不中用，要打到一切虚骄夸大的狂妄心理，要养成虚怀能学的雅量，要准备使这个民族低头苦志做 30 年的小学生。这才不辜负这 18 个月(也许还更长)的惨痛的教训。除此一条活路以外，我看不出别的什么自救的路子。”①

胡适的上述论述是以中国总体为对象，分析了它的缺点与弱点。蒋廷黻的题为《热河失守以后》的评论，则以国民政府内部的强硬论为对象展开批评。他写道：

> 经过这一次的大失望以后，我以为我们应须认清这个基本事实。第一，武力的收复失地是绝不可能的。第二，我们须承认汤玉麟虽不足代表中国的军人，十九路军及第五军也不能代表中国的军人。我们以后未必能希望淞沪之战那样的精神胜利。这次热河之战，如我们无这种太乐观的奢望，宋子文也不与张学良、汤玉麟联名发通电了。……第三，我们损失热河这个机会以后，我们很难促进世界对日制裁的发生。原来我们绝无左右世界大势的能力，充其量不过促进已成的趋势。现在连这一点促进的能力都没有了。倘国联于某年月日决定制裁，那必不是因为我们作了什么事，必是因为国联自有理由。
>
> 我们在以往的一年多内，还时常想找解决的捷径。这种野梦，我们现在必须放弃，而下决心来作长期的准备。……目

① 详见胡适:《全国震惊以后》,《独立评论》第 41 号(1933 年 3 月 12 日)。

> 前论中国的内情及国际的形势，我们都谈不到收复失地。目前我们的工作惟有在国内造成有收复失地的能力和资格，在国际上造成有收复失地可能的形势。①

胡适与蒋廷黻都是当时中国学界的著名学者。他们对往往得到民众欢迎的强硬论的批判，可谓舆论从理想转向理性、从重感情转向重现实的象征。和社会氛围的这种变化相呼应，国民政府内部的路线分歧也呈现出新的趋势，这就是，对四届三中全会彻底抗日方针的怀疑日益表面化。结果，蒋介石军人一方"先安内后抗日"的路线重新取得了主导地位。对此，日本也马上作出了"国民政府内部对中日问题的意见已经大大缓和"的观察。②

在此之前，国民政府领导层虽然对国际社会由最初的满怀希望逐渐转向失望，但对获得"国际援华制日"，却一直抱有一定的信心。这种信心主要源于下述 4 个原因：

第一，不少人虽感到国联与列国目前的态度不尽人意，但对"李顿报告书通过以后""国联作出最终结论以后"，仍然抱有一种茫然的期待感和侥幸心。③

第二，不少人根据上海抗战前后的经验认为，来自外国的"他助"之多寡，与中国自己的"自助"之大小亦有密切关系。因此他们预测：一旦中国奋起抵抗日本的侵略，国际的态度就会自然改善。④

---

① 详见蒋廷黻：《热河失守以后》，《独立评论》第 43 号(1933 年 3 月 26 日)。

② 「上村より内田宛電報第 162 号至急」(1933 年 3 月 9 日)，『日本外交文書　満洲事変』3，第 700 页。

③ 参见《黄郛致蒋介石电》(1933 年 5 月 27 日)，沈云龙编著：《黄膺白先生年谱长编》下册，第 564—565 页。

④ 参见《中国国民党中央执行委员会密函别 1091 号》(1932 年 12 月 22 日)之附属文书，台北：中国国民党党史馆藏。

第三,如同本章第一节介绍过的绝交推进者的主张所表明的,在国民政府内部,有一批“坚信国联派”。他们的观点在某种程度上增强了上述那种茫然的期待感和侥幸心。①

第四,作为贯穿以上各点的共性,无论领导层还是一般民众,都抱有一种日本遭到国际孤立而中国备受世界同情的观念。这种把道义上的孤立和实质上的孤立混为一谈的“日本孤立论”,成为考虑对日问题的一种无意识的前提,干扰着当局者对国际局势的判断与内外政策的决断。②

正是在这些因素的共同影响下,尽管大多数人心里明白,在国内政治分裂与实力虚弱的现状下,中国不可能以自身的军事抗战来早日解决中日纷争,但一般舆论自不待言,即在国民政府内部,以“文人”为中心的许多人,也坚决反对在外交上正式转向局部妥协。在这种多数意志的束缚下,主张以外交上的局部妥协而谋长期抵抗的以蒋介石为核心的军人,只得把他们向日本争取直接交涉的努力严格限制在秘密的和个人的场合,而不能公开地改变对日政策。结果,他们在总体上一直处于既不能战亦不敢和的尴尬之中。

总之,在当时的中国,强硬抗日者的最大的精神支柱,是对“国际援华制日”之早期到来的信念;而对为贯彻先内后外的优先顺序而亟需缓和对日关系的蒋介石等人来说,来自这种信念的掣肘,则是阻挡他们实现自身主张的最大障碍。

---

① 参见「有吉致内田机密公第338号」(1932年10月26日)所引黄郛谈话,『日本外交文书　满洲事变』3,第630页。

② 参见《汪兆铭致胡适函》(1933年4月23日)及所附电文,《胡适来往书信选》中册,第210—211页。

三、局部妥协与国际解决战略的形成

在这样的背景下，国民政府要确立切合实际的对日政策，必须从重新探究上述这种信念的妥当性开始。具体而言，这个探究需要完成两个确认：其一，观察列国在国联作出结论后的行动，确认其与作出结论前有无变化；其二，观察列国在中国坚决抵抗日本侵略后的行动，确认其与坚决抵抗前有无改善。

以对日绝交计划为契机，国民政府终于完成了这两个确认。

第一个确认，是通过绝交计划本身进行的。从本章的既述经纬可知，这个计划是国联作出关于中日纷争的最终结论后，中国对列国的最初的“考试”。但是，美、英、法的答案离中国的愿望实在太远了。这在急剧减少“坚信国联派”的影响力之同时，大大削弱了潜存于政府内外的那种茫然的期待感与侥幸心。[1] 关于这一点，胡适在前引评论中总结说：“世界尽管变了，我们这个国家的危机还和 19 世纪末年的情势相差不远。也许比那时代还更危急，因为那时代远东的一点均势局面现在久已不存在了，我们的近邻还是我们最可怕的侵略者，而全世界没有能力也没有决心制裁它的暴行。”[2]

第二个确认，是在绝交计划遭到列国反对以后的“长城抗战”中完成的。3 月 5 日以后，国民政府为阻止日军的进一步侵略，由

① 譬如，一贯反对中日直接交涉的强硬派朱家骅（时任国民政府交通部部长），也对日本驻南京总领事须磨表示：“靠国联解决无望，今日除中日直接交涉别无出路。”详见「上村より内田宛電報第 157 号」(1933 年 3 月 9 日)，『日本外交文書　満洲事変』3，第 698 页。

② 胡适：《全国震惊以后》，《独立评论》第 41 号(1933 年 3 月 12 日)。

军政部部长何应钦取代张学良任华北地区最高军事长官，蒋介石也把南方的“剿共”战事暂时委托给陈诚指挥，为“专力对外”而亲赴华北前线。① 由“剿共”战场等北上的13个师的中央军，和东北军、西北军、晋绥军等地方军队协作，以总计35万人以上的兵力在长城的各重要关口与日军对阵，展开了九一八事变以来最大规模的自卫战。但在这个过程中，列国对中国的冷淡态度仍与长城抗战之前一样。据日方情报，国民政府曾通过北平的现地指挥部，请求各国“为牵制日本和收拾华北时局”而介入华北事态，但遭到列国的一致拒绝。② 最终，长城抗战的结果说明，在当时各国所处国际国内环境的制约下，第三国绝不会为中国的命运而得罪日本。

至此，国民政府对早日获得“国际援华制日”的信念，发生了根本性的动摇。

在前文引用过的蒋廷黻的文章中，曾有这样一段评论：

> 在日本，武人主战，文人主和而不敢言和；在中国呢，文人主战而首当其冲的武人则不主战，其是否主和无人知之。不幸两国都是武人当政。武人的日本只论势而不论理；文人的中国只论理而不论势。③

就当时的中国来说，同蒋廷黻所指出的“理”与“势”类似的矛盾，还可举出“理想”与“现实”、“必要性”与“可能性”、“该做什么”与“能做什么”，以及任何政策举措都必然内含的“正面作用”与“负

---

①《蒋介石致陈诚函》(1933年3月6日)，台北：“国史馆”藏，蒋中正“总统”文物，档案号002-010200-00079-021。

② 详见：「中山より内田宛電報第159号」(1933年4月8日)，『日本外交文書　満洲事変』3，第727—729页。亦请参照“The Minister in China (Johnson) to the Secretary of State (March 21, 1933)”, *FRUS*, *1933*, Vol. Ⅲ, p. 245。

③ 蒋廷黻：《热河失守以后》，《独立评论》第43号(1933年3月26日)。

面作用”，等等。在国家遭受日本侵略的国难之中，要平衡好这些矛盾的正反两面是十分困难的。因为人们在考虑问题时往往只重“理”或“必要性”，因而对某种政策举措仅偏重于其正面作用而单纯地强调“该做什么”。与此相应，人们很少同时考虑“势”或“可能性”，并对某一政策举措同时看到它的负面作用，从而不能全面地想一想“能做什么”。前文所述当时在军事抵抗问题和对日绝交问题上普遍存在的带片面性的意见，在根本上就是出于这种心理偏差。

但是，在经过对日绝交和长城抗战的双重挫折后，原来顽固干扰政策选择的心理上的偏差及认识上的片面性，终于在对挫折所提供的教训的反思中得到了纠正。

其第一个重要结果，是国民政府对解决中日问题的第三条路即“国际解决战略”所需要的条件有了新的认识。

如本书第一章所示，在提出第三条路之初，蒋介石等人在“可能性”方面举出的两大根据，是“国际公理”和“利害关系的连锁”。从国民政府在九一八事变以后最初3个月的强硬态度可知，当时他们对这两大根据都坚信不疑，而且把实现“国际援华制日”看得很容易，以致认为日本的侵略很快就会在国际社会的援华制日中得到制止。正是基于这一估计，蒋介石才坚持以日本立即撤兵为外交谈判的先决条件，并设定了接收东北的时间与顺序。但是，在经过20个月的重重挫败后，现在的国民政府对作为第一根据的“国际公理”虽然还是强调，实际上则已经认识到它对日本的侵略无能为力。同时，对作为第二根据的“利害关系的连锁”，国民政府一边继续保持着信心，并把它上升为国际解决战略的主要根据，但一边也已经认识到：第三国目前尚未具备制约日本的实力，它们与中国的利害连锁目前也尚未大到令其愿意马上制裁日本的程度。

因此,国际解决战略不是很快就能成功的,它必须有一个相当长的等待时期,等到第三国对日战备的完成和对日矛盾的激化才有实现的可能。而在等待期间,中国必须改变以前不区分现实可能性和长远可能性的做法,根据现实的可能性来确定现在的目标。①

克服片面性后的第二个重要结果,是国民政府对在外交上形成中日局部妥协的必要性达成了共识。它反映在 1933 年 3 月 30 日重返行政院院长要职的汪精卫,在长城抗战深陷危境的 4 月所发出的 3 封电报之中。

第一封是 4 月 1 日的。针对国联中国代表团以日本 3 月 27 日宣告退出国联为由而再次强烈主张对日绝交,汪精卫致电说:"国际对我暂形冷淡,国民失望于反攻之无期,均可顾虑。但两害相权取其轻。国联经济绝交之进行,固足以困日本,若日本因此向我急攻,则布置未周,全盘动摇,尤为可虑。"②

第二封是 4 月 8 日的。汪精卫再次致电国联中国代表团称:中国领导人宁愿采取不带刺激性的对日政策,以争取时间加强军事力量,而"撤回驻使等于日只损面子,于我无大利益"。③

第三封是 4 月下旬的。汪精卫更明确地致电国联中国代表团

---

① 参见《孙科致冯玉祥函》(1933 年 8 月 1 日),《民国档案》1992 年第 2 期。内中谓:"区区之愚,以为吾国在此三五年中,首先当全国团结,共为国力之培养与扩充,以取得将来世界大战重要一员之资格,然后以俟国际风云之变迁,庶偿一举雪仇之素愿,此今日第一要者也。暴日今兹所以如是骄横,良以俄之新五年计划尚未告成,美之海军补充尚未实现。故日人口口声声辄言陆军足以对俄,海军足以对美,而俄美各有难言之苦,遂一任其狂吠而无可如何。若再过三四年,俄之新五年计划兴,美之新海军建设均已完成,则今日日本之优势,将变成劣势。两方冲突,不免必诉诸战争。吾国此时如国力能有相当之培补,即有举足重轻之地位,而吾乃能为比利时。否则其时日人或感势孤,不得不屈服国际公义之裁判,而东省悬案,亦有政治解决之可能耳。"

②《顾维钧回忆录》第 2 分册,第 214 页。

③《顾维钧回忆录》第 2 分册,第 216 页。

说:中国还需时日准备抗战力量,因此必须暂时采取对日安抚政策。①

很明显,这 3 封电报的观点与对国际解决战略所需条件的认识的深化是密切相关的。

一个月后,国民政府通过 5 月 31 日签订的《塘沽停战协定》,跨入了对日政策的新阶段。其特点,是正式改变了外交上的强硬态度,在当前的对日目标上,把九一八事变后在外交舞台上坚持至今的“恢复原状为优先”,正式降低为“维持现状为优先”。二者的不同,在于前者以要求取消“满洲国”为当前目标,后者则以防止日本将侵华行动扩大至东北以外的地区为当前目标,对“满洲国”即东北问题本身则暂时搁置之。②

克服片面性后的第三个重要结果,是基于前述新认识的国际解决战略,正式成为国民政府解决对日问题的主要路径。因为,与九一八事变初期相比,经过 20 个月的种种尝试后,作为第一条路的“绝交宣战·军事抵抗”在目前条件下的不通,已经成为政府内外的共识,故第一条路即使在舆论上也已经丧失了它曾经有过的绝对性的主导地位。至于作为第二条路的“直接交涉”,在九一八事变后的最初 3 个月,它被蒋介石主导下的国民政府所坚决拒绝。在其后的 17 个月中,先是孙科政权,接着是蒋汪合作政权,都曾在暗中努力于对日直接交涉,但日本改变了政策。如本书已经叙述过的,从犬养内阁开始,日本一边在口头上主张直接交涉,并不时指责国民政府拒绝直接交涉,在行动上,却先是“使中国在事实上

①《顾维钧回忆录》第 2 分册,第 225 页。

②《外交部致宋子文、顾维钧等电》(1933 年 6 月 29 日),《顾维钧回忆录》第 2 分册,第 243—244 页。

无法开始直接交涉”,后来更是以中国无条件接受包括“满洲国”在内的既成事实为中日交涉的前提。易言之,在日本实质上把“直接交涉”变形为中国对日本的无条件的屈服后,它作为第二条路的可能性也已经被日本否定了。

在第一条路因自身国情而不通,第二条路又被日方所堵塞的情况下,唯一留下的就只有第三条路即“国际解决”了。它在九一八事变刚刚爆发之际就是蒋介石等核心人物最想走的路。但和当初相比,20 个月后的国际解决之路已有很多不同:

其一,当初的国际解决是完全排除直接交涉的,现在的则不排除直接交涉,只要日本不拒绝,国民政府愿意以它作为解决中日问题的一条辅助之路。因为,国民政府当初把“国际解决”和“直接交涉(单独谈判)”的关系视为相互排斥,现在则看成相辅相成,因此,在坚持所有最终解决一定要有国际社会的参加的同时,作为实现这一目标的手段,则不排除和日本的单独谈判。

其二,当初的国际解决是以“国际公理”为第一根据,“利害连锁”为第二根据的,现在的则是以“利害连锁”为主要根据。

其三,当初的国际解决把到达目标的道路设想得比较平坦、快捷,所以是寄望于马到成功的,现在的则是认识到道路的崎岖、漫长,因而是着眼于将来的。

其四,从内容来说,当初的国际解决之路和其他两条路的关系是混沌不清甚至相互排斥的,现在的则是明确地以“国际解决”之路为主,以“军事抵抗”和“直接交涉”之路为辅,既三路并进又主次分明。在总体上,它可归纳为 3 个具有内在联系的原则:以中日问题的国际性质为依据,坚持中日问题须在国联、英、美等第三方的介入下共同解决,拒绝与日本单独解决,但不排除和日本的直接交涉;为实现这一共同解决,致力于通过中日问题的国际化,而赢得第三国及国际社会的援华制日；在国际解决时机到来以前，一边作必要的军事抵抗，一边回避军事决战，致力于国内的统一与建设。

作为第三节的结尾，最后要补充的是，根据这一国际解决战略，为最大限度地赢得国际社会的同情与支持，国民政府还纠正了对既有条约秩序的态度。

当时，围绕中国的国际条约大致可分为3种：一种是中国和外国都承认其效力的条约，其中包括规定有治外法权、关税协议权等条款在内的不平等条约。第二种是与1915年日本提出的“二十一条”要求相关的中日条约。与第一种不同，中国已经于1923年宣布其无效，但日本仍强调其有效。最后一种就是前述体现着世界新潮流的《国际联盟盟约》《九国公约》和《非战公约》。

九一八事变前，国民政府推行革命外交，单方面废除不平等条约，却对3种条约未作明确区分，也不顾及必要的手续。包括英美在内的国际社会因此而把国民政府视为既存国际秩序的破坏者。相反，日本则因其曾推行币原外交而强调自己是既存秩序的维护者。正是由于这一原因，在国联会议最初辩论九一八事变所引起的中日纷争时，英国等大国并不完全同情中国。

鉴于这一教训，也鉴于反对日本侵略成为当务之急的新形势，国民政府为贯彻国际解决战略，纠正了“革命外交”，中止了单方面的废约行为，而大力强调遵守国际条约的必要性。其中，国民政府还注意区分既存条约的不同性质，而特别致力于维护以《国际联盟盟约》《九国公约》和《非战公约》为核心的条约秩序。①

① 参见入江昭：『太平洋戦争の起源』，東京：東京大学出版会，1991年。

四、日方的单独解决方针

在国民政府的国际解决战略从雏形到定形的过程中,日本对待九一八事变后中日纷争的解决方针,和中方形成了鲜明对照。

基于和国民政府相反的战略考虑,日本一开始就否定中日纠纷具有国际性质,坚持主张中日之间的问题只能由中日两国单独解决,而反对任何第三方介入。同时,对于国民政府在国联会议主张中日纷争的国际性和呼吁第三国援华制日的活动,日本一概斥之为"以夷制夷的老套"。[①] 但是,如前所述,对于单独解决所需要的两国之间的直接交涉,日本却只是在"币原外交"尚有余韵的若槻内阁的最后3个月(1931年9～12月)有此意向,其后,日本先是"使直接交涉在事实上无法举行",然后更以中国无条件接受既成事实为中日交涉的先决条件,因而在实质上堵住了交涉之路。

另外,日本还反复强调关东军行使武力是对中国违反中日条约的自卫行动。尽管有往昔国民政府革命外交所留下的负面影响,日本这种一边以有争议的第二种条约为自身辩护,一边无视自己也签名于中的第三种条约的做法,总体上遭到了国际社会的反对。但是日本我行我素,在武力占领中国东北后,自导自演地建立了"满洲国",并最终宣告退出国联。其后,摆脱了《国际联盟盟约》束缚的日本虽然没有公开否认《九国公约》和《非战公约》的有效性,但实际上加快了打破现状的步伐。

---

① 「第三者の干涉拒否 首相外相强硬に言明」(1931年10月13日閣議),『東京朝日新聞』(1931年10月14日夕刊);「幣原より在本邦蔣中国公使宛」(1931年10月9日),『日本外交文書 満洲事変』1—2,第337—338页。

面对来自中国和国际社会的批判，日本用两个理由把自身的行为正当化。一是“形势变化论”：与签订《九国公约》等条约时的形势相比，现在的形势已经发生了根本的变化，因此不能原封不动地执行只适应以往形势的条约。二是“中国非现代国家论”：与致力于国家现代化的日本相反，中国顽固不化，至今还处于混乱与分裂的状态，其政府缺乏贯彻条约的能力。因此《九国公约》等条约的规定不适合于中国这样的非现代国家。①

尽管日本的这些理论在其国内得到普遍的认同，但国际社会整体上把它视作日本无视条约的借口。因此，在日本宣告退出国联以后，中国和日本在条约及国际秩序问题上的立场发生了逆转：实行国际解决战略的中国成为条约秩序的拥护者，日本则被视为对条约秩序的口是心非的破坏者。

中日双方的两种外交战略和对条约秩序的两种态度，对《塘沽停战协定》签订后的中日关系产生了深刻的影响。

第一，中国基于本国的国际解决战略，继续坚持主张由九一八事变引起的中日冲突具有国际性质，必须在条约相关国或国联的参加下按照条约规定共同解决，并坚决否定和日本单独解决问题的合理性和可能性。因此，对坚持中日单独解决的日本来说，除非它的对华政策获得国联和条约相关国的赞同，否则就不可能以外交手段实现自己的目的。

第二，中国从日强中弱的基本国情出发，在对外问题上置重心于外交而非军事；同时，出于对国际解决战略之必要性和可能性的长远信念，中国将军事上局部的、暂时的胜败置之度外，而以国际

① 参见溝口雄三：「中国観の問題点は何か」，小森陽一編：『歴史教科書　何が問題か』，東京：岩波書店，2001年，第34—40页。

形势和国际解决上的利害得失为大局。因此,不管在军事上如何不利,即使在转入局部妥协阶段后,国民政府也继续拒绝承认日本用武力制造的既成事实。这样,对日本来说,除非用武力完全占领中国,否则就不可能以局部的军事胜利使中国彻底屈服。而日本并不具备完全军事占领中国的实力。

第三,中国的国际解决战略依据于日本对华侵略的本质及由此而生的逻辑。因此,只要日本不改变其对华政策的这种本质与逻辑,就无法使中国抛弃对国际解决战略的信念。

正是由于双方在大战略上的这些根本性的对立,中日纷争呈现出长期化的趋势。

第五章　在大战略的对峙中走向全面战争

1933 年国民政府国际解决中日纷争的大战略定形后，在具体的贯彻上，内部很快发生了“单线外交”与“四线外交”的分歧，并在争论及调整中形成了复合性的二重外交。另一方面，1933 至 1937 年间的日本，在政治上虽然经历了从斋藤实内阁经冈田启介内阁、广田弘毅内阁、林铣十郎内阁到近卫文麿内阁的更替①，但各届政府都继续坚持单独解决中日纷争。其中，从广田内阁开始，日本基于这一大战略，还从以往主要逼迫国民政府脱离欧美，进而扩大到同时强制国民政府同意共同防共。概言之，以 1933 年为起点，中日两国是在两种大战略的对峙中最终走向卢沟桥事变后的全面战争的。

本章将分 3 个阶段来概观这一过程。

---

① (1) 斋藤实内阁(1932 年 5 月 26 日至 1934 年 7 月 7 日)；(2) 冈田启介内阁(1934 年 7 月 8 日至 1936 年 3 月 8 日，其中 1936 年 2 月 26 日至 3 月 8 日由后藤文夫临时代理首相)；(3) 广田弘毅内阁(1936 年 3 月 9 日至 1937 年 2 月 1 日)；(4) 林铣十郎内阁(1937 年 2 月 2 日至 1937 年 6 月 3 日)；(5) 近卫文麿内阁(1937 年 6 月 4 日至 1939 年 1 月 4 日)。

一、分歧与修正(1933—1934)

1. “单线”还是“四线”?

从本书第四章的论述可知,《塘沽停战协定》签订后国民政府把当前目标从“恢复原状”降低为“维持现状”,虽然在对日外交上是一种从不妥协向局部妥协的退让,但在总体上并不是放弃了国际解决战略,而是把它建立在更加切合国内外现实的基础之上。

之所以说“总体上”,是因为《塘沽停战协定》签订后,以行政院院长兼外交部部长身份主管外交的汪精卫,在国际解决战略上开始偏离主流航线,而推行专念于对日缓和、中止联络英美的单线外交。

汪精卫为何如此做呢?他的理由在1933年11月后的一场争论中有比较集中的反映。

1933年11月17日,美国结束了长达16年的对苏不承认政策,同苏联建立了外交关系。这一被称为“红白握手”的国际事件,给中国带来了震动。同月,胡适在《世界新情势里的中国外交方针》中指出:中国目前的外交方针应当是不放弃国联与国际,也不必与日本冲突或决裂。无论在平时或在急难时,中国的外交必须顾到四条路线:一是日本,二是苏俄,三是美国,四是国联(代表西欧与英帝国)。最上策是全顾到这四线,不得已而思其次,也要顾到四线中的三线。我们今日的情形,只能是多交朋友,谨防疯狗。若因为怕疯狗,就连朋友都不敢交结,那就不够资格做朋友了。[①]

这是对汪精卫推行的单线外交的直率批评。

---

① 详见胡适:《世界新形势里的中国外交方针》,《独立评论》第78号(1933年11月26日)。

汪精卫马上对胡适展开反驳。同月 22 日，他致函胡适，以“甲、乙、丙、丁”代替胡所说“日、苏、美、国联”，驳斥说：“即使乙、丙、丁幸而战胜，我国已成一团糟，除了化做苏维埃，便是瓜分或共管。”①29 日，汪精卫在国民党中央政治会议上也表达了类似的意见。他在肯定美苏建交足以促成日苏对立后，一转话头说：“与其打锣求救而救兵终不到且因打锣更足引敌之侵略，孰若困守待援之为得计。”②

汪、胡间的争论持续了一段时间。总结双方论点，胡适虽不反对缓和中日冲突，但主张在此同时还应利用美苏建交后的国际新形势，积极展开其他三条路线的外交。其背后，是对将来国际社会援华制日可能性的信念。与此相反，汪精卫认为即在美苏建交后，中国仍应专念于改善对日关系，在其他三条路线上则以无所作为为妥。其原因，是对“国际路线”前景的悲观，及对中国因联外而被“苏维埃化”或受“国际共管”的恐惧。③

对于上述分歧，蒋介石持何态度呢？近年公开的档案表明，《塘沽停战协定》签订后，蒋介石对国际关系及中国应取的战略，进行了比较集中的思考。

1933 年 6 月他分析说：

> 倭寇、赤俄、英美三者，倭寇仇我而惧我，如顺之则可交也；赤俄敌我而恨我，其目的不仅倒我，而且必欲灭亡我国也。英美则欲我为之利用，以抵倭俄，但无土地之野心也。以大体

---

①《汪精卫致胡适函》(1933 年 11 月 22 日)，《胡适来往书信选》中册，第 220—221 页。

② 汪精卫：《报告外交情况》(1933 年 11 月 29 日中国国民党中央政治会议第 386 次会议速记录)，台北：中国国民党党史馆藏，类 00.1，号 236。

③《胡适致汪精卫函》(1933 年 12 月 20 日)，《汪精卫致胡适函》(1933 年 12 月 25 日)等，《胡适来往书信选》中册，第 225—228 页，228—230 页。

论,英美可为与国,倭寇仅为仇国,而赤俄实为中国惟一之敌国也。与国以义待之,仇国以惠施之,惟敌国则无法变更矣,惟有自强以敌之而已。①

7月,在致黄郛等人的电报中,蒋介石强调:日人对中国以夷制夷的攻击,"意在诱迫我抛弃国际外交,造成惟日本意旨是从之环境,最后迫使签订承认伪国割让东北四省之条约,其诡计必使我断绝国际路线,意甚明显。我方应示以最低限度及最后决心以破其迷梦"。②

8月,蒋介石指出,"九一八以后均势既破,国家人民之所以不绝如缕者,惟此忍辱与谨慎乃能保持一时也"。因此,他认为如仍然袭用"九一八"以前之口号不能救国,反之,用人而不为人用,则未始无复兴之机。③

10月,蒋介石将"国际大势"归纳为:"一,英美畏我之与倭和;二,俄法趋向联合以对倭德;三,倭求与俄先决战,以占领库页岛之油库,解决远东,再与美战。四,倭必先与我和而后决定其战略;五,英必利用两广以制我中央。"④同月底,在获悉美苏即将建交的消息后,他强调:"美俄复交,倭受威胁,国势转变,求存之道乃在于此,应时刻注意于美俄倭之变化,勿使稍纵即逝也。"⑤

11月,驻苏大使颜惠庆建议政府与苏联建立更密切关系。汪精卫对此予以否定,蒋介石则批示:苏方如表示好意,我方亦当以

① 《蒋介石日记(手稿)》(1933年6月20日条),斯坦福大学胡佛研究所藏。

② 高素兰编:《蒋中正"总统"档案·事略稿本》第21册(1933年7月6日条),台北:"国史馆"2005年版,第47—48页。

③ 《蒋介石日记(手稿)》(1933年8月7日、8日条),斯坦福大学胡佛研究所藏。

④ 《蒋介石日记(手稿)》(1933年10月10日条),斯坦福大学胡佛研究所藏。

⑤ 《蒋介石日记(手稿)》(1933年10月29日条),斯坦福大学胡佛研究所藏。

好意示之。①

总之,对汪精卫具体负责的外交,蒋介石在总体上赞同其对日缓和的同时,不满于其仅局限于日本而放弃其他路线的消极倾向。在对日对苏方针上,蒋从日本和苏联都是中国外患的观点出发,基本构想是利用日苏矛盾使之相互牵制,达到"制俄而攘倭,制倭而攘俄"的双重目标。②

2. 中国外交的二重化

蒋介石在对苏问题上的这些观点,对于深入理解国民政府这一时期的国际解决战略富有启发作用。为说明这一点,需要简略回顾一下中苏关系的变化。

九一八事变爆发之初,国民政府的主流意见是认为苏联和日本都是中国的外患,而且,苏联既在外蒙古和中东路等问题上侵犯中国主权,又在内部指使中国共产党"赤化"中国,所以,比起日本来,苏联的危害更大。因此,在事变初期的国际解决战略中,中国要联合的第三国是以英美为首的民主国家,鼓吹共产主义的苏联则被排除在外。不仅如此,国民政府还不顾国内出现的联苏制日的呼声,拒绝恢复1929年断绝了的中苏外交关系。后来,由于日本的步步紧逼,也由于苏联以暗示可能承认"满洲国"作威胁,国民政府才在1932年12月恢复了中苏邦交。在其后的热河危机中,为了首先打退日本的侵略,国民政府还曾试图联合苏联共同对日。但是,在遭到苏联拒绝后,国民政府在《塘沽停战协定》签订后为配

---

①《汪精卫致蒋介石电》与蒋介石的批示(1933年11月16日),台北:"国史馆"藏,蒋中正"总统"文物,档案号002-020200-00026-003。

② 详见拙稿《蒋介石的中日苏关系观与制俄攘日构想——兼论蒋汪分歧的一个重要侧面(1933—1934)》,《近代史研究》2003年第4期。

合对日缓和方针，重新采取了对苏冷淡政策。

由上可知，美苏建交以后蒋介石构想的日苏相互牵制策略，虽然和单纯的“联苏制日”有质的区别，但同时也显示出，为了贯彻国际解决战略，蒋已开始突破红白藩篱，在继续努力联合英美的同时，把从来和日本一起视为外患且意识形态对立的苏联也列入了利用对象。

总之，1933 年 11 月以后，虽然国民政府处在蒋汪合作时期，但蒋汪两人在外交大计上并非一致。特别是在对把苏联也包含于中的“联外借力”方针的看法上，汪精卫持“当前无益，将来无望”之观点，蒋介石则抱“当前无害，将来有望”之态度。

蒋汪的上述分歧说明，此期国民政府的外交含有一种复合性的“二重化”：首先是公开的汪精卫路线与隐蔽的蒋介石路线之同时并行，其次是蒋介石路线内含的正反两面之双管齐下。后者指的是蒋的战略很不单纯，既谋借苏制日，又图借日制苏。蒋介石外交中这种多种因素并存，既相互矛盾又相互补充的性质，加深了中国国际解决战略的复杂性。

在中国联外制日外交重现活跃的背景下，1934 年 4 月 17 日，日本外务省发表所谓“天羽声明”，宣称：中国若利用他国排除日本，惟有加以排击；各国如对中国采共同行动，即使为财政援助或技术援助，日本亦必反对。① 对此，蒋介石斥之为“要中国做日本人的保护国”的独霸行径。② 4 月 21 日，他致电汪精卫说：“对彼外务省宣言不能轻视，请予定以后应付步骤，并令我各国驻使竭力向

① 『日本外交年表竝主要文書』(下)，第 284 页。

② 参见蒋介石：《日本之声明与吾人救国要道》(1934 年 4 月 23 日)，中国国民党中央委员会党史委员会编：《“总统”蒋公思想言论总集》第 12 卷，台北：中国国民党中央委员会党史委员会 1984 年版，第 197—201 页。

各国活动，表示反对日本独霸东亚与破坏门户开放之条件。此后彼不久必对我有所要求，务请予防并彻底研究对策。”①

5 月 4 日，立法院也通过决议，要求中央“决定抵抗计划”，为打破日本独霸东亚的阴谋而坚持与第三国协作。② 翌日，蒋介石决定：“对俄则联络其情感，对英则确切合作。”③其后，蒋催促正在国内休假的驻苏大使颜惠庆尽快返任，并于 6 月下旬向苏联驻华大使明确表示：中国欢迎苏联加入国联，此将更有利于中苏合作；中国人民相信苏联人民，并希望进一步改善相互关系。苏联大使事后向当局报告：“同蒋介石的这次谈话基本上证实了我们关于其立场已有某些改变的情报。”④

7 月 13 日，蒋介石在庐山军官训练团的秘密会议上再次论述“联外制日”外交的必要性与可能性，强调：中日纷争不是简单的中日问题，而是整个太平洋问题及世界问题。日本的对华侵略必然招来列国的干涉以至导致世界大战。由于地理及资源关系，日本要和美苏决战，必须先征服中国，而要征服中国，又必须先战胜同中国处于相关关系之中的英、美、苏等国。⑤ 其后，蒋介石委托蒋廷黻利用考察欧洲的机会向苏联探究中苏合作的可能性。⑥ 10 月，

---

① 周美华编：《蒋中正“总统”档案・事略稿本》第 25 册（1934 年 4 月 21 日条），台北：“国史馆”2006 年版，第 527 页。

②《中国国民党中央政治会议第 407 次会议速记录》（1934 年 5 月 9 日），台北：中国国民党党史馆藏，类 00.1，号 236。

③《蒋介石日记（手稿）》（1934 年 5 月 5 日条），斯坦福大学胡佛研究所藏。

④《鲍格莫洛夫致苏联外交人民委员部电》（1934 年 6 月 22 日），李嘉谷编：《中苏国家关系史资料汇编（1933—1945）》，北京：社会科学文献出版社 1997 年版，第 43—44 页。

⑤ 详见蒋介石：《抵御外侮与复兴民族（上）》，《“总统”蒋公思想言论总集》第 12 卷，第 302—317 页。

⑥ 蒋廷黻：《蒋廷黻回忆录》，台北：传记文学出版社 1984 年版，第 153 页。

蒋廷黻向苏联转告了蒋介石希望中苏合作抵御日本的意向。[①]

在进行上述"借苏制日"工作的同时,蒋介石没有放松其战略中"借日制苏"的一面。就在蒋廷黻访苏期间,他即考虑如何以"对倭谅解"促进日俄冲突。[②] 基于这一目的,1935 年初蒋介石与陈布雷合撰《敌乎? 友乎? ——中日关系的检讨》一文,并以徐道邻的名义将其发表于《外交评论》。在这篇旨在"促倭方之醒悟"[③]的文章中,蒋介石劝告日本:从世界大势和中日两国之过去、现在及将来着眼,中日辅车相依,只可携手,不应敌对;双方关系之恶化或战争之爆发,结果惟有中日两败俱伤,而苏联等第三国则乘机渔利。基此论点,该文还呼吁日本和中国各自改正错误,打开僵局。[④]

二、华北事变背景下的攻防(1935)

1. 推进"中日亲善"的深层原因

1935 年上半年的中国对日关系,是以"中日亲善"为旗帜的。其背景之一,就是蒋介石基于前述日苏相互牵制战略,试图以对日改善来打消日本对国民政府的疑虑,对内促其停止和西南派[⑤]等反蒋势力的勾结,对外则促其早日对苏开战。由此可见,这一对日亲善活动,实质上是含有防日、抗日和促成日苏战争的策略因素的。

但是,我们同时还须看清,有了这些策略因素,并不等于蒋介

① 会谈记录见《斯托莫尼亚科夫与蒋廷黻的谈话记录》(1934 年 10 月 16 日),李玉贞译:《〈中苏外交文件〉选译(上)》,《近代史资料》总 79 号,第 210—214 页。

②《蒋介石日记(手稿)》(1934 年 11 月 28 日条),斯坦福大学胡佛研究所藏。

③《蒋介石日记(手稿)》(1935 年 1 月 4 日条),斯坦福大学胡佛研究所藏。

④ 详见蒋介石:《敌乎? 友乎?》,《"总统"蒋公思想言论总集》第 4 卷,第 138—166 页。

⑤ 前身是本书第一至四章所称"广东派"。

石及国民政府就完全不具改善中日关系的诚意。首先，对九一八以来的中日纷争，蒋介石此时仍没有把依靠自力作军事解决定为优先选择，而依然对以中日两国在防共反苏等问题上的共同利害来说服日本，求得和平解决，寄予一定的希望。

其次，正在此时，日本外相广田弘毅[①]于 1935 年 1 月 22 日在国会发表了对中国"不威胁不侵略"的"亲善演说"，这一事实也提升了国民政府对改善中日关系的热情。档案显示，在广田演说的翌日，汪精卫就在中政会赞扬说：广田弘毅"关于中国的说话，较为合理，为数年来所未有"。[②] 蒋介石也在 1 月 31 日和 2 月 1 日、3 日的日记中反复提及"倭寇态度似可渐缓和，或有交还东北主权可能"。[③]

再次，从事实看，广田演说之后，在蒋汪的主导下，国民政府在对日亲善上作出了切实努力。2 月 7 日，国民党中常会决定由中央分批召集各级党部指示办理停止检查日货及各种抗日组织活动的办法。[④] 翌日，蒋介石指示时任海牙国际法院法官的王宠惠在返欧复任时取道东京，同日本当局交换意见。[⑤] 王在和蒋、汪等人详商方针后，于 2 月 19 日至 3 月 5 日访问了日本。其间，他广泛接触了

① 广田弘毅(1878—1948)，1905 年东京帝国大学毕业，翌年入职外务省，历任外务省欧美局局长与驻苏大使等。1933 年在斋藤实内阁接替内田康哉任外务大臣(外相)，1936 年 3 月至 1937 年 2 月任首相。短暂引退后，1937 年 6 月在第一届近卫文麿内阁复任外相。战后作为甲级战犯被执行死刑。

②《中国国民党中央政治会议第 441 次会议速记录》(1935 年 1 月 23 日)，台北：中国国民党党史馆藏，类 00.1，号 142。

③《蒋介石日记(手稿)》(1935 年 1 月 31 日条，2 月 1 日、3 日条)，斯坦福大学胡佛研究所藏。

④ "中央研究院"近代史研究所编：《王子壮日记》第 2 册(1935 年 2 月 7 日条)，台北："中央研究院"近代史研究所 2001 年版，第 226—227 页。

⑤ 高明芳编：《蒋中正"总统"档案・事略稿本》第 29 册，台北："国史馆"2007 年版，第 294 页。

包括日本首相在内的各界巨头。其中,在2月26日与广田外相的会谈中,王宠惠"依照奉化所讨论之顺序及南京所定之原则",向日方提出了处理中日关系的三大原则:(1)中日两国完全立于平等之地位,彼此尊重对方国际法上之完全独立。(2)中日两国均应维持真正之友谊,施于对方国之非友谊行为皆应禁止。(3)中日两国外交方式应归正规,禁止非外交机关之人以暴力压迫中国。① 与王宠惠相配合,在国内,蒋汪于2月27日联名通告严禁反日运动,国民党中政会也向各报刊发出了禁止排日和抵制日货言论的通知。②

另一方面,从中方档案来看,与此期中日关系的亲善氛围相反,蒋廷黻访苏后的中苏关系,实际上一直笼罩在新疆等主权问题的阴影之下。③ 因此,1935年3月10日苏联与日本统治的"满洲国"草签出售中东路的协议后,国民政府立即提出抗议。④ 同月21日,返苏不久的颜惠庆在同苏方会谈时,拒绝了其关于缔结中苏互不侵犯条约的建议。⑤ 4月底,刚从苏联结束休假返回南京的鲍格莫洛夫大使奉命向中方表明苏联对新疆并无侵略野心。对此,汪精卫在5月1日的国民党中政会第455次会议上说:"我们听了鲍大使的话,心里非常感慨。根据各方报告,并有中央组织委员会二

① 王宠惠:《与广田第二次谈话》,南京:中国第二历史档案馆藏,档案号3017/53。另参照「昭和10年2月26日王寵惠ヨリ廣田大臣ニ提示セル三原則」,日本外交史料馆藏,A. 1. 1. 0. 10. 004。JACAR(亚洲历史资料中心),Ref. B02030148900,第6画像目。

② 朱汇森编:《中华民国史事纪要》(1935年1至6月),台北:"国史馆"1987年版,第214页。

③《中国国民党中央政治会议第441次会议速记录》(1935年1月23日),台北:中国国民党党史馆藏,类00.1,号142。

④《中国国民党中央政治会议第449次会议速记录》(1935年3月20日),台北:中国国民党党史馆藏,类00.1,号142。

⑤ ボリス・スラヴィンスキー,ドミート・リースラヴィンスキー著,加藤幸廣訳:『中国革命とソ連　抗日戦までの舞台裡(1917—37年)』,東京:共同通信社,2002年,第315—317页。

位同志新由新疆回来的报告，知道新疆之白俄归化军实际上都换了红俄做教官，政治机关里充满了苏俄的侦探，操纵一切实权，随时可以拿人杀人。至于商务经济，早已受了苏俄的支配，尤其是每年要送 120 余学生赴俄留学。所以表面上新疆省还是属于中华民国的，而实际上情况如此，已不能全凭外交方面所能挽回的了。"① 至于暗中致力推进日苏相互牵制战略的蒋介石，则于 5 月 8 日的日记中写下了以"对俄"为筹码的这样一种中日利益交换方案："对倭策略：甲、归还东北，则与之公开对俄以期其所好；〔并〕进行铁道交涉与聘其教官。乙、取消长城以内战时特殊状态，〔则〕与之进行经济合作。"②

综上所述，1935 年上半年，由于中日苏关系的错综复杂，蒋介石和汪精卫共同主导的对日亲善努力，其根底既有对日本"抗"与"防"的一面，又确有"善"与"和"的一面。这两个方面都是蒋介石日苏相互牵制战略的组成部分，不仅都是真的，而且在广田演说后蒋汪还都更多地致力于后一个方面。

然而，作为当事国的日本对此作出了不同的解读。

2. 日本的片面解读与"华北分离工作"

1934 年 10 月蒋廷黻访苏后，随着国民政府日苏相互牵制外交的展开，日本收到的关于中国联苏抗日的谍报明显增多。对照同一时期中国正在展开的对日亲善活动，日本把它视为"二重外交"，

---

①《中国国民党中央政治会议第 455 次会议速记录》(1935 年 5 月 1 日)，台北：中国国民党党史馆藏，类 00.1，号 143。

②《蒋介石日记(手稿)》(1935 年 5 月 8 日条)，斯坦福大学胡佛研究所藏。

而蒋介石则被看成策划者。①

如前所述,把蒋的对日、对苏外交称为二重外交,并无不妥。问题是日方对它作出了片面的解读,因而没有看到蒋的外交具有多重的面相。譬如,在对苏关系上,它既有为抵抗日本侵略而接近苏联的一面,又有为维护外蒙古、新疆主权和阻止中共“赤祸”而防备苏联的一面;在对日关系上,它既有为防止和平手段失效而暗作实力准备的一面,又有为争取和平解决东北问题及反共防苏而对日亲善的一面,等等。本来,这一切都是蒋为应对中国所面临的来自日苏两国的多方面的课题而应有的多方面的考虑,其各个侧面都是真实的,其相反相成的性质,也是由中国种种内外课题本身的错综复杂所造成的。但是,日本在蒋的对苏政策上只看其接近的一面,而无视其抗争的一面;在蒋的对日政策上则只看其准备抗日的一面,而否认其力求对日改善及重视和平手段的一面。实质上,这是把两个既内涵不同又相反相成的“真”,看成了一真一假。

正是在这一认识下,1935 年 5 月后,日本现地军队发动了“华北分离工作”,先后把《何梅协定》和《秦土协定》强加于中国,迫使国民党地方党部和中央军退出河北与察哈尔。这一行动在中国被称为“华北事变”。在日本的目的中,既有染指华北、扩大侵略的一面,又有出于对中国二重外交的仇恨,而力图排除国民政府内“蒋介石势力”的一面。②

---

①《何应钦致蒋介石电》(1935 年 5 月 11 日),台北:“国史馆”藏,蒋中正“总统”文物,档案号 002-090200-00016-390。

②「若杉参事官より広田外務大臣あて電報」(1935 年 6 月 12 日),木戸日记研究会編:『木戸幸一関係文書』,東京:東京大学出版会,1966 年,第 251 页。

3. 胡适、王世杰通信中的新思考

华北事变给中国各界带来了新的冲击，也带来了新的思考。在考察国民政府的因应之际，包括民间人士在内的这些新思考也值得关注。其中，特别值得强调的是6月以后胡适针对华北新形势写给国民政府教育部长王世杰的3封信和王的回复。

胡适的第一封信建议：为了求得10年和平，国民政府应"与日本公开交涉，解决一切悬案"。其中包括中国用承认"满洲国"来换取日本同意归还热河、废除《塘沽停战协定》和放弃《辛丑条约》及其附件。①

胡适6月20日的第二封信是为上述建议说明理由。其中写道：

> 现时必须假定两个可能的局势，作我们一切国策的方针：（1）在最近期间，日本独霸东亚，为所欲为，中国无能抵抗，世界无能制裁。这是毫无可疑的眼前局势。（2）在一个不很远的将来，太平洋上必有一度最可惨的国际大战，可以作我们翻身的机会，可以使我们的敌人的霸权消灭。这也是不很可疑的。我们的政策，眼光可以望着将来，而手腕不能不顾到现在。我们必须先做意大利，而后做比利时。……现在敌人逼我做三国同盟中的意大利，我们只能将计就计，努力利用这个做意大利的机会来预备将来做比利时。②

细品胡适的意思，似乎可理解为：在"世界无能制裁"日本的目

---

① 胡颂平编著：《胡适之先生年谱长编初稿》第4册，台北：联经出版事业公司1990年版，第1398—1400页。

②《胡适致王世杰函》（1935年6月20日），《胡适之先生年谱长编初稿》第4册，第1381—1383页。

前局势下,中国需要通过有代价的让步,确保10年和平以完成准备。为此甚至可以答应日本承认“满洲国”及中日结盟的要求。但等10年后迎来针对日本的国际大战,中国就可如第一次世界大战时的比利时那样,消灭敌国的霸权,重获独立。

在6月27日发出的第三封信中,胡适详细论述了中国如何才能迎来可作“翻身的机会”的国际大战。他写道:

> 今日我们决不能梦想坐待别国先发难。最容易发难者为苏联,但苏联是有组织的,有准备的,所以最能忍耐,最能弯弓不发。其余为英美,他们更不愿先发难,这是很明显的。此外只有两个可能:一是日本先发难,一是中国先发难。日本早就发难了,因为我国不抵抗,故日本虽发难了四、五次,而至今不曾引起国际大波澜。欲使日本的发难变成国际大劫,非有中国下绝大牺牲的决心不可。

胡适接着分析说:

> 我们试平心估计这个绝大牺牲的限度,总得先下决心作3年或4年的混战,苦战,失地,毁灭。我们必须准备:①沿海口岸与长江下游的全部被侵占毁灭,那就是敌人海军的大动员。②华北的奋斗,以至冀、鲁、察、绥、晋、豫的沦亡,那就是要敌人陆军的大动员。③长江的被封锁,财政的总崩溃,天津、上海的被侵占毁坏,那就是要敌人与欧美直接起利害上的冲突。凡此三大项,当然都不是不战而退让,都是必须苦战力竭而后准备牺牲,因为只有如此才能引起敌人的大动员与财政上的开始崩溃。在这个混战的状态之下,只要我们能不顾一切地作战,只要我们在中央财政总崩溃之下还能苦战,我们可以在二、三年之中希望得到几种结果:①使日本军队征发到多数人

民感觉战祸的实在。②使日本军费加重到人民感觉财政的危机。③使满洲的日本军队西调或南调，使苏俄感觉到有机会可乘。④使世界人士对于中国表同情。⑤使英美感觉到威胁，使香港、菲律宾感觉到迫切的威胁，使英美不能不调兵舰保护远东的侨民与利益，使太平洋海战的机会更迫近。只有这样可以促进太平洋国际战争的实现。我们必须要准备三、四年的苦战。我们必须咬定牙关，认定在这三年之中我们不能期望他国加入战争。我们只能期望在我们打得稀烂而敌人也打得疲于奔命的时候才可以有国际的参加与援助。这是破釜沉舟的故智，除此之外，别无他法可以促进那不易发动的世界二次大战。

最后，胡适总结说：

日本武士自杀的方法是“切腹”，但武士切腹时必须请他的最好朋友从背后斩其头，名曰“介错”。日本固然走上了全民族切腹的路，可惜中国还不配做他们的介错。上文所述的策略只是八个字：日本切腹，中国介错。

基于上述观点，胡适还批评说：

蒋先生只有“等我预备好了再打”的算盘，似乎还没有“不顾一切，破釜沉舟”的决心。但因为敌人不是傻子，他们必不许我们准备好了打他们。老实说，无论从海陆空的任何方面着想，我们决无能准备到可以打胜仗的日子。我们若要作战，必须决心放弃“准备好了再打”的根本错误心理。我们必须决心打三年的败仗，必须不惜牺牲一切工商业中心作战场，一切文化中心作鲁文大学。但必须虽步步败而仍步步战；必须虽处处败而处处战。此外别无作战之法。①

如果把胡适第一、第二封信所提建议称为“有代价的让步”论的话,其第三封信的论述则可命名为“日本切腹中国介错”论。从总体上看,在利用日本和第三国的“太平洋国际战争”作中国翻身机会的构想上,胡适和国民政府领导层的国际解决战略并无二致。但是,如胡适所指出的,在世界大战和中国抗战的先后顺序问题上,蒋介石的打算一直是日本和世界的大战(它在很多场合被含蓄地表达为“国际形势的变化”)在先,中国的对日抗战在后。而胡适的“日本切腹中国介错”论则从根本上否定了这个顺序,提出了三大观点:

第一,中国自己若不首先对日本的发难开战,就没有世界对日本的大战。

第二,中国在对日抗战后,必须独自忍受三四年的混战、苦战,才能等来世界的对日大战。

第三,因为敌国不会允许中国“准备好了再打”,所以中国在万不得已时即使没有准备好也要破釜沉舟。②

胡适当时仍然只是北京大学的教授,属于民间人士。但作为

---

①《胡适致王世杰函》(1935 年 6 月 27 日),《胡适之先生年谱长编初稿》第 4 册,第 1387—1389 页。

② 2007 年,笔者在日本发表的论文中第一次介绍了胡适的“日本切腹中国介错”论。(见鹿锡俊:「世界化する戦争と中国の「国際的解決」戦略」,载石田憲編:『膨張する帝国 拡散する帝国—第二次大戦に向かう日英とアジア』,東京:東京大学出版会,2007 年,第 203—254 页)。两年后,东京大学的加藤陽子教授在其出版的畅销书『それでも、日本人は「戦争」を選んだ』中详细转引了笔者的介绍,并对胡适的观点予以极高的评价,称颂其“早在 1935 年就正确地预测了 1945 年为止的历史演变”(東京:朝日出版社,2009 年,第 322—329 页)。以此为契机,目前日本学界与媒体有很多人高度重视胡适的上述构想。

学界的旗手，他从1933年以后多次被国民政府邀请出任部长或驻德、驻美公使。① 正因其在国民政府的声望如此之高，身为教育部部长、正连日出席政府会议的王世杰马上把胡适的意见传达到了高层。

6月28日，王世杰就胡适第一、第二封信发出回信，否定了胡适的"有代价的让步"论。其中，对胡适第一函，王世杰谓：

> 日人目前之企图，只求于极短时间（据种种情报为1936年春季以前）完成对整个中国之控制。为达此目的，彼所认为最经济之上策，则为使用种种之威胁，近期成立一种中日协定，化中国为第二"满洲国"，或所谓保护国。如此策不能即现，则在华北造成第二"满洲国"，助之以军械与金钱，以及军队，使之与中国政府敌对，而摧毁之。如此仍不能完全达到其预定目的，则更以大量之日本武力实现征服。凡此种种，今均成毫无可疑之事。故在今日，如以承认伪国为某种条件之交换条件，某种条件既万不可得，日本亦决不因伪国承认而中止其侵略与威胁。而在他一方面，我国政府一经微示承认伪国之意思以后，对国联，对所谓华府九国，既立刻失其立场，国内之分裂，政府之崩溃，恐亦绝难侥免。

对胡适第二函所示中国"做三角同盟中之意大利"一节，王世杰答道：

① 1933年3月31日，汪精卫致信胡适谓"专诚求你答应我担任教育部长"，遭拒后，4月28日汪精卫又致信胡适，请他出任驻德公使。同年11月24日，唐有壬致信胡适转告汪精卫的"热望"，请他同意出任驻美公使。详见《胡适来往书信选》中册，第204、211、223页。

> 日人之倡同盟协定者,其内容即与日"满"协定①同,军事、内政无不受其控制。一经成立,我固无外交之可言,关税等事自必纯以日人之利益为着眼点,教育、新闻等等,自必极端奴化,而鸦片吗啡之祸更将广播。果尔,焉得有"十年喘气"的可能?②

在否定了胡适的"有代价的让步"和"做三角同盟中之意大利"两案以后,7月11日,王世杰对胡适的第三函,也致信传达政府高层对"日本切腹中国介错"论的反应说:

> 汪先生病,在极短期间内(一、二个月)决不能工作,如须根本控制,尚须赴国外。因之政局自然转入一新局势。季陶、觉生、哲生诸人之见解,与兄第三函所言略同,而其主要方法则在团结。西南方面及意大利威尼斯方面(胡王会晤地点)似均在接洽中。另一派人则认为除大妥协外无办法,近仍活动甚力。前途动向自仍视蒋先生决心如何。③

这封回信虽短,但从中可清楚看出,在王世杰的中介下,国民政府领导层对胡适的意见有所讨论;同时,面对日本在华北的新进攻,国民政府领导层又发生了分歧,对国际解决战略抱悲观态度的汪精卫一派已趋于低落,而戴季陶、居正、孙科、王世杰等则都倾向

---

① 1932年9月15日,日本通过和"满洲国"缔结《日"满"议定书》正式承认"满洲国"。该议定书的附属文件规定:"满洲国"的"国防"及治安委托日本负责,其所需经费由"满洲国"负担;"满洲国国防"上所需要之铁路、港湾、水路、空路等设施的管理及新建委托日本负责;"满洲国中央"与地方各级政府部门的官吏应任用日本人,其任免由关东军司令官指示。详见『日本外交年表竝主要文書』(下),第215—216页。

②《王世杰致胡适函》(1935年6月28日),《胡适之先生年谱长编初稿》第4册,第1389—1391页。

③《王世杰致胡适函》(1935年7月11日),《胡适之先生年谱长编初稿》第4册,第1391—1392页。

于胡适的"日本切腹中国介错"论。考虑到这一策略中所包含的三大观点,可以说,在日本的新冲击下,国民政府对国际解决战略的思路发生了重大的变化。

4. 从日本最畏惧之点打开局面

如王世杰所言,此时最能决定中国对日政策之"前途动向"的是蒋介石。蒋是如何考虑的呢? 目前笔者还未能找到王世杰本人的后续说明。但根据日方谍报,华北事变后,"蒋介石一派的军人"提出了一份题为《河北问题的起源与英美苏之态度——中苏联合制约某国不无可能》的报告。它分析时局说:"日本目前觊觎察哈尔、山西和绥远,今后更将染指山东,扼我咽喉,进而南侵津浦沿线及与此并行之沿海地带。试观英美对此事态度:英采实利主义,必不置其在华南12亿投资于险境而干涉华北;至于美国,仅看其轻易通过菲律宾独立法案,即可知其对远东热情如何。"据此,报告主张:中国应与苏联谋"军事经济方面之协作"以牵制日本。①

日本的这一谍报基本上是正确的。因为其时蒋介石确实正基于该报告所示的时局认识,进一步加强其日苏相互牵制战略中"借苏制日"的一面。据苏联档案,蒋在7月4日就指令行政院副院长孔祥熙访问苏联驻华大使,以"日本的下一个目标就是渗透至绥远,然后开始进攻蒙古人民共和国"为由,征询苏方是否打算同中国签订互助条约。②

---

①「須磨総領事より広田外務大臣宛電報第767号」(1935年8月1日),日本外務省記録,B.1.0.0 C/R2。JACAR(亚洲历史资料中心),Ref. B04013514200。笔者附注:中文系笔者根据须磨所译日文回译。

②《鲍格莫洛夫致外务人民委员部电报》(1935年7月4日),前引《近代史资料》总79号,第218—219页。

恰在同一时期,7 月 25 日起,苏联控制下的共产国际在莫斯科举行第七次代表大会。以此为转折点,苏联为避免陷入与德日两大敌国的两线作战,开始加快调整其全球策略,号召建立反法西斯国际统一战线,而在中国,则是要促进国民政府走向抗战以在亚洲牵制住日本。[①]

中国与苏联的这种新动向反过来进一步加强了日本的危机感。作为对策之一,日本在对华政策上更加重视"反对中国以夷制夷",并把其对象从英美扩大至苏联。[②] 1935 年 9 月 7 日,日本外相广田弘毅直接警告中国驻日大使蒋作宾说:中国的外交向来是以夷制夷,即联络欧美的相关国家而谋打击日本。今日南京的电报正传来中国联苏制日的报道,而日本人也正处于相信此种报道的心理状态之中。如果中国真有如此倾向,哪怕只是微弱的,也会给日本带来相当刺激。[③]

10 月 7 日,广田再次召见蒋作宾,要求中国同意下列 3 点:"第一点,中国须绝对放弃以夷制夷政策,不得再借欧美势力牵制日本,如仍旧阳与日亲善,阴结欧美以与日仇绝,无亲善之可能。第二点,中日满三国关系须常能保持圆满,始为中日亲善之根本前提,欲达此目的先须中日实行亲善,在日本方面中国能正式承认满洲,方认中国确有诚意,在中国方面或有种种关系有不能即时承认

---

① 详见周文琪、褚良如编著:《特殊而复杂的课题——共产国际、苏联和中国共产党关系编年史(1919—1991)》,武汉:湖北人民出版社 1993 年版,第 265—274 页。

② 参见「ソ支不可侵条約ノ政治的影響ニ関スル件(広田外務大臣より在フランス大使ほか宛電報合第 1303 号)」(1937 年 9 月 1 日),日本外交史料馆藏,B. 1. 0. 0 C/R2。JACAR(亚洲历史资料中心),Ref. B04013514300。

③「広田大臣蒋大使会谈録(第 2 回)」(1935 年 9 月 7 日),日本外交史料馆藏,A. 1. 1. 0. 10。

之苦，然无论如何对于满洲国事实的存在，必须加以尊重。(1) 须设法使满洲国与其接近之华北地位不启争论。(2) 须设法使满洲国与其接近之华北地位保持密切之经济联络。第三点，防止赤化，须中日共商一有效之方法。赤化运动发源某国，在中国北部边境一带有与日本协议防止赤化之必要。"①

上述三条，就是后来被称为"广田三原则"的原始内容。很显然，它不仅重申了既往反对国民政府联合英美的方针，还进而要求中国与日本共同防共反苏。蒋介石对它的要害看得很清楚。还在广田三原则尚未正式提出之前，10月3日，蒋就针对日本的动向写道：日本的目的除了逼中国承认伪满和割据华北、控制中国经济与军队外，还有一个企图就是以强迫中国共同排俄，而"使我守战皆非，进退维谷"。② 在接获广田三原则后，蒋更于13日致电汪精卫指出：放弃以夷制夷之外交、尊重伪满与联盟防赤之三条，形式似较减轻，而其内容即为脱退国联、承认伪国与联盟对俄之变相，亦即实施此内容之第一步也。故其意义深重，不得不郑重考虑。③

蒋介石的对策是反日本之道而行之，即超越1933年11月以来的日苏相互牵制策略，从日本最畏惧之"联俄"着手打开局面。10月18日晚，蒋介石会见苏联大使，以中国军队总司令的身份，希望苏联同中国签订一个"有实质性的真正促进中苏亲密关系并能保

---

①《蒋大使与广田谈话报告》(1935年10月8日)，"中华民国外交问题"研究会编：《中日外交史料丛编》第4册，台北："中华民国外交问题"研究会1965年版，第32—33页；「広田外相蒋大使会谈要録」(1935年10月7日)，『日本外交年表竝主要文書』(下)，第304—305页。

②《蒋介石日记(手稿)》(1935年10月3日条)，斯坦福大学胡佛研究所藏。

③《蒋介石致汪精卫电》(1935年10月13日)，《中华民国重要史料初编——对日抗战时期》绪编(3)，第642—643页。

障远东和平的协定”。[①] 26 日，蒋介石再次确认，就内政来说，解决中共问题的“中心在俄”，就国际来看，“倭之所惧者为俄”，所以，“此时外交应于俄特加注意”。[②] 其后，作为联苏制日活动的一环，蒋介石还派出曾养甫、邓文仪和陈立夫等人奔赴各地展开多方面的对苏及对中共工作。[③]

三、纠结中的决断(1936—1937)

1. 中日苏三角再生波折

自 1935 年 10 月日本提出广田三原则以后，中日两国围绕国际解决还是单独解决的外交博弈，重点转到了如何处理苏联因素之上。

但从中国的角度看，与日本的担忧相反，进入 1936 年后，中国的对苏关系其实很不顺利。其主要原因有 3 条。

第一是双方在目标上的对立。中国对中苏关系的目标，是缔结针对日本的带军事性质的互助条约。但苏方为避免自身卷入中日战争，只同意在物资上暗助中国抗日，而拒绝缔结有约束力的互助条约。[④]

第二是双方在对中共方针上的矛盾。中方希望苏联能促使中

---

① 《鲍格莫洛夫致外务人民委员部电报》(1935 年 10 月 19 日)，前引《近代史资料》总 79 号，第 219—221 页。

② 《蒋介石日记(手稿)》(1935 年 10 月 26 日条)，斯坦福大学胡佛研究所藏。

③ 详见杨奎松:《失去的机会？战时国共谈判实录》，桂林:广西师范大学出版社 1992 年版；杨奎松:《国民党的联共和反共》，北京:中国社会科学文献出版社 2008 年版。

④ 《斯托莫尼亚科夫致鲍格莫洛夫信》(1935 年 12 月 28 日)，前引《近代史资料》总 79 号，1991 年 7 月，第 225—226 页。

共承认中央政府的权威,苏联则以内政为由予以拒绝。①

第三是苏联和外蒙古于3月12日签订了互助协定,使坚持视外蒙古为中国领土的国民政府倍感尴尬和耻辱。因此,4月以后蒋介石谴责苏联"国无信义,人尚欺诈","外交之卑劣毒辣,一如乡间之土霸无赖,可恶已极"。② 以此为转折点,蒋从华北事变后的偏重联苏制日,一时间重新回到了既往的"日苏相互牵制"。③

但是,正在中日苏关系出现新的可能性的时候,日本从1936年5月15日起以"应对赤祸"为名,强行将在华北的"中国驻屯军"④从1771名增至5774名。在此前后,日本在华北的走私也使国民政府深感"情形至为严重","范围已由华北而渐及长江一带,如不紧急严处,日甚一日,国内工商业有总崩溃之虞"。⑤即使在这样的状况中,据日方谍报,蒋介石仍然在内部会议强调"日苏战争非中国之福,苏联若胜,则中国必被赤化"。⑥所以,6月以后,蒋介石虽然在抵抗日本侵略方面日趋坚定,但在"联苏"问题上则仍然处在纠结之中。结果,在行动上,他一边以抗日为目标通过各种途径推进与苏联和中共的谈判,一边仍对苏联及中共保持高度的警惕。9月以后,中日双方以成都事件为契机,由外交部部长张群与日本驻华大使川越茂出面就调整中日关系开展谈判。其间,围绕

① 《鲍格莫洛夫致斯托莫尼亚科夫电》(1936年1月22日),前引《近代史资料》总79号,1991年7月,第227—229页。

② 《蒋介石日记(手稿)》(1936年4月3日条),斯坦福大学胡佛研究所藏。

③ 《蒋介石日记(手稿)》(1936年4月8日条),斯坦福大学胡佛研究所藏。

④ 日文称"支那驻屯军",系日本根据义和团事件后的《辛丑条约》获得的特权。由于其司令部设在天津,又称"天津驻屯军"(参见本书第三章第三节)。

⑤ 《中国国民党中央政治会议第14次会议速记录》(1936年5月20日),台北:中国国民党党史馆藏,类00.1,号236。

⑥ 详见外務省编:『外務省執務報告』1936年(1—2),東京:クレス出版,1993年,第7页。

作为主要议题之一的“共同防共”问题，中方一边坚决拒绝日方“全面防共”的要求，一边在“局部防共”问题上保持灵活态度，以图换取日本同意取消《塘沽停战协定》，交还华北主权。①

1936 年 11 月中旬后，中日苏三角关系中接连发生了两件影响重大的事件。

其一，11 月 25 日日德正式签订《日德防共协定》，苏联因此而进一步增强了打破日德夹攻危局的紧迫感。作为其结果之一，是苏联更加强化了为实现“以华制日”目标而开展的对华工作。②

其二，张学良发动了扣留蒋介石的西安事变。在蒋介石面临生死关头之际，苏联立即借官方媒体公开谴责张学良，并通过共产国际引导中共和平解决事变，为蒋介石脱离险境发挥了关键性的作用。九死一生的蒋介石最终接受了事变发动者的要求，口头答应了“联红容共”和“联俄联英美”。③

但是，其后蒋介石及国民政府虽然确实停止了“剿共”，并积极准备对日抗战，其对苏联的警戒及伴之而生的对联苏的犹疑实际上并未消失。这是因为，不仅苏方仍然拒绝缔结中苏互助条约，而且中方在经过十几个月来的对苏交涉后，对苏联的认识也越来越接近实际。譬如，1937 年 2 月，中国国民党五届三中全会的外交报

---

①《蒋介石日记(手稿)》(1936 年 9 月 26 日条，9 月 30 日条〔“本月反省录”〕，10 月 6 日条，10 月 10 日条)，斯坦福大学胡佛研究所藏。中方关于这一中日交涉的详细记录见《调整中日国交》，台北：“中央研究院”近代史研究所档案馆藏，国民政府外交部档案，档案号 11-01-02-10-01-079；11-01-02-10-01-080。

②《苏联外交人民委员与蒋廷黻的谈话记录》(1936 年 11 月 19 日)；《斯托莫尼亚科夫与蒋廷黻谈话记录》(1936 年 12 月 9 日)，前引《近代史资料》总 79 号，1991 年 7 月，第 241—247 页。

③《周恩来、博古致中央书记处》(1936 年 12 月 24 日)，《文献和研究》1986 年第 6 期(特辑“关于西安事变的三十四份文电”)。

告指出:苏联整个的国策还是在避免战争,完成建设。"然则苏俄在远东方面绝对不能为中国多负责任,致妨其避免战争完成建设的国策,不难推想而知。"①

因此,尽管苏联于 4 月再次表示愿意向中国提供军事物资的意向,并在互助条约问题上有所松动,②中方对苏方提出的首先签订互不侵犯条约的要求,因"关系我国存亡至深至巨",还是未作切实之答复。③

对于中方的冷淡反应,苏方认为和当时日本对华政策正处于缓和时期有关。④这也是有其道理的。西安事变后,日本一时出现了反省对华高压政策之非和主张改善对华关系的动向,国民政府也确实曾寄予一定的希望。⑤ 但是,与中国的期待相反,日本内部很快就出现了对"反省"的反动。其理由是"日本的让步只会招致中国的傲慢","局部的退却将引起大局的崩溃"。⑥ 结果,就是 1937 年 7 月卢沟桥事变的爆发。

---

① 张群:《最近之国际动向与我国对日外交》(1937 年 2 月 17 日),台北:中国国民党党史馆藏。

②《鲍格莫洛夫与王宠惠外长谈话记录》(1937 年 4 月 12 日),李玉贞译:《〈中苏外交文件〉选译(下)》,《近代史资料》总 80 号,1992 年 1 月,第 190—191 页。

③《王宠惠致蒋介石意见书》(1937 年 7 月 8 日),秦孝仪主编:《中华民国重要史料初编——对日抗战时期》第 3 编(2),台北:中国国民党中央委员会党史委员会 1981 年版,第 325—326 页。

④《鲍格莫洛夫致外交人民委员函》(1937 年 5 月 5 日),转引自ボリス・スラヴィンスキー著,加藤幸廣訳:『日ソ戦争への道』,東京:共同通信社,1999 年,第 92 页。

⑤《蒋介石与英国驻华大使的谈话》(1937 年 3 月 6 日),中国国民党中央委员会党史委员会编:《"总统"蒋公思想言论总集》第 38 卷,台北:中国国民党中央委员会党史委员会 1984 年版,第 50 页。

⑥ 详见鹿锡俊:「多角的検証から見る対中認識のあり方——日中戦争への心理的な側面を中心に」,『大東アジア学論集』特別号,2015 年 3 月。

2. 理解中国全面抗战抉择的视角

面对卢沟桥事变带来的中日关系的新危机,蒋介石对日坚持“不挑战、必应战”的强硬态度,并在对苏关系上立即再次呼吁苏联和中国缔结互助条约。但是,在苏联仍然排斥互助条约,且以签订互不侵犯条约为对华接济武器的先决条件后,蒋介石在对苏关系上仍然十分纠结。① 后来,在中日战争已经全面爆发,而能够对华提供军需等实质性援助的国家唯有苏联的无奈之中,蒋介石尽管内心矛盾,最终还是同意了苏方的要求。8 月 21 日,中国和苏联签订了互不侵犯条约,并通过交换“永久不得正式或非正式公布”的“绝对密件”,承诺“在本日签订之不侵犯条约有效之时,中华民国不与任何第三国签订任何所谓共同防共条约”。② 至此,国民政府客观上已把“联苏抗日”定为国际解决战略的新指针。

蒋介石为何最终主导国民政府走上了联苏抗日的道路呢? 他留下的两则日记,为人们理解他的抉择提供了基本视角。

其一,1937 年 7 月 31 日的蒋介石日记写道:“倭要求我共同防俄、承认满伪与华北特殊化。若与俄先订互不侵犯条约,则可先打破其第一美梦,不再要求。盖允其共同防俄以后,不仅华北为其统制,即全国亦成伪满第二矣。故联俄虽或促成倭怒,最多华北被其侵占而无损于国格,况亦未必能为其全占也。两害相权取其轻,吾于此决之矣。”③

这段日记中,蒋介石对“共同防俄”之副作用的理解及“两害相

---

①《苏联驻华全权代表致外交人民委员部电》(1937 年 8 月 22 日),前引《近代史资料》总 80 号,1992 年 1 月,第 217—218 页。

②《中苏互不侵犯条约附件 口头声明》(绝对密件永久不得正式或非正式公布)(1937 年 8 月 21 日),台北:“国史馆”藏,档案号 002-020300-00042-002。

③《蒋介石日记(手稿)》(1937 年 7 月 31 日条“本月反省录”),斯坦福大学胡佛研究所藏。

权取其轻”的想法特别值得回味。

其二，1937年10月31日，蒋介石在自我剖析自1928年济南事件“十年以来对倭之决心与初意”时写道：

> 甲、如我与之妥协，无论至何程度，彼少壮侵略之宗旨必得寸进尺，漫无止境，一有机会彼必不顾一切信义，继续侵略不止也。
>
> 乙、即使解决东北问题，甚至承认，彼以后亦必继续侵华，毫无保障。一时妥协不惟不能奏效，徒自破坏人格与国格而已。
>
> 丙、倭之望我与之妥协者，其惟一目的为破坏我人格，使中国无领导中心也。
>
> 丁、此次抗战无论结果与成败如何，但如不抗战而与倭妥协，则今日国乱形势决非想象所能及也。
>
> 戊、倭寇非先击败我革命军，确实处置中国后，决不敢对俄开战，故我国虽欲与倭谋妥协以待机，决不可能。
>
> 己、总之，倭寇对我，一得国际动摇机会必先向我进攻，此无可挽回，亦不能用任何策略转移者也。
>
> 庚、此次抗战实逼处此，无可幸免者也。与其坐以待亡，致辱招侮，何如死中求生，保全国格，留待后人之起而复兴？况国际形势非由我自身牺牲，决不能唤起同情与干涉耶。
>
> 辛、解决中倭问题惟有引起国际注意与各国干涉。今九国公约会议已有召集确期，国联盟约亦有较好之决议，此乃抗战牺牲之效果也。①

---

①《蒋介石日记(手稿)》(1937年10月31日条〔本月反省录〕)，斯坦福大学胡佛研究所藏。

这段日记很长，但其要旨可归纳为3点：

(1) 经过10年来的种种尝试，蒋介石已经认定，对日本的妥协，只会招致对方得寸进尺。

(2) 经过10年来的种种尝试，蒋介石认定：等待日苏先战是不切实际的幻想，只有中国首先对日抗战，才能换来国际战争。

(3) 经过10年来的种种尝试，蒋介石还认定：解决中日问题"惟有引起国际注意与各国干涉"，而这也只有以中国首先自身牺牲才能走向成功。

回想一下本章第二节介绍的胡适和王世杰的通信，不难发现，这3条反思和胡王通信中的观点是相通的。其中，要旨(1)是对胡适的"有代价的让步"论的否定，要旨(2)(3)则是对胡适"日本切腹中国介错"论及其所包含的三大观点的肯定。它是因为受到胡王通信的启发而生，还是仅仅是和胡王通信不谋而合？目前尚缺乏资料证明。但不管怎样，王世杰所说决定前途动向的"蒋先生的决心"现在终于清楚地浮现了。它是令人理解蒋介石终于发动全面抗战之原因的一个关键。

3. 日本对其侵华"理由"的自我否定

在结束本章之际，特别需要补充的，是卢沟桥事变发生后日本对其长期主张的两大理由即"形势变化论"和"中国非正常国家论"的自我否定。

首先，就日本自九一八事变以来一直对外强调的"形势变化论"的论理来说，正确认识形势是正确决策的前提。但是，在处理卢沟桥事变的过程中，日本决策层的主流一开始就误判了形势，即不顾1933年(尤其是1935年)以来中国形势与国际政治的巨大变化，而仍然以九一八事变时期的眼光看中国，以为中国一旦面临日本的武力高压即会屈服。因此，在这一中国观的引领下，尽管在事变发生之初日本内部有扩大派和不扩大派之争，但扩大派以对华高压与恐吓为基调的主张很快就成为日本的国策，而使事态最终走向中日两国的全面战争。

其次，就日本自九一八事变以后一直对外强调的"中国非正常国家"的论理来说，尽早结束中国的分裂和混乱，尽快消除中国中央和地方的对立，是中国成为正常国家的先决条件。因此，在围绕卢沟桥事变的处理过程中，国民政府要求一切地方交涉必须取得中央政府的同意，是作为主权国家的当然态度，也是恢复正常秩序的当然前提。但是，一贯以指责中国中央和地方的不一致为"中国非正常国家"根据的日本，却把国民政府的上述要求视为对日本的挑战，而坚持以地方交涉解决争端。①

日本的这种自相矛盾，是卢沟桥事变发展为中日全面战争的另一个重要背景。

---

①「日本帝国大使館より中国政府宛口上書」(1937 年 7 月 17 日)，外務省編纂:『日本外交文書　日中戦争』1，東京:外務省発行，2011 年，第 20 页。

第六章　开战初期的危机、转机与欧局应对

从1937年7月中日全面战争爆发至1939年7月美国宣布废除日美通商条约，中日两国都经历了跌宕起伏的两年：中国从军事败退与国际战略受挫的危机逐渐迎来转机，日本则从军事连胜与日美关系平静的顺境，步步陷入日美矛盾激化及伴随而来的外交上的困境。本章拟先以第一至五节交叉考察中日两国上述转化过程中的因果关系，然后在第六至八节集中论述国民政府对欧洲局势的负面评估，以及基此出发的目标设定和外交调整。

一、中日双方的战略原则

在战争全面爆发的新形势下，国民政府对列国态度如何分析？决定采取何种对策？从卢沟桥事变后不久国民政府举行的“庐山谈话会”中，我们可得到一个基本的答案。

在这次会议中，与会者指出：自九一八以来，日本在中国侵略进行不能如意，其不放弃南下政策亦可想见。故将来太平洋战争必难避免。而尔时与日本正面冲突之主角，必为英美二国，苏俄以远东利害关系，亦必加入。英为海上帝国，无论如何决不放弃其在

远东的各种权利；美欲保持太平洋海上权利，亦以日本为将来最大敌人。故我国抗战外交政策，首须确定联英联美，以抵制日本在太平洋势力之发展。至于苏俄对于远东利害关系，尤为密切。日本占据东四省后的势力膨胀，已直接使苏俄寝食不安。故联俄以抗日本，不仅为吾人所必取之途径，亦为苏俄欲保持其远东权利所必取之途径。故南联英美，北联苏俄，实为我抵抗日本侵略在国际上应取之外交政策纲领。与会者还强调：我们从前提出打倒一切帝国主义，现在应该取消。现在要明明白白地说，我们的敌人只有一个，要打倒的只有日本帝国主义。①

上述发言表明，在对日全面抗战正式开始后，本书第五章所引蒋介石等决策层对解决中日问题的国际战略构想已深入政府内外各个方面，当局者对日本将由"南进"而引发国际战争的前景，也有明确的预见。

在这个背景下，国民政府在国际战略上进一步坚持了九一八以来的原则，并特别注重以下 3 点：

第一，再次将问题诉诸第三国和国际联盟，并强调中日冲突包含的世界意义，重申"中日问题的解决，应该使各国参加"，以打破日本排斥第三国干涉的阴谋，加速中日问题的国际化。②

第二，揭穿日本对既存条约体制的口是心非态度，高举拥护既存

---

① 详见《庐山谈话会第 2 期第 2 次共同谈话速记录》(1937 年 7 月 29 日)，(台北)《近代中国》第 107 期，1995 年 6 月，第 51—64 页。

② 参见蒋介石：《出席最高国防会议致词》(1937 年 11 月 5 日)，要旨载张世瑛编：《蒋中正"总统"档案・事略稿本》第 40 册补编，台北："国史馆"2015 年版，第 721—723 页。全文载中国国民党中央委员会党史委员会编：《"总统"蒋公思想言论总集》第 14 卷，台北：中国国民党中央委员会党史委员会 1984 年版，第 648 页。另见《国民党中央政治委员会函》(1937 年 8 月 26 日)，"中华民国外交问题"研究会编：《中日外交史料丛编》第 4 册，台北："中华民国外交问题"研究会 1966 年版，第 346—349 页。

条约的旗帜,借以深化日本的孤立,并“名正言顺地责备有关各国履行其盟约上的义务,使中国抗战在国际上成为正大光明之事”。①

第三,坚信国际形势的变化即列国的对日干涉必将到来,在这个变化到来之前忍受一切苦难而坚持抗战。②

同中国的上述国际战略相比,日本的应对可概括为“反中国之道而行之”。这与他们对当时国际形势的判断有密切关系。

战争全面爆发后,日本既警惕苏联乘机夹击,又害怕英美经济制裁。因此,在自 1937 年 7 月出兵至 1938 年 1 月声明“不以国民政府为对手”的半年中,日本当局以“避免数面树敌”“不诱发第三国干涉”为目标,贯彻了以下措施③:

第一,坚持九一八事变以来“日中纷争须由日中两国解决”的方针,拒绝任何第三国插手,拒绝任何国际性的参与,以阻止中国“以夷制夷”。为此,它除拒绝接受国联和《九国公约》会议的国际调停外,对来自第三国的干预,最初一概排斥,后来则决定:第三国的“善意斡旋”可予以利用,但仅限于为日中之间铺路架桥,在正式

---

① 详见蒋介石 1939 年 1 月 26 日在中国国民党五届五中全会上的讲话,张世瑛编:《蒋中正“总统”档案·事略稿本》第 42 册补编,台北:“国史馆”2015 年版,第 150—175 页。

② 后来担任驻美大使的胡适把这一条表达为“苦撑待变”,即“凡涉和战大计,总不外‘苦撑待变’四字。所谓‘变’者,包括国际形势一切动态。而私心所期望,尤在于太平洋海战与日本海军之毁灭”。参见《胡适致陈布雷并转蒋介石、孔祥熙等电》(1940 年 10 月 12 日),中国社会科学院近代史研究所中华民国史组编:《胡适任驻美大使期间往来电稿》,北京:中华书局 1978 年版,第 73—74 页。

③ 参见「支那事变对処要綱」(1937 年 10 月 1 日総理外陸海大臣決定),「九国条約国会議不参加に関する政府声明」(1937 年 10 月 27 日),「支那事变対処要綱(甲)」(1937 年 12 月 24 日閣議決定),『日本外交年表竝主要文書』(下),第 370—372 页,第 372—375 页,第 381—384 页。「対欧米外交方針に関する件」(広田外務大臣より植田在満大使宛電報,1937 年 9 月 1 日),臼井勝美·稲葉正夫编:『現代史資料』第 9 卷,東京:みすず書房,1964 年,第 37—38 页。

交涉时,仍须由日中两国单独进行,斡旋者不得参与。[①] 在这一点上,对德国也不例外。[②]

第二,不刺激第三国。在 9 月 1 日发出的"对欧美外交方针"中,日本当局指示各部"为了不恶化和列国关系,要谨防出现刺激他国的言行,竭力避免纠纷。一旦发生事端,应速求稳妥解决"。此后,在 10 月至 12 月的多次内阁会议中,这一方针一再被强调,其中包括"不损害第三国在华权益",不否认《九国公约》与《非战公约》的有效性,坚持主张日本的对华行动是基于国际条约的自卫行为等。

第三,在对华条件中,暂时搁置以前一再强调的"中国脱离对欧美的依存"的要求,单一突出"反共防共"。在对欧美的交涉中,也着重强调"中国赤化势力泛滥","中国背后有共产国际的阴谋",日本出兵中国是为了打击共产国际与布尔什维主义。这既是为了迎合欧美诸国的反共心理,使自己的侵略行为正当化,同时也是为了强化与德国的防共枢轴。自 1936 年 11 月与德国订立防共协定后,日本一边竭力指责中国"以夷制夷",一边自己大搞"以德制苏"。此时尤其重视以强调防共争取德国,并迫使尚继续援华的德国放弃在中日之间的中立立场。

第四,确保同美国的"亲善关系"。其理由除日本在经济和战争物资上对美国的依存外,还基于以下两个观点:首先,苏联、英国都把争取美国共同行动作为自身对日政策的前提,因此,保持日美亲善是防止苏联军事干涉和回避英国经济压迫的必要条件。其

---

① 参见大本营陸軍部:「支那事変解決処理方針案」(1937 年 12 月 1 日),臼井勝美・稲叶正夫编:『現代史資料』第 9 卷,第 51—52 页。

②「日華和平交渉に関する在京獨逸大使宛回答文」(1937 年 12 月 21 日閣議決定),『日本外交年表竝主要文書』(下),第 380—381 页。

次,对英美干涉的期盼是中国对日抵抗的重要动因,因此,维持日美亲善可促使中国认识英美之背信弃义和无可依靠,从而丧失斗志。①

综上所述,战争初期,中日两国的国际战略原则针锋相对,形成了鲜明的对照:双方都重视中日战争和第三国的关系,但以弱抗强的中国是竭力促进第三国介入以加速中日问题的国际化,以强凌弱的日本则是阻止第三国介入以保持中日问题的孤立化;双方都重视争取第三国支持,但中国争取的对象包括一切第三国,其目标集中于制裁日本,日本则侧重于争取德国,其目标集中于制约苏联和其他有可能援华的外国(因为它认为中国本身靠日本自己就足够收拾了);双方都重视美国的作用,但中国的对美方针是促成美国和英、苏等国同心合作,日本则是要促成美国同英、苏等国分道扬镳。

二、国民政府的危机与动摇

在战争初期的外交战场上,中国没能实现自己的愿望,日本则大致达到了它的意图。造成这种局面的背景是很复杂的,但应该指出,除了欧洲局势和列国自身的原因,另一个很重要的因素,就是日本为了打破中国的国际解决战略,在整体上坚持了“不刺激第三国”的方针,致使中国贯彻自身国际战略的那些理由一时还不为

① 除前引「対欧米外交方針に関する件」外,另见大本营陆军参谋部第二部:「支那カ長期抵抗ニ入ル場合ノ情勢判断」(1937 年 11 月 23 日),日本国会图书馆藏,日本外交文书缩微胶卷 S1. 1. 1. 0 - 27(以下同类档案以档号前加“国图”为简称);大本営陸軍部:「事変対処要綱案」(1937 年 12 月 15 日),臼井勝美・稲葉正夫編:『現代史資料』第 9 卷,第 54—58 页。

列国所广泛接受。

因此，卢沟桥事变后的相当一段时期，中国的国际处境非常艰难：英美对中国只有口头上的同情，德国则在 1938 年 2 月承认了“满洲国”，在外交上明显地倒向亲日疏中。另外，苏联也拒绝了国民政府期待的对日参战，只答应提供军需物资和派遣少量的顾问及飞行员等。

尽管如此，同年 4 月中国国民党临时全国代表大会通过的《抗战建国纲领》，还是为贯彻国际解决战略而规定了五项外交原则，其中特别强调：对于国际和平机构及保障国际和平之公约，尽力维护，并充实其权威；联合一切反对日本帝国主义侵略之势力，制止日本侵略；对于世界各国现存之友谊，当益求增进，以扩大对我之同情。①

但就事实来看，在南京沦陷前后，国民政府内部对国际解决战略的怀疑就逐渐蔓延。到了 1938 年 7 月，外交部长王宠惠在分析外交形势时沉重地承认：“国际关系错综复杂，各国处境不同，国策自异，具体言之，英、法、苏三国对欧洲之顾虑太多，美国反战派在国会之势力尚大，对外用兵，不惟势所不能，且亦法所不许。各该国对其本身利益虽未忽视，但尚未至采取积极共同行动之程度。故吾人对于友邦尚未可抱持奢望。”②

---

① 五项原则的具体内容为：(1) 本独立自主精神，联合世界上同情我国之国家与民族，为世界之和平与正义共同奋斗；(2) 对于国际和平机构，及保障国际和平之公约，尽力维护，并充实其权威；(3) 联合一切反对日本帝国主义侵略之势力，制止日本侵略，树立并保障东亚之永久和平；(4) 对于世界各国现存之友谊，当益求增进，以扩大对我之同情；(5) 否认及取消日本在中国领土内以武力造成之一切政治组织，及其对内对外之行为。详见《抗战建国纲领决议案》(1938 年 4 月 1 日)，秦孝仪主编：《革命文献》第 76 辑，台北：中国国民党中央委员会党史委员会 1978 年版，第 341—342 页。

②《王外长谈国际形势》(1938 年 7 月 5 日)，《中日外交史料丛编》第 4 册，第 333 页。

7月21日,参与战时外交决策的重要机构——以王世杰为首的军事委员会参事室,向蒋介石提出了一份《外交方略》,其中说:

一,国际现势力的测定:

1. 苏俄不会单独出兵。

2. 英国将在远东进行妥协外交。

3. 美国不会单独干涉远东问题。

4. 国联无力干涉。

二,今后外交方略:中国不必作一国单独出兵援华之望,务求避免妥协外交之牺牲。当于持久抗战之有利局势下策动一种基于英美合作之上的国际的或联合的干涉行动。其实施步骤:

1. 应付英国在远东妥协外交——避免为其牺牲。顾及英国利害情感。坚持我外交立场。使日本负调解失败责任。

2. 取得外国物质援助——对此活动应多致力。非公式的侧面活动亦有必要。物质之援助皆善。

3. 促成英美合作——英美海军合作为国际对日举动上绝对必要。合作后只要采取所谓"长距离的封锁",足制日本死命。再加苏俄合作,封锁更为彻底。英美合作成功系于美国政策动向为多,故对美外交,人事及方法须多改进。

4. 催促国联施行制裁——英美如能合作,即可依盟约对日制裁,苏俄自可参加。

三,世界现分侵略与民主两大集团。中国利益及命运,与世界民主国相联系。德义①政策日益有害于我国,决不能作于吾有利之期望。民主实力远在侵略集团之上。中国欲联俄以

① 当时中方文件常用"义"或"义大利"称呼今日之意大利,本书在直接引用中均照原文而不作改动。

得有效之援助，非先行打通民主路线不可。①

就总体而言，这个《外交方略》虽然对英美"民主国集团"的对日干涉仍保持着期待，但在对国际形势的展望上，它也是不乐观的。

接着在8月还发生了苏联和日本及"满洲国"举行划界会议的问题。对此，国防最高会议认为它"在苏为事实上承认伪满且事关划定国界，其严重尤过于出卖中东铁路，我国自应有所表示"。后来只是因为顾虑中苏关系，才决议暂不表示。② 但从对此事件的定性中，不难看出国民政府领导层的强烈的危机感。

另外，从蒋介石日记可知，虽然蒋此期不时用国际援华制日必定到来一类的话鼓舞士气，其实他内心也出现了动摇。譬如，1938年2月2日，蒋对自己昨年10月坚持淞沪抗战的决策后悔说："去年最大之失着为美总统发表兰嘉谷宣言乃集九国会议时，不即退兵于苏嘉阵地，而于筋疲力尽时反再增兵坚持，竟使以后一败涂地，无可收拾。若于此时自动撤退，则敌必至原有不驻兵区域嘉昆为止，且可在九国会议上言和也。"③3月下旬，他考虑，"日方言和条件如仅以解决满洲问题为限，且有保障，则不惜一和"。④ 5月，日本由主张和谈的宇垣一成⑤出任外相。翌月，宇垣开始通过日本驻香港总领事开展"宇垣・孔祥熙和平工作"。蒋介石在察知这一

① 中国第二历史档案馆藏，档案号761/176。

②《汪精卫致蒋介石电（手稿）》（1938年8月17日），台北："国史馆"藏，汪兆铭史料，档案号118－010100－0043－037。

③《蒋介石日记（手稿）》（1938年2月2日条〔杂录〕），斯坦福大学胡佛研究所藏。

④《蒋介石日记（手稿）》（1938年3月22日、23日条），斯坦福大学胡佛研究所藏。

⑤ 宇垣一成（1868—1956），1890年陆军士官学校毕业，1900年陆军大学毕业。多次担任陆军大臣，但后来在日本陆军中比较孤立。对于中日战争，他认为日本缺乏明确的目的与方针，故1938年出任外务大臣后开展了所谓"宇垣・孔祥熙和平工作"。该工作失败后，宇垣被迫辞职，并在事实上从政界引退。

动向后,也寄予一定的希望。①但是,日本在"宇垣·孔祥熙和平工作"中以"蒋介石下野"为恢复中日和平的绝对条件。② 而对国民政府来说,蒋介石的下野意味着政府的瓦解,故和平工作本身也将失去其可能性。对这一点,日本外务省中也有人理解。③ 但日本决策层的主流意志是坚持要蒋下野,因而宇垣的和平工作最终不了了之。④ 在此前后,日本军部也通过和知鹰二⑤开展了以"兰工作"命名的和平工作,蒋介石对此也显示了兴趣,并于 8 月下旬予以直接指导。⑥ 9 月,英法和德意签订《慕尼黑协定》,以牺牲捷克的利益达成妥协。蒋介石从捷克的遭遇中痛感"英法无力保证,可作殷鉴也",因而考虑中日和谈应绝对拒绝军事协定,但中国一直坚持的"第三国保证"则可不提,以作为"旋回余地"。⑦

1938 年 10 月 16 日,在武汉、广东即将沦陷的危急关头,蒋介石致电留守重庆的国民党中央常委,征询对今后方针的意见。国民党副总裁汪精卫在连日召开常委谈话会后,于 21 日致电蒋介石

---

①《蒋介石日记(手稿)》(1938 年 5 月 30 日条),斯坦福大学胡佛研究所藏。

② 亜一:「香港ニ於ケル中村総領事ト孔祥熙代表蕎輔三間ノ日支和平交渉ニ関スル会談」(1938 年 7 月 23 日),日本国会図書館藏,IMT609 号。

③ 详见「事変対策に関する石射東亜局長意見書」(1938 年 7 月),『日本外交文書 日中戦争』1,第 304—326 页。

④ 反映日方经纬的日本档案可参见:①外務省情報部:「漢口攻略後に於ける蔣介石政権の動向と我方対策」(1938 年 6 月 29 日),日本外交史料馆藏,調書(情 242);②東光事務官ほか:「覚(宇垣外相との会談経緯〕」(1938 年 7 月 30 日),島田俊彦·角田順編:『現代史資料』第 10 巻,東京:みすず書房,1963 年,第 351—354 页。

⑤ 和知鹰二(1893—1978),陆军军人,最终军衔为中将。在中国历任驻华武官与特务机关长等,主要从事谋略活动,被称为日本陆军的中国通。

⑥ 详见杨天石:《蒋介石亲自掌控的对日秘密谈判》,《找寻真实的蒋介石——蒋介石日记解读》,香港:三联书店有限公司 2008 年版。

⑦《蒋介石日记(手稿)》(1938 年 9 月 23 日条),斯坦福大学胡佛研究所藏。

报告与会者的“谈话要点”。其中关于外交的内容为：

> 各人以为吾人对外交不外以下三期待：(1) 出兵共同制裁暴日；(2) 经济制裁暴日并对我加以援助；(3) 出而调停。关于出兵，似英法美俄均无可望。关于制裁，英法美俄亦尚无决心。关于援助，纵有小补然无救全局，且广州若失陷则交通益难，纵有援助亦难于转运。关于调停，暴日欲望太大，条件太苛，恐难有效。①

基于这种悲观的展望，在23日的谈话会上，“汪孔均倾向于和平，孙哲生力称决不可和，言时声色俱厉”。② 很明显，由于军事上的节节败退和国际形势的不利，此际国民政府中很多人对“国际援华制日”这一最后的寄托失去了信心，领导层亦因此对抗战前途和今后取向产生了严重的分歧。

总之，种种事实说明，尽管华北事变后胡适提出的“日本切腹中国介错”论得到很大的共鸣，但是，包括蒋介石在内，大多数人对此策所强调的“必须独自忍受三、四年的苦战才能等来世界对日大战”的观点，实际上并没有真正作好思想准备。③ 因此，在全面抗战爆发后的最初一年多，随着预想中的国际解决久等不至，国民政府内部主张早日停战媾和的人渐占多数，蒋介石等少数派虽然还在以国际解决的前景号召抗战到底，但实际上他们心底里也已经不怎么自信了。

---

①《汪精卫致蒋介石电(手稿)》(1938年10月21日)，台北：中国国民党党史馆藏，一般档案，一般492/3。

②“中央研究院”近代史研究所编：《王世杰日记(手稿本)》第1册(1938年10月24日条)，台北：“中央研究院”近代史研究所1989年版，第410页。

③ 譬如，陈诚当时也以为“假使我国能对敌持久至半年以上，则国际上种种利害关系自非起变化不可。”详见林秋敏、叶惠芬、苏圣雄编辑校订：《陈诚先生日记》(一)(1937年9月27日条)，台北：“国史馆”2015年版，第164页。

三、日本从“不刺激”转向刺激

在中国处于军事抵抗和“国际解决”双双失利的时刻，如果日本能够理智对待，中日战争也许会出现不同的结果。但是，日本的实际做法恰恰相反。

首先，在恢复中日和平的问题上，日本不仅提出了中国无法接受的苛刻条件，而且继1938年1月声明“不以国民政府为对手”后，在包括前文提到的那些所谓“和平工作”在内的所有中日秘密接触中，均坚持以“蒋介石下野”为媾和的绝对条件，致使国民政府除坚持抗战外别无选择。

同时，就日本侵华战争的本质来说，“不刺激第三国”的方针是难于长久维持的。其主要原因可概括为3点。

其一，日本发动这场战争的目标，是要实现对中国的独占性支配，本身以撕毁《九国公约》、排斥列国在华权益为前提。因此，真要不刺激第三国，就不能达到这个目标，真要达到这个目标，就无法不刺激第三国。

其二，就日本维持这场战争的实际需要来看，随着战争逐步向第三国利益错综交叉的地区扩大，日占区的统治、海关的管理与关税的处理、战争物资的征集、对中方在外国租界的抗日活动的取缔，等等，一切都绕不过第三国，因此也都难以避免和第三国发生冲突。

其三，为防止美国发动《中立法》，日本对中国不宣而战，把对华战争称为“中国事变”①，这就使其所采取的对华物资封锁等种

---

① 日语原文是“支那事变”，本书除直接引用日文外，统一译为“中国事变”。

种战争措施均不获国际战争法规的认可，而伴之而来的对第三国与中国的贸易等利益的严重损害，则加剧了第三国的对日矛盾。

正因如此，日本中央当局"不刺激第三国"的策略方针一提出，就遭到其现地军队的反对①，包括帕奈号事件②在内的很多事例就是证明。作为制定这一策略方针的日本首脑部并非不知其中矛盾，身为首相的近卫文麿当时就强调：我们在数年前就明确地提出了不允许欧美介入远东，我们也终将走向废除《九国公约》。③ 这些话说明，日本首脑部在战争初期反复声称的"尊重条约"和"不刺激第三国"，只是迫于时机未到的无奈之举。因此，一旦他们认为时机成熟、形势有利，就会另作考虑。

进入1938年后，日本首脑部认为有许多理由可以这样做。

首先，美国的态度令他们满意。1月，日本外务省在为外务大臣广田弘毅起草的议会报告中称："中国事变爆发以来，美国政府一直保持公正态度，顾念日美关系大局而处置妥善。尽管发生了帕奈号事件，两国关系仍未受任何影响。我国为此庆幸不已。"④ 3月，广田本人向议会介绍，美国在对华关系上没有英国那样密切，事变以来大致维持中立，其驻华机构亦对我相当合作。⑤ 5月，他

---

① 譬如，1937年10月11日关东军司令部在「支那事変対処具体的の方策要纲」中强调：要"排除不符合现在形势的观念性的国际法规"，凡属军事需要或解决中国事变需要，"即使事涉租界等问题，也要从大局出发断然贯彻我主张"。详见臼井勝美・稲叶正夫編：『現代史資料』第9卷，第44—48页。

② 1937年12月12日，日军在视线良好的情况下，炸沉在长江的美国炮舰"帕奈号"及几艘美船，史称帕奈号事件。

③ 参见「近衛首相車中談」，『東京朝日新聞』(1937年11月27日)。

④「第73回帝国国会ニ於ケル広田外務大臣演説案」(1938年1月)，日本国图S1.1.1.0-27。

⑤「衆議院予算総会に於ける広田大臣説明資料(極秘)」(1938年3月3日)，日本国图S1.1.1.0-27。

在地方长官会议上再次指出:美国是除德、意以外唯一“基本保持公正的中立态度的国家”。[①] 对于外务省方面的这些评价,日本军方也是大体赞同的。[②]

其次,如前面已经提到的,被日本视作“依靠力量”的德国的表现也使他们感到快慰。因为,希特勒继 1938 年 2 月承认“满洲国”后,又做出了撤回驻华军事顾问等一系列亲日疏华的决定。与此同时,在欧洲英、法亦被德国搅得焦头烂额。这一切都使日本当局感到可利用德国所造成的局面。[③]

另外,此期日本对苏、英两国虽然还是心怀不满,但又认为,在美国对日“公正友好”和德意在欧兴风作浪的情况下,苏联和英法都无力单独干涉远东问题。因此,它对苏、英抱有的威胁感趋于减弱。

在上述形势判断的作用下,日本在 1938 年后对第三国逐渐从不刺激转向刺激。具体可归纳为下述 4 个方面:

第一,对第三国的要求,由着重于对日本“不制裁、不干涉”,变为着重于禁止对华援助,即强迫列国停止向中国供应一切“有助于战争”的东西。[④] 为此,它封锁中国沿海,阻挠第三国对华贸易,并以各种方式向维持对华经济、贸易关系的国家施加压力。这些做

---

① 「昭和 13 年 5 月 7 日地方長官会議に於ける広田大臣訓示」(1938 年 5 月 7 日),日本国图 S1.1.1.0-27。

② 譬如,直到 1938 年 9 月,日本海军军令部还在以美国对日本的“善”来反证英国对日本的“恶”。详见军令部:「対英感情は何故悪化したか」(1938 年 9 月 1 日),角田順编:『現代史資料』第 10 卷,第 339—343 页。

③ 除前引广田外务大臣的几次发言外,另见外务省情报部:「漢口攻略後に於ける蒋介石政権の動向と我方対策」(1938 年 6 月 29 日),日本外交史料馆藏,“调书”情 242 号;军务局一課:「海軍次官の質問に対する説明案」(1938 年 8 月 20 日),角田順编:『現代史資料』第 10 卷,174—177 页。

④ 参见「第 73 議会用擬問擬答」(1938 年 1 月 14 日);「昭和 13 年 5 月 7 日地方長官会議に於ける広田大臣訓示」(1938 年 5 月 7 日),日本国图 S1.1.1.0-27。

法，等于是从以前的防止第三国干涉，变为倒过来干涉第三国。

第二，对外国的在华权益，由“保护”变为限制、取消。随着日本把战火燃烧到第三国权益集中的华中、华南和华东地区，对第三国利益的侵犯越来越成为其维持战争和贯彻对华国策之必需。1938 年 6 月，在改组后的近卫内阁出任陆军大臣的板垣征四郎提出：“本次事变事实上是打倒在华欧美势力的开端。凡属处理中国事变所必要之事，不必顾虑第三国的反应，然亦不必过早与彼等生事。我应通过断然贯彻强硬、明快的处理措施，使第三国为保持其既得利益而不得不在事实上接受我对华政策，不得不主动支持我态度。”①经 7 月 8 日的五相会议，军方的这一主张正式成为中央的方针，且将表述顺序改为“虽然要努力尊重列国利益而不任意生事，但仍应断然通过强硬、明快的事变处理，使列国事实上接受我对华政策并为保持和增进其既得利益而不得不主动支持我态度，从而孤立中国现中央政府”。② 从此，以对第三国在华权益的操作作为要挟第三国的手段的做法，不再被中央指责为“脱轨行为”了。后果马上日趋严重。仅限于对美关系来看，据美方统计，迄 1938 年 12 月止，日本侵害美国在华利益的悬案就已达 296 件。③

第三，对德、意关系由“精神提携”变为策划结盟。在 1937 年 11 月意大利加入防共协定后，日本外务省的一部分“革新派”官员即提出，“日德意防共协定同它所包含的打破现状的世界性意义相

---

① 陸軍大臣：「支那事件指導に関する説明」(1938 年 6 月 17 日)，稲葉正夫ほか編：『太平洋戦争への道』別巻・資料編，東京：朝日新闻社，1963 年，第 264 页。

② 『太平洋戦争への道』別巻・資料編，第 263 页。

③ 「(1939 年)11 月 4 日野村・グルー第一回会談の際米国側の手交せる歴代大臣の在支米国権益保障に関する覚書抜粋」，日本外交史料馆藏，A. 1. 1. 0. 30 - 032。JACAR(亚洲历史资料中心)，Ref. B02030575300。

比，内容显得太抽象，必须予以强化”。[①] 其后，日本对德国提出的“加强德日合作”的提议一拍即合。1938 年 7 月 19 日，日本五相会议决定“强化”日德意防共协定。会上的一份文件主张进一步密切对德对意关系，以“加强对苏威压和对英牵制”，迅速解决中国问题。[②] 随之，日本进一步展开同德国的谈判。在同盟的对象问题上，以海军为代表的一派主张限于苏联一国，以陆军和外务省的革新派为主的一派则主张将英、法也列为对象。但二者虽然在这一点上争论激烈，对“结盟德意，利用欧乱”这一总的政策取向则意见一致。

第四，对《九国公约》，由“悄悄抹煞”变为公然否认。如前所述，全面战争初期，日本未公开否认《九国公约》，并以种种借口把自己违反条约的侵略行为，美化为维护条约的自卫行为。1938 年 5 月，日本外务省一位官员曾把日本对《九国公约》的上述做法，概括为“悄悄抹煞”，即“时时牢记在事实上消灭这一目标，但不公开否认，并避免议论”。[③] 但到日军占领武汉、广州两大重镇及欧洲形成绥靖德意法西斯的《慕尼黑协定》以后，日本当局认为用不到再给自己对待《九国公约》的态度蒙上面纱了。10 月 21 日，日本内阁会议决定重提“使中国脱离欧美”的要求，“在尽可能早的将来，让中国摆脱依存欧美之弊，实现以日满华提携为枢轴的新的东洋和平结构”。[④] 11 月 3 日，日本首相正式宣布日本对华征战的终极目

---

① 「日独伊三国提携の強化に関する件」，角田順編:『現代史資料』第 10 巻，第 347 页。

② 「日独及日伊間政治的関係強化に関する方針案」(五相会議提出，1938 年 7 月 19 日)，角田順編:『現代史資料』第 10 巻，第 172 页。

③ 外务省亚一・松村:「事変に関連せる各種問題」(1938 年 5 月 27 日)，日本国图 S1. 1. 1. 0 - 27。

④ 「時局処理に関する閣議決定」(1938 年 10 月 21 日)，日本国图 IMT211。

标是“建设东亚新秩序”。[1] 11 月 18 日，日本以答复美国照会的形式，公然宣告：“在东亚天地展现新形势之际，如照搬适应事变前事态的观念及原则来规定现在和今后的事态，不仅丝毫无助于解决当前问题，且无益于东亚之恒久和平。”[2]通过这两个声明，日本政府首次向全世界公开表明了否认《九国公约》等既存条约秩序的态度，从而把它对国际社会的刺激行为推上了新的高度。

四、日美矛盾的激化

日本虽然在 1938 年 11 月才公开表明了其单方面否定既存条约和建立新秩序的战争目的，但对早在九一八事变后就一直向世界揭露日本对华政策本质的国民政府来说，它并无什么新意，因此，国民政府最初对日本的声明并不特别重视。

对日本的东亚新秩序论最早作出激烈反应的是美国政府。对于开战以来一直对美国感到满意的日本来说，这可谓出乎意外。但如果全面观察一下被日本当局者过去忽视了的美国外交的深层结构，事态的变化就不是那么突然了。

在罗斯福政府对中日战争的实际态度中，除了前面提到的让日本感到满意或安心的那些东西外，其实一开始就还含有与日本的愿望相对立的因素。

首先，美国确实是严守中立和“不卷入”的立场，但就其政策的本意来看，它对日本不予制裁，并不等于肯定日本的侵华，它对中

---

① 『日本外交年表竝主要文書』(下)，第 401 页。

② 有田八郎外相：「昭和 13 年 11 月 18 日の10 月 6 日附米国側申入に対する回答」(1938 年 11 月 18 日)，『日本外交年表竝主要文書』(下)，第 399 页。

国未予物质援助,也并不是否定中国的抗日。相反,它坚持九一八事变以来的不承认主义,拒绝承认日本侵华造成的既成事实,并保持承认抗日的中国政府,"切愿"中国坚持到底。①

其次,罗斯福政府确信本国所信奉的国际原则在远东地区的适用性,其中包括"维护和平""不以武力推行国家政策""不干涉他国内政""忠实履行国际协议"和"拥护条约神圣不可侵犯"等。② 这些原则均有益于中国而不利于日本。而且,如同罗斯福总统在1937年10月5日的芝加哥演说中所表明的那样,从世界是相互联系的观点出发,美国人相信和平体系和条约秩序的整体性及其与各国利益的相关性,而视侵略战争为一种"传染病毒"。③

美国对外政策中的这些侧面,都包含着走向日本愿望反面的内因。

1937年12月发生前述日军炸沉在长江的美国炮舰帕奈号的事件后,美国曾讨论过使用海军实施对日经济封锁的方案。虽然最终没有被采用,但以此为契机,对日经济制裁论开始在美国抬头,而它的理由,是基于这样一种判断:日本在经济与资源方面高度依存美国,一旦停止对日本的物资供应,日本就会遭受致命的打击。④

进入1938年后,美国在日本对美亲善的口号声中,看到的是它公开宣布抹煞中国这个主权国家的合法政府和肆意侵害各国的在华权益。而在欧洲乱象纷生,绥靖政策失效,英法荷受制于德意

① 参见《王正廷致外交部电》(1937年10月12日)所述罗斯福总统在接见王正廷、胡适时的谈话,《中日外交史料丛编》第4册,第362页。

② 参见美国国务卿赫尔的声明(1937年7月16日),"Statement by the Secretary of State (July 16, 1937)", *FRUS*, *Japan*: 1931 - 1941 (Washington: Government Printing Office, 1943), Vol. Ⅰ, pp. 325 - 326.

③ "Address Delivered by President Roosevelt at Chicago on October 5, 1937", *FRUS*, *Japan*: *1931 - 1941*, Vol. Ⅰ, pp. 380 - 383.

④ 详见细谷千博编:『日米関係通史』,東京:東京大学出版会,1995年。

而无力兼顾亚太殖民地的紧张形势下，日本欲浑水摸鱼的企图又展现于世。这一切使罗斯福政府逐步看清日本谋求控制整个中国和亚太地区的野心，并认识到其中所涉及的利害关系远远超过单纯的中国问题。

因此，当中国抗战进入严重关头后，美国决策层中越来越多的人主张维持中国抗战，防止中国瓦解，以牵制日本，阻止其进一步扩大侵略范围。[①] 在这样的背景下，1938 年 10 月初，在日本行将攻陷武汉、广州的前夕，美国向日本发出了一份长长的照会，内容几乎涉及全部有关日本损害美国在华权益的问题。在对日抗议的同时，它还要求其撤销对美国在华权益的一切歧视性措施。[②] 这是中日战争以来美国对日本所采取的最重要的外交步骤。但是，如前所述，日本对美国的回答，是公然宣告否认《九国公约》及既存秩序，主张建设"东亚新秩序"。用美国驻日大使格鲁的话来说，此前，日本历届外相向美国保证的都是"中国门户开放和机会均等将予保持，美国权益将受到尊重"。而至此时，日本向美国公开宣示的态度，不再是"请忍耐一下"，而是"请接受新形势了"。[③]

---

① [美]迈克尔·沙勒著，郭济祖译：《美国十字军在中国：1938—1945》，北京：商务印书馆 1982 年版，第 22—32 页。

② "The American Ambassador in Japan (Grew) to the Japanese Prime Minister and Minister for Foreign Affairs (Prince Konoye) (October 6, 1938)", *FRUS*, *Japan: 1931 - 1941*, Vol. Ⅰ, pp. 785 - 790. 另见「在京米国大使来翰第 1076 号」(1938 年 10 月 6 日)，『日本外交年表竝主要文書』(下)，第 393—397 页。

③ 美国驻日大使格鲁 1938 年 12 月 5 日的日记。Joseph C. Grew, *Ten years in Japan: a contemporary record drawn from the diaries and private and official papers of Joseph C. Grew, United States ambassador to Japan, 1932 - 1942*, Simon and Schuster, New York, 1944. 中译本见[美]格鲁著，蒋相泽译：《使日十年——1932 至 1942 年美国驻日大使格鲁的日记及公私文件摘录》，北京：商务印书馆 1983 年版，第 267、273 页。笔者附注：本书对此书的引用根据中译本。

日本的公然挑战促使美国加快了政策转变的步伐。11 月 19 日,美国国务院将罗斯福致蒋介石函送至中国使馆,该函称:“在过去 15 个月中贵国人民所受之痛苦激起余甚深之同情,而贵国人民之勇毅,尤足使余钦佩。”信函中还保证,美国对“中方所提出之事项,当予以最慎重及同情之考虑”。① 此信送达中国不久,美国即于 12 月 15 日决定向中国提供 2 500 万美元的借款。同月 30 日,美国对 11 月 18 日的“有田声明”作出强硬答复,指出:国家主权的完整与经济上的机会均等是一对相互依存的原则,前者遭破坏,必导致后者被藐视;美国坚持机会均等原则,不仅因为可据此获得商业利益,更因深信遵守该原则可借以获得经济与政治之安全,从而有利于国内福祉与国际和平,这一原则不容单方面加以取消;所谓东亚形势的改变是由于日本的行动所致,美国政府决不承认任何一个国家有必要或有理由在一个不属于自己主权的范围内规定一个新秩序,并自命为这个新秩序的执掌者;美国决不承认一个由第三国所指使而且为着该第三国目的而建立起来的政权,决不同意美国权益被任何别的国家的武断行为所排斥;条约的修改须经过合法的、有秩序的手续并取得缔约国的同意。②

接着,1939 年 1 月,美国政府要求本国企业停止向日本出口飞机及其零部件。与美国相呼应,英国、法国也在 1938 年 11 月和美国一起,要求日本停止以作战理由禁止外国船舶航行长江,并迅速

① 《王宠惠致蒋介石电》(1938 年 11 月 21 日),秦孝代主编:《中华民国重要史料初编——对日抗战时期》第 3 编(1),台北:中国国民党中央委员会党史委员会 1981 年版,第 81 页。

② “The American Ambassador in Japan (Grew) to the Japanese Minister for Foreign Affairs (Arita) (December 30, 1938)”, *FRUS*, *Japan*: *1931 - 1941*, Vol. Ⅰ, pp. 820 - 826. 另见日本外交史料馆藏「米国大使来翰第 1153 号」(1938 年 12 月 30 日)。

开放长江。1939年1月，英国还向日本发出通告，不同意单方面地变更《九国公约》。①

美国的这一系列措施，超越了以前对日本道义责难和对中国精神支持的界限，突破了"在经济、物资方面对中、日不加差别待遇"的所谓公平原则，转入了对中国的实质性援助和对日本的间接的限制。② 这标志着美国对华、对日政策的重大转变。

东京对华盛顿的动向是敏感的。几乎在美国宣布对华借款的同时，日本外务省就意识到，"美国从1938年秋以来已转变外交方针，采取了对英协调与干涉中国事变的政策"。③ 它还看到，美国的一系列措施，包括10月的对日抗议和12月的对华借款，都是"针对日本大陆政策之第一阶段（攻略广东、汉口）的成功所采取的权利保留措施"，而其效果之一，是"使中国在大败中恢复了元气"。④

但是，在分析美国政策转变的原因时，日本外务省认为，它一是因为"感情色彩的和平主义与条约神圣论"，二是因为受了英国宣传的影响，二者均是由于精神方面的因素，而"决非以现实利害为基础"。⑤ 它分析说，对外政策应以"既存经济利益为决定因素"，但美国的在华经济利益在美国整体利益中"只占极小地位"，而且，

---

① "Viscount Halifax to Sir R. Craigie (Tokyo)(January 5, 1939)", E. L. Woodward (eds.), *Documents on British Foreign Policy 1919 - 1939*, [hereafter cited as DBFP], Third Series, Vol. 8, 1938 - 1939, (London: Her Majesty's Stationery Office, 1955), pp. 371 - 373.

② 福田茂夫:『アメリカの対日参戦——対外政策決定過程の研究』,東京:ミネルヴア書房,1976年,第93页。

③ 外務省:「昭和14年度帝国外交方針小見」(1939年1月1日),日本国图IMT380。

④「事变新段階に於ける対日国際情勢」(1939年1月18日,日本倶楽部に於ける栗原局長説明案),日本外交史料馆藏, A. 1. 1. 0. 30 - 7。JACAR(亚洲历史资料中心), Ref. B02030529700。

⑤ 外務省:「昭和14年度帝国外交方針小見」(1939年1月1日),日本国图IMT380。

如果不计“中国的将来性与潜在力”,则日本市场对美国的利害关系远远超过中国市场。从这一观点出发,他们得出这样一个结论:美国与日本主要是思想原则上的争论,“除门户开放问题之外,日美在中国不存在值得相争的重大问题”,而从政策的决定因素——经济利益来看,日美关系尽管含有思想上的对立,但仍有调和余地。①

在这种思维的引导下,1939年以后,尽管日本当局从处理中国问题仍然必须特别重视和美国的经济关系的判断出发,竭力想保持日美亲善,但在整个国际战略上仍然是朝着“东亚新秩序”的大目标我行我素,甚至变本加厉。其主要行动有:

第一,加紧驱逐第三国在华权益。此阶段日本对外当局认为,“第三国权益的重要性在于它的政治色彩,而不仅仅是对战争损害的赔偿问题。要建设新中国,必须排除第三国利益之政治色彩,排除他们以政治性权益(租界、海关、内河航行权等)为基础的政治性干涉”。② 在这一方针下,包括日军狂轰滥炸所造成的人员伤亡和财产损失在内,日本对第三国权益的侵害日趋严重,引起了美国等国的频繁抗议。③ 在长江封锁问题上,日本对外以“军事安全”为借口,实际目的则还包括“不让蒋获取外汇”“保护日本军票”“不给第三国资本和企业进入中国机会”等政治、经济上的打算。④ 为此,尽

① 外務省東亜局:「支那問題を中心とする日米関係と対米工作に関する意見」(1939年1月9日),日本外交史料馆藏,A.1.1.0.30-3·2。JACAR(亚洲历史资料中心),Ref. B02030597700。

② 外務省:「昭和14年度帝国外交方針小見」(1939年1月1日),日本国图IMT380。

③ “Memorandum by the Ambassador in Japan (Grew) (March 30, 1939)”, *FRUS, Japan: 1931-1941*, Vol. Ⅰ, pp. 642-664.

④ 中支軍司令部:「揚子江開放問題に関する意見」(1939年1月23日),日本国图S1.1.1.0-27。

管美、英等国强烈要求恢复长江正常航行，均遭日本拒绝①。

第二，利用英、法、荷等国因欧洲危机而无暇兼顾远东的机会，积极为扩大势力范围作准备。2 月，日军占领海南岛。3 月，日本宣布“领有”南沙群岛。4 月，日军高层提出，“国际转机”即世界大战约在 1942 年前后到来，为迎接这一转机，要加紧将邻接地区编入“帝国国防圈”。他们还强调，“事变处理与次期战备互为一体，相互依存”，因此必须把“对华国际形势与今后国际关系”结合在一起考虑。② 这段话反映了日本军方利用欧洲危机染指世界的意图。

第三，封锁天津租界，逼迫英国让步。战争爆发以来，日本军方就一直认为租界是“中国抗日的据点”和“外国援华的窗口”，主张待时机到来后即予以取缔。③ 1939 年 5 月，日本要求英、法在天津的租界禁止流通国民政府货币并转交外国银行保管的国民政府存银。6 月，日本军部决定，对长江、租界等重要问题“应作为操纵第三国，使之改变对日方向”的政略手段处理；要逼迫第三国面对这样的抉择：是接受新秩序而恢复其权益，还是拒绝新秩序而丧失其一切权益。为此，“对于租界，必要时可加以封锁或接收”。④ 同月，日本驻津部队以要求引渡犯人为借口，封锁天津英租界。其后，在日英会谈中，日方要挟英国接受日本的“绝对要求”，再次公

① 参见「三浦総領事より有田外務大臣宛」（上海，1939 年 3 月 11 日）；「堀口駐米大使より有田外務大臣宛」（1939 年 4 月 21 日发），日本外交史料馆藏，A.1.1.0.30－32。两则资料分别见 JACAR（亚洲历史资料中心），Ref. B02030575000，第 35 画像目、第 36 画像目。

② 参谋本部第二課：「軍参謀長懇談席上に於ける次長口演要旨」（1939 年 4 月 1 日），臼井勝美・稲葉正夫编：『現代史資料』第 9 卷，第 559—560 页。

③ 参见「外務大臣内奏資料」（1939 年 5 月 23 日），日本国图 SP306。

④ 陸軍省、参謀本部：「事変処理上第三国の活動及権益に対する措置要領」，臼井勝美・稲葉正夫编：『現代史資料』第 9 卷，第 660—661 页。

开向英美阵营提出了挑战。

日本的上述一系列行动更加激化了日美矛盾。特别是,6月的天津租界事件引起了美国极大的重视,美国国会讨论了各种有关禁止或限制对日出口的提案。结果,7月26日,为了进一步使日本明白美国财政协作的必要性,增加中国和英国的勇气,打击日德意的骄横,美国终于向日本发出了半年后废除《美日通商航海条约》的通告。①

1911年签订的《美日通商航海条约》及附属议定书是规定日美贸易的法律根据。美国在此时宣告它的废除,虽然并不意味立即对日禁止或限制出口,但它使美国在法律上处于无论何时都能单方面实施对日禁运的立场。对于在经济上及战争物资上严重依赖于美国的日本来说,这是一个沉重的打击。

五、中国迎来转机

对于正在危机之中的中国来说,由日本的"刺激"所造成的日美紧张及伴之而来的美国的政策转变,不啻是一个巨大的鼓舞和转机。

1938年10月,在刚听到美国发出前述对日抗议照会的消息后,中国就出现热烈反应。中央社称颂美国此举为"中日战争以来第三国对日本最强硬之表示,亦可谓近一年来美日在远东关系上的总清算"。② 国民政府外交部则立即把这个问题列为"最为关心"

---

① Cordell Hull, *The Memoirs of Cordell Hull* (London: Hodder&Stoughton, 1948), Vol. 1, pp. 636 - 638.

②《中日外交史料丛编》第4册,第433页。

之事，决定以后每周集会两次，研究美方动向。① 接着，在获悉 11 月 18 日日本的对美回答后，国民政府外交部马上表示，在“日方蓄意并吞中国，排斥欧美，昭然若揭”的今日，“深望美国迅即单独或联合英法尽量实施报复，藉促日本之觉悟”。②

当然，如前文所指出的，当时还是有不少人对国际解决的大战略表示怀疑，譬如，蒋廷黻在 1938 年 11 月 29 日的一次要人聚会上谈及战局前途时“极悲观，至谓国民政府生存之可能不过百分之五”。③ 特别是汪精卫及其追随者，还在把国际解决战略断定为“水中之月”后于同年底脱离重庆，投身于日本策划的“和平工作”。④

但是，从整体上看，正是在国民政府面临重大考验的关键时刻，日美矛盾的激化和美国政策的转变，犹如一剂及时的“强心针”，有效地帮助国民政府克服了混乱和动摇。⑤ 因此，即使是作为国民党副总裁的汪精卫的出走，也没有引起日本盼望的连锁反应。蒋介石后来指出：美国“以正式公文否认日本创立所谓东亚‘新秩序’之荒谬主张，为国际呼声之创导”，“此项明白与及时之声明，已使其他同样关切之政府对于日本提出类似性质之表示”。它和美国的对华借款合在一起，“除对中国予以巨大物质帮助外，其在道义上，从各方面观察亦发生最有利之影响。盖此事增加吾国人民

---

①《王宠惠致胡适电》(1938 年 11 月 15 日)，《中日外交史料丛编》第 4 册，第 430 页。

②《外交部致驻美使馆电》(1938 年 11 月 20 日)，《中日外交史料丛编》第 4 册，第 439 页。

③《王世杰日记(手稿本)》第 1 册(1938 年 11 月 29 日条)，第 436 页。

④ 关于汪精卫集团对国际解决战略的批判，见周佛海：《回忆与前瞻》，原载《中华日报》(1939 年 7 月 22—24 日)，蔡德金编注：《周佛海日记》下卷，北京：中国社会科学出版社 1986 年版，第 1210—1211 页。

⑤ 胡适称：1938 年 10 月以后，“每当我最吃紧之危机，或暴敌最横行之时，美政府辄予我相当之援助，对我有打强心针之效能”。见《胡适致陈布雷电》(1941 年 1 月 10 日)，《胡适任驻美大使期间往来电稿》，第 92 页。

之勇气与信念,使其他国家予吾人以类似之援助。抑更有甚者,又向日本确证以下之明显事实,即美国决不放弃中国为国际社会之一协同份子"。[①] 而参与对美谈判的中方人员则认为,美国的对华借款是美国介入中日战争的开始,"美国已经投身进来",中国的政治前途更加光明了。[②]

进入1939年后,国民政府的对美期望和抗日信心随着日美矛盾的上升而上升。3月,蒋介石致函罗斯福,在对美国的抑日援华深致谢忱的同时,希望美国"居于领导地位以重建国际和平与秩序,而挽救世界文化于整个毁灭之中"。[③] 4月,罗斯福令美国海军调回太平洋。中国驻美使馆兴奋地向外交部报告,"美国海军之调回太平洋已足使敌人震警,鼓浪屿之美、英、法海军合作尤出敌之意外。号称受中立法束缚之美国,忽然与英、法各调兵舰到厦,各派42名陆战队登陆,而美国报纸无抗议,国会无质问,岂非揭破中立法之大谎乎"。[④] 6月,面对日本封锁天津英租界,国民政府十分担心受欧洲局势牵制的英法向日本屈服。如果这样,中国抗战将因物资运输的中断等问题而立陷危机。为此,国民政府采取了不少措施,其中包括于7月20日派前驻苏大使颜惠庆使美,增强对美工作阵容。蒋介石在托颜惠庆代交罗斯福总统的信函中,除再次要求以国际会议形式解决中日问题外,指出:一旦欧战爆发,欧洲各大民主国均将卷入,日本必用尽其威胁手段逼英法改变对中日战争态度,在此状况下,美国的态度和行动将成为左右太平洋局势

---

①《蒋介石致罗斯福函》(1939年3月25日),《中日外交史料丛编》第4册,第463—464页(注:该书误印为1938年3月25日)。

②[美]迈克尔·沙勒著,郭济祖译:《美国十字军在中国:1938—1945》,第32页。

③前引《蒋介石致罗斯福函》(1939年3月25日)。

④《胡适致外交部电》(1939年5月27日),《中日外交史料丛编》第4册,第453页。

的决定因素，祈望美国在欧战爆发之际，督促欧洲各民主国家不向远东侵略国家作任何妥协。作此分析后，蒋向美提出了3点要求：(1)禁止对日输出军用材料与军用品，禁止日本重要物品之输入，禁止日本船只使用特种商港；(2)继续在物资上积极协助中国，帮助财源支绌、运输艰阻的中国克服抗战中的困难；(3)防止英法等国在日本威逼下改变对中日战争所持之态度。① 如前所述，7月26日，在蒋介石的信函尚在途中的时候，美国就宣告6个月后废除日美商约。蒋介石几乎是在获悉消息的同一时刻就指出，“美国宣布废止日美商约，正义力量顿见增加，我全国军民闻之极感振奋”。②7月31日，蒋接见美国大使，称美国的废约是“辉煌的行动”，赞扬它减轻了中国所面临的深刻危机，并表示中国对此将不会忘却。③

六、对欧局的负面评估

但是，在抗战目标的设定上，国民政府在1939年的大部分时期还是相当谨慎甚至是保守的。其主要原因，是对欧洲局势与中日战争相互关系的负面评估。

下面具体谈一下这个问题。

如前文已经指出的，1938年夏秋，欧洲乱象纷纭。在这个背景

---

①《蒋介石致罗斯福函》(1939年7月20日)，《中华民国重要史料初编——对日抗战时期》第3编(1)，第82—86页。

②《蒋介石致胡适、陈光甫电》(1939年7月30日)，《中华民国重要史料初编——对日抗战时期》第3编(1)，第253页。

③ “The Ambassador in China (Johnson) to the Secretary of State (July 31, 1939)”, Matilda F. Axton (eds.), *FRUS*, *1939*, Vol. Ⅲ, Washington: United States Government Printing Office, 1955, pp. 562 - 563.

下,国民政府特别重视探讨欧局将会给中日战争带来什么影响。其中,1938 年 9 月 14 日军事委员会参事室提交给蒋介石的《欧洲危险局势之分析与对策》很说明问题。

在“欧洲现时局势之分析”一节,文件说:

> 今假定捷克问题将于短时期内引起欧洲大战,届时战事是否立即扩大至远东,质言之,即日俄或日英间是否发生战争?欧战爆发后,俄英二国为集中全力应付西方,或将如上次欧战期中之往事,暂对日本采取缓和妥协态度。以故欧战爆发后,日英日俄间能否维持和平,将视日本态度如何而定。易言之,届时欧战是否扩大至远东,其关键不在英俄而在日本。
>
> 日本届时是否对俄英发动战争?第一要看日本自己的政策如何。如果日本政府倾向于利用欧战机会以全力巩固在华地位,彼时俄英两国或取妥协政策,暂不发动战争。第二要看日本在日德义反共协定及其附加密约下之义务如何。第三要看中日战争之进展程度如何。如果日本未攻占武汉而战事已发,则日本对俄英采守势而对华猛烈进攻之可能最大。
>
> 从以上三项条件体察,欧战如于目前或最近时期内爆发,欧战扩大至远东之可能性在欧战初期似不甚大。盖一方面,日德义反共协定似尚未定有共同作战之义务(此从张高峰事件发生时之德国态度可以约略窥见)。另一方面则中日战事显然非短期可结,足予日本以重大牵制。
>
> 欧战爆发,日本或将加紧对华之进攻,甚或对华宣战,实行国际法所谓“暂时封锁”,执行海上搜检,以断我华南军火之接济(或不宣战而径为战时封锁之宣告),并实行控制英法租界。缘日本此种行动,在英法忙于应付西方战事之时,无引起严重的反抗与冲突之虞也。

基于上述分析，文件提议的"应付方法"为：

万一欧战爆发并扩大至远东，我国当与英法俄合作，共同作战，以期中日问题得到根本解决。此点似无问题。惟就目前情形观察，欧战发生后英俄两国对日暂取妥协政策之可能性甚大。因此，我政府不能不早为之备。现时似可采取次列步骤：

(甲)向英法俄美政府分别探询，欧战爆发后，各该国对中日战事所将抱持之态度。

(乙)向英法政府恳切主张，英法两国应使国联盟约中制裁条款为有效条款，藉以号召多数国家共同制裁侵略，并坚决表示该条款必须同样适用于欧亚两洲之战争。

(丙)向苏俄建议密订欧战发生后中苏联合对日作战之办法(并表示该项办法可规定中苏双方不向日本单独媾和)。

(丁)向美国恳切表示，希望美政府于欧战爆发之日，立即发表一严重声明，重申美国对于远东事件之一贯立场。欧战起后，美国之远东政策如能坚定显明，英国决不致大违美国意旨以取得日本之友谊。英美之态度既定，俄国当不致单独与日本妥协。故欧战起后，美国远东政策关系中国之命运至巨，我政府应对美方特别注意。①

由上述内容可见，当"欧洲局势与中日战争的相互关系"开始成为国民政府展望世界政治和国际战略的新视角之初，其认识和判断具有两个特点：

其一，关于欧洲局势对中国的影响，在他们眼中，是负面大于

① 军事委员会参事室：《欧洲危险局势之分析与对策》(1938年9月14日)，中国第二历史档案馆藏，档案号761/177。

正面。因为，虽然欧战如能扩大为远东的日英、日苏战争将能给中国带来机会，但真正能决定战争是否扩大的，既非中国又非英、法、苏等第三国，而是日本自身。如果届时日本首先专心于对华处理而不向英法苏寻衅，则这些主要援华国反而都会为优先应对欧洲事务而不惜对日妥协。①

其二，不论是在阻止欧洲各国的对日妥协方面，还是在确保欧战爆发后的对华援助方面，美国都被视为最大的关键。它表明，在考虑国际解决战略所应依靠的对象时，国民政府已开始从英、美、苏并列转向首重美国，并大致确定了以美国影响英国，以美国、英国影响苏联的构想。

根据这种形势分析，国民政府宣传部门制定的 1938 年 9 月的《宣传要点》，在有关欧洲的问题上着重强调了以下 3 条：

(1) 为期英法等国能有余力顾及远东，我同情英法安定欧局之努力。(2) 对于日本极力暴露其投机政策。欧有事之秋，即日向外扩展之时。日极愿欧战爆发，至少望欧局不安定。欧战一旦爆发，日将取观望态度，挟持双方。(3) 欧战爆发是否于中国有利须视日本将否参战为断。即使对华有利，此时亦不能公开表示。②

上述措施反映了上面所概括的第一个特点。

反映了第二个特点的措施则是国民政府于同月任命胡适任驻美大使，以加强对美外交。为此，时任行政院院长的孔祥熙还于 22 日致电胡适强调，“列强唯美马首是瞻，举足轻重，动关全局，与我

---

① 参事室主任王世杰在此期的日记中一再强调这个观点。譬如：1938 年 9 月 3 日条，9 月 10 日条，9 月 16 日条，9 月 30 日条等。《王世杰日记(手稿本)》第 1 册，第 357、363、369—370、386—387 页。

② 中国第二历史档案馆藏，档案号 761/174。

关系尤切”。[①] 国民政府外交部则于 10 月 1 日致电胡适就今后对美活动指示了具体的方针，要点为：

(1) 期待中美英在远东合作，请美严促英勿在欧战后对日妥协；(2) 促请美国隔离侵略者，扩大限制对日贸易；(3) 促请美国防止日本夺取英法在华利益，维持上海公共租界之地位及现状；(4) 促成美修正中立法，区别侵略国与被侵略国；(5) 尽快促成美国财政援华；(6) 商请美不售美油、钢铁给日；(7) 多方探采、随时报告美国朝野之主张及活动。[②]

此后，国民政府的对美工作就围绕着这些目标展开。

另外，除了政府间的外交活动外，国民政府对美还自始重视非官方途径的民间外交，其中包括组织亲华人士成立“美国不参与日本侵略委员会”，通过种种活动推动美国舆论和政界向援华制日的方向转化。[③]

如前所述，胡适上任不久，以日美紧张与美国对华借款为契机，国际上开始出现了有利中国的迹象。但在关于欧洲局势对中日战争影响的整体评估上，国民政府领导层的氛围仍然是忧虑多于期待。

伴随这种氛围而来的，是蒋介石在 1939 年 1 月下旬举行的国民党五届五中全会上把抗战之“底”即对日目标秘密确定为“恢复卢沟桥事变前的事态”。由于这个保守的目标可以被解释为默认包括“满洲国”在内的卢沟桥事变前的既成事实，在翌月召开的国

---

① 《孔祥熙致胡适电》(1938 年 9 月 22 日)，《胡适任驻美大使期间往来电稿》，第 1 页。

② 《外交部致胡适电》(1938 年 10 月 1 日)，《胡适任驻美大使期间往来电稿》，第 1 页。

③ 民间外交的具体活动详见土田哲夫：「中国の抗日戦略と対米国民外交工作」，石岛紀之・久保亨编：『重慶国民政府史研究』，東京：東京大学出版会，2004 年，第 127—146 页。

民参政会上，与会者就此提出质疑，但蒋介石只是称抗战目标不宜明示，而仍回避言及恢复九一八事变前的事态。结果，国民参政会只得决议仅提“抗战到底”，而不明示目标。①

另外，抗战以来，在谋求国际解决的方法上，蒋介石本来一直寄希望于苏联对日参战和英、美、法的对日制裁，但在对欧战影响的负面判断下，与抗战目标的保守性设定相配合，国民政府把它的实现途径改订为以国际会议为基本。② 如同前述《外交方略》已经显示的，这个方法上的修正也反映了国民政府对欧局影响的负面评估。

七、外交政策的调整

1939 年 3 月，德国撕毁《慕尼黑协定》，进攻捷克，英法牺牲小国以回避战争的目标落空，欧洲危局更加严重。国民政府内部关于欧战对中日关系负面影响的危机感亦随之更趋强烈。4 月 4 日，参事室主任王世杰在致蒋介石的签呈中指出：日本之政策向为乘欧洲多事之秋在远东谋渔人之利。欧战一旦爆发，日本或将乘机进攻安南，甚或诱胁暹罗夹攻安南。届时法在欧已自顾不暇，必无充分力量顾及其远东领土。③ 4 月 12 日，在国防最高委员会外交专门委员会的会议上，兼任主任委员的外交部部长王宠惠也强调：

---

① “中央研究院”近代史研究所编：《王世杰日记(手稿本)》第 2 册(1939 年 2 月 17 日、18 日条)，台北：“中央研究院”近代史研究所 1989 年版，第 35—36 页。《翁文灏致胡适电》(1939 年 2 月 7 日)，《胡适任驻美大使期间往来电稿》，第 12 页。

②《翁文灏致胡适电》(1939 年 2 月 7 日)，《胡适任驻美大使期间往来电稿》，第 12 页。

③《王世杰签呈第 101 号》(1939 年 4 月 4 日)，中国第二历史档案馆藏，档案号 761/167。

“本人希望欧局不致引起战争，一旦大战爆发对我殊属不利。就大体言，英法等国既须以全力应付欧局，即难兼顾远东，暴日之侵华军事便将加紧。即就交通线一端而言，安南缅甸方面之交通及军火之运输亦有被敌截断之虞。”①

为了减轻欧洲局势对中日战争的负面影响，国民政府此期在外交政策上作了三项调整。

第一，在对外工作上，国民政府以往主要以围绕中国的“公理”和利害连锁为说服各国援华制日的依据。鉴于这种说服工作在效果上的局限性已为抗战迄今的事态所证明，更鉴于《欧洲危机的分析和对策》对欧战因果关系的论证，国民政府开始改变过去主要强调“日本侵华即是侵害第三国在华利益”的单调论点，在继续揭露日本侵害外国在华利益的同时，着重提醒各国：日本将利用欧乱南进侵犯各国在亚洲的殖民地和其他既得利益，而中国的抗战是对日本南进政策的最大牵制，因此唯有支持中国抗战到底才能阻止日本扩大侵略范围。1939 年 2 月，针对日本攻占海南岛，蒋介石在宣布它为“太平洋上的九一八”后，从日本南进取向的角度强调日美矛盾必将更趋激化。② 3 月下旬，驻英大使郭泰祺和驻法大使顾维钧先后访问驻在国政府，在强调欧战爆发后英法在亚洲的殖民地及其交通线必受日本威胁后，提议建立中英法合作。③ 4 月 14

① 《外交专门委员会第 27 次会议记录》(1939 年 4 月 12 日)，台北：中国国民党党史馆藏，“国防”档案，防 003/0310。

② 《蒋介石日记(手稿)》(1939 年 2 月 11 日条〔上星期反省录〕)，斯坦福大学胡佛研究所藏。

③ “Viscount Halifax to Sir A. Clark Kerr (Shanghai)(, April 13, 1939)”, E. L. Woodward(eds.), *Documents on British Foreign Policy 1919 – 1939*, Third Series, Vol. 9, London: Her Majesty's Stationery Office, 1955, pp. 5 – 7.

日,驻美大使胡适也向美方通报了这一提案。①

第二,在对苏工作方面,鉴于“在欧洲问题上英法需要苏联合作”的观察,国民政府积极支持苏联与英、法建立欧洲集体安全制度,并要求苏联在和英、法的谈判中,“同时提出共同制止远东侵略者,而予中国以有效的保障”,促进中、美、英、法、苏在远东的具体合作。② 另外,由于苏联的重要性随着欧局紧张度的上升而上升,4月上旬,蒋介石派遣立法院院长孙科使苏,和驻苏大使杨杰一起加强对苏工作。同月 25 日,蒋介石要求孙科面陈斯大林:如欧战发生,日本必更扩大其侵略野心,则远东大局必益形严重,盼与英法交涉时,特别提出远东问题之重要性,及其与集体安全制度不能分离之理,尤盼阐明中国抗战与安定世界和平之密切关系,使欧亚问题得在同样原则下同时解决。③

第三,基于欧洲变局下美国成为最关键因素的判断,国民政府以美国为决定欧战后中日问题走向的最重要国家,进一步加强对美工作。特别是 1939 年 3 月以后,在欧战“一经爆发英法忙于自顾,将无力助我,我国抗战所需借款及军火、飞机之接济,唯有美方是赖”的认识下,④国民政府特别致力于加强中美关系。5 月,蒋介石在日记中强调:“只要美国对远东方针不变,九国公约存在,则中

---

① “The Chinese Embassy to the Department of State (April 14, 1939)”, *FRUS*, 1939, Vol. Ⅲ, p. 525.

② 详见《蒋介石致孙科电》(1939 年 4 月),《张冲致蒋介石函》(1939 年 4 月 21 日),《中华民国重要史料初编——对日抗战时期》第 3 编(2),第 409—410 页。

③《蒋介石致孙科电》(1939 年 4 月 25 日),《中华民国重要史料初编——对日抗战时期》第 3 编(2),第 411 页。

④《驻美代表陈光甫致孔祥熙电》(1939 年 4 月 3 日),《中华民国重要史料初编——对日抗战时期》第 3 编(1),第 250—251 页。

国之地位当然有利，现在我国惟一之良友为美国总统也。"[①]在6月发生前述日本封锁天津英法租界的事件后，为阻止英国对日妥协，国民政府最大限度地发挥了美国的作用。关于其详情，因在前文已有论述，这里不再重复。

八、对德意日关系的定位

在针对欧局的外交调整中，国民政府还重新考虑了对德政策特别是德意日关系的应有状态。

九一八事变以来，国民政府在全力争取英、美等国支持的同时，对德国也一直竭力发展友谊。1937年对日抗战全面开始以后，孙科曾主张中国应为取信苏联而排斥德意。结果却遭到蒋介石的"教训"，而不得不"消声"。[②] 同年10月24日，国民政府在关于《九国公约》会议的方针中规定："我方对各国态度须极度和缓，即对义、德二国亦需和缓周旋，勿令难堪。"[③]翌日，刚刚结束外访回国的孔祥熙也就此致电蒋介石等人强调，"德、意、日联合形势，务须设法打破。敌友我，能分化敌方一分助力即增强我一分力量也。最低限度亦须使之消极助我，否则会议必无若何成效"。孔电虽针对《九国公约》会议而发，但也反映了其时国民政府对整个日德意关系的主流意见及其理由。因此，蒋介石特地于28日将孔电转外交部参考，显示了他对孔电的赞同。[④]

---

① 《蒋介石日记（手稿）》（1939年5月6日条〔上星期反省录〕），斯坦福大学胡佛研究所藏。

② 《傅斯年致胡适函》（1937年10月11日），《胡适来往书信选》中册，第365页。

③ 《外交部致巴黎中国大使馆电》（1937年10月24日），《中日外交史料丛编》第4册，第403页。

④ 《行政院秘书处致外交部公函》（1937年10月28日），《民国档案》1989年第2期。

但是,中德日关系的变化不是中国单方就可以左右的。1938年1月初,在德国即将改组政府之际,驻德大使程天放报告蒋介石说:德政府此次改组意义至为重大,恐与日意更形接近而采更激进之政策。[①] 他的忧虑很快成为事实,此即前文提到的德国于2月以突然手段承认"满洲国"。程天放随即报告国内:德国"袒护日本不复顾全我国友谊之态度已昭然若揭,此后召回顾问,停止供给,均为意中事。在此种情形下,我方如无严重表示,似与我国国际地位有关。放认为政府似可明令召回大使,以表示对德不满"。[②] 但是,国民政府为顾全抗战大局,对国内各言论机关的指示为:"(1) 不对希氏个人作人身攻击;(2) 对德国人民在不作伤感情之激烈论调范围以内予以指责。"[③]2月23日,国防最高会议第7次全体会议讨论欧洲形势与德国承认伪国问题,会中发言人也大多主张对德暂不作激烈表示。[④] 然而,其后德国步步进逼:5月决定对华禁运军火,7月强行召回在华德国顾问,11月故意推迟新任驻德大使陈介递交国书。面对来自德国的这一系列反华亲日的咄咄攻势,国民政府在对德政策上意见分歧:蒋介石逐渐趋向对德强硬,[⑤]孔祥熙等人主张继续对德敷衍,[⑥]王世杰则于年末提议三事:"(1) 在德义未公然承认华北华中等伪组织以前,我方对德义仍持忍耐态度,不必

---

①《程天放致蒋介石等电》(1938年1月6日发),中国第二历史档案馆藏,档案号3009(2)/22。

②《程天放致蒋介石等电》(1938年2月20日),《中华民国重要史料初编——对日抗战时期》第3编(2),第679—680页。

③《王世杰日记(手稿本)》第1册(1938年2月21日条),第185—186页。

④《王世杰日记(手稿本)》第1册(1938年2月23日条),第188—190页。

⑤ 参见《蒋介石致孔祥熙等电》(1938年11月24日),《中华民国重要史料初编——对日抗战时期》第3编(2),第690页。

⑥《王世杰日记(手稿本)》第1册(1938年12月11日条),第446页。

因驻德陈大使未能呈递国书及义新使逗留上海不递国书等事与之决裂；（2）如德义承认各该伪组织，则断然召回我国使节；（3）为必要之准备。”[①]为了继续获得德国的军火，国民政府的对德方针基本上以王世杰的三点为底线。1938 年 10 月，中德两国还出于各自在战争物资上的需要而签订中德新易货协定，暗中恢复了物资来往。[②]

但是，应该看到，国民政府在为孤立日本、增加与国而竭力维持对德关系之际，针对中德日三国关系的变化，同时也在内部把德国与其他要争取的国家加以区别。譬如，1938 年 6 月，蒋介石在国防最高会议上宣布：“德意现已决定联日，其势已无可挽回，我国今后外交方针，应重新改订，与英美法苏联结。”[③]7 月，军委会参事室在前述《外交方略》中亦批判德国而倡导靠近民主国。9 月，国民政府外交主管者在讨论欧战爆发后中国应取态度时，惟蒋廷黻倾向与德意妥协，王宠惠无定见，其他人则都持相反意见。[④] 10 月，在前述蒋介石委托汪精卫主持的国民党中央常委谈话会中，虽然因直面内外危机而在今后的外交方针上“辩论甚久”，但多数意见是：“对英美法仍宜贯彻向来方针，力求增进关系，督促其积极助我抗日；对苏俄尤宜积极促进，惟同时须防国内阵线论者之不正主张”；对德意则是“运用外交离间德日及义日，使其逐渐有利于我亦为必要”。[⑤] 这一切都说明，国民政府虽然竭力和日本以外的一切国家

---

①《王世杰日记(手稿本)》第 1 册(1938 年 12 月 3 日条)，第 440—441 页。

② 详见吴景平：《太平洋战争爆发前中德军事和经贸合作关系的若干史事述评》，《民国档案》2006 年第 4 期。

③《王世杰日记(手稿本)》第 1 册(1938 年 6 月 3 日条)，第 273—274 页。

④《王世杰日记(手稿本)》第 1 册(1938 年 9 月 20 日条)，第 373 页。

⑤《汪精卫致蒋介石电(手稿)》(1938 年 10 月 21 日条)，台北：中国国民党党史馆藏，一般档案，一般 492/3。

都维持友好关系,但对列国并非等量齐观、平均对待,而自有主次轻重的严格排列。

在这样的背景下,国民政府领导层如何看待1938年来日德意之间谈判缔结三国同盟的活动?他们所期待的日德意关系又是何种状态?在这些问题上,1939年5月的一场讨论富有启发意义。其时,日本内部因在三国同盟应否把英法苏一起列为假想敌的问题上意见对立,在与德意的谈判中犹豫不决,致使德意两国决定暂时撇开日本,先成立德意军事同盟。中方对此事态十分关注,"政府中人遂又有主张我应与德义重谋接近者"。[①] 对此,军委会参事室于同月提交给蒋介石一份题为《日本未加入德义同盟对于中国的影响》的节略,作了详细分析。其谓:

> 自大体上言之,欧战如果爆发,则日本若与德义共同作战,当于中国有利;日本届时若采取投机政策,转而与英法等国妥协,则于中国有害。欧局如能稳定或获得妥协,则日本不加入德义同盟当于中国有利,因届时德义二国对于日本之助力与热诚可望减少。自中国之立场言之,日本此次未加入德义同盟,未必定于中国有害。但其危机则在欧战一旦爆发,日本转而与英法等国妥协。
>
> 日本若与德义订立同盟,而欧局获得和平解决,远东问题亦随之和平解决,则日本因德义之援助加强,而英法等国之顾忌较多,当可获得较大之利益。日本若与德义订立同盟,而欧局不和不战,则远东问题解决之时期,因受欧洲问题之牵制,必将延缓。日本若不与德义订立同盟,则远东问题单独解决,自较简单迅速,且德义纵声援日本,其助力亦必不若已订同盟

①《王世杰日记(手稿本)》第2册(1939年5月19日条),第84—85页。

> 之大。在英法苏协定成立以后，欧局如陷于僵持之局面，英法苏在欧洲虽有所顾忌，但因苏联西境之获得保障以及美国比较的可采自由行动，当不致过分迁就日本，牺牲中国，而使远东问题之解决完全出于不合理之方式。欧战如竟爆发，则日本虽未与德义订立同盟，是否仍将参加战争，殊成问题。若届时日本参加战争，则其结果与已订同盟相似。届时日本若不参加战争，而致力于自英法等国获得交换条件，如上次大战期中之往事，则苏俄力难东顾，美国孤掌难鸣，是诚有害于中国。①

军委会参事室的上述节略分“欧战前”和“欧战后”两种假设，阐明了什么是对中国有利的德意日关系。其基本思路可概括为：欧战如能避免，则日本和德意分裂对中国有利；欧战一旦爆发，则日本和德意结盟并参战对中国有利。后来的事实证明，国民政府认可了节略的这些意见，基本上一直按此思路处理德意日关系。而本书下一章将作个案分析的国民政府对《德苏互不侵犯条约》和德英法开战的应对，就是“欧战前”和“欧战后”两种处理的最初演习。

---

① 军委会参事室：《日本未加入德义同盟对于中国之影响》(1939年5月)，中国第二历史档案馆藏，档案号761/217。

第七章　欧战冲击下的中国
——对德关系的曲折与“两个同时”的出台

1939年8月23日，苏联和德国突然签订互不侵犯条约，不到10天，欧洲战争随之爆发。如何应对国际政治中发生的这一对紧密相连的重大事件，这是对刚刚迎来转机的中国的一个严峻考验。本章拟以蒋介石、王世杰、徐永昌等重要当事者的日记为线索，加之对照相关档案，通过考察蒋介石其时的心路历程，来揭示国民政府如何应对《苏德互不侵犯条约》与欧战爆发，又如何在对挫折的反思中再次修正国际解决战略，使之上升到以“两个同时”为原则的新阶段。

一、苏德订约前夕蒋介石的时局认识

要完成本章的课题，首先有必要先梳理一下蒋介石在《苏德互不侵犯条约》缔结前夕对日、苏、德关系与国际形势的基本认识，以厘清其决策的思想背景。为了避免和既述内容的重复，下面着重以1939年1月至8月为对象，就当时国际形势中的以下一些热点问题，概括蒋介石的基本看法。

1. 关于欧洲局势对中日两国的影响问题

在这个问题上，蒋介石的看法和本书第六章所述国民政府外交幕僚部门的主流意见基本一致。后者的基本观点是认为欧局对中国的负面影响大于正面影响。因为，虽然欧战如能扩大为远东的日英、日苏战争，将给中国带来机会，但真正能决定战争是否扩大的，既非中国又非英、法、苏等第三国，而是日本自身。如果届时日本首先专心于对华处理而不向英、法、苏寻衅，则这些主要援华国反而都会为优先应对欧洲事务而不惜对日妥协。① 同这种判断一样，蒋介石也认为日本利在"激起欧战以求其出路"，中国则利在避免或推迟欧战，因为一旦欧战爆发，各大国的注意力将集中于欧洲，而日本则可利用欧战要挟英、法，给中国带来最坏的局面。②

2. 关于如何应对欧局问题

在这个问题上，蒋介石最忧虑的是，日本既利用欧洲的混乱要挟列国对日退让，又实际上不介入欧局，而集中全力压迫中国。反之，他最期待的是，日本在侵华战争尚未结束之际，就同时介入欧局，或北进攻苏，或南进掠取欧美的亚洲殖民地，从而一边因四处出击而分散自身力量，减轻对华压力，一边因四面树敌而给中国带来联合国际力量赢得战争的机会。从这个观点出发，蒋介石因应欧局的总方针，是促使日本介入欧局，从而让中日战争与欧洲问题合为一体，共同解决。③

---

① 参见军事委员会参事室:《欧洲危险局势之分析与对策》(1938 年 9 月 14 日)，中国第二历史档案馆藏，档案号 761/177。

②《蒋介石日记(手稿)》(1939 年 2 月 28 日条，8 月 11 日"上星期反省录"条等)，斯坦福大学胡佛研究所藏。

③ 参见《蒋介石日记(手稿)》(1939 年 3 月 21 日条，3 月 25 日条，4 月 12 日〔杂录〕条)等。

如何贯彻这个方针呢？蒋介石设计的路线，是以坚持抗战到底、拒绝中途妥协为本，而等待国际变化。这在他的日记中有许多表露。譬如，1939年3月上旬，他在与军事将领的谈话中强调："中央放弃武汉迁移重庆后则抗战时期越长越好。以短期内如果和平则中央对内对外皆不及准备与布置。若中央掌握四川果能建设进步，则统一御侮更有把握矣。"①3月中旬，蒋介石又从欧洲的事态吸取教训说："德国兼并捷克不费一弹不留滴血，此为历史上未有之创例。推究其因，即在于去年割让苏台区所遗之祸患。如果我国七七以前以为割让或承认伪满可免战祸者，于此乃可了然乎。"②

4月，蒋介石在思考如何才能使抗日战争与可能爆发的欧洲战争联为一体时，阐述了这样一种因果关系：

> 如果欧战未起以前以及既起以后我国皆不为倭诱和，则倭或最初专攻中国而不加入欧战，及至中国被其屈服，乃再加入欧战或攻俄。如中国始终与其战争而不为其所屈服，则彼虽不参加欧战而亦不能灭亡中国，最后欧战结束，英美仍可干涉中倭战事，解决远东问题。如其参加欧战，必进攻苏俄，则战时敌将分兵对俄，而战后如民主阵线胜利，则我亦可得最后胜利，故我国之决胜时期仍决之于国际战争之结局，而抗战到底不与倭敌中途妥协是为独一无二之要旨。③

5月下旬，蒋介石指出，"力求四川建设与安全，则根本巩固，无论对内对外皆可独立无惧"。④8月上旬，蒋介石在思考如何赢得

---

①《蒋介石日记(手稿)》(1939年3月4日条)，斯坦福大学胡佛研究所藏。

②《蒋介石日记(手稿)》(1939年3月18日条)，斯坦福大学胡佛研究所藏。

③《蒋介石日记(手稿)》(1939年4月15日〔杂录〕条)，斯坦福大学胡佛研究所藏。

④《蒋介石日记(手稿)》(1939年5月22日条)，斯坦福大学胡佛研究所藏。

"国际大变化"时,再次确认,"敌人亡华野心其势不容改变,只要我能自立自决,确定长期抗战基本计划,则国际大变化即在其中矣"。①

3. 关于何种状态的结盟关系对华有利的问题

在世界局势动荡不安,各种力量重新组合的状况下,何种状态的结盟关系对华有利,是蒋介石十分关注的问题。他的基本观点是,中国应该以美国为第一依靠,与美、英、法、苏结盟。反之,就日本的结盟关系而言,蒋介石认为,"欧战如可免,则倭不参加德意同盟于我为有利。否则其利害亦正相反也"。② 他并多次强调,日本如与德意结盟,不啻是"东亚之幸,亦世界之福",而对日本自身来说,因为实际上无法得到德、意的帮助,故完全是一种自杀政策。③正是从这一点出发,他一面盼望日本因同德意结盟而与英美法苏为敌,一面又担心日本因跟德意决裂而转身向美英法求和。总之,在关于结盟问题的定位上,蒋的思路是和本书第六章所述军事委员会参事室当时的看法基本一致的。④

4. 关于英法苏互助合作问题

1939 年 3 月,德国撕毁《慕尼黑协定》进攻捷克,欧洲危局更形严重。为因应德国带来的战争危机,英、法、苏就互助合作问题开

---

①《蒋介石日记(手稿)》(1939 年 8 月 8 日条),斯坦福大学胡佛研究所藏。

②《蒋介石日记(手稿)》(1939 年 6 月 25 日条),斯坦福大学胡佛研究所藏。

③ 参见《蒋介石日记(手稿)》(1939 年 5 月 31 日〔杂录〕条,6 月 3 日〔上星期反省录〕条,8 月 8 日〔杂录〕条),斯坦福大学胡佛研究所藏。

④ 详见军委会参事室:《日本未加入德义同盟对于中国之影响》(1939 年 5 月),中国第二历史档案馆藏,档案号 761/217。本书的分析见第六章第八节。

始了莫斯科谈判。蒋介石对此抱赞成与促进态度,并于4月要求苏联在与英、法的谈判中,“同时提出共同制止远东侵略者,而予中国以有效的保障”,促进中、美、英、法、苏在远东的具体合作。① 其后,蒋也一直视英、法、苏达成互助合作为对华有利而热切盼望其成功。②

但是,在蒋介石促进苏联与英、法互助合作的动机中,除了那些在官方文电中对苏表明的公开观点,其实还有隐而不露的另一种深层考虑。这就是,蒋介石认为,苏联如对欧战置身事外,贯彻“社会主义国家必待帝国主义国家自相战争以后方可起而消灭帝国主义之传统政策”,苏联将因此“坐大而得举足轻重之佳势”;而另就日本来看,如果苏联不与英、法结盟,日本也可能为保持超然立场而不与德、意结盟,以利用欧局渔利。从中国的立场看,这二者都是不利的。因此,蒋介石主张,推动苏联与英、法速订军事同盟,即间接促使日本决意和德、意结盟,从而使苏联与日本都不能对欧战旁观坐大。③ 很明显,在蒋介石的思想中,苏联是一个必须区别于美、英、法的特殊存在:它在目前是中国为抵御日本侵略而力求团结的对象,但从长远的外交观点与国共关系的内政视角来看,苏联同时又是一个应该严加防备的对象。因此对蒋介石来说,日苏开战、两败俱伤最符合中国的利益。

关于这些深层考虑,蒋介石对苏联当然讳莫如深,但对英国他在英、法、苏谈判不久的4月就有所披露。在4月份的“反省录”中,蒋介石曾概括记下了他与英国驻华大使的这样一段谈话:

---

① 详见《蒋介石致孙科电》(1939年4月);《张冲致蒋介石函》(1939年4月21日),《中华民国重要史料初编——对日抗战时期》第3编(2),第409—410页。

② 参见《蒋介石日记(手稿)》(1939年5月20日条,5月26日条,6月30日条等)。

③ 参见《蒋介石日记(手稿)》(1939年4月14日条,4月30日条)。

嘱英使电其政府对苏俄要求其军事同盟应无条件应许其立即订立，必使远东之俄倭对欧战不能袖手坐大，必使欧洲战局扩大至远东，且使包括全球，则英在远东势力勿使为倭或俄乘欧战之机取得渔利。此不仅以俄制倭之关系而已。余且切告其英如不与俄订军事同盟，则俄必与德妥协而不参加欧战，且将乘机扰乱印度、乘机赤化世界以达其所谓“待双方帝国主义者战争火并而实行其世界革命”之传统政策矣。英使甚以余言为“可恶的可能”也，即电其政府。未知能否生效也。①

5. 关于日苏两国的对外政策及相互关系问题

在这个问题上，蒋介石的认识有两个特点。

其一是认为，由于日本的传统政策是“排击苏俄”，故“俄之外交，联德或有可能，而联倭则甚艰难”。② 1939 年 5 月，苏联外交部长换马。对此，蒋介石就今后的苏联外交分析说：

以意度之，其对英德外交方针有所改变，俄德皆有互相利用企图接近之可能，果而则倭德关系自疏。以俄或有与倭妥协之意而倭则绝不能与俄妥协也。如此，则倭仍将不得已而接近英美路线，而英亦欲与倭妥协，以求保其远东权利，然而非得美国同意英亦不敢与倭单独妥协。③

此后，蒋介石虽然一直对日苏两国以中国为牺牲而达成妥协抱有戒心，但从上述逻辑出发，他更为担心的是英国等民主国家与日本的妥协。

---

①《蒋介石日记(手稿)》(1939 年 4 月 30 日条)，斯坦福大学胡佛研究所藏。

②《蒋介石日记(手稿)》(1939 年 5 月 6 日条)，斯坦福大学胡佛研究所藏。

③《蒋介石日记(手稿)》(1939 年 5 月 6 日〔上星期反省录〕条)，斯坦福大学胡佛研究所藏。

与此相关，蒋介石此期的另一个特点，是认为苏联和日本都各自把对方视作最大敌国及对外政策的首要目标，并常常从这个观点解读苏联对欧局的处理。譬如，针对1939年6月英苏互助谈判中出现的分歧，蒋介石分析说：

> 英俄互助谈判不成，俄不愿负此义务之原因：甲、对欧局处超然地位，观望成效，期取渔利。乙、可使德不订德倭同盟，如俄对倭开战可无西顾之忧。丙、明知德国目的敌在英法不在俄也。可知俄之不订英俄同盟者其意乃在远东而欲单独专力对倭乎？观俄此次借械之速定，必有意攻倭，或已决定乎？丁、倭之目的敌在俄，是与德国之目的根本不同也。①

6. 关于发生欧战或日苏战争的可能性问题

在这个问题上，蒋介石从上述观点出发，持有与众不同的看法，即认为发生欧战的可能性低于发生日苏战争的可能性。1939年2月25日，他在日记中写道："欧洲战事不如远东俄倭战事之易起，现在敢冒险者惟倭国而已，而且其已到不能不冒险之时期。故余料倭有于月内攻俄之可能也。"②同月28日，他在"本月反省录"中又说："本月至8月之间，众料英法与德意有开战之可能，余以为与其言欧战之爆发不如言倭俄战争爆发之成分为多也。"③3月的日记中类似的记录更多。譬如，3月16日，他指出："俄倭关系或因捷克问题牵动更加紧张乎？""倭对俄必难妥协，此次如俄不让步战

---

①《蒋介石日记(手稿)》(1939年6月24日〔上星期反省录〕条)，斯坦福大学胡佛研究所藏。

②《蒋介石日记(手稿)》(1939年2月25日条)，斯坦福大学胡佛研究所藏。

③《蒋介石日记(手稿)》(1939年2月28日〔本月反省录〕条)，斯坦福大学胡佛研究所藏。

事或不能免也。”[①]翌日，他又判断“德倭有联合攻苏之可能”。[②] 是月末，他还说：“德并捷克后即吞美米尔制服罗国，其东进初步计划已完成。察其动向，密派沙赫脱来东欲为倭国试和，此其欲倭国夹击苏俄之准备。其计在今年先击破俄国，占领乌克兰，然后再西向对英法时以为进可以战退可以守之地步。故其望倭对华和平之意为尤切而急也。”“倭对欧洲全局虽避免参加，而其与德国挟以对俄，则必乐从。”[③]

当然，由于当时世界局势的扑朔迷离，蒋的认识也有随之变动不居的一面。譬如，进入 4 月以后，他的日记中突然出现与前月截然不同的观点。4 月 1 日他写道：“倭寇不欲参加欧洲战局亦不敢与俄开战，是其专侵我国而妥协列强，乃为最毒之政策。”[④]翌日，他写道：“倭近又宣传：欲与德国夹攻俄国之故，欲与我求和。去年此时〔其〕亦以攻俄形势之表显拟与我言和，今可证明其完全是伪装之姿态而决无力攻俄，不过设言欺人，以期我信以为真而与之言和。其愚为不可及矣。吾人必须苦撑一年，必待倭寇精疲力尽方得有和可言。此时决非其时也。”[⑤]4 月 8 日，他针对德意日三国在结盟谈判中的分歧写道：“德倭关系日疏，德实轻视倭已无力，而倭在国际地位坠落益甚。”[⑥]但自日苏两国 5 月起在诺门罕地区爆发武装冲突后，蒋介石又转而再次断定日苏均有向对方开战的决心，故日苏战争不久就会爆发。随之，他在日记中不厌其烦地详细记

---

①《蒋介石日记(手稿)》(1939 年 3 月 16 日条)，斯坦福大学胡佛研究所藏。

②《蒋介石日记(手稿)》(1939 年 3 月 17 日条)，斯坦福大学胡佛研究所藏。

③《蒋介石日记(手稿)》(1939 年 3 月 31 日〔本月反省录〕条)，斯坦福大学胡佛研究所藏。

④《蒋介石日记(手稿)》(1939 年 4 月 1 日条)，斯坦福大学胡佛研究所藏。

⑤《蒋介石日记(手稿)》(1939 年 4 月 2 日条)，斯坦福大学胡佛研究所藏。

⑥《蒋介石日记(手稿)》(1939 年 4 月 8 日条)，斯坦福大学胡佛研究所藏。

录日苏双方公布的战果，并认为苏联已为对付日本而改善了对华政策。① 直至苏德订约前夕的8月17日，他还坚持认为“俄对倭作战或已决心矣”。②

以上分6个方面归纳了苏德订约前夕蒋介石对日、苏、德三角关系及围绕这一三角的国际形势的基本认识。从中不难发现蒋此期思想中的两个特点。

首先，蒋介石持有很多深刻、老到的观点或先见之明，其中特别体现在他对中日各自结盟对象的界定和关于中国应坚持抗战到底，等待国际变化，使中日问题与欧洲问题、世界问题联为一体同时解决的基本构想之中。

但是，在此同时，蒋的思想中又含有不少脱离现实、一厢情愿的主观臆想。后者特别表现在其对日苏双方必于近期开战的展望之中。众所周知，日苏关系确有相互敌视的性质，而1935年共产国际七大以降，苏联也确实有积极援华抗日的一面。但是，苏联此举的主要目的之一，本身就是为了以维持中国的抗战来牵制日本，而避免日苏战争。另外，日本的对华侵略也确有为对苏决战作准备的一面，但这并不意味着日本在解决中国问题以前就会挑起对苏战争。然而，从前述蒋介石的观点可知，他显然夸大了日苏对抗的程度和日苏即时开战的可能性。这种在某种意义上可以喻之为“日苏必战情结”的东西，在蒋1939年的国际认识中占有重要的地位，深刻影响着他的判断和决策。

应该承认，由于当时中国所处内外环境与所面对的外交课题本身的多重性与矛盾性，蒋介石的国际认识包含不同的方面是不

① 《蒋介石日记(手稿)》(1939年6月3日条)，斯坦福大学胡佛研究所藏。
② 《蒋介石日记(手稿)》(1939年8月17日条)，斯坦福大学胡佛研究所藏。

足奇怪的。但是,我们同时还应该注意:当一个最高当局者的认识中包含多个方面时,是比较正确的方面在某个问题的处理中更占主导地位,还是比较错误的方面更占主导地位,作为其结果的利害成败自然会有很大的不同。

二、对苏联动机的误判

1939 年 8 月 23 日,苏联与德国突然签订互不侵犯条约,蒋介石向英国驻华大使警告过的"可恶的可能"成了事实。这对蒋来说,按理是一个不愿听到的消息。但是,后述的经纬显示,由于蒋介石在处理这一问题时,基本上是让自身思想中"日苏必战情结"的一面占据了主导地位,所以在围绕苏联订约动机及后果所作的判断上,蒋介石一开始就和国民政府外交部门有很大不同。

先说国民政府外交部门的认识和判断。它的基本观点是认为苏德订约对中国具有正负双重意义。就正面意义而言,德日两国因《苏德互不侵犯条约》而产生裂痕,中国的与国苏联因消除了对西线的顾虑而可增强对日压力,这些对中国来说都是好事;就负面意义来说,苏、英、法都是中国的主要援助国,它们之间因《苏德互不侵犯条约》而产生的对立,对日本来说是机会,而如果日、英、法三国因此出于各自的利害考虑在远东互谋妥协,还将给中国造成极大的困境。① 所以,在 8 月 23 日举行的国防最高委员会外交专门委员会会议上,关于《苏德互不侵犯条约》的议论既有乐观又有困惑。外交部部长王宠惠说:

> 德国与苏联决定缔结互不侵犯条约,伦敦及柏林各界,对

---

① 详见本书第六章。

此消息,均极惊讶。按德苏之谈判,迄在秘密进行之中,除德政府少数要人有所闻知外,其余均不知悉,且有若干外交部重要人员,闻讯之下,尚表惊异也。东京方面,事前毫无所闻,此讯突然其来,自更感不快,因日本前此与德意促进关系,素以反共为口实也。据本人观察:苏联外交政策,大约注重保持中立态度,避免卷入欧洲战争漩涡,故始终努力与近邻各国,订立互不侵犯条约,至于德国方面,本来希望日本参加德意军事同盟,倘欧战爆发时,可藉日本海军牵制英国殖民地人力物力之输给,不意日本徘徊歧路,迄未决定,德国遂决意与苏俄拉拢。以德国立场,及欧局之关系,与苏联友好,即因此见疏于日本,亦属值得。此次德苏突然发表两国即将订立互不侵犯协定,消息传来有如迅雷不及掩耳。可见独裁国家作事之敏捷,而民主国家,则因国会机构之牵制,对于外交政策之措施,往往迁延时日,难于应付。德苏两国,既将成立协定,反共阵线,无形破裂,可见今日国际间,无所谓永久性的阵线,亦无所谓真正的敌友,而纯以利害为前提,此后国际关系,又恢复欧战(引者注:指第一次世界大战)以前之局面,各国互相缔结联盟,而国联集体安全制度,已荡然无存也。今后欧洲局面。如何转变,殊难预料。德苏互不侵犯条约之效力,是否于德国侵略第三国时,即行失效,而此项条约签订后,英法苏三国谈判,是否仍可继续进行,均未可知。要之苏联对欧洲政策,以不参加战争为原则,而对于远东政策,或不至有重大之变更也。

对此,蒋廷黻认为:“苏俄今后政策,在欧洲方面,譬如德国进兵侵占但泽及波兰走廊,苏俄或侵取帝俄时代之波兰部分及波罗的海之立陶宛等国,亦未可知。在远东方面,苏俄当不致变更其固定之政策。”外交专门委员王化成则提醒说:“苏联为共产主义国家，竟与法西斯国家订定互不侵犯条约，则在远东方面或与日本妥协，亦属可能。”①

8 月 25 日，日本宣布中止和德意之间关于同盟条约的谈判，并抗议德国违反日德意防共协定附属议定书。日本的这一做法证实了外交委员会会议上的部分看法。当天，在蒋介石召集的会议上，再次出现德苏条约有利于中国，中国应趁机与德国接近的主张。同时，驻苏大使杨杰还来电称德苏条约是对中国的“天佑”，建议政府利用这一机会促使苏联对日强硬。② 但是，王世杰针对这些动向，“力主我方万不可乐观，尤不可变更立场，与德谋亲善”。③ 很明显，由于德苏条约对中国所具有的双重意义，国民政府对它的反应也是双重的。8 月 26 日国民政府外交部给驻英大使馆的电报，就反映了这一特点。它既指出：“德苏结合，日本极为惶恐，此后对欧局取何政策，尚难预知。惟日德自此分离，在英法观察，未始不能稍补失去苏联之创痕”；又强调“倘欧战发动，日本利用时机拉拢英国，而以不助我抗战为条件，则英方是否迁就，抑或坚决拒绝而宁愿其远东利益之暂时被夺，殊为我方今日最关心之问题”。④

由上可见，对于《苏德互不侵犯条约》，国民政府中直接担当外交实务的人们既同时看到其中涉及中国的正负双重意义，又在一定程度上因难以判明苏联日后取向而较多地注意其中负的一面。

---

①《外交专门委员会第 43 次会议记录》(1939 年 8 月 23 日)，台北：中国国民党党史馆藏，“国防”档案，防 003/0310。

② 杨杰：《促进中苏切实合作之管见》，无年月日，中国第二历史档案馆藏，档案号 3018/48。

③《王世杰日记(手稿本)》第 2 册(1939 年 8 月 25 日)，第 139 页

④《外交部致驻英大使馆电》(1939 年 8 月 26 日)，《中日外交史料丛编》第 4 册，第 482—483 页。

另外,由于素以反侵略领袖自居的苏联突然和侵略阵营的元凶握手,国民政府领导层中还对苏联产生了很大的反感和怀疑。譬如,时任军令部部长的徐永昌在听到苏德订约消息的当天,就称之为"反侵略首脑"与"侵略者"的友好,并不无讽刺地写道:"波兰果因苏德新约而受到侵略,其于世界平安反有绝大供献,缘可以稍省悟世界之苏联迷也。"①而在国民政府军事部门中,何应钦等很多人认为,苏联在对德妥协后,也难免对日妥协。②

然而,蒋介石的认识却和上述这些看法形成了鲜明的对照。在8月24日的日记中,蒋介石写道:

> 以后国际形势之变化,一般视之,以为不可揣测。其实,以后变化更易推断也:1. 苏俄将放弃欧局而独经营远东以对倭。2. 俄倭互不侵犯条约不易订定,倭如与其让俄不如让英也。3. 俄出而调解欧局,解决波兰问题,然后再使英德共同对倭解决远东问题。俄或不出此,彼将使欧洲多事,由波兰问题思欲火边拾栗乎? 如此,彼可自由处置远东问题矣。俄之策略殊令各国生畏也。③

这则日记说明,苏联对德订约本来主要是为了应对欧局,蒋介石却在"日苏必战情结"的引导下,对苏联的动机作出了"放弃欧局而独经营远东以对倭"这种理想化的解读。这样,从"两害相权取其轻,两利相权取其重"出发,蒋介石虽然也看到苏德条约对中国有正负两种意义,但又认为其中的正面意义远大于负面意义。

---

①《徐永昌日记》第5册(1939年8月23日条),台北:"中央研究院"近代史研究所1991年版,第117页。笔者附注:"供献"系日记原文。

②《徐永昌日记》第5册(1939年8月29日条),第125页。

③《蒋介石日记(手稿)》(1939年8月24日条),斯坦福大学胡佛研究所藏。

因此，8月25日蒋介石设晚宴招待苏联大使，探询苏联的今后动向时，苏联大使称“俄德互不侵犯协定不致于波兰有害，以俄向为扶助弱小民族，决不肯使之牺牲”，蒋并不把这种答复仅仅视作外交辞令，而认为“其言殊堪注意”。① 26日，在对过去一周的内外形势的反省中，蒋介石虽然意识到“俄德不侵犯条约无异互助协定”，但在整体上，他仍坚持认为苏德订约造成的国际新形势对中国有利。② 27日，蒋介石接获“偌门汉俄倭战争自24日起倭似又取攻势”的报告，这使他进一步断定“倭决不与俄妥协也”，故决定中国今后主要应该警惕“英倭妥协之形势”，就此对英提出警告，对苏联则应该“探询互助之意，观其态度”。③ 同日，蒋介石通电各省军政首长，专门论述《苏德互不侵犯条约》的性质与意义，其开头即说：

苏德此举，已使暴敌依违失据，在精神上受到莫大之打击，其所标榜之反共国策已粉碎而无余，彼侵略阵线者以我国之抗战，而产生反共协定，今亦由我之抗战，而使之崩溃，因此更可见我抗战力量，对于世界所发生影响，与在国际上所属地位之重要无与比伦。近日敌国朝野焦闷，舆论彷徨，充分表示其技穷路绝计无复之，处此形势之下，无论敌国如何尽力挣扎冀图挽回，而其内失人心，外丧国格，弱点尽露，举世共弃，已为不可逃之命运，此实于我抗战全局最为有利之一点。目前关键，英苏两国同等重要，而美国力量更应重视，苏联促成苏德协定，用意何在，固不专在欧洲，其在远东方面，意义之重大

①《蒋介石日记(手稿)》(1939年8月25日条)，斯坦福大学胡佛研究所藏。

②《蒋介石日记(手稿)》(1939年8月26日条)，斯坦福大学胡佛研究所藏。

③《蒋介石日记(手稿)》(1939年8月27日条)，斯坦福大学胡佛研究所藏。

> 则有过之,故苏德协定之订立,与其谓为在欧洲发生作用,不如谓其在远东之影响为更大也。①

在向军政首长表明了自己对《苏德互不侵犯条约》的正面评价后,8月28日,蒋介石又判断:

> 以后倭之外交政策不出三途:(1)与英美法苏妥协,单独对华,以达其亡华之根本政策。(2)与英美法妥协,以全力对华俄两国。(3)与英美法及中国妥协,单独对苏。以余度之,其第二策较为可能也。②

这样,继断定“苏俄将放弃欧局而独经营远东以对倭”之后,蒋介石进一步预测日本也将“与英美法妥协,以全力对华俄两国”。不言而喻,这使蒋介石在对苏联相对放心的同时,更加注重如何防止英、美、法为应付苏德订约后的欧局而在亚洲对日妥协。

此间,与后者有关的报告已接连被送到蒋介石案上。譬如,驻法大使顾维钧发自8月26日的一份电报说:法方密派要员来馆称,苏德条约附有密约,将定军事同盟。英法为应付国际局势之转变,恐不得不与日本妥协,俾牵制苏联。现日方似已放弃联德政策,转与民主国集团接近且预备对英让步。英法拟乘机与日恢复友好关系,对中国利益似不能兼顾。法外交部认为唯一两全办法,即乘机联合英美调停中日战争。③ 蒋介石29日接获这份报告后“痛恨已

---

① 蒋介石:《致各省军政首长通电》(1939年8月27日),台湾政治大学人文中心编:《民国二十八年之蒋介石先生》,台北:台湾政治大学人文中心2016年版,第475页。

② 《蒋介石日记(手稿)》(1939年8月28日条),斯坦福大学胡佛研究所藏。笔者附注:此条记于8月30日栏目中。

③ 《顾维钧致外交部电》(1939年8月26日),《中华民国重要史料初编——对日抗战时期》第3编(2),第755—757页。

极”。但基于对美国的信念，他认为“直接告英勿与倭妥协，不如间接运用美国之为愈，对俄对法皆由美出而运用，使美英法苏对远东问题共同一致求得解决乃有可能也”。因此，他于当天召见美国驻华大使，托其要求罗斯福总统“转为警告英法，阻止其与倭妥协”，并间接提醒英法两国，其在远东属地全受中国西南力量之控制，以此“明示其控制英法远东殖民地之力量非日本而为中国之意。”①当天，蒋还专电驻美大使胡适，要他“面陈”罗斯福：“其实俄对欧与对亚之方针不同，在远东甚望英、美、法能与其一致以对日，且其对日确有作战决心”，并要求美国出面领导远东问题，为英、苏作中介，使英、美、法、苏在远东问题上能一致对日。②对顾维钧，蒋介石则回电指示说：“苏俄宗旨乃在致力于远东，而对远东方面甚愿英美法合作以解决远东纠纷。应请英法对苏之看法认识其在远东之方针，不可猜其如对欧之方针相同也。此点须嘱英法政府切实改变观点，且能确信。但此时德苏协议初告成立，而苏对英法美无法进行合作，亦无人能作中介也。此事关键仍在美国，请兄密商驻法之美使请美总统出而领导，为英法苏在远东合作之中介，则苏必乐从。”③

总之，尽管法国的动向已经凸显出苏德订约对中国的消极影响，蒋介石在总体上还是更多地从积极的一面肯定苏联的订约动机。反映蒋的这一认识特点的，还有这样一个插曲：8月30日，外

---

①《蒋介石日记(手稿)》(1939年8月29日条，8月31日〔本月反省录〕条)，斯坦福大学胡佛研究所藏。

②《蒋介石致胡适电》(1939年8月29日)，《中华民国重要史料初编——对日抗战时期》第3编(1)，第86—87页。

③《蒋介石致顾维钧电》(1939年8月29日)，台北：“国史馆”藏，蒋中正“总统”文物，档案号002-010300-00026-049。

电报道苏联最高苏维埃会议拒绝通过《苏德互不侵犯条约》,蒋介石于同日下午接到这一消息后信以为真,惊叹"史大林为一大政治家"。因为,蒋认为,斯大林先以签订《苏德互不侵犯条约》使日本在亚洲孤立,继以苏联国会否决这个条约,"使德在欧陷于孤立而不可自拔"。总之,在"意在拆散德倭阵线"的斯大林的谋略下,不仅是日本,德国也"于此已完全失败,欧战更可避免矣"。因此,蒋介石断定:虽然英、法等国在苏德订约之初受了打击,但现在的最终局面"仍为有益于和平阵线。"①这个插曲极其形象地反映出蒋介石此时在对苏判断上是多么理想化。正因如此,他在 8 月 31 日获悉苏联最高苏维埃会议并未否决苏德条约后,一边深感惋惜,一边依然坚持自己对苏联订约动机的基本判断。在 8 月份的"反省录"中,他更明确地断言:"俄德互不侵犯协定无论其对于远东事有否涉及,但俄国以后政策必以亚洲化多于欧洲化,其决心专力经营亚洲无疑也。"为此,他在强调"8 月份实为世界与我国祸福转折最大之关头"的同时,还写道:"现时无论内外情势真所谓瞬息万变,心虽苦痛而兴趣亦大,人生于此不能不引为自幸。"②很显然,对苏联日后取向的展望使蒋介石兴奋。他不再满足于过去那样的"等待",而是跃跃欲试,极思以中国在外交上的主动出击而阻止国际事态中的不利因素,确保形势向有利于中国的方向加快变化。

---

①《蒋介石日记(手稿)》(1939 年 8 月 30 日条,8 月 31 日〔本月反省录〕条),斯坦福大学胡佛研究所藏。

②《蒋介石日记(手稿)》(1939 年 8 月 31 日条当日内容及〔本月反省录〕条),斯坦福大学胡佛研究所藏。

三、围绕对德方针的争论

8月30日，针对日本刚刚发生的内阁更替①，外交专门委员会在当日的讨论中提出了以下看法：

> 此次日本内阁总辞职，表面上固因德苏签订互不侵犯条约，外交政策失败，碍难继续留任。实际上则日本内部斗争已久，军部与政党之暗潮，尤为倒阁之主因。此次新阁组成，由阿部信行任首相，目的在缓和内争，并以应付国际新局面。据观察新阁之外交政策，大约趋重与美国妥协，同时拉拢英国。惟日本如始终不放弃其在远东之侵略政策，英日两国，终难妥协。至于苏俄与日本两国，因东三省及蒙古利益之冲突，绝无妥协余地。今苏联既与德国订定不侵犯条约，西顾无忧，今后自当注其全力以应付日本。阿部新阁对于中日战争大约不至变更政策，日本现在缺乏果断敢为之政治家，虽明知战事前途未可乐观，而终不能悬崖勒马也。②

上述意见说明，国民政府外交部门从“日本是战争是否扩大的决定因素”的观点出发，一直在观察着日本的动向。而其在认识上特点，则是一边强烈地警戒着日本和英法等第三国的妥协，一边又认为由于日本“始终不放弃其在远东之侵略政策”，故日本和第三国实际上难于达成妥协。

---

① 参见本书第八章。

②《外交专门委员会第44次会议纪录》(1939年8月30日)，中国国民党党史馆藏，“国防”档案，防003/0310。

9月1日，德国进攻波兰，拉开了欧战的序幕。由于蒋介石自8月23日以来基本上是从"亚洲化多于欧洲化"的角度看待苏德条约，甚至以为欧战有可能避免，他对欧战如此迅速爆发显然是缺乏思想准备的。因此，在获悉德国开战的当天，他在日记中写道：

> 我国应注意者：甲、研究欧战结果之胜负谁属。乙、敌国以后外交之行动与其趋势。丙、俄倭以后之趋势。丁、英欲倭之所处态度求其中立，故对于经济方面必有一度之让步。①

经过一夜思考，蒋介石在翌日举行的讨论欧战对策的政府高层会议上，提出中国应该对德宣战，以期先发制人，遏止日、英、法之妥协。但是，行政院院长孔祥熙、外交部部长王宠惠和军事委员会秘书长张群等要员都反对蒋的提议，而主张对欧战保持中立；军事委员会参事室主任王世杰则是一边表示大体赞同蒋的意见，一边表示担心"德苏协定规定苏俄不得援助与德交战之国家，则中国对德宣战后，苏联对华之物资援助是否受影响，颇成问题。故仍主再作一番考虑"。② 会议最后决定待各国政策明了以后再做定夺。但蒋介石在自身明显居于少数的状况下仍然坚持对德宣战的想法。在当日的日记中，他详细记下了自己的理由。其开头部分说："欧战如果扩大，我国方针未定以前应注意之义：1. 不使倭寇加入欧战为第一义。2. 不使俄倭妥协为第二义。3. 欧战结果胜负谁属为第三义。"接着，他就"第三义"即第三个问题分析说：

> 甲、欧战胜利必属英法。乙、我必须提前加入英法阵线，

---

①《蒋介石日记(手稿)》(1939年9月1日条)，斯坦福大学胡佛研究所藏。

②《王世杰日记(手稿本)》第2册(1939年9月2日条)，第143页。

使倭不能加入。丙、我国参加欧战以后，俄倭如果妥协则对我亦不能加重危难，以我已准备固守西南，能自主也。丁、以我加入英法，或可使倭反对英法，则于我有利。戊、如我加入英法，倭亦随之加入英法，则我应宣明抗倭之立场自主不变，必以九国公约与国联盟约为基础，必须我领土与主权行政之完整而后已也。①

蒋的这些观点说明，尽管欧战迅速爆发的事实已经打破了他关于苏德条约可以避免欧战的判断，但由于在对苏判断上他仍然没有改变看法，因此欧战爆发的新事态只是使他更加忧虑"日英法妥协"，并更加以阻止这种妥协为中国外交的首要目标。不过，令蒋介石苦恼的是，尽管他坚信自己自苏德条约以来就中国的因应方针"焦心苦虑，绞尽脑汁"，"自以为无遗"，但"一般文人书生"均不大赞同他的主张。② 而在另一个极端，政府内外还有人认为，既然苏德条约有利于中国，中国就应趁机与德国谋亲善。③ 为此，蒋介石继续在日记中概括自己的构想说：

1. 欧战既起，俄国如对倭战争或对倭不妥协，仍取对恃态势，而与我以接济，则我应以俄为重心。如俄倭妥协，则我仍固守西南独立抗战。此一也。

2. 倭如对欧战中立，不积极助英，而英亦不积极袒倭，只暂保其在华势力，则于我仍为有利，故我对英亦可谅解。如英袒倭攻俄，则我应与俄一致以战倭。然英不为此乎？

---

①《蒋介石日记(手稿)》(1939 年 9 月 2 日)，斯坦福大学胡佛研究所藏。

②《蒋介石日记(手稿)》(1939 年 9 月 2 日)，斯坦福大学胡佛研究所藏。

③《王世杰日记(手稿本)》第 2 册(1939 年 8 月 25 日条)，第 139 页。

> 3. 联德实为下策,当无此事。
>
> 4. 与倭谋临时妥协乃为无策,决不出此。
>
> 5. 运用美国牵制英国,勿使袒倭,一面使苏俄威胁倭寇,使倭不敢行动。然欧战期间倭必有行动,若不北攻俄必南攻英,或其少壮军人自由行动,以致其国内革命也。我国对欧战之政策,主旨在参加民主阵线,以为他日媾和时中倭战争必使与欧战问题联带解决也。故绝对阻绝倭寇参加英法战线也。①

也许由于心情激动,这篇日记文字上有点紊乱,但用心细读一下就可知道,蒋介石主张的对德宣战,主要动机其实不在对德而在防止日本加入英法阵营,并愿其追随德国反对英法,以实现中国阻止"日英法妥协"的首要目标。日记开头所谓"不使日寇加入欧战为第一义",真正意义也只是"不使日寇加入欧战之英法阵营为第一义"之略。

9月3日,英、法向德国宣战。当日,王世杰和王宠惠等人再次议论应对欧局的方针,但仍未达一致。4日,日本声明不介入欧战,专心于解决中国事变。② 此举似乎印证了国民政府自欧洲变局以来最大的忧虑,因此被视为对中国不利。当日,强烈担心英、法对日妥协的蒋介石在和王世杰等人的讨论中再次主张对德宣战,并称"此种大事只要在大处远处着想,决定大体后则小利小害可不计也"。③ 但大多数与会者仍不赞同蒋的主张,而前次会上唯一比较接近蒋意的王世杰则提出了一个回避对德宣战,先"要求国联制裁

---

①《蒋介石日记(手稿)》(1939年9月2日条),斯坦福大学胡佛研究所藏。

②『日本外交年表竝主要文書』(下),"年表"第129页。

③《蒋介石日记(手稿)》(1939年9月4日条),斯坦福大学胡佛研究所藏。

侵略，藉以表明我之立场”的折中方案。[①] 在继续居于少数的状况下，蒋介石还在是日获悉“俄倭有商订互不侵犯协定之说”。[②] 这使他开始“特别注意”3 个问题：“1. 我若加入英法阵线如何使俄不生误会？2. 如何使中倭战争牵入于欧战范围之内使与欧战共同解决？3. 以后应使俄倭敌对而不使其合作。如我加入英法阵线是否反使俄倭妥协而不利于我？”[③]这 3 个问题说明，蒋自己也开始担心对德宣战可能造成的副作用了。

5 日，美国也对欧战宣布中立。同日上午，美国大使还在同蒋介石的会见中转达了其政府对此前蒋介石电报的答复，内容为美国不改变反对日本的立场，英、法也并未向美提议对日妥协。[④] 另外，是时陈布雷等人遵蒋介石指示研究对欧战态度时，也“因苏德关系尚未能看得明白”，为避免得罪苏联，而建议政府应姑且先表示拥护国联。[⑤] 在这种背景下，5 日下午蒋介石在与王世杰、王宠惠及张群等人再商外交方针时，接受了王世杰的折中方案，并与王

---

① 《王世杰日记（手稿本）》第 2 册（1939 年 9 月 4 日条），第 144—145 页。

② 《蒋介石日记（手稿）》（1939 年 9 月 4 日条），斯坦福大学胡佛研究所藏。另据徐永昌日记：在 8 月 28 日的军事会报后，何应钦即出示过法肯豪森转来之“日苏有妥协可能”消息。至 9 月 4 日，“敬之、贵严、文伯咸言苏日正进行互不侵犯［谈判］，有成立可能”。并且此说已有四点理由支撑：“一、德外长在莫斯科签字时曾拉拢苏日妥协。二、驻柏林谭特派员电，苏自德苏签字后，对日不称日贼。三、德苏正进行军事协定。四、苏大使急于呈递国书，宣布颂词，或系对日订约，要求某种权利之产物，因史塔林催之甚急。”看来引起蒋介石注目的正是这些情报。详见《徐永昌日记》第 5 册（1939 年 8 月 29 日条，9 月 4 日条），第 125 页，第 132—133 页。

③ 《蒋介石日记（手稿）》（1939 年 9 月 4 日条），斯坦福大学胡佛研究所藏。

④ 《蒋介石日记（手稿）》（1939 年 9 月 5 日条），斯坦福大学胡佛研究所藏。

⑤ 公安部档案馆编注：《在蒋介石身边八年——侍从室高级幕僚唐纵日记》（1939 年 9 月 6 日条），北京：群众出版社 1992 年版，第 96—97 页。

宠惠一起赞同王世杰召回驻德大使的提议。①

在当天的日记中,蒋介石把思考的重点放到了日苏问题之上,说:

倭寇如与苏俄订立互不侵犯条约,一时或可暂安,但不久必定破裂,甚至倭国政府签字之时,其少壮派必抗命违约之时。以倭国教育与其思想之结果,无论其对俄或对英强勉妥协,如其果成功,则其内乱比外患为更烈也。我国抗战两年期待国际变化,今果已大变化矣。此时俄之态度虽捉摸不定,然只要国际能动,动则必化。无论情势如何险恶,如我能择吾固执敬慎运用,深信上帝必能使我国家从此复兴也。

这段文字说明,虽然已悉"俄倭妥协"的传闻并因此对自己的对德宣战主张产生动摇,但在整体上,蒋介石此时对苏联及日苏关系仍然抱有比较乐观的展望。因此,他在日记的"预定"部分照常写道:"国联会员对波皆应协助,决无中立之余地。"②

但是,在6日举行的外交专门委员会会议上,又出现了多种意见。会议记录称:

周鲠生副主任委员谓:"在此波澜起伏之中,我国所处地位究竟利害如何,我人对之应取若何之态度,殊值得研究。依本人观测,中国可采取之国策,约有三种:(1) 宣告中立。(2) 不宣布中立,唯对英法表同情。(3) 加入英法两国,对德宣战。此三种政策,自以第二项最为稳当,并能断绝英日之勾结。唯吾人若对德宣战,派兵十余万参加作战,以吾国今日之

---

①《王世杰日记(手稿本)》第2册(1939年9月5日条),第145页。

②《蒋介石日记(手稿)》(1939年9月5日条),斯坦福大学胡佛研究所藏。

军队，加以新式军械，其实力颇有可观，则将来战事结束后，我国为战胜国之一，在国际间当占极优越之地位。此次欧战，照现在情形判断，英法必获得最后胜利。英法方面有充分之准备，波兰抵抗力量亦甚强，美国虽已宣布中立而将来是否加入民主国家作战尚未可知，至于德国方面，意大利已表示暂守中立，而苏俄方面，除供给原料外，未必能有更进一步的援助，由此可见德国势力孤单之一般矣。"

王化成委员谓："欧战爆发，吾国所应采取之态度，自应从长考虑，唯本人以为对德宣战，恐促成日苏妥协，故以不宣布中立而对英法表同情为上策。"

张道行委员谓："吾人研究欧战爆发后我国应取之态度，尤应注意日本今后之政策，假如日本于短时间内加入英法战线，对德宣战，则吾国自无步其后尘之必要矣。"①

上述发言反映了外交当局者在对德方针上的复杂考虑。在这种状况下，同日，蒋介石就对苏关系得出了两点结论。

其一，日本如与德、意、俄妥协而与英、美、法对抗，则侵略阵线陆上力量虽较强大，而海上力量仍不及反侵略阵线，因此，"如敌果出此，则事较简单，吾之处决更易，且信公理必胜，侵略方面之强权必归失败。切勿以一时短小利害而有所疑虑也"。

其二，"万一俄德同盟与英法为敌，则我应固守国联会员国立场，执行盟约义意〔务〕，而不与俄为敌，如其能谅解更好"。

这两条，第一条的核心是即使苏联与德、意、日合流，中国也要站在反侵略阵线一边，而第二条的宗旨却是即使苏联与英、法为

---

①《外交专门委员会第45次会议记录》，1939年9月6日，台北：中国国民党党史馆藏，"国防"档案，防003/0310。

敌,中国也要既贯彻国联义务,又坚持不与苏联为敌。很清楚,蒋的这些想法在逻辑上相互抵触,在效果上也很难两全其美。它说明,由于此时可能采取的任何外交措施都是利害交叉,蒋介石内心的矛盾愈加深刻。正因如此,是日下午在研究国际形势后,蒋介石再次认为“若仅宣言反对德国侵略,不如积极参战,使倭寇无加入英法阵线之余地。否则反与寇以乘机联英反德而我则陷于孤立之地也”。①

但第二天即9月7日,他又一次在日记中罗列了自己的困惑:

对欧战问题再应注意者:1. 欧战问题是否与远东中倭战争整个解决?2. 远东问题之根据在九国公约,其重心在美国,当有单独解决可能。3. 如上所述则对欧战参加与否应视美国态度为标准。4. 我未参加欧战前应预防者:甲、俄德互助协定成立,俄加德战。乙、俄倭互不侵犯协定成立,倭加入俄德阵线而扫除英法远东势力。丙、倭加入英法阵线,此着最为可恶。故我国急应对欧战表明立场也。5. 言现实则对俄之态度为重,而不可遗忘美国最后关系之重大也。②

在蒋介石内心忐忑、举步不定的时候,那些反对他的外交方针的要人却在明确返回自己原来的立场:9月7日,王宠惠在蒋介石的催促下本已发电召驻德大使陈介回国述职,但8日他又和张群及时任国民党中央执行委员会秘书长的朱家骅等人一起再次对欧战“力主不必即有表示,尤反对为显明之表示”。在孔祥熙的支持下,他还未经蒋介石同意即取消召回陈介大使之电令。③

---

①《蒋介石日记(手稿)》(1939年9月6日条),斯坦福大学胡佛研究所藏。

②《蒋介石日记(手稿)》(1939年9月7日条),斯坦福大学胡佛研究所藏。

③《王世杰日记(手稿本)》第2册(1939年9月7日、8日条),第146—147页。笔者附注:陈介接电后于9月9日再访德国外交部,告知延期回国。见《中华民国重要史料初编——对日抗战时期》第3编(2),第691页。

面对强大的反对势头，蒋介石于9月8日退而主张中国政府应该对欧战发表一个表明中方立场的宣言。这一主张的背景是，蒋在比较“俄倭妥协与英倭妥协之利害轻重”后认为，“倭如南攻则我之政略有利”①，也就是说，比起日苏妥协来，日英妥协对中国危害更大；反言之，日英决裂，日本向英法的亚洲殖民地南进，则对中国更有利。据此，蒋介石给政府宣言定下了4个基本点：“1. 反抗侵略。2. 不参加防共协定。3. 坚守国联盟约、九国公约等国际条约。4. 始终抵抗日本侵略。”②这次，他避开文人，先让高级军事将领具体讨论宣言问题。但是，在9月9日举行的高级军事将领会议上，与会者虽然大多赞成发表宣言，却同时又主张内容越简单越好，军令部部长徐永昌还明确表示异议，称中国应该“对苏英美各别进行亲善之努力，非至有绝对需要时不轻易发表宣言”。③ 另外，由“文人”起草的宣言稿也不合蒋意，被蒋斥之为“彷徨无主，甚至文字不通”。④ 总之，尽管蒋介石的立场已从对德宣战后退到发表表态性宣言，但从周围的反应中他还是深深感到，对自己定下的外交方针“一般政客皆表示反对、犹豫而不肯执行”。⑤

面对这种状况，蒋在大呼“可叹”的同时，不能不回过头来对自己问一个为什么。9月10日，蒋就中国发表“援助波英法之宣言”的实际效果及利害关系，作了这样一些比较：

> 1. 是否能断绝倭寇与英法妥协之路，使倭不能参加英法战线而促倭反抗英法，侵占英法在远东属地？

---

①《蒋介石日记(手稿)》(1939年9月8日条)，斯坦福大学胡佛研究所藏。

②《蒋介石日记(手稿)》(1939年9月9日条)，斯坦福大学胡佛研究所藏。

③《徐永昌日记》第5册(1939年9月9日条)，第139—140页

④《蒋介石日记(手稿)》(1939年9月9日条)，斯坦福大学胡佛研究所藏。

⑤《蒋介石日记(手稿)》(1939年9月9日条)，斯坦福大学胡佛研究所藏。

2. 倭以有美牵制不敢侵犯英法属地乎?

3. 俄倭是否因此妥协?

4. 英法未见助我,而德俄则先招怨?

5. 宣言以后应否绝交或仅召回德使为止否?若德先对我绝交则如何?

6. 然反侵略之立场已表明。

7. 拥护国联立场于我表明是否有益?

8. 此时倭必不能急入英法阵线,我国态度或不必急于表明乎?①

从这8个问题中不难看出,蒋介石对自己不久前的主张进一步加深了怀疑,至于在对苏问题上,"苏俄将放弃欧局而独经营远东以对倭"的判断不仅不再提起,王宠惠等反对者们所强调的"苏联态度不明"之理由,也已成了蒋介石的困惑之因。

为了早日消除自己的困惑,9月11日上午,蒋再次约谈苏联大使,"嘱其电斯大林明告我以对波兰与欧战始终之立场,使我定对波态度时可作参考"。② 同日,蒋介石还亲电正在访苏的孙科说:我国对欧战不得不有所表明,但为此我须事先弄清苏方的态度,其中,苏在远东是否愿与英美法合作一点尤为重要,望速与斯大林面商详告。③ 也是在同日,蒋介石收到了杨杰来电。它报告了莫斯科时间9月10日中午莫洛托夫会见杨时对中方所关心的问题的回

① 《蒋介石日记(手稿)》(1939年9月10日条),斯坦福大学胡佛研究所藏。

② 《蒋介石日记(手稿)》(1939年9月11日条),斯坦福大学胡佛研究所藏。笔者附注:蒋还特地在日记中解释说:"仅提波兰而不言英法,彼或能谅我真诚而不能不略示一二也。"

③ 《蒋介石致孙科电》(1939年9月11日),《中华民国重要史料初编——对日抗战时期》第3编(2),第428—429页。

答:“1. 对欧战之方针,不反英法不助德。2. 英日关系复杂,事实上不易接近,征之中国英雄之抗战,尤能使英不致与日妥协,美亦然。3. 日本并未向苏提出订立互不侵犯条约之事,如日方将来提出时,必请贵使通报蒋元帅。4. 苏联鉴于欧战范围渐及边境正积极充实边防。”①

12 日,蒋介石在政府内部关于宣言内容的讨论陷入僵局的状况下,只得先以个人名义致电中国驻英大使郭泰祺,要他向英方表明“此后中国与英、法、波兰,在亚、欧均为抵抗侵略,实为谊切同舟”,并以“如欧战延长,日本必不甘久于寂寞,无论如何,必将乘机实行其传统政策,占领英、法在远东之属地与权益”为由,要求英国就“希望与中国如何互助合作”作出回答。②

总而言之,蒋介石已经对来自政府内部的反对与出自自身内心矛盾的困惑感到不耐烦了,虽然杨杰的来电已经反映了苏联的意向,但他还想弄清楚英国的态度,以做最后的决断。不过,直到这个阶段,蒋介石还是没有放弃通过对德国的强硬姿态向世界明示中国对欧战态度的想法。因此,9 月 13 日,他仍将检讨“召回德大使时期”列入自己的工作预定表。③

四、挫折中的反思

但是,后来的形势发展更加与蒋介石的愿望背道而驰。

---

①《杨杰致蒋介石电》(1939 年 9 月 10 日发,11 日到),台北:“国史馆”藏,蒋中正“总统”文物,档案号 002－090400－00007－227。

②《蒋介石致郭泰祺电》(1939 年 9 月 12 日),《中华民国重要史料初编——对日抗战时期》第 3 编(2),第 32—33 页。

③《蒋介石日记(手稿)》(1939 年 9 月 13 日),斯坦福大学胡佛研究所藏。

先是从孙科那里来的反对之声。9月13日，孙科在屡屡求见斯大林而不得的情况下，根据自己在苏联的切身感受致电蒋介石说："我对欧战态度似以中立为宜，除非英、法能予我以大量器械接济，对倭能彻底不妥协，届时我或可仿前次欧战先例，组织参战军，或派遣劳工队，否则我实无参加理由与可能。"①

接着，翌日郭泰祺也来电传达了英国政府对蒋的答复，其中称：中国参战与否，于英国对远东之既定政策，及远东目前形势，均无何不同。目前英国人力甚充裕，如对德作战顺利，则远东问题亦解决。② 这是对中方参战的婉转而又明确的拒绝。

给蒋介石带来更大打击的是苏联以行动作出的进一步的回答。如前所述，8月23日以来，蒋介石最为担心最想阻止的是英法两国的对日妥协，而对苏联他不仅相对地安心，且一直期待苏联由诺门罕冲突走向正式对日开战。但是，9月16日蒋突然得悉苏联已于昨日就诺门罕冲突和日本达成了停战协定。接着，17日蒋又听到了苏联进攻波兰的惊人消息。当日，蒋为之感叹："昨日始与倭方妥协，今又侵波，其主义与信义以及国际之道德均已破败无余，能不寒心？若不求自强自立何能图存于今世。"是晚，他在"内有川事未定，外遭苏倭妥协，而又闻苏军侵波，不胜为世道人心悲也"的心情中③，以"国际变化太大"为由，最终打消了对欧战发出表

---

①《孙科致蒋介石电》(1939年9月13日)，《中华民国重要史料初编——对日抗战时期》第3编(2)，第430页。

②《郭泰祺致蒋介石电》(1939年9月14日)，《中华民国重要史料初编——对日抗战时期》第3编(2)，第33页。

③《蒋介石日记(手稿)》(1939年9月16日、17日条)，斯坦福大学胡佛研究所藏。

明中国立场宣言的念头。[1]

然而,使蒋介石忧心的事态并未因此结束。首先,在伦敦,18日英国外交部在和郭泰祺大使的会见中婉转谢绝了中方关于中英互助合作的建议,还明言:因环境所迫,英国对华物资援助今后恐难增加,比过去或须减少。[2] 其次,在巴黎,20日驻法大使顾维钧被人告知来自法国外交部的如下意见:将来日本如在中国组织中央政府,法、英两国因为在华利益大多在日军统治区域,恐不得不与其来往;法、英于欧战期间对远东问题无能为力,如中方能于此时自动设法组织一包括全境政权之"总机关"一致对外,则较有利。[3] 这不啻是劝告国民政府和日本建立的傀儡政权合流。随后,

①《徐永昌日记》第5册(1939年9月17日条),第151页。另外,9月13日,何应钦已经将高级将领关于宣言的研究结果报告给了蒋介石。它主张:关于"我国对欧战应取之态度","可用外交宣言方式发表,其文词以简要为主,内容应包括以下各点:(1)国策不变,以日本为唯一敌人。(2)反对侵略。(3)始终尊重国联盟约及九国公约。(4)独力支持反侵略之战争"。在这个宗旨下,它拟定了两个草案。《宣言草案(甲)》为:"中国之政治目的,在实现世界大同,使人类自由平等各得其所,故对于足以维持国际和平之九国公约、国联盟约莫不尽力拥护。中日战争固为抵抗侵略而战,亦即为世界人类争取正义和平而战,时逾两年,此志不懈。欧战爆发,中国必本上述精神贯彻始终。质言之,即不惜任何牺牲,为人类争自由平等奋斗到底,举凡与我同情之国家,我必以善意报之。"《宣言草案(乙)》为:"我国最近两年以来,努力作反抗侵略及维护国际条约尊严之战争,一面固为争自国之独立自由,一面实为世界人类争取正义和平。此种继续努力绝不因任何环境变迁而有变更。至对于欧洲目前之战争各友邦,当仍保固有之友谊。凡同情我抗战之国家必更谋增进之。将来凡足以促成和平之努力,当踊跃参加焉。"详见《何应钦呈蒋介石函》(1939年9月13日),台北:"国史馆"藏,蒋中正"总统"文物,档案号002-080106-00002-005。

②《郭泰祺致蒋介石电》(1939年9月18日条),《中华民国重要史料初编——对日抗战时期》第3编(2),第34页。

③《顾维钧致外交部电》(1939年9月21页),《中华民国重要史料初编——对日抗战时期》第3编(2),第757—758页。

法国政府还通告中国,“因欧战关系,决召回在华之顾问团”。①

在上述苏、英、法种种行为的交逼之下,蒋介石不禁悲叹“时事艰困不知所云,空前之大难将临”。② 事实上,在此前后的蒋的亲笔日记显示:苏德订约之初对瞬息万变的国际形势兴趣盎然、跃跃欲试的蒋介石,此时深感挫折,并在挫折中对自己8月下旬以来的言行开始了反省与反思。以下试举三例:

第一例,在对9月16日前一周国际时局的反省中,蒋介石写道:“此次对欧战态度之宣言幸慎重未发,留有运用余地。此于以后外交之成败实大也。”③这句话字数不多,但清楚地反映出他对自己所曾竭力推动的那些主张的懊悔与后怕。

第二例,9月20日,蒋介石在重新检讨国际形势后,得出了以下的新结论:“甲、英已放弃远东。乙、俄已注重欧洲而轻忽远东,且已实行大俄罗斯主义。丙、英国航空母舰被击沉后,倭更放肆且已大声威胁美国。丁、此时倭已在远东自以为无顾忌,故其对东亚新秩序之建立必更积极迈进,而乘此灭亡中国不可之野心已达于顶点。吾人更应慎重苦斗矣。”④这段话表明,他已完全抛弃了此前“苏俄将放弃欧局而独经营远东以对倭”的观点。

第三例,蒋介石在对9月的“反省录”中还写道:苏德协定以后欧战反使日本有利而于我更为不利,此乃意料所不及;俄倭订立停战协定后苏俄专力向欧,与德瓜分波兰,致使敌倭在东亚坐大,得

---

① 参见《蒋介石致顾维钧电》(1939年9月23日),《中华民国重要史料初编——对日抗战时期》第3编(2),第759页。

②《蒋介石日记(手稿)》(1939年9月18日条),斯坦福大学胡佛研究所藏。

③ 此段话记在1939年9月16日的“上星期反省录”栏内,但根据内容等判断实际写于9月17日以后。

④《蒋介石日记(手稿)》(1939年9月20日条),斯坦福大学胡佛研究所藏。

以全力侵华,此则时局之变迁每与所想者相反。然而苏俄乘欧战渔利之事早在意中,不过往日望其不现于事实而今则实现与失望而已。这段话表明,他已意识到自己判断失误的根源之一在于过重主观愿望而忽视了客观现实,以致自己否定了自己曾有过的先见之明。

五、中途媾和的否定与“两个同时”的出台

在蒋介石开始反思的同时,由于上节所述苏、英、法种种行为的交逼,国民政府对欧战负面影响曾抱有的悬念一下子都成了严峻的现实,国民政府内外对抗战前景的怀疑再次抬头。与之相应,在结盟问题上,一些人从此前反对蒋介石对德宣战,进而主张对德接近。在9月20日的外交专门委员会第46次会议上,王宠惠主导通过了作为结论的“本会意见”:“日苏妥协似非不可能。苏德意日之新集团似正在酝酿中。我国为应付目前国际情形,可由委员长密派亲信人员或党部要人前往柏林及莫斯科,以资连络邦交,并访采各国实际情形。”①在23日的外交专门委员会第47次会议上,王宠惠在强调“吾人对于现在欧洲局面,宜暂取镇静态度”后,还忧虑地指出:“假如英苏交战,我国处于两友邦之间,其应付之态度尤为困难。”②

在对苏、英、法三国的悲观展望下,一些人还认为应该赶在形势过分恶化以前早日与日本媾和。譬如,9月28日,在孔祥熙的支

---

①《外交专门委员会第46次会议记录》(1939年9月20日),台北:中国国民党党史馆藏,“国防”档案,防003/0310。

②《外交专门委员会第47次会议记录》(1939年9月23日),台北:中国国民党党史馆藏,“国防”档案,防003/0310。

持下,王宠惠在对美国记者的谈话中,婉转地提出了请美国罗斯福总统出面调停中日战争的希望。据王世杰在翌日的日记,王宠惠的这一谈话事前未和蒋介石商量,“对内对外均引起不良印象”。①

在这个重要的关头,反思中的蒋介石发挥了扭转态势的关键作用。他的第一步做法是让自身国际认识与抗日战略中那些比较正确的东西重新占据决策的主导地位。如本章第一节所述,蒋介石在欧局紧张之初,就提出只有“以抗战到底不中途妥协为独一无二之要旨”,才能让中日问题与欧洲问题连带解决。现在,在经历过因应苏德订约及欧战爆发的挫折后,蒋介石在教训中将这一观点最终确定为今后抗日总战略的基本点。因此,9月21日,他重申:“国际局势万变,不可究诘,敌情变化亦难断定。惟安定四川集中人才全力建设乃为唯一基本工作,只要基础稳固则其他皆易运用也。”②9月22日,他以“即使中国灭亡亦决不出此”之言断然拒绝前述法国的劝告,并要顾维钧正告法方:“须知今日安定远东之力,实非日本,而不可轻侮蔑视中国至此也。”③同日,他派遣军事委员会办公厅主任贺耀组以全权代表身份赴莫斯科劝告苏联坚持援华制日。④ 30日,他在获悉王宠惠的对美谈话后愤怒至极,当即责令王立即补发矫正声明。⑤ 10月18日,孔祥熙对合众社记者发表被外界视为请美国调停中日战争的谈话,蒋介石闻信后“甚为不

---

①《王世杰日记(手稿本)》第2册(1939年9月29日条)。

②《蒋介石日记(手稿)》(1939年9月21日条),斯坦福大学胡佛研究所藏。

③《蒋介石致顾维钧电》(1939年9月22日),《中华民国重要史料初编——对日抗战时期》第3编(2),第758页。

④ 参见《蒋介石致斯大林函》(1939年9月22日),《中华民国重要史料初编——对日抗战时期》第3编(2),第347页。

⑤《王世杰日记(手稿本)》第2册(1939年9月30日条),第159页。

满”。几天后，他特召孔祥熙、王宠惠面谈，要求他们勿再表示请美调停之意。随之，国民政府外交部特于10月27日发表了对和议辟谣的声明。①

蒋介石为何在内部动摇之际仍然坚持主张继续抗战而拒绝中途媾和？他的这一主张为何能成为国民政府的最终决定？最主要的原因，是蒋及其拥护者从欧洲的教训和本国的体验中清醒地认定：在目前现状下中国不可能得到公正而有效的和平。关于这一点，驻美大使胡适的解释很有说服力。当时，针对罗斯福总统关于“调停远东战争的可能性”的提问，胡适归纳他所理解的中国最高当局的思考及他本人的想法，于10月中旬交给美国政府一个备忘录。它在强调中国并非不想早日和平后指出，在目前状态下调停中日战争至少有这样一些无法逾越的障碍：

（1）能为美国接受的公正的和平则日本无法接受，日本只想和自己扶植的“中国中央政府”媾和；

（2）能为日本接受的和平则毫无疑问会被看作远东的《慕尼黑协定》而遭到中美自由舆论的强烈反对；

（3）既能为日本接受同时又符合九国公约精神、符合美国对践

① 《王世杰日记（手稿本）》第2册（1939年10月19、27日条），第169—170页，第173—174页。笔者附注：张北根《1933—1941年的中德关系》（《历史研究》1995年第2期）以《德国外交政策文件》D辑第8卷第220—222页的一份史料为依据，说蒋介石曾于1939年10月5日通过驻德大使馆参赞丁文国向德方请求调停，“蒋介石提出的对日议和条件是：1. 承认伪满洲国，2. 华北经济合作的特殊权利，3. 中日亲善，4. 日军自长江流域撤退，华北可以驻兵等”。但是，细读张文引用的德方文件的全文就可发现，丁“一开始就声明，他提出的是他个人的意见和建议”，他只是自以为重庆的中国政府会同意他要说的话。总之，笔者认为：张文把丁的话看成蒋介石的命令值得商榷；综合分析包括中日双方和第三国在内的多方面的史料可知，蒋介石不可能以这些的条件去向日本谋和。

踏条约所造成的既成事实的不承认主义的和平,是不可想象的;

(4) 合理的解决方案,只有在具有传统友谊和相互理解的两个强国之间才能带来令人满意的结果,在实力相差悬殊且相互抱有根深蒂固的怀疑和仇恨的国家间则只能一无所成;

(5) 1938 年 9 月欧洲和平努力的最新历史证明,仅仅强迫纷争中的较弱的一方做出让步和牺牲是不够的,中介者还必须有使用自身力量以促使较强的一方恢复理性的意志;

(6) 同一时期的历史还证明,欧洲四强的和平协定对国家的独立毫无意义,远东的和平调停难道能比欧洲的调停还有实效吗?①

胡适的这个备忘录通过对远东局势和欧洲局势的联系与比较,有力地阐明了目前形势下调停或媾和的不可能性。与此相应,9 月底以后发生的下述一系列事实,对中国而言则证明了继续抗战的必要性和可能性。

首先,在《纽约时报》刊出王宠惠希望美国调停的采访录的翌日(美国时间 9 月 29 日),日本驻美大使馆发言人即以书面宣称:日本政府把中日之间的争端视作纯粹的两个国家间的冲突,而认为不需要由第三者的调停来解决;王宠惠的谈话是在哀求美国做中,日本希望美国不会就这样被中国戏弄。② 这个书面声明不啻是为胡适备忘录所强调的"难于逾越的障碍"作证。

其次,相关档案显示:蒋介石等中国当局者一边担心英、法、苏对日妥协,一边也常在内部估计:由于日本多年对外侵略行径所造成的客观效果,英、法、苏的对日妥协自有一定限度,不至于在对日

---

① 曹伯言整理:《胡适日记全编》第 7 卷(1939 年 10 月 15 日条),合肥:安徽人民出版社 2001 年版。

②《胡适日记全编》第 7 卷(1939 年 10 月 15 日条)。

本的今后取向还把握不定的情况下就真正把中国逼到停止抗战的地步。① 9月底以后的事实果然如此：英、法两国的援华通道继续向中国开放，苏联也照常向中国运送抗战物资。与此相应，国民政府看到，日本在大陆上不敢放松对苏戒备，在海洋上则面临美国增强海空军的压力。②

再次，蒋介石等人在欧局紧张之初就做出了美国将左右世界大局的判断，并据此而高度重视美方的作用。所以，在面对苏联所带来的危机之际，蒋介石认为，只要美国表明其坚强态度，局面就可挽回，故要求美国在最近期内对日有一坚决之表示，以壮英法之胆。③ 恰在此时，刚从华盛顿返日的美国驻日大使格鲁，于10月19日在东京的日美协会发表了严厉批判日本的演讲，给了日本当局当头一棒。④ 这一消息传到中国后，蒋介石在10月29日的南岳军事会议上，把它和美国国务卿赫尔几天前反对日本改变上海租界现状的谈话相联系，视作美国对中日问题态度的"极明确的表示"，并强调"这实在是国际外交形势好转，关系于我抗战前途最大的一件事"。⑤

最后，在10月上旬开始的长沙保卫战中，中国军队击退了日

① 参见此期国防最高委员会常务会议速记录和外交专门委员会会议记录。

② 参见蒋介石：《第二次南岳军事会议训词》(1939年10月29日)，中国国民党中央委员会党史委员会编：《"总统"蒋公思想言论总集》第16卷，台北：中国国民党中央委员会党史委员会1984年版，第420—427页。

③《蒋介石致胡适电》(1939年9月18日)，《中华民国重要史料初编——对日抗战时期》第3编(1)，第89页。

④ 内容详见[美]格鲁著，蒋相泽译：《使日十年——1932至1942年美国驻日大使格鲁的日记及公私文件摘录》，第290—295页。

⑤ 蒋介石：《第二次南岳军事会议训词》(1939年10月29日)，《"总统"蒋公思想言论总集》第16卷，第420—427页。

军的进攻,这个胜利大大提高了中国人的士气。

在上述国内外因素的综合作用下,如胡适向美方所强调的:1939 年 10 月以后,国民政府开始从欧战带来的种种恐惧中恢复过来,并重新获得了勇气和镇定。[①] 正因如此,在苏联外交人民委员莫洛托夫于 10 月 31 日发表谴责英法、批判美国和示好日本的演说,从而给中国带来新的严峻考验后,国民政府在对外关系的选边问题上,没有像 9 月中旬那样慌乱。当时,由何应钦牵头的高级将领在讨论蒋介石所交下的课题"日英或日苏妥协影响我之利害如何及其应付之办法"时,曾得出以下结论:

> 日英或日苏妥协均有其可能性。兹先研究其影响于我之利害如何及其应付之办法(1)日英妥协于我之利害:日英妥协若成则英法对我经济物质之援助断绝(其实英法此时已无力援我)。又,经由安南缅甸之我国外运输线有被遮断之虞(滇缅线或尚可保持)。外交上英法或致承认伪组织及傀儡政权,则足削弱我国际地位。又或威胁我方,使与日敌作屈辱之媾和,是其害也。但一面足以加强日苏之冲突,我方可联苏敌日,即苏方物质之援助亦可较现在增多。(2)日苏妥协于我之利害:日苏妥协若成则英法与我立在一边,虽英法此时在东方之力量有限,但英对星加坡自必固守,足以牵制日敌之力。美国为顾虑远东为日敌独占,必出而支助英法,则我可得美方之声援。又,滇缅线路之交通足以保持对我之运输连络。至精神方面,日敌原以反共为少壮军人思想之中心,今忽与苏联妥协,或致因思想之矛盾而起内部纷乱,是为于我有利之点。但苏联对我之物质援助必因之减少。又,我国中共而后之态度

① 《胡适日记全编》第 7 卷(1939 年 10 月 15 日条)。

又足引起我内部之纠纷。又，对于从来中苏两国反侵略之精神联系必受莫大之影响。是其害也。

以上既阐明二者影响于我之利害，简言之，日苏妥协其影响于我精神方面以及物质援助方面较之日英妥协为大。我国对策如能使两者均不成功，陷日敌于孤立状态，斯为最善。倘二者不可得兼，则宁疏英法以争取与苏联之联系，实为目下外交之要着。再就目前形势观察，日敌阿部内阁原取亲英政策，但其少壮军人正愤疾其对英软弱而谋倾覆之。至英国方面为维护阿部内阁而抑制少壮军人，必对之作若干之让步。故目下日英妥协较多可能性。吾人既明了上述之利害，则对于日英妥协除施行必要之阻碍外，对于日苏之接近须力加阻碍。此外，对英美法自须保持历来之友谊，对美尤须使明瞭中国抗战之实况与日本在中国战争中所销〔消〕耗之实力，使美国信赖中国之抗战足以牵制日本，则于美国远东外交之解决必多裨益，因之我方之对策简列如下：

一，争取对苏俄之联络。

二，阻碍日苏接近。

三，引诱美国使插足远东外交，最好能美苏接近。

四，保持与英法历来之友谊。①

从上述文件可知，这些高级将领一边既想阻止日苏妥协又想阻止日英妥协，一边认为“倘二者不可得兼，则宁疏英法以争取与苏联之联系”，这和前述蒋介石的观点是不一致的。

但是，现在面对10月31日莫洛托夫演说所带来的选边问题，

---

①《何应钦呈蒋介石函》(1939年9月13日)，台北:“国史馆”藏，蒋中正“总统”文物，档案号002－080106－00002－005。

国民政府内部很快就取得了一致。11 月 8 日，针对美、英、法、苏这四个主要友好国有可能决裂的危机，王世杰在参加于蒋介石住所举行的讨论后，就中国今后的对苏政策明确答复胡适等驻外使节："政府重视英、美过于其他友邦，惟不可公开表示耳。"①这表明，中国当局者在结盟问题上一边努力防止英、美、法、苏关系的破裂，并继续尽量维持中苏友好，一边也在暗中按照他们早就确定了的优先顺序，做出了万一必须选边时的抉择。

中国内外的这些变化，再加上两个月来对日方的欧战对策的深入观察，使国民政府有可能重新思考欧战和中日战争的相互关系，并相应修正自己的国际解决战略。

从前文引述的相关档案可知，中国当局者认为，欧战能否成为中国所期盼的国际解决的机会，关键在于日本对欧战做出什么反应。作为观察欧战爆发后日方政策取向的指标，中国当局者特别注意这样三条：第一，日本以什么条件解决和中国的战争；第二，日本是加入英法阵营还是加入德意阵营；第三，日本是不介入欧战而专心于加强在中国的地位，还是利用欧战而在对华战争的同时，南进侵犯欧美的亚洲殖民地及其他利益。在欧战爆发以前，中国当局者虽然根据多年同日方交手的经验而在这三条上有所预测，并向英、法等国提出警告，但基本上还属于理论性的推理，甚至含有理想性的期盼。在未经实践检验之前，他们还不能准确把握，并情愿作最坏的准备。但是，在欧战爆发数十天后，他们透过日本当局者"不介入欧战"声明的表层，看穿了其对外政策中所内藏的"矛盾、愚拙和欺骗"。11 月 12 日，蒋介石对此概括道：

---

①《王世杰致胡适、颜惠庆电》(1939 年 11 月 8 日条)，《胡适任驻美大使期间往来电稿》，第 26 页。

> 对中国，日本一面明知国民政府不可征服、汉奸不够号召，一面却不肯悔悟，而企图通过扶植汪伪政权来解决所谓中国事变；对美国，日本一面尽量献媚，要求妥协，一面却企图撕毁九国公约和破坏门户开放，等于是逼美国自毁其远东传统政策；对苏联，日本一面尽力亲善，一面不肯忘情于包含对苏领土扩张在内的大陆政策；对德国，日本一面企图接近，一面在德苏订约后还要求德履行防共协定；对英法，日本始则压迫侮辱，继而姑且妥协，既要与之拉拢，又要乘机南进，向其远东属地发展；对欧战，日本一面说不干涉，一面却干涉欧战国在远东的行动，而排斥它们在条约上的合法权益。①

基于上述对日观察，国民政府对日本今后的政策有了基本的判断，认准它的结局必定是将欧战和中日战争联为一体，而给中国期盼的国际解决带来决定性的机会。因为，日本在对欧战和相关国家的行动上所存在的上述那些矛盾，暴露了它的南进意图和结盟取向。这不仅必将导致侵害英、法等国的亚洲殖民地，而且必将影响到正在进行中的欧洲战争。这样，英、法等国和中国的利害连锁关系，也就必将超越原来的主体——“在华权益”，而扩大至其在亚洲的殖民地和在欧洲的战争。这使中国与英、法等国进一步形成了相互需求、相互依存的关系，即中国要求列国援助以坚持抗战，列国也需要中国坚持抗战以牵制日本，间接地保卫它们现实的与长远的国家利益。②

---

① 详见蒋介石:《昭示我抗战国策坚定不移》(1939 年 11 月 12 日),《“总统”蒋公思想言论总集》第 16 卷,第 440—451 页。

② 本段及下段,蒋介石:《中国抗战与国际形势——说明抗战到底的意义》(1939 年 11 月 18 日),《“总统”蒋公思想言论总集》第 16 卷,第 472—480 页。

基于这些分析,尽管对英、法、苏的对日妥协还始终抱有高度的危机感和强烈的警戒心,但在整体上,国民政府改变了迄今对欧战影响所持有的负面评估,而开始把欧战视作对中国的有利因素。其结果,蒋介石在11月中旬举行的中国国民党五届六中全会上提出:中国的抗战目标,是中日战争和欧洲战争即世界战争同时结束,中国问题和世界问题同时解决。因为,欧洲战争的爆发使解决远东问题的中日战争和解决世界问题的欧洲战争联为一体,提供了使中日问题和世界问题同时解决的基础。

和本书第六章提到的1939年1月国民党五届五中全会的提法相比,蒋介石的上述发言表明,随着对中途媾和论的坚决否定和对欧战影响的重新认识,国民政府的抗战之"底"已从"恢复卢沟桥事变前的事态"抬高为"两个同时",其实现途径也已从以国际会议为中心而转变为中日战争和欧洲战争的一体化。这是对欧战前主要以围绕中国的公理和利害连锁为基础的国际解决战略的极其重要的修正。

第八章　欧战冲击下的日本
——日美关系的恶化与三大方针的登场

在国民政府修正国际解决战略的旧思路,以“两个同时”作为赢得对日战争的新国策以后,日本的反应成为决定其成败的关键因素。因为,这个新国策是以对1939年11月前的日方动向的观察为基础的,如果日方的实际行动与中国的结论南辕北辙,那中方的国策就等于空中楼阁;这个国策又是以对日方日后的南进意图和结盟取向的判断为依据的,如果日方其后的实际行动与中方的预想背道而驰,那中方的国策得到的将是海市蜃楼。

日本对欧局的反应到底是否符合国民政府的观察与判断呢?本章拟依据日方档案,通过对1939年7月至翌年7月的日本外交的梳理,来回答这个问题。

一、对美国废约通告的反弹

1939年7月26日美国发出半年后废除《美日通商航海条约》的通告后,日本为了应对这一危机,于8月3日在外务省设立了“对美政策审议委员会”等机构,负责研究今后的对策。8月8日,对美政策审议委员会干事会提出“对策方针案”,指出:美国的废约措施极不友好，是对日本的蔑视，故日本应予以反击，“使美国充分认识日本的实力和贯彻东亚政策的坚强决心，充分认识自己若无日本协作只会事与愿违”。①

8 月 13 日，该干事会又作出“补充决定”，再次强调：美国的废约证明了其已经不愿和日本保持友好关系，而“我方以前却未意识到日美关系已恶化到如此地步”，双方对相互关系的判断存在着很大的差距。接着，它在分析美国废约的原因后指出，在“中国事变”②结束之前，日美之间不可能订立新的通商条约。因为，订立新约的必要条件，对美国而言有三条：承认东亚之大规模战争状态；修正乃至撤销司汀生的不承认主义；赞成东亚新秩序或至少放弃干涉政策。对日本而言也有三条：改正否认《九国公约》的态度；接受 1938 年 12 月 30 日的美方建议；对因侵害美国在华利益所造成的日美悬案作出相当让步。但从日本立场来看，接受前述三条“等于中途抛弃东亚新秩序建设，故绝对不能同意”。因此，它主张采取强硬态度，逼美国转变方向。③

在上述研究的基础上，8 月 21 日，另一名为“通商条约废弃问题对策委员会”的机构提出了一个“决定要纲”。其主要内容包含 3 点：

第一，关于对美外交的重要性及日方根本方针。它认为，今日

① 对米政策審議委員幹事会决定：「米国の日米通商条約廃棄通告に対する対策方針案」(1939 年 8 月 8 日)，日本外交史料馆藏，A. 1. 3. 1. 1 - 4。JACAR(亚洲历史资料中心)，Ref. B02030751100，第 13 - 16 画像目。

② 指中日战争。以下所引日方史料中的此词，都是这个意思。

③「対米政策審議委員会幹事会决定」(1939 年 8 月 13 日)，日本外交史料馆藏，A. 1. 3. 1. 1 - 4。JACAR(亚洲历史资料中心)，Ref. B02030751100，第 13 - 17 - 22 画像目。

美国拥有的实力，使列强在对日政策上均受美国的影响，因此，“我圣战目的能否达成，在很大程度上取决于对美外交能否成功”。而围绕中国的日美关系的核心，是“维护还是打破九国公约体制”。“日本已打破上述体制，致力于建设东亚新秩序，美国则把维护本国利益的基础系于上述体制而主张尊重。故今后日美关系的关键在于是美方放弃维持，还是日方修正‘打破’甚至从‘打破’倒退。二者必居之一”。但是，对于日本来说，“对美外交只有一个方向：尽全力向打破九国公约体制迈进”。

第二，关于对美政策的基本思路。它指出，日美问题“在根本上是对中国新秩序的承认问题，而就目前来看，则是有关通商条约的对策问题。二者既有轻重之别，又相互紧密联系，其解决全系于我如何调整对华关系及在中国的第三国关系”。但紧接着它在肯定“日本的东亚新秩序与美国的在华权益尊重论必生摩擦”的前提下，强调：日本不能暴露出任何动摇迹象或给人以我害怕陷入无条约状态的印象，作好被美实行物资禁运的精神准备，不由我主动提议缔结新约，促其认识对我抱粗暴态度之愚。

第三，关于当前对美外交的目标。它概括为两条，即“使美国承认中国的新秩序”和“防止日美无条约状态，以免妨害我推行对华国策”。①

上面引述的这3个文件比较系统地反映了日本外务省当时的中日美关系观。它在以下几点上具有特别重要的意义：

第一，它点明了日本的对华战争与对美抗争是基于同一个根

①「通商条約廃棄問題対策委員会決定要綱」（1939年8月21日），日本外交史料馆藏，A.1.3.1.1-4。JACAR（亚洲历史资料中心），Ref. B02030751100，第13-23-26画像目。

本目的,即推翻《九国公约》体制,建设东亚新秩序。《九国公约》对中国问题所规定的原则,可归结为两个基本点:“尊重中国之主权与独立暨领土与行政之完整”和“维持各国在中国全境之商务、实业机会均等”。而日方的自白,表明了它所要建设的东亚新秩序,不仅是对第一个基本点的否定,也是对第二个基本点的践踏。这就反证了国民政府的一贯主张:中国抵抗日本侵略既是保卫本国主权,又是维护第三国利益。

第二,要维护国际间的友好关系,本来需要相互作出必要的妥协。但这些文件表明,日方一边深知维持对美关系的重要,一边却一开始就以美方对日本的单方面的退让即全盘接受日方规定的“新秩序”为处理日美关系的前提。相反,日方自身则不考虑在“新秩序”上作出相应的妥协。

第三,这些文件都是由外务省各部门中实际负责政策制订与实施的中坚官僚提出的,因而反映了外务省此时带普遍性的倾向。九一八事变以来,以外务省为代表的日本文职官员常被外界视为日本军部的牵制者甚至对立者,以至美国政府内外的相当一部分人,曾一度把制止日本侵略的希望寄托在他们身上。① 正因如此,当理应充当“稳重派”核心的外交官们都如此执着于推翻《九国公约》之时,不难推论日本整个决策层对东亚新秩序的执着已达到了何种程度。这种局面,预示着日美冲突将愈来愈难以调和。

---

① 譬如,美国驻日大使格鲁时至1939年12月18日还致书国务卿赫尔称:显而易见,我们面对的并非团结一致的日本,而是勇敢地挑战强硬的军方并逐步取得成功的日本政府。“The Ambassador in Japan (Grew) to the Secretary of State (December 18, 1939)”, *FRUS*, *1939*, Vol. III, p. 622.

二、欧战爆发后的两大变化

需要补充的是，由外交官所代言的日本当局之所以采取上述那种强硬的态度，除了对建设东亚新秩序的执着外，另一个根本性的原因，是对其“借助德意”这一国际战略原则的自信。正因如此，一获美国废约通告，军部的中坚干部就从这个既定原则出发，提议“至迟在 8 月间完成日德意协定，以此作为解决事变和指导外交的支撑”。①

但是，从前述通商条约废弃问题对策委员会的“决定要纲”的翌日——8 月 22 日起，在短短几天内，日本接连遭遇两次重大打击：第一，如前章所述，8 月 23 日，德国同苏联订立互不侵犯条约，这使日本“以德制苏”的策略失去了基础；第二，此后一周，日本陆军的精锐部队在诺门罕事件中遭到苏蒙军队的毁灭性打击，这使日本在苏联所显示的军事实力中痛感“北方威胁”更趋严重。在侵华战争深陷泥沼，对美矛盾日趋紧张的重大关头，德国的“背信”与苏联的反击所造成的强烈震撼，从根本上动摇了日本决策层对美强硬的支柱。8 月 28 日，平沼骐一郎②内阁以“欧洲形势复杂离奇”为由宣布总辞职。30 日，以阿部信行③为首相的新内阁身负

---

① 陸軍省・参謀本部主任者：「今秋季を中心とする事変処理に関する最高指導」(1939 年 8 月 1 日)，臼井勝美・稲葉正夫编：『現代史資料』第 9 卷，第 570—571 页。

② 平沼骐一郎(1867—1952)，司法官僚出身，历任检事总长、大审院长、法务大臣等要职。1939 年 1 月组阁，同年 8 月辞职。战后作为甲级战犯被判处终身监禁，1952 年死于狱中。

③ 阿部信行(1875—1953)，1897 年陆军士官学校毕业，1907 年陆军大学毕业，1933 年升为陆军大将，1936 年编入预备役。1939 年 8 月组阁，1940 年 1 月辞职。战后被列为甲级战犯嫌疑者，但未受起诉。

"确立中立外交"的使命而登场。①

在重新研究今后的对外路线时,日本决策层处于一种普遍的困惑之中。8月末在外务省流传的一份意见书反映了这种困惑的基本原因。它分析说:在德苏订立互不侵犯条约的形势下,目前日本只有两种选择:"一是重新转向亲近英美",但在这种场合下,日本就必须再度承认英美对中国经济的"结构性的介入",放弃以日"满"华为核心的东亚新秩序,如此,"则中国事变的意义丧失殆尽";另外,亲近英美必然导致疏远德意,而一旦这样英美就不会再惧怕日本。"二是照常强化对德意的联合",在这种场合下,"中国事变的意义将长存不息",但是,"要达此目的我却必须与苏联亲近"。两厢比较后,它认为,"日本如和未介入东亚的德意疏远,而去亲近深入东亚的美英,只能自绝生路",故日本唯一的选择是继续加强和德意的合作,在这种场合,不仅中国事变的历史性意义将永存,日美矛盾也将同获解决。②

很明显,由于不愿以放弃侵华果实为代价,也由于不愿因疏远德意而失去牵制美英的王牌,这份意见书主张继续对抗美英并不惜为此而结好苏联。但对长期以"反苏防共"为根本国策和侵华口实,且刚在诺门罕事件中遭受过苏联沉重打击的日本军方来说,对苏关系上的这个弯子毕竟不大好转。8月28日,陆军参谋本部方面就对此提出了相反的意见,主张:"帝国目前应采取的对策,是暂取全面协调主义以缓和各国对中日战争的干涉,伺机转入'联英讨

① 日本外務省百年史編撰委員会编:『外務省の百年』下卷,東京:原書房第433—434页。

② 山崎靖純:「独ソ不可侵条約と日本の態度に就ての私見」(1939年8月25日),日本外交史料馆藏,A.1.1.0.30-007。JACAR(亚洲历史资料中心),Ref. B02030529700,第16-18画像目。

苏'态势,以解决事变和完成北伐准备"。[①]

上述争论的焦点,是如何处理德苏订约以后日本的敌友关系问题,即是回过头来和美英改善关系,还是继续与德意携手且进而同苏联亲近?正当这场争论刚刚起步之际,9月1日欧洲战争的爆发给日本带来了又一次震动。面对这一新的形势,阿部内阁尽管于4日发表了"不介入欧洲战争,专心于解决中国事变"的声明[②],但在内部,很多人开始把注意力转到了如何利用欧战的问题上。

此前,在欧战爆发前夕,外务省欧亚局二课就针对一些人对德苏突然订约的愤怒指出,此事其实也有对日有利的一面,因为,"德苏订约使欧战必至,而欧战后的紧迫形势必使我拥有自由之手,得到独自处理中国事变和建设东亚新秩序的良机"。[③] 现在欧战果真来临后,9月13日,外务省欧战对策审议会针对"专心于解决中国事变"的内阁声明反诘道:解决中国事变固然是目前的最重要目标,"但帝国不能忘却南进,必须时刻牢记二者的联系",在欧洲战争结束之前,如果"完全无障碍"或"美苏两国仅剩一国为障碍",我即使冒几分险也要积极推进南方政策。它还强调,为了推行这一政策,"帝国应该不辞对美开战"。[④] 翌日,外务省美洲局方面亦提出:将来应把菲律宾编入东亚新秩序,为此,日本应期待菲律宾早

① 参谋本部第二課:「戦争指導上対外方策に関する根本的再検討案」(1939年8月28日),『現代史資料』第9卷,第574—575页。

② 日本外務省編:『日本外交年表竝主要文書』(下),"年表"第129页。

③ 欧亜局二課:「帝国外交施策要領私案」(1939年8月25日),日本外交史料馆藏,A. 1. 1. 0. 30-007。JACAR(亚洲历史资料中心),Ref. B02030529700,第19-20画像目。

④ 参见欧州戦対策審議会調査部幹事:「帝国時局外交方針案決定に関する覚」(1939年9月19日),日本外交史料馆藏,A. 1. 1. 0. 30-007。JACAR(亚洲历史资料中心),Ref. B02030530100,第13-14画像目。

日从美国独立，而不与美国缔结有关菲律宾主权与领土的条约。①18日，外务省欧亚局方面主张：在欧战的新形势下，我对南方政策的目标是：切断法属印度支那和缅甸的援蒋运输线，确保南洋资源对我之圆满供给，向南洋市场推出我商品和发展国人事业。② 同日，欧战对策审议会集上述各案之大成而进一步鼓吹：在欧战提供的转机面前，"帝国应以建设包含东亚大陆与南洋各地在内的'广义的东亚新秩序'为基本目标"。为此，应"一边暂时以处理中国事变为最紧要任务，一边时时注意形势变化，不错失南进时机"。具体言之，对英法，"以我之中立为诱饵，利用其惧我参战之忧，逼其撤销在中国和南洋的政治性权益，提供其在世界各地拥有之经济利益"；对美国，"以毅然决然的态度纠正其对日观并调整通商关系，一边在不妨碍我建设广义的东亚新秩序的范围之内提供代价以改善邦交，一边为对付其参战及对日经济压迫而预作周全准备"。③

以上这些提案暴露出欧战爆发后日本外交当局者的两个重大变化。

第一，在"解决中国事变"与"南进"的顺序问题上，尽管南进(即向东南亚等时称"南洋"或"南方"地区的扩张)至迟在1936年8月就被定为日本的基本国策之一④，但中日战争爆发以来，日本当

---

① 亜米利加局一課：「対比政策」(1939年9月14日)，日本外交史料馆藏，A. 1. 1. 0. 30－007。JACAR(亚洲历史资料中心)，Ref. B02030529900，第6画像目。

② 欧亜局三課：「新情勢と対南方政策案」(1939年9月18日)，日本外交史料馆藏，A. 1. 1. 0. 30－007。JACAR(亚洲历史资料中心)，Ref. 02030530100，第3－6画像目。

③ 欧州戦対策審議会幹事会决定：「欧州戦を契機とする帝国外交策方針案」(1939年9月18日)，日本外交史料馆藏，A. 1. 1. 0. 30－007。JACAR(亚洲历史资料中心)，Ref. B02030530100，第11－12画像目。

④ 五相会议：「国策の基準」(1936年8月7日)，『日本外交年表竝主要文書』(下)，第344—345页。

局对先致力于完成对华战争然后再实行南进等其他目标，认识是比较一致的。前述“不介入欧洲战争，专心于解决中国事变”的声明就可说是它的自然延伸。而现在这种一致已开始出现很大的裂痕：即使是在外务省中，主要的相关部门也已经主张打破这一战略步骤，在对华战争僵持不下的时候，就利用欧战造成的“自由之手”伺机南进。这是在顺序问题上“中国事变”与“南进”的并行论。

第二，在“新秩序”的范围问题上，1938 年 11 月日本首次公开提出“建设东亚新秩序”时，其对象尚限于以“日、满、华提携”为核心的东亚，也就是说，重点在于维护在中国的侵略果实。而现在即使是在外务省中，也有相当多的官员已经越出“中国”这一界限，进一步注目于建设“包含东亚大陆与南洋各地在内的广义的东亚新秩序”。这个新加上的“广义的”定语，反映出其利用欧乱扩张“东亚新秩序”内涵的强烈愿望。特别是，在他们眼中，这个扩张了的新秩序能够同时实现多重目标：既可切断第三国的援华运输线而困死中国，又可使自己获得南洋地区的丰富资源而摆脱对美、英的依存，最后还可以此为基础进一步染指世界。

综上可见，8 月下旬的两大冲击和 9 月初的欧战爆发给日本决策层带来了方向相反的两种推力：首先，德苏订约和诺门罕事件的冲击使其深感危机，并推动其从这种危机感出发重新思考今后的敌友关系，顺着这条思路，有可能使之改变对美、英的强硬态度。其次，欧战的爆发却又促使日方从危机中看到了转机，并推动其出于对“自由之手”的期待感，不但更加不考虑在东亚新秩序即侵华果实上作出退让，并且进一步谋求以提前南进和建设“广义的东亚新秩序”而收一举数得之效。坚持这条路线，势必走向与美、英等国的更大对抗。

三、对美缓和的落空

但是,在正式走上更大对抗之前,主要由于日本陆军省和海军省的建议,1939 年 10 月下旬,日本当局决定先尝试一下能否在坚持东亚新秩序的前提下,通过谈判来缓和日美紧张。① 而外务省方面之所以接受这个建议,理由主要体现在 10 月 23 日外务省干部会议所归纳的三点“时局认识”之中。这就是:一,欧战的推移尚难于判定;二,迅速结束中国事变是帝国当务之急;三,对美关系的恶化将使我有关中国事变和国防及战时经济的既定计划全盘落空。②

“以谈谋缓”方针下的日美谈判开始于 11 月初。日方先谋另订新约,在遭到美方拒绝后,退而以“成立尽量容纳我希望的暂行协定”为目标。③ 但是,由于日方坚持在“不改变东亚新秩序的限度内调整日美关系”④,故迟迟拿不出美方所要求的改善关系的实际措施。一直拖到 12 月 18 日,日方才勉强通知美方“将在翌年 2 月

---

① 陆军省提案见「欧州戦争に伴ふ当面の対外施策(陸軍案)」,海军省提案见「欧州戦争に伴ふ当面の対外施策(海軍案)」和「対米外交施策案」,日本外交史料馆藏,A. 1. 1. 0. 30 - 007。两则资料又见 JACAR(亚洲历史资料中心),Ref. B02030530100,第 3 画像目;Ref. B02030530200,第 28 - 32、32 - 35 画像目。

②「10 月 23 日大臣幹部会議の結果を纏めたるもの　大臣より 24 日首相関係閣僚に腹案として披露　事変処理と之に対する外交的措置」(1939 年 10 月 24 日),日本外交史料馆藏,A. 1. 1. 0. 30 - 007。JACAR(亚洲历史资料中心),Ref. B02030530300,第 1 - 29 画像目。

③「外交情勢に関する野村外務大臣内奏資料」(1939 年 11 月 20 日),日本国图 SP306。

④「外務省限り決定の当面の対米施策要綱」(1939 年 11 月 15 日),日本外交史料馆藏,A. 1. 3. 1. 1. 4 - 002。JACAR(亚洲历史资料中心),Ref. B02030753000,第 2 - 5 画像目。

以后的适当时机开放南京以下的长江下游”。① 然而，这个承诺与美方的要求相距悬殊。因此，在 12 月 22 日的谈判中，美方虽表示在条约失效后不会立即改变现状，但明确地拒绝了日本另订新约或暂行协定的要求。②

美国的坚决态度在日本决策层内部掀起了轩然大波。外务省的广大中坚干部本来就是强烈反对开放长江下游的。譬如，12 月 13 日美洲局第一课在其提出的意见书中批判说：首脑部开放长江下游的决定完全是一种背离东亚新秩序要求的矛盾行为，其后果“将使帝国威信扫地，内遭民愤，外招轻侮”。③ 它说明，尽管日本首脑部“开放长江下游”的承诺只是一种丢卒保车的策略，外务省的中坚外交官却连这种程度的“卒”都不愿丢或认为不必丢。而现在美国的拒绝，在他们看来无异于“帝国威信扫地”的预言得到了证明。因此，12 月 27 日“对美政策审议委员会干事会”专门作出了一个要求首脑部“对日美谈判进行反省”的决议，其中着重指出：通过这次日美谈判，美国在中国问题上的对日政策已日趋明了，“它表面上似乎是要求日本纠正对其在华权益的歧视，且重点是放在经济或文化活动之上。但是，东亚新秩序的经济组织是建立在政治基础之上的。因此，美国对在华权益的均等待遇主张，必然导致改

① 「野村グルー第 3 回会談に於ける揚子江開放準備通告関係の部分抜萃」（1939 年 12 月 18 日），日本外交史料馆藏，A. 1. 3. 1. 1. 4 - 001。JACAR（亚洲历史资料中心），Ref. B02030751100，第 1 画像目。

② 详见「日米新通商条約締結に関する第 4 次東京会談」（1939 年 12 月 22 日），『日本外交年表竝主要文書』（下），第 418—421 页。

③ 「揚子江開放問題に関する亜米利加局第一課意見書　事変処理の現段階に於て対米外交政策に利用の目的を以て日本の手に依り揚子江閉鎖を解くこと不可なり」（1939 年 12 月 13 日），日本外交史料馆藏，A. 1. 3. 1. 1. 4 - 001。JACAR（亚洲历史资料中心），Ref. B02030751200，第 3 - 6 画像目。

变日本对中国的政治计划。归根到底,美国的对日政策本质上仍是以要求日本承认九国公约为目标的。对此须有清醒认识”。① 这段话以政治、经济、文化的不可分割性为根据,说明了日本为何在东亚新秩序问题不能让步的理由,故非常值得重视。

美国要求“完全的平等待遇”而不满足于日本在小事上的退让,日本的内部状况却是连小事都难以退让。阿部内阁的“以谈谋缓”政策就这样仅仅两月不到便陷入破产。12 月 28 日,由外务、陆军、海军这战时内阁最重要的 3 个部门的大臣联合签署的《对外政策方针要纲》,针对“以谈谋缓”落空后的新形势,就今后的国策作出了两点新决定。第一,正式确认要把南方地区“包括”进东亚新秩序之中。也就是说,它接受了前述外交官们提出的“广义的东亚新秩序”的建议,把它最终定为今后的国策。第二,重新确认联德方针,称:德苏协定成立以后情况虽有变化,但我应注重日德意三国在建设世界新秩序上所具有的共同立场,继续保持与德意的友好提携关系,并努力加以灵活运用。换言之,它结束了自德苏订约后日本决策层内部关于敌友关系问题的争论,再次倾向于联德,并开始把联德所针对的主要目标从“制苏”扩大到“制美”。②

在这个要纲的引导下,1940 年 1 月 14 日,阿部内阁在主流派对“媚美外交”的喊打声中辞职,新登场的米内光政③内阁虽然声称

---

①「対米政策審議委員会幹事会决定　次官以下局部長の反省を求めたる日米国交是正に関する意見書」(1939 年 12 月 27 日),日本外交史料馆藏,A. 1. 3. 1. 1. 4 - 001。JACAR(亚洲历史资料中心),Ref. B02030751200,第 7 - 86 画像目。

② 详见「对外施策方針要綱」(1939 年 12 月 28 日),『日本外交年表竝主要文書』(下),第 421—424 页。

③ 米内光正(1880—1948),1901 年海军兵学校毕业,1914 年海军大学毕业。历任联合舰队司令长官与海军大臣等要职后,1940 年 1 月出任首相,同年 7 月辞职。

将推行“对美协调”外交，但实际上终止了日美谈判①，日方“两个月后开放长江”的许诺随之被付诸东流。1月26日，日美正式进入了无条约状态。②

从上述“以谈谋缓”政策的破产过程中，不难看出酿成这一结果的两个症结：

第一个是日本决策层对既有的、作为“九一八”和“七七”以来侵华成果的“东亚新秩序”的执着。它造成了日方“以谈谋缓”政策的深刻的自我矛盾。对照一下前面所引用的各种原始文件就可以看出：日本当局对“日美矛盾根源于东亚新秩序与九国公约的对立”这一点是清楚的，但它的对美缓和却始终以不变更东亚新秩序为前提，这就等于是抱薪救火；日本当局对解决日美矛盾“全系于如何调整中日关系及在中国的第三国关系”也是明白的，但由于东亚新秩序各个组成部分唇亡齿寒的内在联系，只要坚持以不变更东亚新秩序为前提，就等于自己捆绑住了自己的手脚，因而无法拿出什么实际措施来改善对外关系。

第二个是日本决策层对未来的、把东南亚也囊括在内的“广义的东亚新秩序”的憧憬。由于这个扩大了的“新秩序”既被其视为保卫既有成果的手段，又被其视为摘取更大果实的跳板，这种一石数鸟的前景给他们带来了一种巨大的诱惑，使其对缓和缺乏诚意，

---

① [美]格鲁著，蒋相泽译：《使日十年——1932至1942年美国驻日大使格鲁的日记及公私文件摘录》，第317页。

② 正在美国致力于对美工作的颜惠庆，1月21日就向国民政府报告说：“据可靠美方消息，日美商约解除后绝无短期内成立新约或临时过渡办法，因美对日立场并非要价还价，乃根本认定日本无诚意，少信用，旧约既不遵守，订立新约等于废纸，故大势所趋，维持美国在华利益与中国本身权力，将逐步压迫日本，如禁运加税等，至日本改变国策为止。”详见颜惠庆发自1940年1月21日的3348号电报，台北：“国史馆”藏，蒋中正“总统”文物，档案号002-090103-00003-229。

欲退还进。关于这一点,1939 年 11 月 16 日外务省调查部第二课提出的一份调查报告提供了一个很好的证明。它论述的主题是“为推行强硬政策而于近期同时对英美开战时日本的经济战力”,其中提出了这样一个结论:在“边处理中国事变边同时对英美开战的场合,日本的经济战力将意外地增强”。作为根据,它罗列了 5 条:(1) 日本对华、对英美两线作战时,英美也需对日、对德意两线作战,后者比前者更痛苦;(2) 日本因战争而断绝外贸蒙受重大经济损失时,“英美也同我一样”;(3) 若将南洋纳入我支配之下,我物资补充力及经济持久力均将更加强大;(4) 若停止对苏战备,我可将大部分战力转向对付英美;(5) 日本现在之战力损耗,不是因为中国事变,而是“因为对英美在华权益没有彻底清算和对华对苏之两线作战准备”。① 很显然,在对“广义的东亚新秩序”抱有如此强烈的期待心理的状况下,对美国既不愿让又以为不必让的情绪,就很难不在日本决策层占据主导地位了。

四、与中国殊途同归的“世界规模解决策”

以日美关系的恶化为背景,日本那些主张抛弃对美缓和政策的势力,越来越宣扬通过反美来解决中国问题。

1940 年 2 月,日本外务省的一份调查报告强调:欧战爆发以后,蒋介石政权因为不能再期待得到英、法等国的援助,本来已经陷入除对日屈服外别无选择的困境。正在此时,美国却取代英、法

---

① 調查第二課:「调二特第 45 号　対英米戦を予想する場合の日本の経済的戦略(満支を含む)」(1939 年 11 月 16 日),日本外交史料馆藏,調查二 57。JACAR(亚洲历史资料中心),Ref. B10070441600。

充当了各国在华利益的保护者，并加强了对远东问题的发言权。所以现在蒋政权转而把美国视为最大的靠山，正借用美国的积极态度作为振奋士气的材料，而予以最大限度的利用。①

3 月 7 日，中美双方公布了滇锡借款协定，美国联邦进出口银行核定以 2 000 万美元贷予中国。这和美国的对日态度形成了鲜明的对比。11 日，外务省美洲局第一课长再次上书中枢，强烈要求"转变帝国外交"。其称：美国已经明确地把日本定性为侵略国，边对日强行道义禁运，边对蒋介石提供精神的和物质的援助，企图以此逼迫日本屈服。这种做法比强硬的压迫更加有效。在这种状况下，蒋政权不可能对日妥协，日本对英、法的关系也不会顺畅。因此，日本必须抛弃"媚美外交"，转取强硬政策。②

4 月 1 日，日本树立了汪精卫傀儡政权。但美国当天就否认汪政权的合法性，并声明继续承认重庆政府。③ 美国泼来的这盆冷水使日本再次认定美国极力支持中国，而完全无视东亚新秩序及日本的努力。④

此际，日方有关军政部门针对中日战争长期化和欧战爆发所带来的形势变化，正在重新研究中日战争和第三国以及"下一次世

① 調查第二課:「調二特第 47 号　蔣政権抗戦能力ノ脆弱面ト強靭面」(1940 年 2 月)，日本外交史料馆藏，調查二 65。JACAR(亚洲历史资料中心)，Ref. B10070443100。

② 「帝国外交転換に関する藤村亜米利加局第一課長の意見」(1940 年 3 月 11 日)，日本外交史料馆藏，A. 1. 3. 1. 1. 4 - 002。JACAR(亚洲历史资料中心)，Ref. B02030753000，第 2 - 5 画像目。

③ "The Ambassador in Japan (Grew) to the Secretary of State (April 1, 1940)", Joseph V. Fuller (eds.), *FRUS*, *Japan*: *1931 - 1941*, Vol. Ⅱ, Washington: United States Government Printing Office, 1943, pp. 60 - 61.

④ 「须磨情报部长談」(1940 年 4 月 1 日)，『日本外交年表竝主要文書』(下)，第 425—426 页。

界战争”的相互关系。这一研究的直接成果体现为各种调研报告、意见书或提案,其间接成果则反应在后来以前者为基础而形成的各项新政策中。整理这些文件的要点,梳理贯穿其中的脉络,我们能够看到,当日方“以谈谋缓”落空,不得不在谈判手段以外另觅捷径的时候,以下3个姑且可名之为“新思考”的观点,引导它进一步倒向了扩大战争规模的方向。①

第一个观点为“中国问题是日美矛盾的关键”。其理由是,中日战争以来,造成美国对日反感的三大问题——日本对美国在华权益的侵害问题、日本对《九国公约》等旧秩序的破坏问题、日本以武力推行国策的问题,都是集中在中国;造成日本对美反感的三大问题——美国对中国抗日的援助问题、美国对东亚新秩序的否认问题、美国废除通商条约实施对日经济压迫问题,也都是起因于中国。因此,对美问题就是对华问题。

第二个观点为“美国是中国事变之癌”。其理由是,欧战爆发

---

① 本节的考察主要依据以下档案资料:(1) 由“日本与英、美、法的对立”“远东危机的发展及其制约因素”等主题所构成的研究报告汇编:『次期世界戦争に関する基礎的調査』(外務省调查部第二課,1939年5月20日),日本外交史料馆藏,調查二60;(2)「対米外交施策案」(海軍案)(陸軍案)(1939年10月20日),日本外交史料馆藏,A.1.1.0.30-007;(3)「外交情勢に関する野村外務大臣内奏資料」(1939年11月20日),日本国图SP306;(4)「対米政策審議委員会幹事会決定　次官以下局部長の反省を求めたる日米国交是正に関する意見書」(1939年12月27日),日本外交史料馆藏,A.1.3.1.1.4-001;(5) 外務省「通商条約廃棄通告の背景、意義、影響の概要」(日期不明),东京大学法学部近代日本法政史料中心藏,阿部信行关系文书I—10;(6) 調查第二課「調二特第47号　蔣政権抗戦能力ノ脆弱面ト強靭面」(1940年2月),日本外交史料馆藏,調查二65;(7)「米国の対日政策に関する亜米利加局第一課の見解」(1940年4月10日),日本外交史料馆藏,A.1.3.1.1.4-002;(8) 大本营陆军部、海军部「〔世界情勢の推移に伴う時局処理要綱〕提案理由」(1940年7月22日),稲葉正夫ほか編:『太平洋戦争への道』别卷・資料編,第324页。

以后，英、法等国虽有援蒋抑日之心，却缺乏付诸行动之力，他们同中国一样，都把希望寄托于唯一保有对远东事务实际发言权的美国身上。美国因此而成为决定性的因素。它若对日合作，则英、法将为维护远东利益而随之对日妥协，中国亦将俯首屈服；它若对日抗争，则英、法将通过同美国的协作而继续援华抑日，中国亦将借助美国而坚持抗日。美国却正是在这种转折关头，以废除旧约和拒绝新约的举动，不但担负起了民主主义国家中“最大援蒋国”的责任，还充当起了英、法等欧战国家在远东利益的代理人，成为“维护亚洲、太平洋现状的看家狗”。因此，对华问题就是对美问题。

第三个观点为“国际反日共同战线”论。它认为，中国的抗日全赖第三国援助。这种援助包括三大部分：一是直接向中国提供精神鼓舞和物质支持；二是利用日本在经济及物资上的对外相关性，干扰日本的对华措施，削弱它本来可能产生的效果；三是利用租界及在金融、财政、海关、交通等方面的条约权利，向中国提供庇护，对日本则设置障碍。这些方面的援助是中国抗日不止的根源，不堵住这个根源，军事上无法征服中国，政略上无法劝降中国。但是，第三国认识到，一旦日本确立起在中国的霸权，建设成包括日、“满”、华和南洋在内的势力范围，就将保持世界第一的经济优势，其时，即使动员全世界的军事、经济力量也无法阻挡日本的发展。因此，对它们来说，阻止日本赢得中国，不仅是为了维护自身在中国的现实利益，更是为了保护自身在世界的长远利益。同时，因为第三国都认为与其直接参战，不如利用蒋政权阻止日本和消耗日本，故“均采用援蒋以抑日的战略”。总之，一边是中国的抗日有赖于第三国援助，一边是第三国有赖于通过援助中国抗日来维护自身的利益，中国和以美国为首的第三国就此而结成了“国际反日共同战线”。

从这些观点出发，日本决策层发现他们坚持迄今的“日中纷争须由日中两国单独解决”的传统模式已经无法维持了。因为，根据“中国问题是日美矛盾的关键”的观点，参与上述研究的一些人主张：与其力不从心地以打倒英美来打倒蒋政权，不如首先集中全力解决中国问题。理由是，“倒蒋总要比倒英倒美容易得多，而一旦蒋政权垮台，中国屈服，英美就失去了援助的对象”。[①] 换言之，日美矛盾的根子拔掉了，对美问题也就自然解决了。但是，按照“美国是中国事变之癌”的观点，他们中的另一些人认为不首先解决美国问题，就无法解决中国问题。因为，“只要美国继续援蒋，蒋就不会屈服”，“没有美国的许可，中国即使想停战求和也无从实行”。据此，他们反对前者“先中后美”的建议，而主张“先美后中”。然而，如同主张“先中后美”的人们发现不割除美国这个“癌肿”就无法先解决中国问题一样，主张“先美后中”的人们也发现，不先打开中国这个锁钥，也就无望促使美国转变态度。

这种两难困境，再加上关于“国际反日共同战线”的观点，使一种被称为“世界规模解决策”的构想成为日本决策层的共同结论。它断定：中国问题同世界问题已在客观上融为一体，因此，在“中国事变实质上已成为远东发生的一场未经宣战的小型世界战争”之后，它已经失去了在中日之间单独解决的可能性。日本必须把中日战争和世界性事件结合起来，作为世界战略的一环，在同“援蒋第三国”的决战中，一并解决。[②]

上述这些新观点表明，在对华久拖不决、对美日趋恶化而欧战

---

① 参见“南支那方面军”司令官后宫淳中将在讨论《支那事变处理要纲》时的发言，日本防卫研修所戦史室:『戦史叢書　大本営陸軍部』(2)，東京:朝雲新聞社，1968年，第133—134页。

② 参见泽田茂中将战后回忆，『戦史叢書　大本営陸軍部』(2)，第6页。

又似乎带来转机的形势下，日本决策层在解决中日战争的国际战略上开始走上了和中国殊途同归的道路。即，实质上抛弃了自己九一八事变以来维持迄今的“日中单独解决”原则，从和中国相反的愿望出发，确定了和中国相似的“国际性解决”方向。

五、美国的劝告与日本的拒绝

就这样，1940 年春，日本当局在对东亚新秩序的执着情结、对“广义的东亚新秩序”的期待心理和对国际性解决中日战争的“理论思考”这三大因素的综合作用下，除了等待欧战为国际性解决带来“良机”外，对于其他选择都失去了兴趣。

正在此时，1940 年 4 月，德国在欧洲战场发起了攻势，当月占领丹麦、挪威，5 月占领荷兰、比利时，6 月迫使法国投降。同月，意大利亦追随德国参战，将战火扩大到非洲，而唯一还在坚持的英国也面临着本土决战。一时间，法西斯阵营气焰万丈，而亚太地区欧美殖民地之真空状态则随之日趋严重。

这一切使在 4 月以前连遭美国打击的日本感到终于盼来了自己等待已久的良机。6 月，日本外务省估计，“鉴于目前的世界情势，即使我闪电般地占领荷属印度，美国也不会进行武力干涉，只能停留于对日经济压迫”。①

面对欧战剧变带来的这一局面，美国为了打消日本对亚太地区欧美殖民地趁火打劫的意图，主动恢复了对日谈判，以图通过外交手段说服日本。

---

①「国際情勢の想定」（1940 年 6 月 1 日），日本外交史料馆藏，A. 1. 1. 0. 30 - 007。JACAR（亚洲历史资料中心），Ref. B02030530800，第 8 - 21 画像目。

1940年6月10日,美国驻日大使格鲁在同日本外相有田八郎①的第一次会谈中,以"个人意见"的形式提出:美国过去以日本停止侵犯美国在华利益为恢复美日交涉的先决条件,但从目前的形势看,仅有这一点还不够。更根本的是,日本还必须放弃以武力作为实现国家目的的手段。美国人无法相信无视美国原则的国家。反之,只要日本立即停止在中国的武力行为,美日关系就会自然打开。②

格鲁的这一发言对日本来说,是第一次以日本停止在中国的武力行为作为打开日美僵局的条件,因而引起了日方的重大关心。在6月12日举行的第二次日美会谈中,有田提交了一份备忘录作为对美国的回答。这个备忘录首先说:日本和美国一样不想以武力作为推行国策的工具,目前日本在中国行使武力只是出于无奈。只要有合理的条件,日本无论何时都可结束中国事变。接着,备忘录向美国提出了几个"特别值得深思的问题",其中包括以下3点:

(1) 为了终结引起日美紧张的最大原因即目前的无条约状态,美国应该不应该同意缔结暂定贸易协定?

(2) 美国是否存在中止对蒋物资与财政援助,帮助日本重新建设中国的可能性?

(3) 日美两国是否能够认识东亚的新事态,各守自己在太

---

① 有田八郎(1884—1965),东京帝国大学毕业,历任外务省亚洲局长、驻华大使等要职后,三次出任外务大臣。

② 「有田外務大臣より堀内大使宛電報」(1940年6月10日),日本外交史料馆藏,「日米関係打開に関する有田グルー会談の件」,A. 1. 1. 0. 30-032。JACAR(亚洲历史资料中心),Ref. B02030575400,第2-4画像目。

平洋的地盘，而相互协作？①

很明显，日本的这 3 个问题不仅拒绝了格鲁 6 月 10 日提示的美国的先决条件，而且把中日战争无法终结的责任推到了美国身上。

6 月 19 日，格鲁再访有田，传达了美国政府对有田 6 月 12 日备忘录的回答。其要点如下：

(1) 目前最需要的是恢复秩序与和平。为了防止战祸的蔓延，必须尊重国家主权和正义、法律，尊重秩序的原则以及自由经济的原则。

(2) 美国坚持以无差别待遇为基础的贸易政策，主张减轻和消除对贸易的限制。任何国家都不应该侵害他国在第三国的贸易上的机会均等利益。

(3) 各国应怀有牺牲精神，不干涉第三国，不企图建立对第三国的特权或具优先性的经济制度。美国在东亚的经济开发问题上拥有和日本同样的利益，所以，美国不能默认在这些国家的破坏行为。②

接着，格鲁对日本也提交了一份美方的备忘录。它强调了以下 4 个观点：

第一，美国坚持本国的利益依存于一切国家的利益这一原则

① 「有田外務大臣より堀内大使宛電報」(1940 年 6 月 13 日)，日本外交史料馆藏，「日米関係打開に関する有田グルー会談の件」，A. 1. 1. 0. 30－032。JACAR(亚洲历史资料中心)，Ref. B02030575400，第 17－19 画像目。

② 「有田外務大臣より堀内大使宛電報」第 297、298 号(1940 年 6 月 20 日)，日本外交史料馆藏，「日米関係打開に関する有田グルー会談の件」，A. 1. 1. 0. 30－032。JACAR(亚洲历史资料中心)，Ref. B02030575400，第 20－22 画像目。

性的命题。让其他国家也赞同这一命题,是美国外交的主要功能之一。

第二,美国所期待的国际性的协作,是以在对外政策目的及手段上的同质性为前提的。根据美国所坚持的政策和方法,我们不仅欢迎日本对美国的合作,而且欢迎日本对其他国家的合作。

第三,基于150多年来的美国传统,我们在侵害第三国的合法权利方面无法认同日本。鉴于目前的欧洲形势,我们特别想强调这一事实的重要性。

第四,贤明的人不会和从根本上违背自己的主义与目的的他人作交易或结成亲密关系。特别是在现在这样的时期,无论是哪个国家,都不可能抛弃在主义与目的上的同质性,而只凭单纯的经济利害来构筑友好关系。①

美方的这4个基本观点,反映了美国在欧战剧变形势下的对日态度。尤其是它们对同质性原则的强调,否定了日本欲以提供部分在华利益来换取美国停止对华援助的企图。日本外务省美洲局在研究美方的观点后,于6月21日汇总了一份题为“对美回答资料”的文件。它首先批判说:美国炫耀本国的实力,蔑视日本,自以为是地否定日本的主义,试图把本来只适用于美洲的和平原则适用于整个宇宙。接着,这个文件指出:美国的目的是牵制日本今后的对华行动和南进计划,阻止日、德、意三国的接近。因此,日本应该坚信自身主张的正义性,不在乎美方的意志,不焦躁,不献媚,走自己的路。②

---

① “The American Ambassador in Japan (Grew) to the Japanese Minister for Foreign Affairs (Arita) (June 19, 1940)”, *FRUS*, *Japan*: *1931 - 1941*, Vol. II, pp. 85 - 86.

② 外務省亜米利加局第1課:「対米応答資料」(1940年6月21日),日本外交史料馆藏,A. 1. 1. 0. 30 - 007。JACAR(亚洲历史资料中心),Ref. B02030530900,第18 - 23画像目。

6月24日,格鲁大使再见有田外相,提议日美两国通过交换外交文件,表明双方同意维护欧洲交战国在整个太平洋地区拥有的领土和属地,并愿意根据需要就这个问题进行协商。有田认为,美方的这一建议非常微妙,其目的是在包括荷属印度在内的地区捆住日本的手脚,因此,其最终结果是复活《九国公约》,对日本来说很不合算。[①]所以,在6月28日举行的日美会谈中,有田拒绝了美国的提议,并利用美国对日方南进的担忧,压美国在中国问题上向日本让步。[②]

7月11日,日美再次会谈。格鲁指出:美国关心的是日本会不会乘机南进的问题,只要日本在这个问题上表明本国的态度,美国愿意重新考虑日方对签订暂定通商协定的要求。但是,有田不仅回避就南进问题表态,而且再次追问美国是否同意停止对蒋援助。他还强调:由中越道路和中缅道路运往中国的援助物资大部分来自美国,因此,日本目前关于停止援蒋的要求的重点,与其说在苏联,不如说在美国。[③]

特别值得重视的,是格鲁在本次会谈中交给有田的一份美国政府的电报。在这个电报中,美国要求日本就两个问题作出选择:

其一,日本是愿意为了本国的一时性的利益而满足于在某些生活水准低下、生产力贫乏的地域确保自己的商业与资源,还是愿意为了长久的利益而和他国协作,以在本国和其他未开发地区进

---

① 木戸日記研究会校訂:『木戸幸一日記』下巻,東京:東京大学出版会,1980年,第797页。

② 「有田外務大臣より堀内大使宛電報」第320号、第321号(1940年7月2日),日本外交史料馆藏,「日米関係打開に関する有田グルー会談の件」,A. 1. 1. 0. 30-032。JACAR(亚洲历史资料中心),Ref. B02030575400,第29-30画像目。

③ 「有田外務大臣より堀内大使宛電報」第350号(1940年7月13日),日本外交史料馆藏,「日米関係打開に関する有田グルー会談の件」,A. 1. 1. 0. 30-032。JACAR(亚洲历史资料中心),Ref. B02030575400,第36画像目。另参见『外務省の百年』下巻,第535页。

行经济建设?

其二,日本到底应该不应该跟那些坚持夺取领土的国家合作?①

翌日,日本外务省在检讨美方7月11日提出的上述建议和问题后,得出了以下结论性的意见:

(1) 德国和意大利所引起的世界形势的剧变,打击了美国的政治思想和金融资本。忧虑不堪的美国正在尽一切手段试图把日本和东亚从全体主义国家那里分离开来。美国以书生式的理想粉饰世界的政治和经济,并企图用美元外交诱惑日本。

(2) 日本应该明白地正告美国:日本反对美国的理想主义,拒绝美元外交的诱惑;日本帝国的理想是东亚新秩序。从美国人的物质主义来看,东亚新秩序也许只是穷人的新秩序,但是它充满着日本民族的伟大文化与精神。

(3) 在关于世界的政治观和经济观上存在着的日美两国的非同质性将长久持续下去。为了使美国屈服,日本应该尽快和德国、意大利结成军事同盟,并以它作为外交的基础。

(4) 日本迄今一直拒绝接受美国对太平洋的维护现状主义,今后日本将在一切方面拒绝维护现状主义。②

1940年6、7两月的日美谈判就此结束了。美国关于停止在中国行使武力和在太平洋维持现状的对日劝告,遭到了日本的全面拒绝。

---

①「有田外務大臣より堀内大使宛電報」第352号(1940年7月13日),日本外交史料馆藏,「日米関係打開に関する有田グルー会談の件」,A. 1. 1. 0. 30 - 032。JACAR(亚洲历史资料中心),Ref. B02030575400,第39画像目。

②「7月11日米国側申出に対する考察」(1940年7月12日),日本外交史料馆藏,A. 1. 1. 0. 30 - 007。JACAR(亚洲历史资料中心),Ref. B02030530900,第17 - 18画像目。

六、三大方针的登场

另一方面，这一时期日本对德意两国赢得世界大战的乐观判断日益增长，给日本当局者带来了理想即将实现的巨大错觉。譬如，1940 年 7 月初，在陆海军的协商会议上，陆军方面提出：随着世界形势的变化，依附于英美的经济不能再持续下去，我无论如何应先下手取得南洋，以摆脱对英美的依附。对此，海军方面亦表示赞同。[①] 同时，军方还估计：德意至迟在 10 月即可达成对英国本土的作战目的；法国在战败后对日本已十分妥协；苏联最近对德深怀恐惧，难以对远东采取积极态度；美国忙于对英援助、对德防卫和本国的总统选举，虽然尚有难以预断之处，但远东政策总体上趋向消极。因此，"帝国应利用目前千载一遇之天赐良机，以断然决意禁绝列强援蒋行为"。[②] 伴随着这种乐观的展望，"不要误了公共汽车"的投机心理在日本各界上升到了顶点。

于是，自 1940 年 7 月中旬起，日本当局通过下述一系列重大行动，最终踏上了把对华战争和对第三国战争合为一体的不归之路。

7 月 12 日，日本陆军、海军、外务三省联合拟订提交"三省事务当局协议会"的《强化日德意提携方案》主张：为应对国际变局，建设包含南洋在内的东亚新秩序和加强本国在欧战后的国际地位，而迅速建立与德意两国的紧密协作关系。方案还具体确定了对德国的五项要求：(1) 承认法属印度支那、荷属印度和其他南洋地域

① 「『世界情勢の推移に伴う時局処理要綱』陸海軍協議」(1940 年 7 月 4 日)，『太平洋戦争への道』別巻・資料編，第 315—316 页。

② 「情報主任者会同席上に於ける第二課長口演要旨」(1940 年 7 月 4 日)，臼井勝美編：『現代史資料』第 13 巻，東京：みすず書房，1966 年，第 410—411 页。

为日本的生存圈,接受并支持日本对这些地区的政治领导;(2)支持日本对中国事变的处理;(3)照料日本对欧洲、非洲的通商及其他经济关系;(4)维护日苏和平;(5)与日本携手迫使美国不得干涉美洲大陆以外的地区。①

7月18日,日本决策层推举近卫文麿出马第二次组阁。翌日,近卫召集内定出任外相、陆相、海相的三大阁僚举行“荻洼会谈”。其结果,在确认为求“东西策应”而强化日德意枢轴的同时,决定“为把位于东亚和邻近岛屿的英、法、荷、葡各殖民地包含进东亚新秩序而积极行动”。会议还一致认为,“对美虽应避免不必要的冲突,但只要事涉新秩序建设,就应以排除其实力干涉的坚强决心实现我方方针”。②

7月22日,近卫完成组阁,正式第二次登台执政。同日,日本陆、海军统帅部联合提出一份“理由书”,再次从收拾中日战争和摆脱对美依存的角度强调了南进和扩大新秩序范围的意义。其称:

> 中国抗日政权之所以不放弃抵抗,最大原因在于对日本国力的过低估计和对援蒋第三国的依附。因此,帝国应更加对其集中政战两面之压力,同时加强国内体制,以毅然态度对待援蒋国家,以求得事变之迅速解决,为此不辞长期作战。其次,摆脱本国对英美国家的依存态势,确立以日满华为骨干的,以印度以东、澳大利亚和新西兰以北的南洋为范围的自给态势,乃帝国当务之急,而其实现之良机惟在今日。③

---

①「陸海外三省事務当局協議会に提出の日独伊提携強化案」(1940年7月12日),『日本外交年表竝主要文書』(下),第434—435页。

②「荻窪会談覚書」(1940年7月19日),『日本外交年表竝主要文書』(下),第435—436页。

③ 大本営陸軍部・大本営海軍部:「提案理由」(1940年7月22日),『太平洋戦争への道』別巻・資料編,第324页。

7月26日，在上述各种提案的基础上，近卫内阁一致通过《基本国策要纲》，确定要以“八纮一宇”的精神建立以皇国为核心的“大东亚新秩序”。① 这个在从来的“东亚新秩序”前加了一个“大”字作定语的新名词，从此成为自欧战爆发以来临时使用迄今的“广义的东亚新秩序”的正式名称，而它的范围则已在前述“荻洼会谈”和“理由书”中被反复确定。翌日，日本大本营和政府联络会议制订了《应对世界形势的时局处理要纲》，决定“在迅速促进解决中国事变的同时，捕捉良机解决南方问题”。②

至此，三项相互联系的重大方针，即日德意提携、建设包含东南亚在内的大东亚新秩序、“中国事变”与武力南进并行，都最终确定了下来。

日本确定的这三项方针，无一不和此期的美国发生尖锐冲突。因为，美国处理远东事态的根本前提，是承认欧洲、非洲和亚洲的战争全都是世界冲突这个整体的组成部分。与此相应，美国的“自卫战略”是一种“全球战略”，即“考虑到各条战线”，利用好“一切有助于保卫美国的总的安全的机会”。③ 从这个全球战略出发，美国既把维护英国的生存视作保卫自身安全的前提，又把确保东南亚地区的战略资源视作保障这个前提的不可或缺的条件。④ 因此，日本的三大方针使其自身不论在中国还是在世界，都站到了与美国

---

①「基本国策要綱」(1940年7月26日閣議決定)，『日本外交年表竝主要文書』(下)，第436—437页。

②「世界情勢の推移に伴う時局処理要綱」(1940年7月27日)，『日本外交年表竝主要文書』(下)，第437—438页。

③《罗斯福致格鲁函》(1941年1月21日)，《使日十年——1932至1942年美国驻日大使格鲁的日记及公私文件摘录》，第362—363页。

④ 详见1940年12月29日罗斯福的谈话，“Radio Address by President Roosevelt (December 29, 1940)”, *FRUS*, *Japan*: *1931 - 1941*, Vol. II, p. 174 - 181.

及美国所代表的国际阵营的对立面,从而也就从日本方面打开了中日战争国际化的闸门。

此后,由于日本在三大方针的引导下,一步一步在行动上从侵害美国的在华权益,走向觊觎对美、英生死攸关的南洋利益,并进而为此走向美国所忌讳的日德意军事同盟,日美必战的趋势日益鲜明。与此相应,对美国和其他第三国而言,由于中国抗日的意义已从有利于维护他们的在华权益,上升到同时有助于保卫他们包括南洋和欧洲在内的更广泛的世界利益,他们支撑中国抗日到底也就更加成为必然。这样,日本无论是在对第三国关系方面还是在对华关系方面,都走上了与其本来的愿望背道而驰的道路。

第九章　1940年夏季危机对中国的考验

在日本于1940年7月踌躇满志地推出三大方针之际，中国正面临全面抗战以来最严重的局面。和日本的变动一样，它也是由欧战局势所引发的。因为，自同年6月法国对德投降后，法、英两国在欧战剧变和日本施压的背景下，先后封闭中国抗日物资的主要通道，致使中国的抗日战争从7月起遭遇到为期3个多月的极其深刻的国际危机。在此期间，国民政府被置于何种状态，蒋介石等领导层对此作出了哪些反应，这都是值得认真探讨的问题。

本章的目的，是以中方主政者此期在对德、对日政策上的重新抉择为中心，在回答上述问题的同时，对1940年夏季危机期间国民政府的决策过程再作一番考察。

一、欧战剧变与蒋介石的忧虑

1940年4月之前，欧战尚处于所谓“假战”①阶段。是时，蒋介

① 自1939年9月欧战爆发至翌年4月德国发动进攻前，英、法、德虽然进入交战状态，但除了小规模的空中或海上的冲突外，几乎没有发生陆地上的战争，故被称为“假战”。

石及国民政府对国际形势的发展忽忧忽喜,但在总体上则尚算放心。其背景,是其时在日本出现的中国事变和南进的并行论和从东亚新秩序向大东亚新秩序的扩大论,都使他们感到中方对日判断的准确。① 4月1日,蒋介石在第一届国民参政会第五次大会闭幕词中指出:欧战后欧美各国对我道义上物质上的援助在这半年只有增加,美2 000万贷款的成立,使我无限感奋;苏芬战事时,似乎国际局势更加复杂,现在苏芬复和,欧战范围因之缩小,苏联与英美法诸国的关系不难日趋接近。②

蒋介石没有料到,在他作此评估的8天后,德军就打破了欧战的假战状态,开始大举进攻。其后,随着德军势如破竹地进军,蒋介石对欧局的剧变愈来愈感到震惊。5月初,他在对一退再退的英法军队深怀疑虑之余,联想到抗日战争以来英法两国对中国军队的嘲讽,不禁感慨地写道,"英法往日轻视我军作战,尤以不能克复据点为讥评。而彼今遇德军小数兵力不仅不能驱逐敌军,而且不能久持,乃至不能不全部撤退。此时未知其对我国抗战之感想如何?"③5月10日,英国成立丘吉尔内阁,誓言将对德战争进行到底,但蒋介石认为,"德军既进攻荷兰、比利时、卢森堡,同盟国乃不得不倾其全部资源以抵抗德国。职是之故,自难期望英法再予吾人以财政援助。时至今日,能援助中国继续抗战以维护国际公法

① 外交专门委员会曾对当时的状况作过这样的回顾:"过去我方对各国说明日本除侵略大陆外并有南进之企图,欧美疑信参半,今经有田本人之宣言,各国对于过去我之说明已为相信。"《外交专门委员会议第62次会议记录》(1940年5月1日),台北:中国国民党党史馆藏,"国防"档案,防003/0310。

② 蒋介石:《第一届国民参政会第五次大会开幕讲话》(1940年4月1日),中国国民党中央委员会党史委员会编:《"总统"蒋公思想言论总集》第17卷,台北:中国国民党中央委员会党史委员会1984年版,第215页。

③《蒋介石日记(手稿)》(1940年5月4日条),斯坦福大学胡佛研究所藏。

及国际秩序之尊严于远东者，只美国而已”。[①]

在把眼光转到美国时，蒋介石还是怀有较大的期待。5 月 25 日，他为美国决定扩充军备与设防关岛而振奋，称颂此举是对日本的最大打击。[②] 同月 28 日，针对美国众议院通过军用原料禁运案，蒋介石写道：“此为两年来余时时所想念之一，今果实现，又在此大扩军费通过之后而有此案，余不能不佩服罗总统政治手腕之伟大沉毅也。从此制倭计划与布置已告完妥，只待倭寇之自决矣。”[③]

总之，蒋介石虽然对 1940 年 4 月以后的欧战局势深感意外，但在 5 月底之前，由于他视美国为“远东安定最大关键”，故对欧局可能对中国带来的负面影响还不是十分担心，并且以为英法在欧洲失败后，英美在远东更会合作。[④] 因此，5 月 31 日，他再次在日记中提到美国的扩军案与禁运案，不无满足地写道：“三年来对国际所期望者至本月底方得逐渐实现，若无坚忍定力，焉能得此，可不戒惧乎。”[⑤]

但是，日历翻到 6 月以后，随着英法军队在德国的全面进攻中一败涂地，欧局对中国造成的负面影响一天比一天明显：12 日，英国对日让步，就天津英租界问题和日本达成临时协议，同日，日军占领宜昌；14 日，德军占领巴黎，3 天后，法属印度支那总督屈服于日本的压力，宣布将禁止向中国运输军需物资；20 日，日法协定签字，滇越路停止了对中国的物资运输。21 日，蒋介石把“鄂西战局

① 《蒋介石与美国驻华大使詹森的谈话》（1940 年 5 月 15 日），《中华民国重要史料初编——对日抗战时期》第 3 编(1)，第 272 页。

② 《蒋介石日记(手稿)》（1940 年 5 月 25 日），斯坦福大学胡佛研究所藏。

③ 《蒋介石日记(手稿)》（1940 年 5 月 28 日），斯坦福大学胡佛研究所藏。

④ 《蒋介石日记(手稿)》（1940 年 7 月 18 日），斯坦福大学胡佛研究所藏。

⑤ 《蒋介石日记(手稿)》（1940 年 5 月 31 日），斯坦福大学胡佛研究所藏。

与安南停运之二事"称为抗战以来最大的"苦痛艰危"。①

蒋如此忧虑是有其深刻背景的。如本书第六、第七章所述,在欧战爆发以前,中国国民党临时全国代表大会于1938年4月通过的《抗战建国纲领》,规定了联合日本以外一切国际势力的外交方针。② 在此方针下,国民政府处理国际问题的宗旨是惟以日本为敌,即在首重美、英、法、苏的同时,对德、意两国也竭力争取。但自1939年9月欧战爆发以后,在蒋介石的主导下,国民政府以英法"民主国阵营"必胜和德国阵营必败为基本判断。由此出发,蒋介石一时曾改变惟以日本为敌的方针,而极力主张中国应该为加强中英法合作而对德宣战。在这一主张遭到多数意见的反对后,蒋虽然没有坚持将此付诸实施,但在因对欧战的态度上,他仍然以亲英法、疏德意作为中国的政策基调。③ 另外,在抗日战略上,蒋介石在1939年11月举行的中国国民党五届六中全会上提出的"两个同时"(中日战争和欧洲战争同时结束,中国问题和世界问题同时解决),也是以英法民主国阵营打胜欧战为前提的。④ 但在现在的欧洲,民主国家岌岌可危,欧战似乎不久就要以和中方的预测截然相反的结果收场,蒋所坚持的中国国际战略的基础也随之从根本上动摇了。

要言之,对1940年6月的蒋介石及国民政府来说,虽然在关于日本对欧战的态度的判断上基本正确,但对欧战本身发生如此剧变,却是出乎意料的。正因如此,他们以民主国赢得欧战为前提的

---

①《蒋介石日记(手稿)》(1940年6月21日),斯坦福大学胡佛研究所藏。

② 详见本书第六章第二节。

③ 具体经纬详见本书第六章、第七章。

④ 详见蒋介石:《中国抗战与国际形势——说明抗战到底的意义》(1939年11月18日),《"总统"蒋公思想言论总集》第16卷,第472—480页。

各种政策，似乎一下子都成了无本之木。

二、“两全”方针与“唯以日本为敌”

面对如此严重的局面，蒋介石不能不重新检讨内外方针，对多种可能做多种准备。恰在此时，自 5 月以来一直建议政府改善对德关系的驻德大使陈介，于 6 月 16 日致电国防最高委员会秘书长张群。电报中，陈介首先比较了德国和英、法三国的强弱，断定欧战不久即会以德国的胜利收场。接着，陈介转而分析德日关系，认为德国依然对日怀有不满，特别是，德国在战争中消耗极大，故即为考虑战后复兴，德国也不可能容忍日本独占中国的资源和经济利益。最后，陈介点明其主旨说：“此后英法实力日趋枯疲，俄方注意东欧，美亦仅足自保。欧战一旦终结，世局必大改观。我于此时似宜就自身地位，谋实际外交，勿为感情而忽利害，勿为过去而忽将来”，明确地提议政府转向联德。① 张群于 6 月 18 日接电后，当即转呈蒋介石。蒋阅此电后，于 6 月 21 日电令陈介“对德相机进行，并能拟具步骤与方法”。② 翌日，法国对德投降，蒋介石惊叹：“法国降德殊出意外，国际形势又一大变，影响我抗战前途更大也”；“本周忧患较切思虑亦深，认为三年来以今日为最大最危之关键也”。③ 当日，蒋召集张群和外交部部长王宠惠等商谈外交，决定

① 《陈介大使柏林铣电》(1940 年 6 月 16 日)，台北：“国史馆”藏，国民政府档案，《陈介呈驻德外交情报》，档案号 001-066220-00015-025。

② 《陈介大使柏林铣电》(1940 年 6 月 16 日)，台北：“国史馆”藏，国民政府档案，《陈介呈驻德外交情报》，档案号 001-066220-00015-025。

③ 《蒋介石日记(手稿)》(1940 年 6 月 22 日)，斯坦福大学胡佛研究所藏。

“除倭寇外对第三国决以友义出之而不敌视也”。[①]这里的“第三国”主要是指德国。因此,这一决定的实质是尽速结束欧战以来中国在对德关系上的冷淡状态,而转向改善对德关系。换言之,以对德政策为标志,蒋介石处理危机的第一步措施,是重新恢复欧战爆发前“惟以日本为敌”的外交方针,力求与欧战的两大阵营同时发展友好关系。

然而,在此时的国民政府领导层,包括行政院副院长孔祥熙、国民党中央组织部部长朱家骅和外交部部长王宠惠等核心人物在内,很多人都因德国的连战连捷与英法的节节败退而产生了强烈的崇拜德国、鄙视英法的情绪。这使反对联德的王世杰在6月9日的日记中愤怒地批判说:“近日我政府中人,因德军暂时胜利,颇有倾向德国,讥笑英法者,其浅薄殊可笑。凡此心理,匪特无主义,抑且不认识列强真相。如朱骝先、孔庸之、张季鸾等,均有此幼稚病。”[②]但是,在法国对德投降、英国孤军作战以后,“英国必败”论更成为主流意见。譬如,在6月26日举行的外交专门委员会会议上,王宠惠总结说:

> 自法国对德降伏以后,英国对德战争所处之地位至为严重困难,纵使英国继续单独对德作战到底,但在英方要侵入德国领土殆不可能,即要在经济上封锁德国亦难得相当之结果,最大限度能使英伦三岛不被德国占领即为幸事。但就此而言,亦只能认为英国不被德国侵占较之英国战胜德国相去尚远。[③]

---

①《蒋介石日记(手稿)》(1940年6月22日),斯坦福大学胡佛研究所藏。

②《王世杰日记(手稿本)》第2册(1940年6月9日条),第288页。

③《国防最高委员会外交专门委员会第64次会议记录》(1940年6月26日),台北:中国国民党党史馆藏,“国防”档案,防003/0310。

针对弥漫于政府领导层的这种偏于一端的情绪与展望，蒋介石刻意提醒大家注意事物的两面性，并在公开场合特别强调其中对中国有利的一面。7月1日，中国国民党五届七中全会开幕，蒋介石在致词中指出：欧战剧变引起了日本侥幸投机趁火打劫的妄念，但它对国际形势还不能不有所顾虑；苏德协定使防共协定失效，日在外交上早已孤立；日本虽想宣布"东亚门罗主义"作南进的先声，但无实现可能，其原因是美国的监视、德国的冷淡、苏联的压力和中国抗战对日本的制约。蒋介石还强调，欧局虽巨变，但我们必须看到在远东有根本利害关系的美苏两强仍始终置身于欧局之外，维持中立地位。故对日本来说，既有中国的正面抗战使其深陷泥淖，又有美苏在它左右监视，使之不敢投机冒险。因此，日本难逃致命的打击。①

7月2日，在美国争取美援的宋子文从华盛顿致电蒋介石报告说，罗斯福在与宋的午餐会上指出：英国如能支持至冬季，欧局必大变；今日中国如向日本媾和，无异投降，"其条件必与打至一兵一卒时同样苛刻，以余地位，当然不能断定中国应抵抗到底，但以友好立场论，媾和即失败，中国目下离失败尚远"。"至中国如需要币制及物质援助，余愿尽力由先生与财政部详商。美国需要钨砂，进出口银行虽已满额，但可另觅他途，至运输路线，如缅甸路线遥远，可由中国向美借款，向俄定货，由西北运华，成一三角方式"。罗斯福还表示，"中美两国始终不能离开，因彼此同样要求和平与贸易，互相扶助，关系深切"。②

---

① 详见蒋介石：《对五届七中全会开会致词》(1940年7月1日)，《"总统"蒋公思想言论总集》第17卷，第373—379页。

②《宋子文致蒋介石电》(1940年7月2日)，《中华民国重要史料初编——对日抗战时期》第3编(1)，第94页。

罗斯福的上述意见是对蒋介石6月下旬所提问题的回答,故对蒋产生了很大的鼓舞作用。[①] 在7月5日的中国国民党五届七中全会上,蒋检讨目前外交时,强调了以下3点:

一、六中全会时提出的"两个同时",是我们从前所决定的抗战外交原则,到现在还是颠扑不破,应该坚持贯彻。

二、我们以前望欧战结束,使欧美各国眼光转向远东,共同解决远东问题。现在局势变迁,这个计划似不能实现。但英法军事虽败,欧战虽突变,对远东仍无多大影响。因为英法在太平洋的力量原极有限,与远东问题有关的主要势力是美苏。它们均未卷入欧战,其在太平洋的势力不但与前一样巩固,而且五中全会所预期的美国在太平洋岛屿筑港扩军与苏联加强远东国防等,今都一一实现。尤其美国近半年所定扩军计划,比我预期的大3倍。美在太平洋各岛修筑军港尤其是设防关岛后,日必受大威胁,不宜贸然南进。如其冒险妄动,也只有更加加剧美国的戒备和促成美日的冲突。如此,即英法失败,远东形势还是不变,我抗战外交仍可照预定目标进行。

三、欧战是延长了,我要等欧美大国在欧战结束或其军备计划完成之后再共谋解决远东问题,时间也当然延长。但现在美苏积极扩军,日本要想与之竞赛,是不可能的。二三年后在美苏扩军计划完成之时,日本在太平洋一定不能立足。故

---

① 6月23日,蒋致电宋子文,指示其"对美总统说话要旨"为:"甲、欧战形势自法降德后对于远东影响及中国抗战甚为不利,问其对于中倭问题解决之道与和战之意。乙、望其干涉倭寇对安南缅甸之压迫,以阻制倭寇对南攻势"。《蒋介石日记(手稿)》(1940年6月23日),斯坦福大学胡佛研究所藏。

> 我虽困难，而敌之痛苦大我几倍，世上没有一国是他真正朋友。以后无论英法与国际如何变化，对日本只有增加危险。

在对国际形势作出上述分析后，关于对德关系，蒋介石认为，因目前欧战结果，德国地位益增重要，故中国在可能范围内要尽力增进中德友谊。但他同时以下述3点理由强调中国在对德关系上“不必强求速效”：其一，德国本身势必要与中国接近；其二，由于目前海运遭封锁陆运无通路，中德即使接近也不能获得多少物资利益；其三，德国对远东的关系重在经济与物资，其对外交与政治则关心较少。最后，蒋介石重申，除敌国日本以外我对各国均要敦睦邦交，今后要坚持抗战不变，坚持《九国公约》不变，坚持对太平洋各国的外交方针不变，守此三不变以度过瞬息万变的大时代。①

蒋介石的讲话说明，虽然他基于对德国地位上升和中方“惟以日本为敌”方针的考虑，提出了改善和加强中德关系的新主张，但在整体上，出于对美国因素和大局发展的信念，他仍然坚持对英美法的既定路线，并以此作为改善对德关系的前提。

蒋介石的这些意见和前述那种弥漫于国民政府领导层的偏于一端的情绪有根本性的区别。在蒋的引导下，7月6日中国国民党五届七中全会就“国际形势剧变中之外交方针”作出了以下决定：

> 一、除日本为我唯一之敌外，对于其他国家均本多交友、少树敌之义，并联合在太平洋关系密切之国家，维护《九国公约》之尊严，安定太平洋之局势。
>
> 二、现欧洲局势突变，敌人妄图利用此机独霸东亚，然美

---

① 详见蒋介石：《目前外交之一般检讨》(1940年7月5日)，《“总统”蒋公思想言论总集》第17卷，第382—385页。

> 苏超然于欧战之外,我当本一贯方针加紧努力,增进相互合作,对于英法尽力维持固有之关系,对德意等国不仅以维持现存友谊为满足,更宜积极改善邦交以孤敌势并破敌阴谋,有裨我抗战建国之前途。
>
> 三、外交当局对变动中之国际形势应密切注视,不限于消极行动以维持现状,而尤当积极力图改善,以适应大势。对驻外使领馆,应力求充实。①

可以说,这个决定既高度重视改善对德关系,又在总体上兼顾了两个方面。换言之,在蒋介石的主导下,七中全会所通过的外交方针,主旨是在对外关系上恢复欧战爆发前那种力求在日本以外的各个阵营中两全其美的做法。作为贯彻这一"两全"方针的策略原则,蒋介石在7月10日强调:"对德外交进行以经济与军学文化入手而不用正面外交,亦不必积极,以免英美苏俄之顾虑。"②

三、制止两种"一边倒"

但是,在七中全会的"两全"方针出炉后,围绕中国的危机仍在继续加深:7月12日,英国为了集中全力抗击德国,在远东进一步向日本退让,竟由其驻日大使出面宣布:为因应日方要求,英国将关闭中国运输抗日物资的重要通道滇缅路3个月。英国的这一行为给刚刚通过新方针的中国当局造成了新的巨大冲击。13日,蒋介石惊叹:"自7月至9月,此3个月间实为最严重之时期,而以国

---

① 秦孝仪主编:《革命文献》第80辑,台北:中国国民党中央委员会1979年版,第56—57页。

② 《蒋介石日记(手稿)》(1940年7月10日条),斯坦福大学胡佛研究所藏。

际变态与社会心理二者之关系最大也!”[1]翌日,英属新加坡代理总督在广播中称:中日两国皆为英国之友,英国今日惟一之敌人为德国之希特勒,其他各事已不能为英国所顾及。因此,即使英方避免延长远东战事的努力失败,英国也只能放下一切理想以及以往之互助合作诺言,惟对德作殊死决战而已。蒋介石在日记中摘录了这段内容后,愤愤批判说:此广播“完全为偏袒倭寇且藉此以委卸其滇缅路运输停止之责任。英国老奸狡猾,无信违法,只顾其本身利害而毫无公理与公法可言”。[2] 在这种认识下,蒋介石于15日召集军事委员会参事室主任王世杰、外交部部长王宠惠、军令部部长徐永昌等人讨论对英方针时,主张立即对英抗议,并在抗议文中一定要表明“英国此等态度直等于帮助敌人,我将有相当对待”。后经王世杰、王宠惠劝说,蒋才同意将自己的上述意思改为由驻英大使以口头表示之。[3] 16日正午,蒋介石在防空室拟定对英声明书,并致电宋子文,令其将英国停止滇缅路运输造成的后果转告美国。[4] 是晚,国民政府正式对英国发出抗议声明。[5]

但是,英国在中方的抗议声中仍然决定从7月18日起关闭滇缅路3个月。这一举动极大地刺激了国民政府内外的反英情绪。它和前述那种由德国的赫赫战绩所带来的崇德氛围相结合,在国民政府领导层中掀起了一股主张弃英联德的浪潮。其领头者是时任立法院院长的孙科。在7月18日举行的国防最高委员会第36

①《蒋介石日记(手稿)》(1940年7月13日条),斯坦福大学胡佛研究所藏。
②《蒋介石日记(手稿)》(1940年7月14日条),斯坦福大学胡佛研究所藏。
③《王世杰日记(手稿本)》第2册(1940年7月15日条),第308页;《徐永昌日记》第5册(1940年7月15日条),第366页。
④《蒋介石日记(手稿)》(1940年7月16日条),斯坦福大学胡佛研究所藏。
⑤《王世杰日记(手稿本)》第2册(1940年7月16日条),第309页。

次常务会议上,他劈头就发言说:

> 我国外交政策日趋困境,似不能再以不变应万变之方法应付危局。因法既屈服,英又将失败,英果败,美为保持西半球,亦无余力他顾,势必退出太平洋,放弃远东。我之外交路线,昔为英美法苏。现在英美法方面均已无能为力,苏虽友好,尚不密切。今后外交应以利害关系一变而为亲苏联德,再进而谋取与意友好之工作,务必彻底进行。英法既帮助敌人中断我之运输线,妨害中国抗战,在英停止缅甸运输实施之日,应即召回我驻英驻法大使,同时宣告退出国联,藉以对美表示民主国家辜负中国使中国迫于生存改走他道。①

孙科的主张明显地逾越了前引蒋介石讲话和七中全会决议"惟以日本为敌"的精神,在对外关系上走到了抛弃英美法、单纯倒向德意苏的极端。但是,在他讲话后,只有吴稚晖表示异议,其他发言者几乎人人赞成。据会议留下的记录,邓家彦说:"亲苏联德极端赞同,不悉苏方近来对我真意如何,如有亲密合作之可能,不妨与之进一步订结军事协议,而西北之国际运输或更可发展。"张厉生说:"亲苏联德应研究如何进行,希望彻底检讨,获得共同意见,作一决定贡献委员长采纳或修正。一经裁定,大家须绝对服从一致奉行。"居正说:"亲苏自属必要,惟召回驻英驻法大使及退出国联亦宜赶速进行。应即请示委员长决定。"主持会议的代主席孔祥熙说:"我国外交政策现在应予检讨,改走有利途径。英对我关税及天津存银等问题处处出卖,中国当不能再事虚与委蛇。德国

---

①《国防最高委员会第36次常务会议记录》(1940年7月18日),中国国民党中央委员会党史委员会影印:《国防最高委员会常务会议记录》第2册,台北:近代中国出版社1995年版,第476页。

军人尤其国防部中人有许多做过我国顾问，对我颇有好感，要做联络工作似亦不难。德英战事英虽不屈服，恐亦难免失败。”秘书长张群说：“我外交政策，对美苏加紧合作，对德义积极改进邦交，对英法维持现状。此七中全会政治决议案内所决定之对外交政策。现英日妥协，停止缅甸运输。我对英态度应重新考虑，但不必视为变更政策。所谓不变应万变者，系欧战初起时总裁之表示。所谓不变之意义应释为：(一)抗战国策不变；(二)多求国际友谊合作之方策不变；(三)拥护九国公约之态度不变。并非一切都不变。至于外交，技术上自应随时改进。”①

在孙科提案成为会议主流意见的情况下，国防最高委员会常务会议决定将其交给因事缺席的最高决策者蒋介石最后拍板。蒋是什么想法呢？从他的亲笔日记来看，他当时对英国的做法也是满怀愤怒的。7 月 18 日，他写道：缅甸停运，英美对远东政策不能一致之弱点暴露无遗，倭寇乃更为所欲为。美国在远东不能与英合作制倭，亦于此益显。往日以为英法在欧失败则英美在远东更应合作之见解完全错误。②

但是，尽管对英国充满愤怒，蒋介石在 7 月 20 日举行的商讨外交政策的高层会议上，还是“不主张召回我驻英大使，亦不主张退出国联”。③ 根据蒋本人及相关知情者的记录，蒋否决孙科及国防最高委员会常务会议多数意见的理由，可以概括为以下几点：第一，宋子文来电，谓美国政府愿贷款于我向苏俄购军械，或售军械于我，经海参崴运华；第二，前之反德太过与今之亲德太急皆不合

①《国防最高委员会第 36 次常务会议记录》，《国防最高委员会常务会议记录》第 2 册，第 477—479 页。

②《蒋介石日记(手稿)》(1940 年 7 月 18 日条〔杂录〕)，斯坦福大学胡佛研究所藏。

③《王世杰日记(手稿本)》第 2 册(1940 年 7 月 20 日条)，第 312 页。

理;第三,国际大势莫测,当暂处静观,以待其定,再决方针,犹未为晚;第四,国联办事处撤销,等于已无形中脱退国联,故此时正式退盟反为其他国家所轻视,而且对国际并不发生作用;第五,因德大胜而更求其交好,徒自为人鄙视,且此时对德关系绝不可能以强求而得。①

蒋介石的最后决策是坚持七中全会决定,在维持英美法路线的基础上加强对德关系。② 孙科及其赞同者反对刚刚出炉的两全方针、主张"亲苏联德"一边倒的偏向就这样被蒋制止了。

但是,当时在国民政府内部还有一种以军事委员会参事室主任王世杰为代表的意见,其主旨是既反对孙科式的亲苏联德一边倒,又反对蒋介石式的两全其美的做法,而主张中国应坚持向英美一边倒。③ 蒋介石对这种一边倒的偏向也予以否定,7 月下旬,他决定派桂永清赴柏林任驻德武官,以加强中德关系。8 月中旬,桂

---

①《王世杰日记(手稿本)》第 2 册(1940 年 7 月 20 日条),第 312 页;《蒋介石日记(手稿)》(1940 年 7 月 21 日条,1941 年 1 月 13 日条),斯坦福大学胡佛研究所藏。

② 参见《佚名致胡适(代电)》(1940 年 8 月 8 日),《胡适任驻美大使期间往来电稿》,第 59 页。

③ 7 月 2 日,孙科在国民党五届七中全会上主张:如运输断绝,中国当派特使赴德。王世杰在日记中指责说:"此语可谓幼稚之极。姑无论我之抗战有其一贯立场,且德国此时正欲利用日本与英为难,何至与我亲善? 即令德与我亲善,其援助又从何而至?"在七中全会于 7 月 6 日通过《国际形势剧变中之外交方针》后,针对其中主张对德改善的宗旨,7 月 10 日王世杰面谒蒋介石,"力言我外交政策不可变更,联德即放弃立场,亦无任何实益"。7 月下旬蒋决定派桂永清任驻德武官后,王世杰仍不改变对蒋的两全方针的反对态度。因此,7 月 30 日,他指示检查机关尽量限制《大公报》主笔张季鸾的联德言论,指出"此时倡亲德之论,必丧美国同情,且希特勒一类人如果得势,岂能福我中国!"8 月 5 日,王世杰还对前来辞行的桂永清"告以中德国交日前无大改进之可能,联络德国,不宜对外多所表示,徒滋误会"。详见《王世杰日记(手稿本)》第 2 册(1940 年 7 月 2 日条,7 月 10 日条,7 月 30 日条,8 月 5 日条等)。

永清衔命赴任。①

总之，1940 年 7 月中旬以后，在德国大捷和英法封闭对华运输线的大背景下，国民政府内部围绕对德路线出现了 3 种意见：一种由蒋介石代言，主张在加强美苏、维持英法的前提下改善对德关系；一种由孙科代言，主张抛弃美英法、完全亲苏联德；一种由王世杰代言，主张单一维持美英路线而不必对德改善。从整体上看，孙科的对德主张是对英法某些行为的一种义愤，但失之于情绪化。王世杰的对德主张较具一贯性，在此期国民政府的外交决策中发挥着对孙科式偏向的牵制作用，但在当时的国际形势下，似亦有缺乏灵活性及说服力的一面。以两全方针为根基的蒋介石的主张最终成为政府方针，和孙、王所代表的这两种"一边倒"本身内含的这些缺陷，显然有很深的关系。

四、从拒绝媾和到摸索媾和

与 1938 年一度出现的动摇（见本书第六章）不同，自 1939 年 9 月欧战爆发，至 1940 年夏国际危机来临之前，在对日媾和问题上，蒋介石一直是持反对态度的。据军令部部长徐永昌的记载，1940 年 1 月底他曾向蒋进言，"言和不碍抗战（不敢说一句和的话便是病态，便是虚矫）"，但同年 4 月法国表示愿意调解中日战事时，蒋仍予以严词拒绝。徐对蒋的这种做法很是不满，在日记中怀疑蒋的拒绝"是否完全出于迷信?"为此，当因主张对日媾和而屡遭蒋斥

① 军令部部长徐永昌在桂永清来辞行那天的日记中写道："余祝其归国时能见到德籍顾问。盖我国战后建设仍须请德籍顾问为得计也。"从中可见当时国民政府高层对德观感之一斑。《徐永昌日记》第 5 册（1940 年 8 月 16 日条），第 389 页。

责的王宠惠于6月1日托徐永昌出面向蒋再次提议“乘敌图和之时谋和”时,徐答之“言亦无益”。① 徐的答复并非过虑。因为,6月4日蒋介石再次确认:“倭阀仍在积极压迫其王室以逞加入德意轴心造成其最后冒险之狂谋,毫无悔祸退让之意。余必待其此后进一步冒险行动之实现,激起其国内之变乱与崩溃时,方有中倭和平之望。一面再待欧战之发展,以促倭寇之崩溃,深信不久将来或可到来也。故此时决无和平之可言也。”②

但是,1940年7月以后的蒋介石日记显示,和国际危机到来之前的上述那段时期相比,此时的蒋对媾和问题的态度已经不那么坚定了。譬如,7月6日,他一边考虑要发函指示以个人身份保持对日接触的张季鸾对日本的求和“应暂不理”③,一边又考虑应该通过张向日方转告中国在媾和问题上的最低限度④,并在翌日的日记中开列了中日媾和条件的要点。⑤ 这说明,在伴随欧局剧变而来的深刻的国际危机的冲击之下,蒋介石在媾和问题上改变了以前那种一概拒绝的姿态。

英国封闭滇缅路,危机日臻险恶后,蒋介石在力图以“两全”方针多方改善对外关系的同时,在对日政策上,不得不进一步从最坏的角度评估形势,并作因应最坏局面的准备,而关于对日和战之利

---

① 详见《徐永昌日记》第5册(1940年1月31日条,4月16日条,6月1日条),第275、310、332页。

②《蒋介石日记(手稿)》(1940年6月4日条〔杂录〕),斯坦福大学胡佛研究所藏。

③《蒋介石日记(手稿)》(1940年7月6日条),斯坦福大学胡佛研究所藏。

④《蒋介石日记(手稿)》(1940年7月6日条),斯坦福大学胡佛研究所藏。

⑤ 内容为:日本放弃北平至山海关驻兵权,提前取消汉口租界,取消内河航行权,青岛与海南岛完全交还,热河先行交还,东三省问题借用港口问题东亚联盟问题待和平完全恢复撤兵完全实行后再谈,天津与上海租界定期交还等。详见《蒋介石日记(手稿)》(1940年7月7日条),斯坦福大学胡佛研究所藏。

害得失的再检讨，则是其中的一个重点。在7月25日的日记中，他以"甲、英国终败。乙、美倭三年内不致战争。丙、倭寇对南洋不致用武力侵略。丁、俄美亦不致近期内战争。戊、倭寇可专心进攻中国"为假设条件，留下了他在危机期间关于中日媾和问题的第一份比较具体的思考记录：

一、日本急于求和之原因："甲、中倭战争不结束，无论德与意皆不重视倭寇，美俄更可对其胁制，故其国际无活动运用余地。乙、国内经济政治皆不能整个改革。丙、民心与军心厌战。丁、人力缺乏益甚。戊、对美对俄之扩军更无法应付。此为最大原因与困难。己、中国原料无法掠取。庚、物力人力皆受我抗战消耗。"

二、日本对华求和之阴谋："甲、停战后使我内部冲突与内乱。乙、使我士气颓丧，不敢再战。丙、乘我内乱乘机反攻或乘机要挟，违反约言，延不撤兵。"

三、中国对媾和应有之基本准备："甲、重庆根据地固定，政府不迁回南京，仍驻重庆。乙、控置全国兵力之充足。丙、军队不即复员，作积极整训。丁、先订定和平必要之条件：子、敌宣言放弃不平等条约之特权；丑、先交还汉口租界；寅、先撤退平津至山海关驻兵；卯、限期取消内河航行权；辰、限期取消津沪租界；巳、尊重海关自主，撤销洋员；午、先交还热河；未、琼州青岛与撤兵同时交还；申、如期撤兵，以三个月撤完；酉、恢复经常外交；戌、重订互惠及平等互不侵犯条约；亥、解决东北问题"。

四、和战于中国之利害："甲、内部与中共变乱乎？乙、军心与民心弛懈乎？丙、倭寇违约，迁延时日乎？丁、倭寇乘隙复仇反攻。此害也。""子、倭受我此次抗战教训，不敢再侵华。丑、倭对美俄军备竞争，不遑侵华。寅、开放封锁，我可购入机器与利用外资。卯、我可休养生息，从事建设，重整国防。辰、我可专心统一，从事复兴,实现主义。巳、美国扩军案已通过实行,此后倭必不能对华安心侵略矣。此利也。”

接着,蒋介石还设想中国的建国与独立可以分几步完成:“此次抗战目的惟在打破倭寇亡华之传统政策及其侮华之自大心理。至于根本取消不平等条约,求得完全独立,则在战后之自强自立,而于十年以内倭美、倭俄或德俄战争时期我国乃能获得真正独立自由之机。”①

7月30日,蒋介石进一步确信,“自7月起以后3个月期内实为我国抗战最大之难关,须准备一切”,在“欧战激变、英法失败、美俄对我之艰难皆袖手旁观置之不理,安南与缅甸交通皆断绝,以后外交、经济、交通皆必困难益甚”的状况下,“我之政略与战略皆应重新研讨,以求得至当,事事应以自求自救为第一义也”。② 不言而喻,对此时的蒋介石来说,中日媾和当然也是“自求自救”的选项之一。③ 恰在此时,日本也通过和知鹰二等多种渠道加强对国民政府的诱和工作,包括托人向蒋介石递送表示诚意与敬意的信件,其内容甚至被蒋视为“无异乞降”。④ 在这样的背景下,8月4日,蒋介石认为“趁敌南进野心猖狂之时,谋于我有利条件下之媾和,未始非计也”,遂命张季鸾出面与日方接触,开始媾和试探。⑤

如何看待蒋介石的这一决策呢?笔者认为,除了首先要承认

---

①《蒋介石日记(手稿)》(1940年7月25日〔杂录〕),斯坦福大学胡佛研究所藏。

②《蒋介石日记(手稿)》(1940年7月30日条),斯坦福大学胡佛研究所藏。笔者附注:2009年笔者在胡佛研究所查阅时,确认此段日记写在6月30日页后的“本月反省录”的空白处,但蒋特注明写于7月30日。

③《在蒋介石身边八年——侍从室高级幕僚唐纵日记》(1940年8月5日条),第146页。

④《蒋介石日记(手稿)》(1940年8月10日条),斯坦福大学胡佛研究所藏。

⑤《蒋介石日记(手稿)》(1940年8月4日条),斯坦福大学胡佛研究所藏。

它本身也属于危机处理的一种措施外，还必须结合以下几个方面的重要事实而加以全面的分析：

第一，蒋介石所设定的媾和条件的性质。8 月 4 日后，在蒋的主导下，张群、陈布雷、张季鸾等人开始起草关于媾和条件的文件。同月下旬，这份题为《处理敌我关系之基本纲领》的文件定稿。其中规定：抗战的最大之成功为完全战胜，收回被占领、掠夺之一切，不惟廓清关内，并收复东北失土；最小限之成功则为收复七七事变以来被占领之土地，恢复东北失地以外全国行政之完整，而东北问题另案解决之。以上两义，前者战胜之表现，后者则为胜败不分，以媾和为利益时之绝对要求。文件还规定：和议之发起必须出之敌方，其条件必须无背于我建国原则，而足以达到我最小限之成功，贯彻我最小限作战目的，是时始允其开始和平之交涉。[①]

从这些内容来看，经蒋肯定的最小限度媾和条件拟将东北问题另案解决，很不彻底，但和蒋在 1939 年 1 月举行的国民党五届五中全会上对抗战目标的设定（“恢复卢沟桥事变前的事态”）相比，应该说并无降低。[②] 而就另一方面来说，蒋在同年 11 月举行的国民党五届六中全会上，出于对欧战局势的期待，已把中国的抗战之“底”从“恢复卢沟桥事变前的事态”，抬高为前文提到的“两个同时”[③]，因此，现在的 8 月“纲领”让最小限度媾和条件重新回到蒋在 1939 年 1 月的设定，则可谓是因应欧战负面影响的一种后退。

第二，蒋介石在媾和问题上的心态。史料显示，在决定由张季

---

① 《处理敌我关系之基本纲领》（1940 年），台北：“国史馆”藏，蒋中正“总统”文物，档案号 002-080103-00030-002。

② 详见本书第六章第六节。

③ 详见前引蒋介石：《中国抗战与国际形势——说明抗战到底的意义》（1939 年 11 月 18 日）。

鸾试行和谈的过程中，蒋介石的内心一直是很挣扎的。8 月 29 日，他“告季鸾布雷对条件不可迁就与交涉时坚持之态度以及谈话各要点以壮其气”①，似乎已决心开始和谈。但同日，他又认为中国对日是否媾和，应取决于以下因素：(1) 10 月以后英德战局如何？滇缅路能否开放？(2) 敌国近卫新政治体制至明年 1 月底能否如常进行，德倭以后之关系如何，能否同盟？(3) 美国 11 月大选后对远东之政策如何？(4) 中共抗战之态度与行动如何？(5) 德俄在东欧形势变化如何？(6) 我国之实力及内容环境如何？(7) 敌军是否南进，其精神与实力如何？② 到了 8 月 31 日，蒋介石更对媾和的合理性产生怀疑，在日记中说：“敌倭时时以‘日满支’名词为对象，如何而望其彻悟与和平？我国损害伤亡如此重大，如何而可轻易议和？”因此，同日他电告张季鸾：“我以延宕时间为主旨。”但同时他又决定“敌果诚意求和，我有一定限度。能到预期程度，虽有内外各种阻碍，亦当言和”。③ 9 月 5 日，当徐永昌以“抗战愈久共势愈张”及德国亦盼中日停战为由，再次向蒋提议对日谋和时，蒋回答说：“日已无力，停战后亦无大作为。”④7 日，蒋干脆命陈布雷通知张季鸾离港返渝。由于张没有完全服从蒋的指示，蒋还在 9 月 22 日批评张季鸾等“无方而好事”。⑤ 然而，另一方面，蒋最终确定停止对日媾和交涉，实际是在后来因日德意三国结盟而消除了中

---

①《蒋介石日记(手稿)》(1940 年 8 月 29 日条)，斯坦福大学胡佛研究所藏。

②《蒋介石日记(手稿)》(1940 年 8 月 29 日条)，斯坦福大学胡佛研究所藏。笔者附注：此条日记补录于“9 月反省录”之后。

③《蒋介石日记(手稿)》(1940 年 8 月 31 日条)，斯坦福大学胡佛研究所藏。

④《徐永昌日记》第 5 册(1940 年 9 月 5 日条)，第 404 页。

⑤《蒋介石日记(手稿)》(1940 年 9 月 22 日条)，斯坦福大学胡佛研究所藏。另，关于这一时期由张季鸾出面的秘密谈判，详见杨天石：《蒋介石亲自掌控的对日秘密谈判》，收入前引《寻找真实的蒋介石——蒋介石日记解读》。

国的国际危机之后。①

第三,蒋介石在探索对日媾和利害的同时,曾认真考虑为坚持抗日而改善与苏联及中国共产党的关系。这一点有多方面的资料可作佐证。譬如,6月11日,蒋介石在审阅唐纵建议加强联苏的文章《国际现势之观察及其对策》后,签名批示"可嘉勉"。② 7月21日,蒋介石在否决孙科提案的同时,在日记中写道:"对内对外之方针应切实考虑,苏俄道路不得不行乎?"③翌日,唐纵根据自己对蒋介石的观察记道:"近来外交以越南、缅甸被封锁为枢纽,逐渐在转变,对苏联、对共党都有新的观念,总理三大政策势必重新揭举,闻朱、毛亦有电来如此要求。"④7月25日,蒋介石确定,"一、对中共方针用政治解决为主。二、对苏俄至少维持现状不宜恶化"。⑤ 8月20日,华北八路军在正太铁路沿线同时向日军发起攻击,百团大战开始。对此,蒋介石在月底的总结中肯定其"予敌以相当之威胁"。⑥ 对蒋介石在苏联和中共问题上的这种变化,中共自己也有认识。譬如,毛泽东在1940年10月29日给周恩来等人的电报中指出,"在七八月间蒋介石确曾准备于重庆失守时迁都天水,准备亲苏、和共与某些政治改良",后来由于德意日三国同盟后英美对日积极化,蒋才在亲苏和共政策上又发生"动摇与大变"。⑦

上述蒋介石在媾和问题上的心态及对联苏联共的考虑说明,

---

① 详见本书第十章。

②《在蒋介石身边八年——侍从室高级幕僚唐纵日记》(1940年6月11日条),第133页。

③《蒋介石日记(手稿)》(1940年7月21日条),斯坦福大学胡佛研究所藏。

④《在蒋介石身边八年——侍从室高级幕僚唐纵日记》(1940年7月22日条),第143页。

⑤《蒋介石日记(手稿)》(1940年7月25日条),斯坦福大学胡佛研究所藏。

⑥《蒋介石日记(手稿)》(1940年8月31日条),斯坦福大学胡佛研究所藏。

⑦ 中共中央文献研究室编:《毛泽东年谱》中卷,北京:人民出版社1993年版,第216页。

后人在研究蒋在国际危机中的表现时,必须充分重视客观形势的巨大影响。

五、支撑中国抉择的两大基石

以上以对德政策与对日政策为中心,考察了蒋介石在国际危机时期的政策抉择。蒋之所以做出这些抉择,原因当然是很多的。但从整体上看,对日本政策走向的观察与对德苏英美相互关系发展趋势的展望,是支撑蒋介石所作政策抉择的两大基石。以下分头概述之。

1. 对日本政策走向的观察

自 1939 年 11 月确定以“两个同时”为对日新战略后,蒋介石对日本是否南进特别关注。因为他认为,日本的南进虽然有截断中国的物资通道,给中国造成危害的一面,但从长远与全面的结果来看,日本的南进对中国来说是利大于害。危机前夕的 1940 年 5 月 25 日,蒋介石再次强调了这一观点,称“倭如南进则其必介入欧战并与美冲突,于我政略上为有利也”。① 27 日,他又写道:“倭如占领南洋英法属地则其必与英法为敌,此余之所大欲。余必加入英美法方面参战,则最终目的仍可达到。”②

蒋介石当然明白,中国不可能左右日本的政策走向,日本的国策根本上只有日本自身才能选择。但他同时认为日本决策者已失去理性,故必然走上自杀之路。因此,7 月 1 日蒋介石断定:“倭军

---

①《蒋介石日记(手稿)》(1940 年 5 月 25 日条),斯坦福大学胡佛研究所藏。
②《蒋介石日记(手稿)》(1940 年 5 月 27 日条),斯坦福大学胡佛研究所藏。

部又干涉其政府外交政策，且甚激烈，逼其政府南进，此必为敌国之致命伤也。”①显然，在欧局带来的国际危机中，蒋介石把日本的南进视作中国最终转危为安的一个机会。

因此，当日本此期酝酿改组政府，由近卫文麿取代米内光政组阁之际，蒋介石十分关心政府更迭后的日本将采取何种外交政策。经过观察与思考，7月16日，蒋预测，“敌米内内阁辞职，如其后任为近卫，则其侵华或将更积极”。② 翌日，他判断：“近卫出马，其对南洋与侵华皆将取军部积极政策，此非于我不利也。惟战事必更延长。吾人更应从根本做起，不患不能复兴。祸兮福所倚。”③7月22日，近卫内阁正式登台，蒋介石在“专研究倭阁新组后形势与政策”后认为，近卫“爱惜毛羽，既好虚名，又无决断，八面讨好，既无中心思想，又无斗争经验，更无贯彻到底之毅力，故在其前任内阁徒唱国民再组织，最近又唱新政府体制，以来，仍无定见，无进步”。④ 翌日，在细读刚刚公布的近卫内阁名单后，蒋断定“此次内阁可谓最幼稚最无人望之内阁”。

关于以后日本对国际的动向，蒋介石从多种可能性予以分析，说：

> 如英伦果为德国在三个月内占领，则倭将要求德国谅解而参战，而负责占领新加坡与英属南洋，以断英国之后。否则彼或联合英美以抗德俄，此亦不无可能也。如果英伦失陷，倭攻远东之英属及其海军，则美国未必能袖手旁观。然本年11

① 《蒋介石日记（手稿）》（1940年7月1日条），斯坦福大学胡佛研究所藏。
② 《蒋介石日记（手稿）》（1940年7月16日条），斯坦福大学胡佛研究所藏。
③ 《蒋介石日记（手稿）》（1940年7月17日条），斯坦福大学胡佛研究所藏。
④ 《蒋介石日记（手稿）》（1940年7月23日条），斯坦福大学胡佛研究所藏。

> 月以前美国大选未定之前，美或不能以实力助英，亦未可知。如此，则远东危险，近卫或有死灰复燃之机，故在此三个月内甚愿天佑英国，能使之固守，英伦不失，俾世界与远东局势得以转危为安。然此为人类祸福所关，冥冥之中必有主宰，吾人只可尽其人事而已，虽忧何益？若倭攻远东之英国，则英必求助于我，则于我未始不利。①

7 月 26 日，针对日本的南进动向，美国宣布对石油与废铁的对日出口实行限制，蒋介石从中备受鼓舞，称“美国对倭禁运汽油与废铁昨始宣布，此举虽晚，然亡羊补牢，仍于我有效益也”。②

此后，在日本南进动向与美国制日行动的交相作用中，蒋介石判断：近卫内阁登台后，日本陆海军之意见必更冲突(7 月 31 日日记)，近卫内阁将促敌国内外崩溃(8 月 2 日日记)，英美在太平洋上似有合作趋势，以阻止倭寇南侵，日本已将排斥白人之意毕露无遗，可知其昏愚已失理智(8 月 9 日日记)。9 月 23 日，日军侵占法属越南北部，蒋介石高兴地称：“此为敌国侵略行动由华转移其他国家之开始，亦即对英美挑战之实现，故应特别研究勿失时机。此实为我国对倭抗战最大之转机也。”③

2. 对德苏英美相互关系发展趋势的展望

卢沟桥事件以后，国民政府在总体上一直视苏联为中国抗日的与国，十分重视加强对苏关系。但在 1939 年 9 月欧战爆发特别是苏联先后入侵波兰、芬兰以后，由于苏联和英美法的对立，也由

---

①《蒋介石日记(手稿)》(1940 年 7 月 23 日条〔杂录〕)，斯坦福大学胡佛研究所藏。

②《蒋介石日记(手稿)》(1940 年 7 月 27 日条)，斯坦福大学胡佛研究所藏。

③《蒋介石日记(手稿)》(1940 年 9 月 23 日条)，斯坦福大学胡佛研究所藏。

于苏德关系的暧昧，以及苏联和中国共产党关系的特殊，国民政府尽管继续坚持以苏联为抗日与国，力图利用日苏矛盾以苏制日，但同时加深了对苏联的不满与不信。后者尤其集中于对订立互不侵犯条约以后的苏德关系的警惕之中。譬如，蒋介石最担心的，是苏联是否会利用自己微妙的中立立场，在日后世界明确分化为日德意阵线与英美法阵线以后，从两大阵营的“火并”中独得渔翁之利。① 因此，在欧战因德国的进攻而开始剧变的 5 月中旬，蒋介石希望，在苏联未参加欧战前，美国能“作为太平洋之安定力以监视倭俄”，而绝不在苏联之前先加入欧战。② 同月下旬，蒋介石担心：在英美法与日德意两大阵线的对垒中，苏联“待此双方疲竭时乃出而干涉，引起世界革命，推翻帝国资本主义，独霸世界”。③ 由此可见，对苏联中立策略的高度警戒，是其后蒋介石主导国民党五届七中全会通过前述“两全”方针的一个重要原因。

正因如此，在危机到来以后，蒋更加关注苏联的取向及德苏英美关系的发展趋势。8 月 2 日，在回顾前月国际形势的演变时，蒋已经看到，“德俄在巴尔干争霸之行迹显露”，“德无积极攻英之企图或有言和之可能”。④ 同月 16 日，蒋分析说：“英德决战，如德能速胜则德俄战争或接踵而起，俄必专力于西方。如此，德倭意防共协定或将复活，则英美苏或又成一线亦未可知。若德不能速胜英国，旷日持久，则俄待倭南侵以后，其必向巴尔干及近东夺取英德

---

①《蒋介石日记(手稿)》(1940 年 4 月 20 日条)，斯坦福大学胡佛研究所藏。

②《蒋介石日记(手稿)》(1940 年 5 月 18 日条)，斯坦福大学胡佛研究所藏。另外，从蒋的相关日记来看，蒋的这一观点直至 1941 年的日美交涉期间还在坚持，详见本书第十二章。

③《蒋介石日记(手稿)》(1940 年 5 月 27 日条〔杂录〕)，斯坦福大学胡佛研究所藏。

④《蒋介石日记(手稿)》(7 月反省录条)，斯坦福大学胡佛研究所藏。笔者附注：记于 1940 年 8 月 2 日。

势力以制德矣。如此俄仍不能兼顾远东制倭也。”①翌日,他分析说:“德胜,如德俄冲突不急发动,则德仍不欲联倭,亦不愿让远东荷法殖民地于倭也。英国如能持久,则英美将在太平洋上联合对倭,则倭对安南与荷印仍不能侵略。若德胜,德俄战争即起,则德将以南洋权益许倭,而倭侵入越南,是时英美或亦不敢抗倭,此则于我最不利也。然此种公算不大耳。如我能坚持至本年杪或明春三月,则抗战未有不成也。”②8 月 31 日蒋说:“英德本月空战未分胜负,欧战或将延长,德俄在东欧争霸日显,俄倭开始实行勘划满蒙边界,英美对倭抗议变更安南现状,多于倭不利乎。”“英德决战之结果:甲、如德国果占领英伦三岛,英国失败时,英德如继续作战不能言和时,则以后对远东与倭国之影响不出三途:子、德与英苏对倭国皆不即不离,一如现状;丑、德与倭合作或同盟,倭对英美宣战;寅、倭与英美妥协,对德意中立。此为德既败英,无需与倭合作时之局势,或亦有可能。乙、如英德决战后媾和,则为中国之利亦即全世界之利也。否则,德与俄在近东争霸,德意倭成为一战线,英美苏亦成一战线,此我中国之所期也。”③进入 9 月后,随着苏德之间在罗马尼亚等问题上的对立日益明显,蒋介石愈来愈判断“德俄裂痕日深,美俄有接近之可能”。④

从蒋介石以德苏争霸、日德意与英美苏各为盟国为中国之利的观点来说,危机时期他对德苏英美关系发展趋势的这些比较有远见的观察,显然对他的危机处理产生了积极作用。另外,如重温一下本书第六章第八节关于欧战爆发以前国民政府对德意日关系

①《蒋介石日记(手稿)》(1940 年 8 月 16 日条),斯坦福大学胡佛研究所藏。
②《蒋介石日记(手稿)》(1940 年 8 月 17 日条),斯坦福大学胡佛研究所藏。
③《蒋介石日记(手稿)》(1940 年 8 月 31 日条),斯坦福大学胡佛研究所藏。
④《蒋介石日记(手稿)》(1940 年 9 月 16 日条),斯坦福大学胡佛研究所藏。

的定位的论述，不难发现，蒋介石及国民政府此际在结盟问题上的构想，和前者是一致的。

六、四个注目点

在结束本章时，似可用下述四个注目点作为小结：

第一，在 1940 年夏季的国际危机中，世界大局变幻莫测，欧战与中国的抗战前景都似乎是黑暗压倒光明。身处这种困难而复杂的状况，如何认识现实？如何展望将来？如何选择政策？对中国是一场严峻的考验。蒋介石引领国民政府在这一考验中所作出的抉择，可概括为几个要点：

(1) 整体：惟以日本为敌，制止两种一边倒，力求与日本以外的所有国家都加强友好。

(2) 对德：结束欧战爆发以来的疏远状态，力求在维持英美关系的前提下获得改善。

(3) 对日：检讨和战的利害得失，设定最高与最低媾和条件，并在至少确保最低条件下试探媾和的可能性。

(4) 对欧战及相关国家：克服国民政府领导层中出现的偏激情绪与极端意见，同时看到多种可能性，并相应准备多种因应措施。

蒋介石后来认为，他在危急时刻的这些抉择(特别是制止孙科的主张)，是他在 1940 年作出的最具关键意义的决定。[①] 国民政府

---

① 详见《蒋介石日记(手稿)》(1941 年 1 月 13 日条)，斯坦福大学胡佛研究所藏。笔者附注：本书的相关论述请参见第十一章第三节。

中知道这段内情的人物，也在事后为此深深庆幸。①

第二，在影响蒋介石所作抉择的各种因素中，对日本政策走向的观察和对德苏英美相互关系发展趋势的展望，具有关键性的影响。在此二者中所反映出来的蒋介石的哲学思辨，特别是关于事物变化发展的辩证法的思考，表现出蒋介石此期不同于其他领导人的认识特点，即较多地注意到多种可能性，而非固执于一种可能性；较多地注意到事物的复杂性与变化性，而较少简单化，较少固定化。这种哲学思辨的引导，显然在蒋的抉择过程中发挥了正面的作用。

第三，危机时期，国民政府内部围绕对德路线出现了 3 种意见。其中，蒋介石与孙科的分歧不在于应否联德，而在于在何种前提下联德。孙科主张脱离英美，单纯亲苏联德（一边倒）；蒋介石则主张在加强美苏关系、维持英法关系的前提下联德（两全其美）。如果从主张另一种一边倒即对英美一边倒的王世杰式的角度来看，蒋的两全方针容易被视作具有投机性与摇摆性。但若考虑到危急时刻中国所处的内外环境，特别是考虑到当时美苏两国也在自称中立及中国共产党也在坚决反对“加入英美集团”的客观情况，后人就须对所谓投机性与摇摆性作出全面的分析，而不能予以简单的否定。

第四，同时应该指出，蒋介石在危机时期虽然看到了多种可能

---

① 1940 年 9 月 27 日日德意三国同盟成立后，围绕中国的国际形势转危为安，10 月 18 日，滇缅路重新开放。19 日，王子壮见到 3 个月前因自己的弃英联德主张被蒋拒绝而负气出走香港的孙科重返重庆。是夜，王在日记中感慨地写道：“假使如孙先生之主张，今日之中国仍完全孤立于世界。甚矣。柄国是者须镇静处事，是蒋先生之镇定有以致之。绝不能以冲动之意气处理国家大事也！”“中央研究院”近代史研究所编：《王子壮日记》第 6 册（1940 年 10 月 18 日条），台北：“中央研究院”近代史研究所 2001 年版，第 293 页。

性，从而表现出他比其他人高明的地方，但在当时的客观条件的限制下，他对哪一种是主要的可能性，哪一种是次要的可能性，还未能完全看清；在对欧战最终胜负及苏联今后取向的判断上，他不像多数人那样悲观，但也不是很有把握。所以，蒋介石在此期的外交上，总的出发点是维持现状，静观发展，等 3 个月后局势明朗化再做最终决断。也就是说，蒋介石虽然没有像孙科或王世杰那样偏于一个极端，但总体上是在两个极端的中间观望和等待。而最后结束蒋介石的观望和等待的，则是 1940 年 9 月日德意三国同盟成立后所出现的有利于中国抗战的国际新局面。

关于这个问题，本书将在第十章详加论证。

第十章　针对日德意三国同盟的多角外交

在国民政府经受1940年夏季的严峻考验之际，同年9月日本和德国、意大利缔结的三国同盟，转变了中日战争的大趋势，成为决定两国命运的一个重大的转折点。本章拟在论证国民政府主政者对三国同盟性质、影响之认识及应对的同时，展示他们如何利用三国同盟带来的有利形势，开展对英、美、苏、德、日的多角外交。

一、对日德意三国同盟的最初反应

1941年9月27日，即在英国封锁滇缅路离期满还有三周前，日本和德、意签订了三国军事同盟。其主要条文是：

第一条　日本承认并尊重德意志和意大利在欧洲建立新秩序的领导权。

第二条　德意志和意大利承认并尊重日本在大东亚建立新秩序的领导权。

第三条　日本和德意志、意大利同意遵循着上述方针努力合作。三国并承允如果三缔约国中之一受到目前不在欧洲战争或中日冲突中的一国攻击时，应以一切政治的、经济的和军事的手段相互援助。

第四条　为了实施本协定，由日本和德意志、意大利的政府各自指派委员组成的联合技术委员会将迅速开会。

第五条　日本和德意志、意大利确认上述各条款毫不影响三缔约国各与苏联之间现存的政治状态。①

蒋介石是在当天上午听到日本即将缔结同盟条约的最初消息的。因这一最初消息所说的同盟成员包括日、德、意、西(西班牙)四国，所以，在当天的日记中，蒋介石写道：

> 如此说果确，则我抗战之困难又减少一层，倭寇之失败当可指日而待。惟以后俄国之态度是否能与英美合作站在同一战线犹未可卜。然此四国同盟即为往时共同防共之脱胎，以理度之，俄国最后必作此同盟国之致命伤也。我国立场自当较前优裕乎？近来时虞国际形势混沌，抗战将临绝境，以致心神恍惚不安，尤以明年之难关艰危更为忧虑。今得此息，是乃天父扶掖之力而非人事所能为也。②

28日一早，蒋介石接到了关于日德意三国同盟的确切报告。据此，他判断："以后倭必在最近期内进攻新加坡、香港、荷印与菲律宾无疑，美倭战争必难再缓。"但在为此前景庆幸之余，和前日一样，他还是十分担心苏联的取向，故强调"此时俄之方针与态度惟一重要"，中国"应特别注重与设法探明"六大问题：

> 如俄不愿我参加英美阵线而望我独立作战，则我当考虑其用意与我之利害轻重如何？一也。倭攻英美能否必胜或必

---

①「日本国、独逸国及伊太利国間三国条約」(1940年9月27日)，『日本外交年表竝主要文書』(下)，第459页。

②《蒋介石日记(手稿)》(1940年9月27日条)，斯坦福大学胡佛研究所藏。

败？二也。英美究能援助我至何种程度与交通状况？三也。俄、共为害我究能至何种程度？四也。俄倭究能合作否？或终必战争？五也。中倭此时和平利害如何？六也。①

这两则日记表明，在获悉日德意三国同盟成立的最初时刻，蒋介石虽然对迎来他在欧战爆发前就衷心期待的局面深感幸运，但由于欧战爆发一年来形势已经发生重大变化，在对三国同盟利害影响的评估上，蒋并非只喜不忧，而是抱有很多疑虑。尤其是，蒋一边希望“俄国最后必作此同盟国之致命伤”，一边又忧虑“俄、共为害我究能至何种程度”。这反映出他此时因为拿捏不准苏联及其指导下的中共的态度而深感不安。很显然，对此时的蒋介石来说，日德意三国同盟后的国际形势并非一切皆对中国有利，而是既有好转的部分，又有旧态依然或难以捉摸的部分。这种错综复杂的状况造成了蒋介石错综复杂的心境。

当天下午，蒋介石在其黄山寓所召开研究三国同盟问题的首次高层会议。在讨论到中国对这一事件的因应方针时，会上意见纷纭。据与会的军令部长徐永昌当天的记录，“大多数主张无一非硬性与露骨的紧张或愤懑态度”。其中，不少过去支持孙科联德弃英论的人，现在都改变了态度，和本来就反对联德的王世杰②一起，主张斥责德国，撤回大使。这反映出三国同盟诞生后国民政府领导层整体氛围向反德方向的转变。然而，蒋介石却在会上对之表示了不同的态度，称：欧洲战事必因三国同盟而持久化，故中日战

---

①《蒋介石日记(手稿)》(1940年9月28日条)，斯坦福大学胡佛研究所藏。

② 王世杰对三国同盟的感受总体上是和蒋介石一致的。获悉三国同盟成立消息的当天，他在日记中说：“予闻此约订立，实引为大慰，以国际侵略阵线与反侵略阵线可由是显然划分也。”《王世杰日记(手稿本)》第2册(1940年9月27日条)，第351页。

事必须再准备三年。今后时局之关键，在欧为英，在亚为华。国际路线不可靠，加之共党作乱，中国须作长期作战准备，此后务须注意避免攻坚与决战，切求保存实力。“关于新秩序云云，英如对日无表示，我对德意亦可暂缓表示。不过对英美苏三国大使在此应分别向之声述，请其注意并与我合作。”①

从徐永昌的这些记录中可知，在这次高层会议上，蒋介石并没有掩饰他对三国同盟后局势演变的疑虑，其所提议的两条，第一条是针对中共，重在保存实力；第二条是针对德意，旨在暂时保持沉默。

对蒋介石的这些主张，徐永昌发言赞成，并点明他的理由有两点：其一，“蒋先生既认为欧亚战事必持久，今后变化太大不可走绝路”。此点显示：同蒋介石一样，徐也认为欧战谁胜谁负尚难预测，故中国应以沉默等待尘埃落定。其二，“三国同盟余认为敌陆军一手做成，外、海两部未参与（一、未发见其外部事前关此只字。二、吉田海长辞职似即不赞成南进）。果尔则我应避免刺激倭陆军之言论与行动，俾其一意南进”。② 此点显示：徐认为中国的沉默可促使日本加速夺取欧美的亚洲殖民地而自陷绝境。

散会后，意犹未尽的徐永昌于晚上 9 时许特地打电话给蒋介石，再次强调三点：

> （一）关于三国同盟，纵英对日出以恶感（或有英的需要或看出无论如何日必向之进犯），我对德意仍须谨慎其表示。（二）俄之敢于轻我，以我已走上无论如何不与日妥协，英美对我亦复近似，我须有法令彼等明白我固无力败日，但我一妥协

---

①《徐永昌日记》第 5 册（1940 年 9 月 28 日，29 日条），第 430—431、433—434 页。

②《徐永昌日记》第 5 册（1940 年 9 月 28 日条），第 430—431 页。

则日之威胁彼等力量更增。(三)欲促敌南进须由不刺激敌人及我之接近德国做起,如仅为说几句出气的话而开罪德国太不值得。①

翌日上午,徐永昌还托人进一步向蒋介石建议:“务能在德国活动中日和平:(一)使敌放心南进。(二)使国家渐转至有两条路,即可战可和是也。”在当日的日记中,徐永昌点明,他反复作此提议的最大动机在于对国共关系的忧虑:“保存实力殊属要图。但俄国阴险,共党作恶,我与倭再战二年,恐新、甘、陕、绥、察、晋、冀、鲁、豫、皖、苏或全部或一部悉为共有。彼时倭纵受制美英而俄国努力援共,我求今日之局面而不可得。”②很明显,徐永昌的真意,是要蒋介石利用三国同盟后国际形势的好转,把政府军的重心转向“限共、反共”,而把中日问题留待日本南进后在国际战争中解决。

二、下、中、上三策比较下的“中立”态度

据蒋介石自记,他本人由于感冒尚未痊愈,在9月29日主要做了两件事。

其一,修改和发出致斯大林电报。电文称“德意日三国同盟协定成立后,国际局势必将迅速改变。此事在亚洲方面当为日本帝国主义作更大冒险之开始,于我中苏两国关系至为重要。中国自抗战以来,外交方针无不期与利害相同之苏联一致。中正自去年欧战以来更无时不思商承教益,俾我国抗战得有最可信赖者之苏

①《徐永昌日记》第5册(1940年9月28日条),第430—431页。
②《徐永昌日记》第5册(1940年9月29日条),第433—434页。

联协助而达成吾人共同之使命”。[①] 该电报旨在探询斯大林对三国同盟的态度和预防苏联对日妥协，故蒋不惜违心地称他最不放心的苏联为“最可信赖者”。

其二，修改与发出阐述日德意三国同盟意义的告高级将领通电。其中，蒋以五大理由阐明了“敌订三国同盟实为我最后胜利之转机，亦为敌国失败开始最大之关键”：

(1) 日本和德意图相互利用，但实无作用，反而加重自身孤立。其已从仅以中国一国为敌，陷入与英美列强同时为敌。

(2) 德意早已袒日，以后最多不过再承认一个傀儡政权，但于我并无影响。

(3) 今后日必南进，兵分力弱，对我更难彻底。

(4) 三国同盟目的最后仍在对苏，故日苏关系只有恶化，无法拉拢。

(5) 日既与英美决裂，对苏亦趋恶劣，则我今后更不虑美苏对日妥协。敌所得为有名无实之盟邦，而我则获强大有力之战友。

最后，蒋的结论是：此项同盟协定，敌实自造荆棘，更趋危机，而于我抗战则为绝对有利，今后敌友分明，应付简单，更易收得道多助之效。[②]

从上述通电的内容可见，尽管蒋介石此时在关于苏联态度和

---

① 薛月顺编：《蒋中正“总统”档案·事略稿本》第 44 册，台北：“国史馆”2010 年版，第 345—346 页。

②《蒋介石致各高级将领电》(1940 年 9 月 29 日)，秦孝仪主编：《中华民国重要史料初编——对日抗战时期》第 2 编(1)，台北：中国国民党中央委员会党史委员会 1981 年版，第 319—320 页。

日苏关系的判断上并无绝对把握,但在整体上,与9月27、28日的审慎态度不同,蒋在经过三天的思考后,对日德意三国同盟的成立作出了基本有利于中国的评估。

然而,在如何处理三国同盟后的中德日关系问题上,蒋介石和他的部下的意见,却和一年前发生了明显的逆转:欧战初起的1939年9月,蒋介石主张对德宣战,他的部下则大多反对宣战,有些人还认为对欧局不宜明确表态;现在,在日德意同盟已经成立的新局面下,包括朱家骅等被视为亲德派代表的人物在内,都和王世杰一起主张中国应向世界明确表态①,蒋介石却反而立即对此予以否定。譬如,当9月30日下午王世杰再次向他建议召回驻德大使以表明中国反对三国同盟的严正态度时,蒋立即作出了比28日更加明确的拒绝。② 同日,蒋介石还在日记中写道:

> 对英对美对俄及对三国盟约国之方针暂定如次:甲,保持抗倭阵线与态势,以不予媾和为原则。乙,使英美俄对我增加援助而不再藐视或加我以压力。丙,仍以自立自主之立场对倭抗战,非有特殊形势或万不得已时暂不加入任何阵线。丁,如俄不弃我,则首当以俄之态度为最后之标准也。戊,世界大战之决战最后必在科学之程度,故俄如最后欲与德为敌,必不能久拒美国合作也。③

蒋介石为什么在对三国同盟的态度上要采取这些使朱家骅、

---

① 朱家骅还特地上书蒋介石称:"今德既联日,再与周旋,反招误会。撤退使节,理所当然。"详见《朱家骅致胡适电》(1940年10月16日条),《胡适任驻美大使期间往来电稿》,第75页。

②《王世杰日记(手稿本)》第2册(1940年9月30日条),第353页。

③《蒋介石日记(手稿)》(1940年9月30日条),斯坦福大学胡佛研究所藏。

王世杰等人深感意外，却同徐永昌的建议血脉相通的因应方针呢？蒋在其9月30日的日记中点明了认识这个问题的两个关键。

其一，“倭果与德意订立军事同盟，此为我所日夕期求不得者也。据其所发表三国同盟之经过，为时仅20日即实行订约，可知倭国情势之急迫，以及其大政措施之慌张乱妄，一任盲目少壮军人之主张而无敢违抗者。此种毫无政策之国家其根本仍在无人敢能决定政策。近卫不啻为日本亡国大夫候补惟一之人物也。不禁为敌国与东亚长叹耳”。

其二，“三国同盟条文之序言很明显的期诱我国有加入其圈套之一日，所谓‘更愿扩大合作范围及于世界愿与三国作同样努力之国家以及以适当地位俾于世界各国’，此乃倭寇惟一之梦想，必欲以借此同盟希冀德国为中倭两国之中介以解决中倭战争，其愚实不可及也。然我亦不必以此对德表示反对态度。使英美苏俄对我不能如往昔之轻淡可也”。①

上述两点，第一点反映了蒋介石对三国同盟“敌失我得”之总体判断，第二点反映了蒋介石对利用三国同盟的策略考虑。可以说，这是理解蒋介石对三国同盟因应方针的两个基本视角。

接着，蒋介石还在其10月2日与3日的日记中，为我们留下了关于其因应方针的更加全面而直率的注解。

先看10月2日的日记。蒋介石概括了他此期对相关各国的基本看法：

> 轴心国狂暴，苏俄阴狠，英美吝啬自私，皆不足为友且亦不欲余为友，并皆谋为害于我，独占中国。惟轴心国之用意则

① 《蒋介石日记（手稿）》（1940年9月30日条），斯坦福大学胡佛研究所藏。

有轻重不同。如明析之,则倭当于我为敌意,意大利为恶意,而德则出于无意,惟其本身计不得不然。然余断德至今对余尚无一定之恶意,故较为可谅耳。余在此国际动荡最烈之中,惟有力谋自立自强,不倚不求,准备最后之变化。只要能自立不惧,则幸矣。①

这段画龙点睛般的点评说明,在蒋介石的内心,对英美并不都是好评,对德国也不尽是恶感。前者是因为英美在援华制日问题上总是不能满足国民政府的希望,而且英国还不顾中国的抗议而正继续关闭着滇缅路。后者则是因为,后来为世人所知悉的德国的犯罪行为,此时有的还未发生,有的还未完全暴露。反之,不但1930年代中德友好交往的经历特别是德国顾问的表现给蒋介石留下了不错的印象,而且,自1940年7月重新加强对德联合活动后,从中国驻德大使馆发来的有关德国的报告,对蒋来说也都属于正面评价。② 因此,蒋介石虽然对德国那些讨好日本、打击中国的行为不满,但同时又认为,德国在东亚所做的一切主要是为了对付欧洲的敌国,其对中国的冷漠只是出于无奈,日德关系也并不像日本宣传的那样密切。

再看10月3日的日记。蒋介石详细阐明了他的动机:

三国同盟以后,我对国际之政略与战略之处置如下:

(甲)中倭媾和为下策。以倭对华之野心,与其最近对占领区之交通、工业等建设,及其积极移民之状况,决非一纸和

---

①《蒋介石日记(手稿)》(1940年10月2日条),斯坦福大学胡佛研究所藏。笔者附注:记于另页。

② 详见《陈介呈驻德外交情报》中所收相关电报,台北:"国史馆"藏,国民政府档案,档案号001-066220-00015。

约所能令其履行与撤退；而且世界战争未了之前，何能使其琼州等沿海岛屿之交还？即使我出任何代价亦不可能也。若为保持西北与西南根据地，则倭寇本已无力西侵，复何必与之媾和也。

（乙）参加英美战线为中策。如新嘉坡或昆明失陷，则我国战线固不能与英美取得联系，完全孤立，而一面又受俄国忌恨，更使之对我断绝关系，甚至促令倭寇与中共协以谋我，此于我最不利之场合也。如果西南昆明与新嘉坡、马来、印度无恙，与我国仍可打成一气，则待美倭战局开展以后，英美需要我陆军对倭参战，届时如俄不阻碍，甚或俄亦在英美战线上联合参战，则我自可相机参战。否则，非至俄与倭对我逼迫过甚，则我仍不参战也。

（丙）独对倭寇为敌，而对英美、对德意（任何阵线）皆取中立之政策，以待俄国态度表明，或其参加战争以后，我乃决定取舍。如此则对美对德对俄皆有进退自如之余地，而且皆可由我自动抉择。此中立自主政策，乃为目前唯一之上策也。

（丁）中倭战争本以世界战争之结果为归着点。故余自去年欧战发动时，急欲加入英法阵线，而英法反置余于不理，此为无上之羞耻，然亦无如之何。今则英法既败，而美俄未动，且倭已加入德意阵线，料其必败。此倭敌参加欧战，则中倭战争自可包括于欧战之内，而我反无急求参战之必要。此则去年与今日中倭两国之地位完全相反，而我则可渐入主动自由之地位，比中国自我参加欧战于我之有利无害之道，相差诚不可以天壤比也。今倭既参加欧战，而敌则反受束缚，无法脱离其枉梏矣！如何能转入完全主动地位，是我今日最大之考虑与唯一之要务也。

（戊）今后预防变数：(1) 俄倭订立互不侵犯条约，如果成立后，倭寇能抽调东北兵力亦极有限。如其所抽调兵力用于攻华，则仍不能达其南进目的。故其抽调兵力亦必为南进，故于我无大害也。(2) 倭攻滇昆或缅甸，此已有准备，当可照预定计划进行，此时似不应积极。即使滇缅交通断绝，我亦有自主自保之实力，以待美倭海战之结果，乃当可反守为攻也，不患无克敌复土之日也。(3) 德国提议中倭和平，当以不迎不拒态度处之，而以不绝对严拒为宜。(4) 三国承认汪伪组织，此可作为既成事实，不必深虑，但未拒绝德国调解以前，或倭仍知承认傀儡为无用，以其决不能以此解决中倭战事，故其未必敢承认也。(5) 促进倭寇实施南进政策与非攻美不可之理由与事实俱已存在。一在俄允订倭俄不侵犯条约方法，促其南进也。故美国欲和缓倭寇决不生效，而亦非我所能致耳。其力全在俄与倭耳。①

综合上面所引 9 月 27 日以来蒋介石的种种内心独白和王世杰、徐永昌等人的相关记录，可以归纳出 3 个基本点：

其一，鉴于日德意三国同盟后国际形势的变化，蒋介石将其自 1940 年 7 月以来秘密摸索中的中日和谈视为下策而予以否定。

其二，蒋介石所确定的因应日德意三国同盟的“上策”，实质

---

①《蒋介石日记(手稿)》(1940 年 10 月 3 日条)，斯坦福大学胡佛研究所藏。记于另页。笔者附注：该日日记由于内容很长，蒋把它记于月末写本月反省录的空页，但以括号注明了“10 月 3 日”。1970 年代日本产经新闻出版的《蒋“总统”秘录》在摘录此段日记时误记为 10 月 31 日。现根据手稿订正之。

是：坚持惟以日本为敌；对欧战不介入；对三国同盟不表态；对两大阵营不偏倚；对德国可能进行的谋求中日媾和的调停不拒绝；等待苏联态度的明朗化。

其三，蒋提出这一“上策”的主要根据，是认为日德意三国同盟的建立使日本和中国在国际政治中的地位发生了根本性的逆转，中国以“上策”那样的中立态度灵活运用自己的主动地位，可收进退自如、左右逢源之效。

蒋介石为什么如此判断呢？如果我们能结合蒋介石的论述对日德意三国同盟成立前后的形势做一番比较，就不难找出其中的理由。

在日德意三国结盟以前，日本对欧战保持中立，对德国不即不离，故英美等国对日本今后的取向既有疑虑又抱有幻想，希望能以在中国问题上的一定的妥协与让步，防止日本对其亚洲利益趁火打劫，并争取日本在欧战中站在英美一边，或至少不和德国联手。与此相应，对中国的抗日战争的价值，英美等国则是既有期待又暗怀轻视，甚至不时或明或暗地劝中国对日妥协。在这种情况下，中国如果对欧洲问题和中日问题上采取“上策”那样的态度，对他国来说无关痛痒，对自身来说则只能是有害无益。

反之，日德意三国结盟以后，日本已抛弃了对欧战的中立姿态，正式加入德意阵营，这使英美等国不得不打消对日本的幻想，而中国坚持抗日的价值则随之为世界所公认。因此，不仅英美阵营必须为牵制日本而进一步支撑中国，即对德国来说，其要使日本摆脱中国的束缚而真正发挥同盟国的作用，也不得不在意中国。至于日本，如其真要投机欧战，实现南进，也不得不优先考虑从中日战争的泥潭中脱身。

总之,蒋介石认清:日德意三国同盟使中国一跃成为各种力量都要争取的关键因素,因此,中国采取中立立场和灵活态度,必能左右逢源。① 其实,中国共产党当时对此点也有很清楚的认识,故在其内部文件中指出:三国同盟使蒋介石政府提升为英美、日德、苏联等三个阵营都要拉拢的"三角交叉点","此正是蒋大喜之时"。②

上述各点可谓之为运用"上策"的可能性。但是,对蒋介石来说,以中立为"上策"不只是因为其具有可能性,更由于其具有必要性。为什么呢? 我们也可从蒋介石的前述分析中引申出 4 个要点:

第一,就苏联因素来看,在美国对中日战争和欧洲战争的态度因日德意结盟而无可犹疑以后,苏联已成为决定欧战和中日战争力量对比的最关键的国家,但它此时仍然以中立国自居,并正与英美阵营和日德意阵营进行双重的讨价还价,致使各国对它的未来取向捉摸不定。另外,在中国国内,苏联还继续充当着中国共产党

① 对这一点,国民政府领导层看得很清楚。譬如,10 月 3 日举行的外交专门委员会会议强调:"德意日三国同盟之缔结,使国际间存在甚久之一切关系趋于明朗",而日德意三国同盟之所以对中国有利,是因为下列三项理由:"(1) 从大形势看来,欧局与远东打成一片,连为一体,英美各国似不能一如过去'先欧洲而后远东'之观察,势必将欧洲与远东之局势等量齐观。(2) 过去英美对日有所顾虑,诚恐对日压力太大,迫使日本加入轴心,此外更企图对日稍事缓和,藉以苟延其在远东利益之维持。但时至今日,日本业已加入轴心,从此英美对于此层不必再有所顾虑,对于远东之政策及行动势将愈趋积极。(3) 过去日本本身以'不介入'欧战为标榜,藉此为其对英美要价还价之口实,现在日本业已敌视英美,不复再能有所借口。"详见《外交专门委员会第 66 次会议记录》(1940 年 10 月 3 日),台北:中国国民党党史馆藏,"国防"档案,防 003/0310。

② 详见周恩来:《关于德意日三国协定后形势的分析和对何、白"皓电"对策的建议》(1940 年 11 月 1 日);毛泽东:《关于国内情势和应付投降、力争时局好转致周恩来》(1940 年 11 月 3 日),中国人民解放军国防大学党史党建政工教研室编:《中共党史教学参考资料》第 16 册,北京:国防大学出版社 1986 年版,第 479、483 页。

的后盾。因此,对蒋介石来说,无论从国际政治出发,还是从以国共关系为中心的国内政治出发,都必须等苏联先做抉择。

第二,就英美因素来看,虽然它们已因日德意结盟而更加迫切地需要中国抗战到底,但其自身不仅对中国的援助尚不充分,更还没有决心和中国切实结盟。因此,对蒋介石来说,中国利用英美的对华需要,以故作不惜与日本妥协的暧昧姿态做"要挟"①,使英美"对我不能如往昔之轻淡",既有利于促进英美加强援华力度,又有利于进而争取英美和中国建立平等的同盟关系。

第三,就日德因素来看,蒋介石虽然希望日本和德国结盟,但其目的全在促日本走上与英美阵营开战的绝路,而绝非真要德国成为日本的盟友。易言之,蒋介石想看到的,是日本徒因对德结盟而受增敌减友之害,却实际上享受不到德国援助之利。因此,蒋认为,对中国来说,用"上策"所示的那种灵活态度对待日德两国,既有利于离间日德关系,阻止或推迟德国承认汪精卫傀儡政权,又有利于逼日本孤注一掷,加快走向四面出击的国际战争。

第四,就欧战来看,蒋介石在1940年10月上旬提出"上策"时,仍然认为英国到底能否战胜德国,还需要慎重观察。

总之,蒋介石提出以中立、自主为宗旨的"上策",作因应日德意三国同盟的初期对策,既是出于其主观策略上的需要,又是基于客观形势的制约。因此,人们对此也必须从主观、客观两种因素出发加以全面的理解。

但是,就蒋介石对日德意三国同盟的全部应对过程而言,以"上策"为基轴的初期对策的出炉,仅仅是其中的第一步。后来蒋

---

① 日德意结盟后,国民政府在内部的讨论中时用这种不加掩饰的词语。参见《徐永昌日记》第5册(1940年12月26日条),第503页;第6册(1941年4月18日条),第88页。

介石怎样贯彻和修正其“上策”？其实际效果又是如何？且从他的对苏思考说起。

三、围绕苏联因素的思考

在作为蒋介石因应三国同盟之“上策”背景的“形势制约”方面，对苏联的悬念占据了首位。这与中国共产党当时的主张是密切相关的。因为，日德意三国同盟诞生之初，中国舆论均以中日战争将与欧战联成一气为幸，但中共还是坚持主张中国应始终孤立于欧战之外，而不可与英美合作。[①] 对于一贯视中共为苏联工具的蒋介石来说，当然认为中共的这种主张是受苏联的指使，故反映了苏联的态度。这使蒋在处理三国同盟后的国际关系特别是对英美外交时顾虑重重。因此，在正式依据上策对英美出牌前，蒋从 10 月 6 日开始，整整花了一周时间，围绕其 9 月 28 日提出的 6 个问题，集中思考了因应三国同盟问题时必须兼顾的苏联因素，并逐日在日记中留下了详细的记录。以下按蒋介石日记概述之。

10 月 6 日，蒋介石重点思考了当各国无暇顾及中国时，苏联可能采取的对华政策。他设想会出现以下 3 种可能的状况：

甲、如日本对苏屈服并且其武力已消耗至相当程度，苏联就不必再以中国牵制日本。

乙、苏联要防备德意日对其包围，故害怕中国加入德意日反共阵线。为避免出现这种前景，苏联有可能在目前先解决中国问题，

---

① 参见中国共产党《解放》周刊社论《论目前时局》(1940 年 9 月 30 日)；中共中央宣传部：《政治情报第 6 号——英美拖中国加入其战争集团》(1940 年 10 月 20 日)，中央档案馆编：《中共中央文件选集》第 12 册，北京：中共中央党校出版社 1991 年版，第 521—523 页。

即组织中国苏维埃，完全归附于苏联范围以内，使彼以后对德意日容易应战，而且及时消除作为其切肤之痛的中国后患，并望以此大患变为其赤化反帝之基础。

丙、苏联总以为中国必与英美站在同一战线，总以为中国是反苏国家。从这种认识出发，苏联也可能认为不如在英美无暇顾及时乘机灭亡中国。①

很明显，蒋此时认为，标榜中立的苏联既不会允许中国加入日德意阵营，也不会同意中国加入英美阵营，如果中国违抗苏联的这种意志，很可能遭受苏联的一些邻国已经遭受的被颠覆、被占领的命运。由此也可了解，为什么他在解释前述"上策"时要反复提及苏联因素。

10 月 7 日，蒋介石就国民政府和苏联、中共的相互关系提出了以下 8 个问题：

(1) 苏联此时是否已到不要中国抗日而要中国内乱的地步?

(2) 假如中国在美日战争爆发后继续抗战，中国即自然加入英美战线。如此，苏联是否对中国不便干涉?

(3) 国民党兵力是否已消耗至相当程度?

(4) 中共势力是否已经壮大至与国民党相等之程度?

(5) 中国人民心理上对中共是否已倾向有半或达三分之一?

(6) 如中共反对抗战、反对英美、"叛变"中央，全国军民之心理是否对之赞成?

(7) 如果国民政府对日媾和，日本即可一心整理其陆军，并配合正在苏德边境集结的德军。这种状况难道对苏有益?

---

①《蒋介石日记(手稿)》(1940 年 10 月 6 日条)，斯坦福大学胡佛研究所藏。引文内容经笔者整理与缩写。

(8) 如国民政府的军队竭力节省兵力,不对日作无益之攻击与消耗,苏联与中共必加反对。但中共是否真敢在3个月至半年之内发动"叛乱"?①

10月8日,英国宣布滇缅路将于10月18日后重新开放。蒋介石对之感到快慰,故进一步致力于分析苏联的对日政策。当时,外电盛传日苏双方将通过签订互不侵犯条约而达成妥协。在分消极和积极两个方面考察了这一问题的可能性后,蒋介石的判断是:

> 消极方面:甲,俄对德此时仍畏惧,故对倭不能不迁就,且可使倭寇安心南侵。乙,俄对我利害与态度皆可不顾。以此二义论之,故有订立协定之可能。
>
> 积极方面:甲,俄不能不企图〔让〕美国与之合作,如俄倭妥协必使美国绝望。乙,世界大战最后不能不决之于科学程度,如俄最后欲与德为敌,则决不能与美绝缘。丙,最近美倭必战之形势已成,无待俄国之挑拨,且不患倭不南进也。丁,如果逼迫我国不能不与倭停战,则倭得专心整顿陆军,如此俄之东西两面之德倭强大陆军终为俄国之大患。以此推之,俄倭不侵协定不能成立公算为多也。②

上引分析说明,蒋介石在预测苏联对日政策时,同时看到了两种可能性。后来的史实证明,虽然日苏关系最终以双方缔结中立条约而使蒋消极方面的预测成为事实,但蒋不仅早就认定即使是这种性质的日苏关系也包含有"可使倭寇安心南侵"的有利因素,而且在积极方面的分析上,蒋介石很早就预见到了苏美关系日后

---

①《蒋介石日记(手稿)》(1940年10月7日条),斯坦福大学胡佛研究所藏。引文内容经笔者整理与缩写。

②《蒋介石日记(手稿)》(1940年10月8日条),斯坦福大学胡佛研究所藏。

将会出现的有利于中国的变化。

10 月 9 日，受中国共产党所宣传的口号的影响，蒋介石再次担心“俄国对华唯一之策略是在要我完全脱离英美而独与其合作”。蒋认为，如果中国迎合苏联的这一策略，有可能暂时得到苏联的协助。但是，接着他反问道：如果中国因此而永受苏联支配，“此与倭寇对华之野心有何差异？岂革命政府所能忍受乎？”①这一反问表明了蒋不愿为获得苏联支持而甘受苏联控制。

10 月 10 日，蒋介石根据近卫 10 月 4 日谈话中的一节内容认为，“倭对俄仅在希望其减少冲突而明言其三国对防共仍积极不变，表示此三国同盟不仅反美而且反俄耳”。② 就日德意三国同盟的初衷而言，蒋介石的这种看法可说是一种误判。因为，其时德日双方都还在致力于争取和苏联结成“日德意苏四国联合”。但是，如同后文将提到的，由于德国不久就转而决定对苏开战，因此也可以说，蒋介石从日德意三国的反苏本质所作的判断，不啻为一种先见之明。

10 月 12 日，因斯大林对蒋 9 月 29 日的电报仍无任何回应，蒋介石深感忧虑，认为斯大林的冷淡反映了苏联和中共“对我国之变乱”，并批判说“俄国态度险恶，对我殊多不利”。③ 在和徐永昌等人的谈话中，他还指责苏联说：“美国两次以援华器械要求由海参崴进口，皆遭俄国拒绝，且自滇缅路封锁后，俄对我愈置之不理。”④但是，是日，蒋介石同时也看到了另一种现象，即“英美对远东渐趋积极向倭压迫，国际形势于我有利，敌寇国内怆惶纷乱，其在外军队

① 《蒋介石日记(手稿)》(1940 年 10 月 9 日条)，斯坦福大学胡佛研究所藏。
② 《蒋介石日记(手稿)》(1940 年 10 月 10 日条)，斯坦福大学胡佛研究所藏。
③ 《蒋介石日记(手稿)》(1940 年 10 月 12 日条)，斯坦福大学胡佛研究所藏。
④ 《徐永昌日记》第 5 册(1940 年 10 月 12 日条)，第 445 页。

亦彷徨无主莫不呈其动摇之象”。蒋从中得到莫大慰藉。① 恰在几乎同一时刻，胡适的来电，也从美国的角度，对国际形势的有利变化作了这样一番归纳：

> 最近1个月中，重大变化多端：一为美国实行建造两大洋海军，增加海军实力1倍。二为日本侵入安南，使美国立时宣布对华3次借款及废铁全部禁运。三为德、意、日三国同盟，使美国人民更明了此三个侵略者对美之同心仇视。四为10月4日近卫、松冈同日发表威吓美国之狂论，使美国舆论大愤，使美政府令远东各地美侨准备即时撤退以示决心。五为美国海军部10月5日增调海军后备员35 000人，使海军现役员总数增至近24万人。六为日本忽变态度，先否认松冈谈话，反又声明近卫谈话亦只是随口答报界质问，并非事先预备之谈话。七为10月8日英国正式宣布17日滇缅路重开。八为美政府连日遣送海军新员四千二百，陆军防空炮队千人，赴檀岛增防。九为上月国会通过空前之平时兵役法……

胡适最后强调：其3年来关于“太平洋海战与日本海军之毁灭”的愿望即将“水到渠成，瓜熟蒂落”了。② 这些意见都是和蒋介石的期待所吻合的。

在这种喜忧交加的复杂心境中，蒋于是日对一周来的苦思冥想作出了总结。其主要内容是：

> 1. 此时俄仍需要我抗倭，不至使中共“叛乱”。理由是，苏联为确保其本国利益和促进中共“坐大”，必须既消耗日本，又

---

①《蒋介石日记(手稿)》(1940年10月12日条)，斯坦福大学胡佛研究所藏。

②《胡适致陈布雷并转蒋介石、孔祥熙等电》(1940年10月12日)，《胡适任驻美大使期间往来电稿》，第74页。

消耗国民政府。而假如中国停止抗日,苏联的企图就将双双落空。

2. 今后我军方略:(1) 现时英美苏日之形势正在急变之中,在日军攻滇或南进行动尚未明了以前,如我国内部此时发生叛变则于我大为不利,故应暂避决裂,静观国际形势为宜。一面准备兵力制阻中共之行动,一面整补实力以待时局变化。(2) 对共对日应作总计划,兵力不宜分散于两敌,故对日军应避战之区域则对共军亦不必积极斗争,但须时觅良机与以不测之大打击。

3. 中国抗战与世界大战对苏联及中共最不利之三大影响为:(1) 中国加入英美阵线而使俄国不能独占中国。(2) 中国对倭抗战,保持强大实力而使中共无推倒国民政府之机会。(3) 中日媾和,国民政府保存实力,而使俄与共皆无隙可乘。

4. 苏联的处境:(1) 德日为其邻接之敌,且皆为侵略国,决不能使共产主义发源地之苏俄始终存在。(2) 轴心国欲进取近东、地中海、黑海、印度洋、日本海与波罗的海,完全包围苏俄,使无出海之路。(3) 英美与苏俄地势远隔,无切身利害冲突。(4) 俄国欲制裁兵力最强科学最盛之德国,如不赖美国之合作绝不可能,而且有被德国侵略之虞。(5) 德国陆军胜法后,俄国欲望英德两败俱伤而坐得渔利已不可能。由于德国陆军实力及其经济与科学,若俄美不参战以共同对德,决不能消耗德国之军力。(6) 俄国在此情势之下不能不加入英美阵线以求自保。

最后,蒋介石归纳出 9 个要点:(1) 苏联决不能与日妥协以开罪美国。(2) 中共欲踞晋冀察为根据地,亦不能与日苟合。(3) 苏联如参加世界战争,最后必站在英美阵线。(4) 苏联与德国利害太冲突，苏受威胁太重，苏德双方决不能避免战争。(5) 美日两国于半年内必开战，中美虽不说同盟其亦必能合作助我。(6) 如中国与英美同一阵线，苏联更不敢为害中国。(7) 对中共此时应依法制裁不使坐大，但仍以刚柔并济不使即时破裂。(8) 对中共政治制裁应即实施，以免养虎遗患。(9) 西南滇缅公路之交通非切实保守不可，勿使苏联对我专横为害。①

10 月 14 日，日本军部在其发表的文章中，第一次放弃攻击苏联之言论，称：日德意三国同盟与反共无关，故日苏应缔结互不侵犯条约，如此，不仅可使苏联跳出战争旋涡，亦可使中国境内共党势力不至消失；荷英美合作愈趋密切，则日苏签订是项公约亦将愈早实现。另外，汪精卫在 10 月 8 日及 12 日所发表的演说中，也放弃了反共论调。②

上述种种情报与动向，使刚刚对苏联与中共因素有所结论的蒋介石重陷紧张。10 月 15 日，蒋介石在与军方的讨论中，认为日苏互不侵犯条约即将成立。对此，徐永昌指出，“俄果与日缔结互不侵犯条约，与我有利：甲，使我迷信俄国而非共产党之青年得以早日觉悟，而减共党之势力。乙，必日对美作进一步的决裂或开战，俄方与之结约，否则俄不为也。只要日寇再结一个确切现实的敌国，我才得到一个真正与国。丙，我得有理、有力制共(俄之阴谋如不显明的暴露，我青年总不明了，在彼认俄作父时代，政府制共总不原谅)”。徐永昌还认为，正因为日苏签订互不侵犯条约对中方有如此多的好处，故目前日苏尚不可能订此条约。③ 对照前引蒋

① 本段及以上几段均出自《蒋介石日记(手稿)》(1940 年 10 月 12 日)。引文经笔者整理与缩写。

②《徐永昌日记》第 5 册(1940 年 10 月 14 日条)，第 447 页。

③《徐永昌日记》第 5 册(1940 年 10 月 15 日)，第 448 页。

介石对苏联外交的思考可知，徐永昌和蒋介石虽然在苏日订约的时间问题上有分歧，但在苏日订约的效果问题上，双方的观点则基本一致，即都认为苏日即使订约也有对华有利一面。这说明，国民政府领导层虽然不希望苏联和日本签订互不侵犯条约，但同时他们又早就在内心认为它对中国来说并非全是负面意义。

正在此时，苏方于10月18日把斯大林对蒋介石9月29日去电的答复函交给了中国驻苏大使馆。该函日期为10月16日，内称：

> 余之奉答迟缓，乃因来示所提问题之复杂性。余甚难对阁下有所建议，则因余对中国及日本之环境未能充分明悉。惟对于所注意之问题，余有较可认为确定意见谨奉告阁下。余以为因三国同盟之缔结，似乎稍使中国情形转劣，并在若干部分对苏联亦然。日本至最近时期，原为孤立，在三国同盟后则日本已非孤立，因已有如德意两国之同盟者。但因三国协定之矛盾性，在某种国际形势之下，可反使日本不利，即因其打破英美对日中立之基础也。足见三国协定在此一方面可为中国造成若干有利。美国对非金属及其他数种货品之禁运以及滇缅路之开放，皆其直接证明。在此复杂及矛盾性局势之下，依余意见，中国主要任务在于保持及加强中国国民军。国民的中国军队乃为中国命运自由及独立之担负者。果阁下之军队坚强有力，则中国必不可摧破。①

对照前引蒋介石9月29日的去电，不难发现，和蒋电之热烈相反，斯函相当平淡，特别是对蒋最关心的苏联自身对三国同盟的态

---

①《蒋中正“总统”档案·事略稿本》第44册，第447—449页。

度,刻意避而不谈。但是,尽管如此,蒋介石在于10月20日收到驻苏大使馆以电报发来的斯函中译文后,还是相当满足,称之为“国际局势重要之关键”。[①] 这不仅是因为斯大林对三国同盟利害关系的看法基本符合蒋的观点,更是因为,蒋认为,斯函虽然不够明确,但从中至少“可窥见”其对日尚无订立互不侵犯条约之意,“否则彼无复电之必要,以彼此时更无欺罔之必要也”。[②] 所以,蒋介石22日即电令邵力子大使将蒋对斯函的复函译转斯大林。该函强调:“日本无论如何必为我中苏两国共同敌人,此为余于获诵尊函后所得之明确信念,而此相互的信念之加强,足使日本任何野心与阴谋为之根本粉碎”。[③] 26日,蒋又电令邵力子:对斯复函携交时希向其外长或次长再以中意口头补充说明:(1)中国对日抗战国策始终不变,必当贯彻而后已;(2)苏俄对我军火接济尤其飞机深盼从速。[④]

四、以“另谋出路”促英美加强援华制日

另一方面,在按“上策”思考对英美外交时,前述10月12日蒋在苏联问题上所得出的结论,大大减轻了他对苏联不准中国加强对英美关系的顾虑。

以此为背景,10月12日以后,蒋开始积极展开对英美的工作。

---

① 《蒋介石日记(手稿)》(1940年10月20日条),斯坦福大学胡佛研究所藏。

② 《蒋介石日记(手稿)》(1940年10月26日条),斯坦福大学胡佛研究所藏。

③ 《蒋介石致邵力子令译转斯大林复函电》(1940年10月22日),台北:“国史馆”藏,蒋中正“总统”文物,档案号002-020300-00042-077。

④ 《蒋介石致邵力子电》(1940年10月26日),台北:“国史馆”藏,蒋中正“总统”文物,档案号002-020300-00042-078。

其基本做法，可概括为以“另谋出路”逼英美加强援华制日。这和他在上述对苏外交中反复强调“中国对日抗战国策始终不变”形成了鲜明的对照。

蒋的第一步是从英国着手。10 月 14 日下午，他召见英国驻华大使，在会谈中，劈头就指出：英美素以殖民地视中国，看不起中国之力量。倘不先放弃此项成见界限，不必讨论合作方法。须知英美专恃海空军以谋远东，对日胜利，实感不足。必须有大量陆军之协助，始克有济。“中国实有供给此项实力之能力，且能与英美作有效之合作。但必俟英美确实抱有解决远东问题之决心，深切明了中国非殖民地国家，及其陆军贡献之重要。倘英美尚未有此觉悟，则中国不得不独立推进其国策。”英使问：“倘日本进攻新加坡，英日间发生战事或者将扩大而益以日美战事，则中国对德之态度又将如何？”蒋答道：“中国之态度将视英美对华之态度而定之。”英使再问：“倘中英美联合对日作战，中国将对德宣战耶？”蒋这才松口说“我自应对德宣战”。[①] 由于对英使在这次会谈中的表现不满，10 月 15 日，蒋介石致电宋子文，要他转告美国政府：“英国态度与我仍如前，毫无合作诚意，如果其临时抱佛脚必无济于事，中国在最短期内不能不自有所取决也。”[②]

16 日，蒋再次接见英国大使，要求英方就日德意三国同盟后国际形势的变化，考虑下列 5 点：

(1) 今日是否已至英政府考虑中国抵抗日本侵略对英有

---

① 本次会谈的摘要见《外交部致胡适、宋子文电》(1940 年 10 月 18 日)，《胡适任驻美大使期间往来电稿》，第 77—78 页。记录之全文见《蒋中正“总统”档案·事略稿本》第 44 册，第 419—434 页。

②《蒋介石日记(手稿)》(1940 年 10 月 15 日条)，斯坦福大学胡佛研究所藏。

何贡献之时。(2) 倘中国不能继续抗战,英国所受之影响若何。(3) 倘英政府不予中国以有效之援助而致中国不能继续抗战,则于英国有何利益。(4) 倘英国不助中国,则中国无相当力量之空军,是否能继续御敌。(5) 倘中国停止抗战,日本是否减少其最大威胁之敌国,而得竭其人力物力自由实行其南进政策。

接着,蒋切入主题,指出:中国“今日切望于英美者,并非仅以朋友地位从旁协助,而以平等基础,完全共同合作,有如商店之合伙,休戚相关,利害相共”。

此后,双方作了以下一番对话:

英使:倘不能得英美之合作,中国又将如何?

蒋:此尚未便奉告。此问题今正在研究中。

英使:予推测中国将有四途可循:①倾向民主国家。②倾向轴心国家。③依赖苏联。④与日言和。

蒋:阁下可为我外交部长矣。

英使:予将报告钧座曾言即无英美协助,中国仍将继续抗战。钧座能首肯此言否?

蒋:现在予已不能再作此言。

英使:此似有不能与前言符合之处。盖予报告星期一谈话之第一电中曾述中国有巨大之陆军。

蒋:并无不相符合之处。巨大陆军依然存在,然继续抗战尚有待其他重要之因素。例如我国即急需空军与经济实力之充实。当知近代战争无强有力空军之支持,难求任何有效之效果。

总之,这次会谈中,蒋再次含蓄地提醒对方:“中国抗战已逾三年,业已到决定自己地位之阶段,将于两个月内,决定适应此新局面之未来政策，断不能长此放任不决。”[①]最后，蒋还要求英国大使将以上两次谈话内容均通报美国大使。

在16日的日记中，蒋介石不无自得地写道：“对英使说话二次，长谈自觉无间，颇能知其大者，此种慧智非灵修有素不易得也。”[②]但是，同日，王世杰在从蒋那里获知上述谈话内容后认为，以“另谋出路”来逼迫英美在两个月内与中国全面合作，“恐无益而有害，因英使固确知蒋先生决不会另谋办法（如联德、对日请和之类）也”。据此，王力劝蒋“勿续以此种意思向美使表示”。[③]

可是，18日蒋介石约见美国驻华大使詹森时，还是先征求其对蒋14、16两日与英国大使谈话的“感想与意见”，接着就用对英使同样的语气警告詹森：倘若美国不援助中国飞机，国际交通断绝，人心动摇，中国局势恐有不易维持之虞。以此为由，蒋在这次会谈中对美国提出了庞大的援华要求。[④] 20日，蒋还以电报向宋子文通报了和美国大使的谈话内容，他在电报中强调：美国能否积极援华至关重要，其将直接影响英国和苏联的对华态度，我切盼二三月内能得美国大量装置齐备之飞机，美国空军志愿飞航人员能来华助战则更佳。[⑤]

在结束对英美大使的一系列谈话后，蒋介石写道：“本周国际

---

① 本次会谈摘要见《外交部致胡适、宋子文电》（1940年10月18日），《胡适任驻美大使期间往来电稿》，第76—77页。记录全文见《蒋中正“总统”档案・事略稿本》第44册，第437—446页。

② 《蒋介石日记（手稿）》（1940年10月16日条），斯坦福大学胡佛研究所藏。

③ 《王世杰日记（手稿本）》第2册（1940年10月16日），第362—363页。

④ 详见《蒋介石接见美国大使詹森谈话记录》（1940年10月18日），《蒋中正“总统”档案・事略稿本》第44册，第450—469页。

⑤ 《蒋介石致宋子文电》（1940年10月20日），《蒋中正“总统”档案・事略稿本》第44册，第476—481页。

形势转佳,心神较前略慰”,“约英大使长谈二次,美大使长谈一次,自信当有效果。而对事似亦纯熟,觉有物来顺应之象也。”作为形势转佳的事例,蒋还特别提道:“滇缅公路竟得重开,此不仅对我抗战之成败攸关,而且远东之祸福安危亦系于此也。”“倭寇对英美气焰顿消,德意对东欧与埃及之行动虽著,然其必转入不利地位矣。”[1]这说明,蒋以另谋出路逼美英加强对华援助,背景是其时国际形势正在日益朝着对中国有利的方向发展。不过,可能是受王世杰所持异议的影响,蒋在自得之余,对自己和英美大使谈话的语气还是有所不安。直到又过了一个星期,蒋接到了丘吉尔“其言诚挚”的复电,看到了美大使“较良之反响”后,他才放下心来。在10月26日的日记中,他写道:“本星期对于国际形势与谈话时怀疑惧不定之心,最后则证明余之所思与所言皆能生效也。”[2]

蒋的这一评价并非自我陶醉。就美方的反应来看,据驻美大使胡适报告,詹森在结束和蒋的谈话后,除立即向华盛顿详细报告了蒋谈话的内容外,还专门另发了一封对中方“甚为有利”的“恳切长电”。[3] 而其时美国当局也确实正担心中国是否会停止抵抗,另找出路。因此,在罗斯福于11月5日再次当选为总统[4]后,美方就在11月8日举行的大选后的第一次内阁会议上,通过了包括提供借款与飞机在内的援华决定。宋子文在得到这一消息后立即报告

---

① 《蒋介石日记(手稿)》(1940年10月19日条),斯坦福大学胡佛研究所藏。

② 《蒋介石日记(手稿)》(1940年10月26日条),斯坦福大学胡佛研究所藏。

③ 《胡适致陈布雷呈蒋介石电》(1940年10月24日),《中华民国重要史料初编——对日抗战时期》第3编(1),第104页。

④ 这个结果是与日本当局的估计及期待相违的。出于对罗斯福外交政策的不满,日方曾预测:欧战之剧变减少了罗斯福三选获胜的可能性,而有助于孤立主义者的得势。见外務省記録:「国際情勢の想定」(1940年6月1日),日本外交史料馆藏,A.1.1.0.30-007。JACAR(亚洲历史资料中心),Ref. B02030530800,第8-21画像目。

了蒋介石。①

翌日，蒋介石再次连续和美英大使谈话，正式提出了中英美三国合作方案。该方案首先强调：中英美三国在保持太平洋和平上有共同之利害关系与使命，为实现三国所共同拥护之原则，应有密切合作之必要。接着，方案提出三大原则：

1. 坚持九国公约门户开放与维护中国主权领土行政完整之原则。

2. 反对日本建设东亚新秩序或大东亚新秩序。

3. 认定中国之独立自由为远东和平基础亦即太平洋整个秩序建立之基础。

方案还具体提出了中英美“事实上相互协助”的四大项目：

1. 英美两国立即共同或个别借款予中国，以维持中国之外汇与法币信用。此项借款总额为2亿至3亿美金。

2. 美国每年以信用贷款方式售给中国战斗机500至1 000架，并由英美两国供给中国以其他武器。

3. 英美派遣军事与经济交通代表团来华组织远东合作机关，其团员得由中国政府聘请为顾问。

4. 英美与日本或英美两国中任何一国与日本开战时，中国陆军全部参战，中国全部空军场所全归联军使用。②

蒋介石对自己制定的上述合作方案自我评价极高，称之为“我国外交史上重要纪念”。在当天的日记中，他写道：“对英对美同时提出合作方案，自信必有效果，半月以来外交考虑甚周而环境更

---

①《宋子文致蒋介石电》(1940年11月9日)，《中华民国重要史料初编——对日抗战时期》第3编(1)，第113页。

②《蒋中正“总统”档案·事略稿本》第44册，第598—602页。

佳矣。”①

五、以国际环境的好转对日谋公正和平

如何处理德国对中日战争的调停,如何对待日本对国民政府的诱和,是因应日德意结盟的又一个重要方面。从整体上来看,蒋介石在这个方面的举措可分为两个阶段。

从1940年9月底到11月上旬,是第一个阶段,其特色是以策略考虑为主,即以响应德国调停和接受日本求和的姿态,一面促进英美加强援华制日,另一面则阻止日德承认汪伪政权。关于这个阶段的具体情况,从下述两个实例中可窥其一斑。

其一,早在三国同盟刚刚诞生之际,驻德大使陈介即来电报告:“日人于三国协约签字前后,曾向德方表示请德出面调停中日战事,德方许以考虑。”蒋介石对该电未置可否。② 10月9日,蒋又从驻德使馆得到戈林劝中国对日忍痛媾和的报告,对之,他在日记中批判说,“德人只知武力而不知政治,殊为可怜”。③ 11日,蒋还电令驻德大使馆:“对戈林之谈话,最后暂不直接表示态度,如其不再来问讯则不必直接答复。但可间接使戈林知我国之意,即我领土主权行政不能完整则无和平可谈也。”④这个电报说明,以三国同盟后国际形势的好转为后盾,蒋介石已提高了中日媾和的门槛。但是,另一方面,如前文已经叙述过的,蒋在其后对英美大使的谈

---

①《蒋介石日记(手稿)》(1940年11月9日条),斯坦福大学胡佛研究所藏。

②《徐永昌日记》第5册(1940年10月5日条),第439页。

③《蒋介石日记(手稿)》(1940年10月9日条),斯坦福大学胡佛研究所藏。

④《蒋介石致陈介电》(1940年10月11日),《蒋中正“总统”档案·事略稿本》第44册,第410页。

话中，却故意反复暗示中国可能另谋出路，给人以中国不惜降低条件也要媾和的假象，来向英美施加压力。

其二，当时日本当局为打开中日战争的僵局，正在大力开展所谓“钱永铭工作”①，以求早日实现中日和平。因此，10月下旬外电盛传德国将调解中日战争，日方亦急愿与国民政府议和。王世杰为此于10月27日再次向蒋建议“表示我方坚决态度，以解英美之疑虑”。但蒋却依然答以“不妨暂缄默”。② 翌日，蒋在日记中透露自己的内心说：“倭与德对我故放和平空气，于我对英美外交未始无益也。”③

但是，从11月中旬起，蒋介石开始以新方针对待德国的调停和日本的诱和，从而使国民政府在这一方面的政策转入第二阶段。其契机是11月11日德国外交部部长里宾特洛甫的新动作。据陈介来电，里宾特洛甫此日召见他称：“近闻日自新内阁成立后，亟图解决中日问题，已拟于近日内承认南京政府。日如实现，义德因于同盟关系，亦必随之，他国或尚有继起者。此于中国抗战，恐益加困难。于中德关系，亦虑启影响。诚恐委员长无论如何主张抗战到底，或仍以英有援助能力，故将国际形势尽情为阁下一言。倘阁下认为有和解可能，则请转达蒋委员长及贵政府加以考虑，以免误此最后时机。”④这是三国同盟后，德国在调停中日战争问题上最明确的表示。此时，蒋介石已经对三国同盟后国际形势变化的总趋势作出了“苏德必战”和“英胜德败”的两大结论（详见本书第十一章），但另一方面，英美对中方11月9日提出的合作方案还没有作

① 即通过交通银行总经理钱永铭开展的对蒋和平工作。

②《王世杰日记（手稿本）》第2册（1940年10月27日条），第369—370页。

③《蒋介石日记（手稿）》（1940年10月28日条），斯坦福大学胡佛研究所藏。

④《陈介来电》（1940年11月11日），《民国档案》1989年第4期。

出回答。在这两个背景下,蒋介石在对德国调停和日本求和的应对上,提出了新的方针。其特色,是既继续发挥前述策略方面的作用,进一步促进英美接受中方的合作方案和阻止日德承认汪伪政权,又超越策略,而试图利用此际世界大局的进一步好转,以国际援华制日之声势逼迫日本与中国达成公正而平等的和平。此二者,前者可称为"策略和谈",后者可称为"诚意和谈"。下面着重从蒋介石留在日记中的记录,来看一看过去不为人知的"诚意和谈"的事实。

先看11月14日的日记。蒋介石写道:德国外长11日约陈介谈中日和平,是其进一步之表示,中国在对英美外交上如不能达到缔结同盟的目标,则应对中日间的和战问题保留自由决定权。[①]

翌日,蒋介石在日记的"杂录"部分写道:"此时外交政策之方面:一、英美路线。二、德倭路线。三、俄国路线。"[②]这是日德意同盟产生后,蒋介石第一次明确地提出德日路线。其后,作为尝试德日路线的一个环节,蒋介石于18日派张季鸾赴港因应日本的钱永铭工作。[③] 而另一方面,在翌日与美国大使的谈话中,蒋介石又故意"以陈介来电德愿保证中倭将来和平条件之履行告之,期美能于月内对我合作之提议可否有一决定"。[④] 也许是美方的反应令蒋满意,蒋在11月23日的日记中写道:"敌寇和平攻势与其宣传始适足为吾利用,皆于我有大帮助也。"[⑤]

与此同时,在"诚意和谈"方面,蒋介石于11月21日致电陈介,

---

①《蒋介石日记(手稿)》(1940年11月14日条),斯坦福大学胡佛研究所藏。

②《蒋介石日记(手稿)》(1940年11月15日条〔杂录〕),斯坦福大学胡佛研究所藏。

③《蒋介石日记(手稿)》(1940年11月18日条),斯坦福大学胡佛研究所藏。

④《蒋介石日记(手稿)》(1940年11月19日条),斯坦福大学胡佛研究所藏。

⑤《蒋介石日记(手稿)》(1940年11月23日条),斯坦福大学胡佛研究所藏。

指示他通告德方：中国抗战全为主权独立及领土行政完整，不论国际形势如何变化，我只求达到抗战目的，对他国均愿维持友谊；日本欲和，应自中国撤退全部军队。我必究明此点后，乃能再言其他。① 这个电报明确地向德方提出了中国对媾和的前提。接着，蒋介石又通过张季鸾对日方也明示了中日媾和的两大条件：日本无限期推迟承认汪政权，从中国无条件全面撤兵。11 月 23 日，日本五相会议决定接受张季鸾所转达的这两大条件。② 恰在翌日，苏联大使也通知蒋介石，苏联将继续向中方接济武器。在这种状况下，到底是对日媾和，还是继续抗战？面对这一严峻的抉择，26 日，蒋介石认为“应慎重考虑得失与将来之结果如何”。在当日的日记中，他留下了详细的思考记录：

> 一、如中倭和平则俄最恐惧，以倭无此牵制则德倭仍可放手夹攻俄国，且恐我国亦加入德倭方面，则于俄更为不利。有人甚恐俄国因此更助中共对我捣乱，我以为只要我有制共实力则俄仍不敢明白助共，或对我不能不有所顾忌而接近也。
>
> 二、中倭和平英美自属不利，如真能实现和平，则英美对我为其将来对倭作战起见是其对我更不能冷淡轻视矣。即使英美对我冷淡，只要倭能对我守其完全撤兵信约，则我虽一时孤立亦无妨也。
>
> 三、中倭和平为我根本之计，而对俄对英或对美之求助是不得已而为之也。此时应特别注意者：甲，倭之约言无保障。

---

①《蒋介石致陈介电》(1940 年 11 月 21 日)，《中华民国重要史料初编——对日抗战时期》第 3 编(2)，第 700—701 页。

② 关于日方钱永铭工作的详情，参见西義顕：『悲劇の証人　日華和平工作秘史』，東京：文献社，1962 年；杨天石：《蒋介石亲自掌控的对日秘密谈判》，《找寻真实的蒋介石》上册，太原：山西人民出版社 2008 年版，第 247—287 页。

乙,倭到停战实行后违反约言延宕撤兵。丙,停战以后倭不南进,一面与英美俄妥协。此于我最不利者也。丁,停战后美国消极而且撤退上海驻军以示与倭妥协。惟此乃一时之事,以美倭在太平洋争霸在三五年决不能避免,故只要美国扩军决定以后,倭国如再向我国用军事侵略,则仍可使我联美而与倭为仇也。此乃倭虽至拙恐亦不为耳。①

27日上午,蒋继续“研究对倭和战问题,颇费心力,对各国关系亦得到具体方案”。在当日的日记中,蒋介石明确提出“此时我国外交之策略二点:甲,以利用美俄英援我抗战之声势而使倭对我求和,获得平等独立之条件,以解决中倭战事,达成我抗战之第一步目的。乙,和平以后再利用中倭合作之声势而使英美俄皆能对我切实合作以获得我国际上真正之平等地位,解放我中华民族,达成我抗战最后之目的”。②

就这样,在美英苏对华援助的积极化和日方又似乎接受中方两大条件的背景下,蒋介石得出了他在中国外交战略上最理想的两步走方案。但是,即在此时,他对日方仍然深怀疑虑。在同一日的日记中,他继续写道:“对于与倭和平以前应注意之点:甲,倭如何能放弃惨淡经营在华侵略之经济、交通、金融等事业?乙,倭如何能使其军人恃牺牲、痛苦所占领之土地、物资、权利等轻易归还中国?丙,如何能使其对华传统侵略之教育政策与思想根本改变?丁,如何能使其完全撤兵而在停战后不致失约中变以制我死命?戊,如何能使其所倡之大东亚新秩序与共荣圈等等声明取消?”然而,蒋介石最终似乎还是愿意得到正面的回答。因为,他接着

① 《蒋介石日记(手稿)》(1940年11月26日条),斯坦福大学胡佛研究所藏。
② 《蒋介石日记(手稿)》(1940年11月27日条),斯坦福大学胡佛研究所藏。

写道：

以上各题必须作如下之基本答案：甲，中央之军力有无过于损失而有不能维持之势。乙，民族抗战精神是否能维持。丙，和平时中国内部能否统一，即使中共叛变，中央有否控制能力。丁，国际形势对倭是否恶劣，向之压迫无已。戊，倭国经济能否维持。己，倭国内部是否发生重大变化。庚，实行和平以后于倭国是否有利，如果其中途违约再战是否于其有害。即使中国内乱，如其再用军事乘机侵略，是否仍能达成其彻底消灭中国之目的。如以上各案于倭为无益或不可能，则昔日之交还胶济与现在对俄屈膝尚皆可能，岂有不能改变其对华侵略政策而使其受此三年以上莫大之教训乎？①

上面这些内容说明，此时蒋介石虽然在对日媾和的可能性及国际国内围绕媾和问题的利害关系上还抱有种种错综复杂的悬念，但在整体上，他在“诚意和谈”一面是认真的，且寄予很大的希望。易言之，如果日本此时真能诚意接受蒋提出的“平等独立之条件”，看来蒋是愿意下决心的。

但是，蒋介石高估了日本当局对国际形势和世界大局的认识和因应能力。因为，就在蒋得出肯定性判断的第二天，即 11 月 28 日，日本当局突然以蒋的和谈只是一种阻挠日本承认汪政权的谋略为由，拒绝了中方的和平条件，而决定按预定日程正式承认汪政权。当日，从钱永铭来电中获悉这一消息的蒋介石在日记中愤怒地写道：日本“无论文武人员皆不可理，若一交手，即以卑污恶劣狰狞之形态毕露。无礼无信之国，不可再理”。同日夜，蒋介石下令

① 《蒋介石日记（手稿）》（1940 年 11 月 27 日条），斯坦福大学胡佛研究所藏。

"对倭决绝不理"。①

六、多角外交的效果

在1940年10月和英、美大使的谈话中,蒋介石一再强调"两个月"这一时间概念。如果以10月1日为"两个月"的起点,11月30日应是它的终点。蒋介石本人在谈话时可能也没有想到,后来这一天竟然真的在多重意义上成为历史的一个转折点。

首先,日本在这一天正式承认了汪伪政权,从而宣告了蒋介石以国际援华制日声势争取和日本达成公正平等和平这一目标的失败。

但是,也正是在这同一天,美国声明否认日汪条约及汪伪政权,并以总统名义宣布美国政府正和国会协商向中国提供一亿美元的巨额借款。另外,还是在这同一天,苏联大使通知蒋介石援华武器已经起运,只待中方接收。②

对于日本的背信弃义,蒋介石当然是痛恨的。11月30日,他在日记中写道:"德国对我试探中倭和平无效,其咎不在我也。"③两天后,他又电令陈介:德友如再来谈,可问其日本何以在德与我谈话未断绝前即承认伪组织,此乃欺骗盟友,毫无诚意。④

但是,在把目光转向日本以外的其他方面时,蒋介石是自感满足的。11月30日,他高兴地写道:"意大利大败,保加利亚与土耳

---

①《蒋介石日记(手稿)》(1940年11月28日条),斯坦福大学胡佛研究所藏。

②《蒋介石日记(手稿)》(1940年11月30日条),斯坦福大学胡佛研究所藏。

③《蒋介石日记(手稿)》(1940年11月30日条〔上月反省录〕),斯坦福大学胡佛研究所藏。

④《蒋介石致陈介电》(1940年12月2日),《中华民国重要史料初编——对日抗战时期》第3编(2),第702页。

其皆对轴心国反对，俄对我继续援助，其对德倭疏离，而且美俄亦渐接近，国际全局实于我有利也。”①12月1日，他称颂美国的援华借款“实足以壮我抗战之气而寒倭敌之心也”。② 12月7日，他总结说：“美国借我一万万美金，乃一月余全力运用之效，其中五千万元为币制借款，尤为难得。此实美总统协助我被压迫国家争取平等之精诚表现。抗战以来，国际助力、外交进步，此为最大成效也。”③

总之，面对1940年11月30日以后的一系列转折性的变化，蒋介石在回顾自己两个月来针对三国同盟的多边外交时，一边承认在对日诚意和谈方面的失败，一边则对除此以外的其他方面均认为获得巨大成功，并把这些成功同自身的外交努力相联系。

实际上，三国同盟后美、英、苏对华政策的变化，既与蒋介石作为中国最高当局者对国际形势的认识及因应等主观原因有关，也与三国同盟所带来的国际形势的变化这一客观原因有关。因此，不能把一切成果都归功于蒋。但是，人们同时也应该通过以下几点看到，蒋介石确实也作出了他的贡献。

第一，在对英美外交方面，蒋介石敏锐地看透了日德意结盟后美英当局者的心理变化并有效地利用了这一变化。结果，中国所期待的中美英同盟虽然在此时尚未正式形成，但已经打下了坚实的基础，并实质性地开始加强了相互之间的抗日合作。

第二，在对苏外交方面，虽然苏联对华恢复武器供应主要是其为对付日德意三国同盟的主动行为，但是，蒋介石对苏德关系和苏

①《蒋介石日记(手稿)》(1940年11月30日条)，斯坦福大学胡佛研究所藏。

②《蒋介石日记(手稿)》(1940年12月1日条)，斯坦福大学胡佛研究所藏。

③《蒋介石日记(手稿)》(1940年12月7日条)，斯坦福大学胡佛研究所藏。

美关系发展趋势的正确判断,使中国在对苏政策及对苏德、苏日关系的应对上一直能够保持某种先见之明。

第三,在对德外交方面,11 月 30 日日本正式承认汪伪政权后,德国不仅拒绝了日方要德国追随承认的要求,据王宠惠在外交专门委员会的报告,“德国外交部曾通知德国各报馆对汪伪组织不加批评(即不加赞语)。事实上除与德政府并无关系之一报纸外,其他与德国党政有关之各报则概将该项消息载在第二版或第三版比较不甚显著之地位,且亦均未予以批评”。①

第四,在对日外交方面,中国以国际形势压日本接受公正平等和平的意图虽然失败,但由于在除此以外的其他方面的成功,蒋介石得以宣告:1940 年中国在整体上“可说政治外交与精神道德完全取胜”。②

① 《外交专门委员会第 68 次会议记录》(1940 年 12 月 6 日),台北:中国国民党党史馆藏,“国防”档案,防 003/0310。

② 《蒋介石日记(手稿)》(1941 年 1 月 12 日条后之〔二十九年全年工作检讨与总反省录〕),斯坦福大学胡佛研究所藏。

第十一章　对苏德关系的预测及对策

1941 年 6 月 22 日，苏德战争爆发。它作为欧战的重大转折关头，对中国的抗战也产生了深刻影响。本章将通过对照国民政府的官方文书和当局者的私密记录，分析国民政府领导层在苏德战争爆发前如何预测苏德关系的变化趋势，在战争爆发后又是如何应对这个变局。

要完成这个课题，当然需要剖析蒋介石等主政者们的苏联观、德国观和日、德、苏、美、英相互关系观。但由于在本书前十章中，对日德意三国同盟成立之前的这些问题已经有所论述，因此，本章以三国同盟的问世为起点而展开考察。

一、对苏德关系走向的观察

如第十章所述，1940 年 11 月 9 日，国民政府制定了“中英美三国合作方案”。对照 10 月上旬蒋介石以中立为上策的方针可知，在日德意三国同盟诞生 40 多天后，国民政府对英美、苏联、德意这三大势力的态度，已经从“力保中立”而明确地向“中英美合作”倾斜。其背景，除了第十章所述中国对苏考察的深化和英美对华援助的强化以外，另一个重要原因，是在这40多天中，蒋介石及国民政府对以苏德关系和英德战局为中心的国际形势，有了更深入的认识。

先看对苏德关系的观察。

由第九章可知，在三国同盟问世之前，蒋介石就认为苏德关系必将走向破裂，而其必然结果是苏联加入英美阵营。不过，其时蒋的这一看法基本上还属于一种逻辑上的推理。三国同盟问世以后，蒋介石收到的关于苏德关系恶化的情报更多了。譬如，驻苏大使邵力子于9月28日即来电报告："苏德间日益貌合神离，不独职观察如此，英美两使印象亦同。三国同盟协定之第5条明系德国敷衍苏方，同时亦足为苏日关系并无转好之明证。我与英美似应乘此时机各自或共同增进对苏关系。"①10月2日，蒋介石又收到孔祥熙转来的驻苏大使馆的报告："德意日同盟公约虽有第5条之规定，但德苏关系之恶化显然已由酝酿而具体化。最近德芬协议，德军已获有通过芬兰北部之权，多瑙河及巴尔干问题德意与苏联间之裂痕日益加深。"②在这些信息的基础上，1940年10月下旬以后，蒋对苏德关系的考察，已上升到逻辑推理和实证分析相辅相成的阶段。

譬如，10月21日，蒋在和国民政府军令部部长徐永昌等人的谈话中断言"德苏将有战事"，徐以"俄有日寇为虑，对德将出于忍让"为由否定蒋说。蒋仍坚持说，"德猛进不已，卒必发生战事"。③

① 《邵力子致蒋介石电》(1940年9月28日发，29日到)，台北："国史馆"藏，蒋中正"总统"文物，档案号002-020300-00042-071。

② 《陈布雷等转呈孔祥熙来电》(1940年10月2日)，台北："国史馆"藏，蒋中正"总统"文物，档案号002-080200-00529-067。

③ 《徐永昌日记》第5册(1940年10月22日条)，第451—452页。

10月24日，蒋更明确地主张，“俄必与德一战，决难避免”。其理由是：

> 德国对法国和平条件是其弱点暴露无遗，而其以后战略必转向东方进行，而其对法言和，更使俄国不安，故俄德战争必难避免。且罗马尼亚、保加利亚、南斯拉夫皆为斯拉夫民族，帝俄时代本认此为俄国势力，现在斯大林岂忍坐视不顾。然其仍将设法不求与德即时冲突。如其果为土耳其后盾以碍德国东进，则德将先攻俄以制机先矣。此俄德战争决不能幸免也。①

10月30日，蒋介石又指出：

> 一、意国进攻希腊，德未动兵，是德对俄交涉尚未妥之故。如战事未延至土国，俄当不致有所表示。二、德国汽油有限，最多半年德将暴露疲惫，则俄尚有待。如德果攻土争伊拉克油矿，则俄当不再坐视。②

11月初，外电盛传苏联外长莫洛托夫将出访德国。此消息令举世瞩目，蒋介石当然也予以积极关注。11月10日，蒋写道：“莫洛托夫赴德之意义必于俄有所收获而去，或明就德而暗钓美乎？其将妥协倭方牺牲中国与土耳其乎？然而俄必拥德攻英，故其对德此时必不有所苛求，或解决近东权益而使德得专心攻英也。”③

12日，即莫洛托夫访德的当天，蒋注意到两点：

> 一、俄莫外长赴德，世人皆为俄德接近与俄倭妥协虑，余

---

①《蒋介石日记(手稿)》(1940年10月24日条〔杂录〕)，斯坦福大学胡佛研究所藏。

②《蒋介石日记(手稿)》(1940年10月30日条)，斯坦福大学胡佛研究所藏。

③《蒋介石日记(手稿)》(1940年11月10日条)，斯坦福大学胡佛研究所藏。

以为只要俄与德倭交涉能表面化而无秘密进行工作，则决无可虑之事。二、此时俄尚惧德，以其陆军实力尚未消失，故其必允德物资之援助，使之作最后消耗，一面或成立黑海与达达尼尔海峡相当之协定，促成德国攻土与东进，以消耗德之实力而为其坐收渔利之计。然最后恐其将为害人自害也。①

11月13日，莫洛托夫结束访德。翌日，蒋介石指出："自罗斯福当选大总统后，希特勒宣布对英作战到底之演讲未三日，而俄国宣布莫洛托夫访德正当意大利对希腊进攻大败之时。此乃俄国一面恐英德妥协，一面又恐德国军方反戈攻俄，故其急派莫洛托夫赴德以表示俄国援德之决心，而与德以敬意。因之轴心国尤其倭寇得意飞扬，不可一世。其实俄国对德不仅是灌米汤而乃是热米汤之中加入鸩血与鸦片，明使德国饮鸩吸毒消骨抽血无形致死。奈何德国冥不畏死而不一醒悟以自救。""此时即使德国欲以重大权利付与俄国，以期俄国与轴心国家订立更具体之协定，未必为俄国所愿也。"②

莫洛托夫访德时期，和希特勒及里宾特洛甫举行了数次密谈。蒋介石当然不可能了解这些密谈的内容。但与日本当局者的认识不同，蒋介石对这一访问，始终指出苏德关系必将走向破裂。同目前已经公开的苏德双方的档案相比较，蒋介石的认识在具体事实方面虽然存在错误，但就其关于苏德关系无法改善，战争难以避免的基本论断来说，则符合苏德关系的真相。很多研究已经证明，在苏德两国走向战争的过程中，莫洛托夫访德期间的深刻对立，是一个决定性的因素，希特勒正是以此为契机最终决心对苏开战，并于

① 《蒋介石日记(手稿)》(1940年11月12日条)，斯坦福大学胡佛研究所藏。

② 《蒋介石日记(手稿)》(1940年11月14日条〔杂录〕)，斯坦福大学胡佛研究所藏。

12月18日发出了总统指令第21号(巴巴罗萨作战指令)。①

蒋介石如何看待苏德关系破裂的影响呢?从蒋的日记中可以找到答案。譬如,11月23日,蒋写道:“俄与轴心国关系自莫洛托夫访德后在政治军事上毫无增强与变更,此为国际最佳之局势也。”②翌日,苏联在停止援华近一年后,由其驻华大使面告蒋介石,苏将恢复对中国的武器接济。蒋认为,由此“可知俄德与俄日之关系,并未以莫洛托夫访德而有所增进,或至比前恶化亦未可知”。③25日,针对苏德之间在罗马尼亚问题上的冲突,蒋介石进一步看到,“俄德之裂痕全露,欲盖弥彰矣”。④ 26日,蒋介石强调:“一、希意战争,意既大败,保变向德态度,则俄对德意倭必更疏淡。反之,对中英美当更接近乎。二、如何能使俄与英美合作,此为今日惟一要务也。”⑤

如前所述,在1939年9月欧战爆发以前,蒋介石和国民政府以苏英美一致团结,共同对抗日德意集团为中国外交的前提。这个前提曾经由于苏德签订互不侵犯条约后苏英美之间的对立而暂时消失。但是,从前面引用的蒋介石的日记可见,至迟在1940年11月,蒋介石已经预测到这个前提必将复活,并以促进苏联和英美的合作为中国的当务之急。

---

① 参见三宅正樹:『スターリン、ヒトラーと日ソ独伊連合構想』,東京:朝日新聞社,2007年,第153—196页。

②《蒋介石日记(手稿)》(1940年11月23日条),斯坦福大学胡佛研究所藏。

③《蒋介石致宋子文电》(1940年11月25日),吴景平、郭岱君编:《宋子文驻美时期电报选(1940—1943)》,上海:复旦大学出版社2008年版,第52页。

④《蒋介石日记(手稿)》(1940年11月25日条),斯坦福大学胡佛研究所藏。

⑤《蒋介石日记(手稿)》(1940年11月26日条),斯坦福大学胡佛研究所藏。

二、对英德战局的展望

1940 年 6 月法国投降后，欧洲仅余英国一国还在坚持抵抗，英德战争因而成为欧战的主体。如本书第十章所分析的，日德意三国同盟成立之初，蒋在强调“今后时局之关键，在欧为英，在亚为华”时，对英国在对德战争中的最终命运还抱有怀疑。这是蒋介石以中立自主为“上策”的深层背景之一。10 月 12 日，驻美大使胡适来电，在陈述三国同盟后国际形势出现的有利变化后建议：“当此时机，我国对于国际分野似宜有个较明显的表示。例如，德意既与暴日结盟，既承认其东亚新秩序，则皆是我仇敌。我国似应召回驻德意之使节，使国人与世人知我重气节，有决心，似是精神动员之最有效方法。”[①]对此，不仅一贯反对联德的国民政府军事委员会参事室主任王世杰表示支持，连原来主张联德的核心人物国民党中执会秘书长朱家骅也回电胡适说：“今德既联日，再与周旋，反招误会。撤退使节，理所当然。弟早经上书总裁，当再晋言。”[②]但蒋介石却仍然决定“稍迟再定”。[③] 蒋的这种态度，除出于以中立谋左右逢源的策略考虑外，与他尚吃不准英德战争的胜负结局也有关系。

但其后随着对苏德关系恶化与英德战局变化之观察的深入，蒋在 10 月下旬就明显地改变了看法。10 月 25 日，他在招待第一届国民参政员的茶会上分析说：欧战的扩大延长，将使德意内在的利害冲突愈形暴露，军事上，德意攻英已败，德国可能改头东进，与

①《胡适致陈布雷并转蒋介石、孔祥熙等电》(1940 年 10 月 12 日)，《胡适任驻美大使期间往来电稿》，第 73—74 页。

②《朱家骅致胡适电》(1940 年 10 月 16 日)，《胡适任驻美大使期间往来电稿》，第 75 页。

③《王世杰致胡适电》(1940 年 10 月 23 日)，《胡适任驻美大使期间往来电稿》，第 80 页。

苏冲突；经济上德亦无法战胜英国。德国在科学上虽然比较优越，但科学以经济为基础，如美国帮助英国，德国更只能走向失败。蒋介石还说：公理战胜强权，为德将来失败之症。4 个月前，许多人都劝中国应与德密切联络，我当时就不赞成。这并非预见到德失败，而是因为中国立国以民族德性为基础。①

其实，蒋介石当时也是赞成联德的。蒋与他人的不同之处，仅在他坚持要在维持对英、美等国既有关系的前提下联德。② 但现在蒋完全否定联德，原因是他已对英德战争作出了"英胜德败"的新判断。10 月 30 日，蒋介石在对过去一月的总结中指出："德意进攻埃及未果，对法国与西班牙妥协亦未见效，其谋订欧洲同盟以为对英非和平攻势之计，预料其必不能成，将见其失败不能出乎明年一年之中也。"③

但是，在国民政府内部，此时仍有人以德国制造飞机的能力超过英国为由而看好德国。对此，蒋介石于 11 月 16 日指出："德国制造飞机力现虽强过英美，然其汽油不足，飞机虽多无用，因此可断德意必败，而且其期不远也。"④另外，对于陶希圣当时散布的英国必败论，蒋于 11 月 18 日批判说：

> 陶希圣意见总在失败消极方面冥想，所以其观感只有悲哀恐怖沉迷。彼对英国以为在地中海红海必失败，而不一阅世界英属之地图以及英国实际之内容与精神，所以为虑。大凡书生误事皆托之于空想而不务实际所致也。英国领土之广

---

① 蒋介石：《三国同盟与中国抗战》（1940 年 10 月 25 日），《"总统"蒋公思想言论总集》第 17 卷，第 498—505 页。

② 详见本书第九章。

③《蒋介石日记（手稿）》（1940 年 10 月 30 日条〔本月反省录〕），斯坦福大学胡佛研究所藏。

④《蒋介石日记（手稿）》（1940 年 11 月 16 日条），斯坦福大学胡佛研究所藏。

大散布与本身内部并未有腐恶之弱点，虽有数个德俄亦不足为英国之制〔致〕命伤也。①

很显然，对蒋介石而言，中国在外交战略上的另一个前提即“民主国阵营”战胜侵略阵营的前景，至迟在11月也已经再次呈现。正在此时，1939年欧战爆发以来一贯反对中英美联合的中国共产党也突然在结盟问题上改变了态度，认为“蒋加入英美集团有利无害，加入德意日集团则有害无利”。② 正是在政府内外这种比较一致的新认识的基础上，蒋才在11月9日正式向英美提出“中英美合作方案”，从而结束了1940年6月以来对欧战两大阵营的观望，也结束了日德意三国同盟诞生初期的中立政策。③ 其后，蒋一边在中日问题上继续坚持惟以日本为敌的国策，一边在对待欧战及结盟问题的态度上重新转向亲美英、疏德意。与此相应，国民政府还在11月底决定了这样一条底线：如果德意追随日本承认汪伪组织，中国“即与断绝国交，撤回使领”。④

三、“苏德必战”论的正负两面

1940年12月，国际上对德军今后的进攻方向众说纷纭。蒋介石认为：德军如果大批集中于罗马尼亚，则其今后方针“向东对俄”公算为大。因为，对以陆军称雄的德国来说，向南向西皆无胜算，

---

①《蒋介石日记(手稿)》(1940年11月18日条)，斯坦福大学胡佛研究所藏。

② 参见《毛泽东关于不反对蒋加入英美集团及制止投降分裂致周恩来电》(1940年11月6日)，中央档案馆编：《中共中央文件选集》第12册，北京：中共中央党校出版社1991年版，第551页。

③ 详见本书第十章。

④《外交部致胡适电》(1940年11月29日)，《胡适任驻美大使期间往来电稿》，第85页。

而向东“先击破欧东之俄军，则对其近东与地中海之进出乃可自如，而且以此作为对英讲和之基础亦不无可能”。据此，他判断“俄德战争决难避免”。①

1941年初，蒋介石在思考全年计划时，对国际形势提出了9点“期待”：

> 甲、俄德开战；乙、美倭开战；丙、俄倭恶化；丁、英意二国媾和；戊、倭国内乱；己、英法复合；庚、中美英俄合作；辛、美国对我增援飞机与经济；壬、德意倭三国同盟瓦解。②

上述期待的字里行间，充分流露出他对苏德战争的期盼及对相关国际问题的好恶。

同年1月3日，蒋介石在接见英国驻华大使卡尔（A. C. Kerr）时，向他披露自己的判断说：“德国为完全统制欧洲势不得不与苏联战。”卡尔对此说表示怀疑后，蒋解释说：“德国向英进攻既难求进展，于二途中择其较易者，进攻苏俄恐未尝不在德国考虑之中。”“况德国明知一旦德军在攻英或在攻巴尔干战役中遭遇败绩，苏联必乘机攻德。故其结论，与其坐待苏俄之进攻，不如先发制人，争取主动。”③从现有的资料来看，这可能是蒋介石第一次直接向英方表露“德必攻苏”的看法。

1月11日，由于苏联对国民党进攻新四军的皖南事变“无不良之反响”，蒋介石认为“此乃大可注意之事，岂其决与德倭开战，故

---

①《蒋介石日记（手稿）》（1940年12月28日条，12月31日条），斯坦福大学胡佛研究所藏。

②《蒋介石日记（手稿）》（1941年大事表），斯坦福大学胡佛研究所藏。

③《蒋介石和英国大使卡尔谈话记录》（1941年1月3日），台北："国史馆"藏，蒋中正"总统"文物，档案号002-020300-00039-054。

对我表示真诚合作乎?”①是时,蒋正在对刚刚过去的1940年作“全年工作检讨与总反省”。言及该年6、7两月时,蒋指出,由于当时在欧战中英法惨败、德国大胜,加之英法为缓和对日关系而封锁作为中国主要国际通道的滇越路、滇缅路,故国民政府“中央外交方针几乎全体联德为惟一主张”,全靠蒋坚持不改变既定方针,方避免了错误决策。对此他写道:“当时若无定力与远识,如果为一时利害所惑,迁美联德,则英美今日不仅不愿与我合作且其必联倭以害我,而我乃反处于今日倭国大不利之地位矣。今思追往,据此一端颇足自慰也。”②

但是,对于蒋介石此期再三强调的“苏德必战且为期不远”的观点,国民政府领导层的很多人是不以为然的,在国际战略分析上受蒋重视且被视作讨论伙伴的徐永昌还常常当面反驳蒋的观点。为了说服众人,1月31日,蒋在日记中整理了自己关于苏德必战的主要论点与论据:

(1) 德国必不敢正攻英伦,其惟一出路乃在进攻近东,打击英在地中海心脏,占领埃及。如此,则彼非先进攻西俄掌握黑海不可,乃必引起俄德新战争。

(2) 在现状之下,西班牙决不敢加入轴心国对英作战,其必固守中立,则英国之直布罗陀当无顾虑。

(3) 俄国畏德,力图避战,但最后德必攻俄,以除其独霸欧洲最大惟一之障碍。故德意倭三国协定最后之效用仍在德倭东西夹击俄国之一途。故俄对我国此时决不能改变态度,加

① 《蒋介石日记(手稿)》(1941年1月11日条),斯坦福大学胡佛研究所藏。

② 《蒋介石日记(手稿)》(1941年1月13日条),斯坦福大学胡佛研究所藏。笔者附注:此则日记写于1940年日记第2册中。

害于我。只要我能随时制服中共，不使其发展，则中俄邦交当可维持或能增进。否则中共如果得逞坐大，则俄将弃我而助共，以牵制倭寇，其方针自有改变可能也。

(4) 美国今年自将加入战争，则美倭战争必起，此时中美英之战线成立，俄国虽欲坐大旁观，其势当不可能。

(5) 我国对昆明与重庆积极备战，一面积极整军，以为持久之计。对内策划经济与制服中共，对外交好俄国。一面对美英积极进行军事与经济合作策略，以促进中美英苏共同行动，达成我抗战之初衷。

(6) 德国反俄恨俄与忌俄心理日益加甚，倭寇对俄恐怖与怨恨之心理亦日益高涨。故德倭夹攻俄国之期必不在远也。①

半个月后，蒋再次在日记中补充其苏德必战论的理由，最后强调说：目前英德僵持，“双方皆不能觅一决战之战场，而且德国以陆军为主，其陆军对英更无用武之地。如其欲进取近东，则非先击破欧陆之俄军决不能开始发动，而且俄终为德国后患，与其使之坐大贻患，不如乘此期间先打破俄军，以开其进攻近东之路及排除其侧背之障碍也。此余断德国必于四五月间向俄进攻，以期获得近东与俄国之油地，以为对英美作持久之战，此乃为德国惟一之出路，固无可疑者也”。②

以上本节按时序介绍了 1940 年 12 月以后蒋介石对苏德战争所作预测的基本内容，从中似可归纳出几个重要观点：

其一，与前文概述的 1940 年 6 月至 11 月的观察相比，蒋关于

---

① 《蒋介石日记(手稿)》(1941 年 1 月 31 日条〔杂录〕)，斯坦福大学胡佛研究所藏。引文内容经笔者整理与缩写。

② 《蒋介石日记(手稿)》(1941 年 2 月 14 日条〔杂录〕，斯坦福大学胡佛研究所藏。

苏德关系的考察,立足于对苏德两国国情与国策的客观分析,且对苏德开战日期的估计日趋准确,论证的逻辑性也日趋严密。

其二,对即将来临的苏德战争,蒋介石抱衷心欢迎的态度。这是因为他认为:(1)苏德战争可结束苏联图谋渔翁之利的所谓中立政策,使之无论如何必须接近英美,从而加强国际反侵略阵营。(2)苏德战争必使苏联更重视中国,从而它不但必须继续支持中国的抗日战争,而且对中国内部的国共斗争也将被迫更多地照顾国民党的利益。(3)苏德战争必然引发日本北进、对苏开战,这将使中国的两大外患两败俱伤,而中国则得以同时解决对日对苏两大难题。

其三,在局限于苏德双边关系时,蒋介石对"苏德必战"的预测已经相当精确化,但在加上日本因素,论及日苏德三边关系时,蒋介石的观察则出现重大失误,其特点是坚信日本将会和德国一起夹攻苏联。这使其由"苏德必战"论走向"德倭夹攻俄国之期必不在远"论。对照后来的史实,这可称为蒋在苏德战争预测上的扩大化。

归结而言,1940 年 12 月以后,蒋介石关于苏德战争的预测内含两个方面,若将其中对苏德双边关系判断的精确化称为正面因素,其对日苏德三边关系之判断中出现的"德倭夹攻俄国之期必不在远"的观点,则因其对日判断的错误,而应被视为负面因素。蒋介石的日德苏三边关系观所内含的这种正负混杂的双重性质,必然产生正反两种作用。

在对《日苏中立条约》的反应中,这个特点得到了充分的证明。

四、《日苏中立条约》诞生前后的正反作用

1941 年 2 月下旬,日本和海外媒体开始大举报道日本外务大

臣松冈洋右①计划访问欧洲的消息。蒋介石对此也高度重视。3月13日，他概括自己连日观察的结果，认为松冈的访欧目的有3种可能：一、或为求德助成其与苏成立互不侵犯条约以平分中国；二、或为求德作中日妥协之中介与保证。三、或为成立日德共同对俄之计划。②

蒋介石所指出的这3种可能性，性质迥异。后来的事实证明，以苏德战争预测上的扩大化为背景，在对伴随松冈访欧的日苏关系的观察中，蒋介石更多的是以第三种可能性为其出发点，从而越来越由“苏德必战”论走向“德倭夹攻俄国之期必不在远”论。譬如，在松冈出发访欧后的3月19日，蒋谓：

> 德倭以后作战方略，对美乎，对俄乎？自美总统对援华之讲演发表后，德国并未反响，更知以此方针未决也。余料其必先对俄作战，而对美则暂置缓图，以留将来媾和余地。③

但是，3月24日，斯大林和苏联人民委员会主席加里宁、外交人民委员长莫洛托夫同时会见松冈洋右，谈话超过一小时。这给国民政府领导层带来了巨大的震惊。徐永昌谓：“我邵大使莅俄以来尚未见到史大林，仅于投递国书时获见莫洛托夫一面而已。邵先生使俄以其素亲共也。以公私之谊，不能一望人颜色，遑论其他

---

① 松冈洋右(1880—1946)，幼年在美生活10年，1904年日本外交官考试合格。入职外务省后，主要在中国勤务。1921年转职入“南满洲”铁道株式会社，1930年当选众议员。九一八事变后曾作为日本全权代表参加国联大会，1940年7月任第2次近卫内阁的外务大臣。日本战败后被捕，1946年6月在等待远东国际军事法庭判决期间病死。

②《蒋介石日记(手稿)》(1941年3月11日条)，斯坦福大学胡佛研究所藏。笔者附注：此则日记记于1940年日记第2册中。

③《蒋介石日记(手稿)》(1941年3月19日条)，斯坦福大学胡佛研究所藏。

(贺贵严之归亦以见不到史、莫或其地位稍要者)。”①

针对这一新情况,3 月 27 日蒋介石为因应日苏间可能出现的妥协,指示军事委员会参事室就日苏将举行贸易谈判的情报,研究其对中国的利害。② 但在前述负面因素的影响下,3 月 31 日蒋又认为“德倭变更战略与政略,共同对俄取攻势之理想实有可能,尤其倭寇最近更不敢向英美挑战,则其必顺从德国方针,协以对俄,而且彼或藉以此为缓和英美之端绪也”。③

其后,两种互相矛盾的判断在蒋的脑海里交叉浮现。4 月 2 日,蒋写道:“松冈在俄明言惜无暇由美返倭之语,是其德倭协商和英攻俄之表白也。”④但 4 月 4 日,他又写道:“松冈在意国未到预定留意日程即变,其政府急遽召回,可知倭对德意已绝望,而其有对英美缓和倾向亦在意中。”⑤4 月 5 日,他再写道:“德倭有先对俄国之势矣。征之松冈急遽回国,若非转变其政策,先和英美,则必与德协以攻俄,以其为对我或对英美和平之张本。此虽为其愚昧最下之拙计,然倭则非自投罗网不止也。”⑥

4 月 13 日,松冈访欧的谜底终于大白于天下。是日,日苏双方在莫斯科签订中立条约,并发表共同宣言,称相互尊重蒙古人民共

① 《徐永昌日记》第 6 册(1941 年 3 月 26 日条),台北:“中央研究院”近代史研究所 1991 年版,第 68 页。出于对苏联的反感,徐在该日记中还写道:“使我在德稍有准备,此次松冈访柏林得便接晤,不识彼辈又如何惧我停战也?(对倭战意固应坚决,对国际外交亦应活泼,否则事事被动矣)。”

② 《蒋介石致王世杰电(第 3739 号)》(1941 年 3 月 27 日),中国第二历史档案馆藏,档案号 761/132。

③ 《蒋介石日记(手稿)》(1941 年 3 月 31 日条),斯坦福大学胡佛研究所藏。

④ 《蒋介石日记(手稿)》(1941 年 4 月 2 日条),斯坦福大学胡佛研究所藏。

⑤ 《蒋介石日记(手稿)》(1941 年 4 月 4 日条),斯坦福大学胡佛研究所藏。

⑥ 《蒋介石日记(手稿)》(1941 年 4 月 5 日条),斯坦福大学胡佛研究所藏。

和国和"满洲国"领土之完整与不可侵犯。蒋介石对此十分愤慨。4月14日他写道:"俄倭协定,在事实上明知不能为害我抗战于毫末,但精神上之刺激不可名状。此二星期来中心沉闷悲惧,不知所自,孰知即为此俄倭协以谋我条约之订约为机耳。"同时,由于蒋迄今对围绕松冈访欧问题的多种判断中,一直较多地偏重于"德倭夹攻俄国之期必不在远"说,蒋非常自责,谓"明知松冈逗留俄京必协商政治性条约,而且料其必将实现,然而未曾研究。至俄倭双方所商之政治协定必为解决满蒙问题,此乃必然之理,而竟未想到其互认满蒙伪国之领土,此乃余对事未能究其至乎"。①

但是,物极必反。在日苏关系因其缔结中立条约而真相大白以后,蒋介石所作苏德战争预测中的负面因素暂被克服,而其正面因素则开始发挥出它的正能量。择要而论,可举出以下三点。

1. 以"苏德必战"论克服国民政府内部的动摇

《日苏中立条约》的问世在中国带来了极大的冲击。国民政府领导层的总体反应是冷静的。它体现在由陈诚于4月18日提交给蒋介石的《日苏中立条约签订后各方意见汇录》(以下简称《各方意见汇录》)之中。

关于"苏日中立条约订立后之影响",《各方意见汇录》的分析是:

> 甲,于我有利的:(1)打破国人依赖的心理,加强自力更生的认识,促进内部之团结。(2)转移一般人对苏联期待过高的认识,督导青年思想之省悟。(3)促成倭寇南进,使其两面树敌,消耗愈增,崩溃愈速,予我以反攻之好机。

①《蒋介石日记(手稿)》(1941年4月14日条),斯坦福大学胡佛研究所藏。

乙,于我有害的:(1) 倭寇已无北顾之忧,今后或有集中全力对我,并威胁英国封锁我国国际补给线。(2) 苏联援华政策或有变更之可能,与此订约是否尚附有交换情报之密约,甚值注意,盖苏联顾问已参加我内部工作也。(3) 苏联更进一步共同谋我,即倭寇一改其向来反共之标识,而承认伪苏维埃政府,以换取苏联承认伪汪政权,以打击分化我抗战革命之政权,亦属可能。

关于"敌人今后的动向",《各方意见汇录》的看法是:

(1) 判断敌之目的,仍以解决中国问题为中心,其所采之手段,则有急性与缓性两争。(2) 急性者即以其主力直接再攻犯我要害(重庆或昆明),迅速瓦解我抗战组织之目的,或不顾一切与美国冲突而夺取大洋洲。缓性者即以间接封锁围困的方式,迫英国屈服,封锁我国际路线,军事上逐步扫荡,政治上扶植汪伪,而遂其以华制华以战养战之目的。一面以威胁恐吓之故技,乘人之危,以求不战而获大洋洲。(3) 敌对缓性急性两种手段均已有准备,惟究行何策,则似尚未决定。如敌采缓占一事,则我有准备之余裕,如敌采急进,则我准备恐已不及矣。惟鉴于英美在远东力量之薄弱,放倭寇一面掠夺新加坡一面向我加强进攻,同时并行,亦有可能。

关于"我们应有的准备",《各方意见汇录》提出:

外交:在原则上,我们不依赖于人,亦不多树敌,以自力更生为本,友邦援助为副,在运用上应有重心,对美国须与其切实联系,对苏亦可以试探方式求明苏倭条约之底蕴,在舆论上应使苏联对中国有所认识。

政治:今日政治上最大的症结,不外行政机构之庞杂与中共之妨碍抗日。故骈枝机关应加以裁并，而业务上必要之应充实之，使其发挥最大的效能，又，对于原有机构与人事，如不能膺负艰巨者，应在人事上予以调整，切忌另行设立新机构，以免架床迭屋之虞。对于中共应乘此时暴露其罪恶。

最后，《各方意见汇录》的结论是："总之抗战之胜负与建国之成败，仍取决于我国本身。以今日我国之环境实有为古人所云：'穷则变，变则通'之慨，即愈是穷困之时，必愈有应变之方法。现情势纵恶劣，但'塞翁失马，焉知非福'？总诸往例，则每遇问题发生与处境困难之际，即当问题解决处境改变之时，此盖愈困难愈有伟大之创造也。"①

但是，由于苏联不仅签订中立条约，还和日本发表了相互承认外蒙古和"满洲国"的共同声明，引起了中国民众的普遍反感。因此，尽管国民政府领导层总体上保持了冷静，政府内外还是有不少人对抗战前途悲观失望。与之相应，在议论《日苏中立条约》的各种会议上，主张对日妥协或"以和日而要挟"的提议纷纷登场。对此，蒋介石以苏德战争为期不远，一旦爆发则内外局面必然根本改观为主要理由，引导国民政府克服由《日苏中立条约》所带来的混乱和动摇。

据徐永昌的记录，在 4 月 14 日的会议上，蒋介石就强调"德国战略常重于政略，今夏必对苏作战，占领莫斯科以西地带，压迫其退到乌拉山以东"。对此，徐反驳说："德果如此行之，势必因力量之转移，欧陆已倒将倒之各国群起以乘其后。德恐不冒此险。"但

① 陈诚：《日苏中立条约签订后各方意见汇录（民国 30 年 4 月 18 日在渝面报委座后附呈之备忘录）》（1941 年 4 月 18 日），台北："国史馆"藏，陈诚"副总统"文物，档案号 008－010301－00032－030。

蒋仍断言“德之力量有余,决无斯虑”。①

另外,在4月18日的会议上,军令部次长刘斐提出“今日美苏皆惧我抗战缓和,宜以和日要挟之”。蒋介石否定此案,谓“我国民及军队智识太低,行之碍难”。在徐永昌响应刘案,主张“如能乘苏联之机而巧用之,以后和战问题或多少能获得一点自由,亦计之得者”后,蒋也不予采纳,并在最后强调了两个“只要”:“只要日美、苏德相战,只要我们力量不先消耗了。”②显然,蒋介石视此二者为中国转危为安的关键。

但是,4月21日,徐永昌再次向蒋介石提议:中国应该“要求英美与我发共同宣言以防彼等单独和日(过去英之封闭缅滇路即其证也)。此最低限度之事,不然即须有对日缓和之预备,不能完全要人民同意。须知人民只可乐成,不能同始也”。③ 蒋介石仍然没有接受。翌日,蒋还再次确认苏德即将开战。其理由是:

> 希腊战局已将了结,北非德军之攻势果已停止,英军尚能维持现有阵地则埃及或不致动摇。只要如此,则德必于六月中可以攻俄开始矣。以德之于俄在今日无论其为军事为经济为政治为主义为煤油与粮食计,皆非攻俄不可。如今夏不能攻俄使俄坐大,则其一到秋冬在俄境即难如期作战,非至明年不能攻俄。而我始终深信德必攻俄也。尤其为统一欧洲与获得煤、油,求与英美作持久战,更非胜俄不能达成其统一全欧之目的耳。又,德国如欲与英美媾和亦有以攻俄为和英之先声。若其此时攻俄尚有胜俄之希望,如其与英美作战到底则

---

①《徐永昌日记》第6册(1941年4月14日条),第83页。

②《徐永昌日记》第6册(1941年4月18日及19日条),第88页。

③《徐永昌日记》第6册(1941年4月21日条),第90页。

德必归失败也。①

这一展望令蒋对国内外大局更增信心。4 月 26 日，他决定“吾对俄倭协定，无关系中国者则置之，其有害于中国者则非之，国人应看明俄国之以其国家利害为本位，故无从怨怼，亦不存奢望则几矣”。②

同月底，蒋介石总结说：“俄倭协定以后，一般文人皆对时局悲观，其实国际形势、世界战局变化无常，俄倭协定于我为祸为福，于俄于倭为利为害，要待事实证明，而且于此五十日内必可大白。以理度之，俄倭妥协乃为一时互欺之物，则于我国无害；如其为彻底妥协，则于我与其为祸，毋宁为福耳。”③很显然，蒋介石认为，只要苏德战争爆发，《日苏中立条约》带来的不利局面就会完全改观。

2. 为确保苏联先于美国参战而对美通报苏德关系

对于中国而言，不管日本是北进还是南进，都是有利于中国借助国际力量共同制日的总战略的。但是，比较日本南进或北进各自的副作用，加之从反共视角考虑长远的后果，此时的蒋介石与前

---

①《蒋介石日记(手稿)》(1941 年 4 月 22 日条)，斯坦福大学胡佛研究所藏。

②《蒋介石日记(手稿)》(1941 年 4 月 26 日条)，斯坦福大学胡佛研究所藏。笔者附注：蒋的这一方针看来是源自陶希圣的建议。4 月 17 日，陶希圣就《日苏中立条约》问题致函中枢，在分析了该条约的性质及苏联外交的特点后，最后建议：“中国既以通常之国家视苏俄，而认识其外交政策一本于其国家之利害，故对苏日中立协议，无害于中国者则置之，有害于中国者则非之。中国人对于苏俄之国家本位行动，无从怨怼，亦不存奢望，一切皆依其每一行动有利于中国与否而处理之，抗战建国纲领于外交政策早已标明独立自主之原则，于今更证明确切不易。”详见《陈布雷抄呈陶希圣 4 月 17 日来函》(1941 年 4 月 23 日)，台北：“国史馆”藏，蒋中正“总统”文物，档案号 002-080103-00050-004。

③《蒋介石日记(手稿)》(1941 年 4 月 30 日条)，斯坦福大学胡佛研究所藏。

不同,已经转变为更希望日本首先北进。譬如,他在 1941 年 2 月 22 日的日记中一边为“英美奥荷印等南太平洋各关系者联防制日之形势日急”而感振奋,一边又明确写道:“使美倭战争得以暂时避免,保存其两国海军力量,而不使第三国际阴谋得逞,虽于中国目前之战局不利,然为永久计,则美倭之战不在俄倭之先乃为东亚全局之利,而余始终不愿美国加入此项战争,以期确保世界和平之柱石而得早日恢复和平。然此则全视倭敌之能否变更其侵略中国政策而能迅速觉悟耳。”①

其后,徐永昌也曾在日记中记录了领导人之间的这样一段议论:“日美果战,眼前于我固利,但结果则于我不利,缘日寇太削弱,俄更肆无忌惮,其侵略之计较日寇为毒。”②

《日苏中立条约》签订以后,媒体报道美国总统将在演说中对德表示严厉态度。5 月 10 日,蒋介石还获悉美将调其太平洋舰队集中于大西洋护航并对德开战的消息。蒋十分担心德国会因之打消攻苏计划,而使自己“苏联先于美国参战”的希望落空。为了防止出现这种局面,蒋于当日召见美国大使,告其“据余判断及最近所得确报,如一个月半以内(即至六月底)美国对德国形势不再恶化,只要能维持目前现状,则德国必于此一个月半以内向俄进攻。请嘱美国政府特别注意”。③ 5 月 12 日,蒋介石还致电曾作为美国总统特使来访的居里,通报德将攻苏的情报,要他提醒美国政府注意运用。④ 翌日,蒋介石再次和美国大使谈话,强调“美国能始终不

①《蒋介石日记(手稿)》(1941 年 2 月 22 日条),斯坦福大学胡佛研究所藏。

②《徐永昌日记》第 6 册(1941 年 3 月 2 日条),第 49 页。

③《蒋介石日记(手稿)》(1941 年 5 月 10 日条,5 月 16 日条),斯坦福大学胡佛研究所藏。

④《蒋介石日记(手稿)》(1941 年 5 月 12 日条),斯坦福大学胡佛研究所藏。另见叶惠芬编:《蒋中正“总统”档案・事略稿本》第 46 册,台北:“国史馆”2010 年版,第 244 页。

参战最好,否则须在俄国参战之后乃于人类世界方能达到民主自由公理和平之目的。对于德俄之关系望美国特别注意”。①

另一方面,为了促成苏德战争及确保战争爆发后苏联加入英美阵营,蒋介石此期还致力于宣传美苏合作的意义,其中包括对中国共产党做说服工作。中共方面的史料显示,5 月 11 日,蒋介石特招周恩来谈话。据周恩来当日给中共中央的报告,在谈话中“蒋不同意对美估计,说美国大方,又要西半球,不会占有英国其他地方的。蒋说,世界最后胜利是科学胜利,德国外,只有美国胜于德国,故最后胜利必属于美(他肯承认社会科学胜利在苏联)。中国问题需要美苏弄好,不仅中国要间接努力,希望美苏也能自己接近,最后世界仍然只有两个阵线,侵略与反侵略,苏联是不能置身事外的”。②

3. 对内部的说服与向中共的透风

据徐永昌日记,5 月 18 日,蒋又一次约他及何应钦、白崇禧、刘

---

①《蒋介石日记(手稿)》(1941 年 5 月 13 日条),斯坦福大学胡佛研究所藏。谈话要点载《蒋中正“总统”档案・事略稿本》第 46 册,第 249 页。蒋介石认为,他对美国所作的这些通报和提醒都产生了重要作用。参见:①蒋介石 1941 年 5 月 14 日日记:“美总统对时局之讲演忽展延至二星期之后,此必受余转报德俄关系之影响,果能旋转至此,决非余人力之所能及,不过尽余之心力而已。此实关乎人类全体之祸福耳。”②蒋介石 1941 年 5 月 24 日日记:“对国际问题与对美贡献援英之道,以迂为直、围魏救赵之要旨较精,未知美国果能注重否。”③蒋介石 1941 年 5 月 29 日日记:“美总统广播宣言大意完全与余之方略相合。余对美之通报生效所致也。”④蒋介石 1941 年 5 月 31 日日记:“对美总统之通报德俄关系,使其演说展期至半月之久,而其所说者悉如余意,此不仅为余之外交成败之所关,亦为全世界人类祸福攸关之要着也,此实余平生得意之一着也。”

② 周恩来:《关于与蒋介石谈判情况向中央的报告》(1941 年 5 月 11 日),中共中央文献研究室、中国人民解放军军事科学院编:《周恩来军事文选》第 2 卷,北京:人民出版社 1997 年版,第 306 页。

斐等军方要人谈话。在论及国际形势时，蒋继前次提出两个“只要”之后，又提出了三个“必”：“德必攻苏，日必南进，美必参战(坚决认定)。”①但直至此时，徐永昌和国民政府指导层中的很多人一样，仍不相信蒋的这些判断。翌日，徐还在日记中批判说：“蒋先生对德苏判断是受桂武官报告之误，桂则为德国青年军官热烈爱国言论所误。”②

徐永昌的批判是以常识与常理为根据的。他认为，德国进攻苏联，对德而言确有三大理由：一、从苏联得到必需的战略物资，解决对英美持久战的困难；二、乘欧陆无顾虑之今日，先克服此背后阴敌；三、攻苏以减低美之仇德。但徐同时认为，德国如攻苏将给德带来三大不利：

> 一、德攻苏无异逼苏加入英国；二、德攻苏无异使英有胜利，因此更无异使美国参战减少顾虑；三、苏地广兵多，德兵力分散，短时间若不能奏效，旷日持久，顾虑太多，实兵家大忌。

基于这种从常识和常理出发的分析，徐的结论，是德国之攻苏对德“害大利小，故谓德亦未必迫苏至战也”。③ 徐永昌对自己的看法相当自信。6 月 15 日，当蒋介石再次强调“苏德必战，其期至近(因苏地气候)”之际，徐“仍以过去感测为言”而予以否定。④ 徐的看法代表了当时大多数人对德苏关系的理解，正因如此，可说它也无异于反证了蒋在对德判断上的难能可贵。

蒋介石自己可能直至离别人世都不清楚，他的对德判断竟对

---

①《徐永昌日记》第 6 册(1941 年 5 月 18 日条)，第 113 页。
②《徐永昌日记》第 6 册(1941 年 5 月 19 日条)，第 113 页。
③《徐永昌日记》第 6 册(1941 年 6 月 12 日条)，第 131 页。
④《徐永昌日记》第 6 册(1941 年 6 月 15 日条)，第 133 页。

中共和苏联也带来了很大的正面作用：据周恩来1941年6月16日（即蒋与徐谈话的翌日）发给中共中央的电报，蒋曾透露德国即将攻苏的情报。周称："他甚至连日子都定了，是6月21日开始，蒋居然相信。"①周的用词明显地表现出了对蒋之判断的不屑。而毛泽东反应灵敏，他在接到周电所告蒋之判断后，立即指示中共中央通报了苏联。据中共中央文献研究室证实：当时苏联虽然也担心德国在西方得手后将回师东进，但仍对《苏德互不侵犯条约》存有幻想，甚至认为西方舆论界指出的德军将转向东方的猜测是挑拨苏德关系。但由于中共及时准确的通报，使得苏联能争得一周宝贵时间，提早进入战备，避免了更惨重的损失。对此，苏方曾表示了对中共中央的感谢。② 至于苏联是否知道它所感谢的中共中央的情报其实来自蒋介石，只能留待他日再作考证了。

五、苏德战争爆发后的对策

1941年6月22日，比蒋介石预测的日子仅晚一天，德国大举进攻苏联，苏德战争全面爆发。蒋于同日正午获悉此消息，当晚他感慨地写道："受共俄之压迫侮辱动心忍性者至今已十有七年。今似为苦尽甘回、否极泰来之时乎。"③

---

① 周恩来：《关于蒋介石等待德攻苏的情况分析》（1941年6月16日），《周恩来军事文选》第2卷，第333页。

② 详见中共中央文献研究室为周恩来《关于蒋介石等待德攻苏的情况分析》所写的注释，《周恩来军事文选》第2卷，第334页。笔者附注：国内的通说一直称是中共打入国民党的情报人员（如阎宝航等）从蒋介石周围获得这一绝密消息，然后报告给周恩来，周才急电毛泽东。这种说法明显违反官方1997年就已公开出版的《周恩来军事文选》所提供的史实。

③《蒋介石日记（手稿）》（1941年6月22日条），斯坦福大学胡佛研究所藏。

徐永昌虽然一直不同意蒋介石对苏德必战的预测,但一旦蒋的预测成为事实,他也马上同蒋一样,抒发出对苏德战争的欢迎及对苏联遭受突袭的快意。他在当天的日记中写道:“以俄人过去所为,固应后必有灾。特俄人过去尚未自觉耳。”①

徐永昌抒发的不只是反苏反共人士才有的感想。因为,在对苏观上和徐永昌有所不同的王世杰,也在同日的日记中记录政府内外的反应说:“〔德国攻苏〕消息到渝后,一般人几无不暗中称快;以德苏两独裁者,于过去一年十个月期间一味取巧,破坏一切国际信义故也。”②

如本书第七章所示,1939 年 9 月英法和德国的战争爆发时,蒋介石和国民政府视之为民主国和侵略国的战争。因此,他们几乎毫不犹豫就采取了支持英法和反对德国的态度,蒋介石还一度竭力主张中国应该对德宣战以加强中英法合作。但是,从上面介绍的几则日记可知,由于欧战爆发以来(即王世杰所说“一年十个月期间”)苏德两国的所作所为,蒋介石及国民政府对苏德战争的观感和对英法德战争的态度大不相同。正因如此,在考虑因应苏德战争的方针时,蒋介石及国民政府领导层的内心相当纠结。这种纠结从苏德战争爆发的当天就开始了。据王世杰的日记,他虽然也对苏联抱有反感,但从大局出发,6 月 22 日他两度向蒋提议“我报纸务一律表示同情于苏联之抗战”。对此,蒋亦表示同意。王遂于夜间通知各报社务必一律拥护此国策。③ 但第二天在蒋邸召开的商讨中国对德苏战事态度的会议上,朱家骅即批判王世杰所主

---

①《徐永昌日记》第 6 册(1941 年 6 月 22 日条),第 139 页。

② “中央研究院”近代史研究所编:《王世杰日记(手稿本)》第 3 册(1941 年 6 月 22 日条),台北:“中央研究院”近代史研究所 1989 年版,第 98 页。

③《王世杰日记(手稿本)》第 3 册(1941 年 6 月 22 日条),第 98 页。

管的报纸言论为不当，从而暴露了政府内部在对苏问题上的分歧。[①]

蒋介石持何态度呢？据王世杰和徐永昌的记载，蒋在这次会议上对朱家骅的意见不以为然，在另外举行的国民党中常会上还提出“有促进中苏英美成立反侵略阵线之必要”。[②] 这是符合前面已经介绍过的蒋的一贯思路的。然而，读读蒋在日记里的自白，即可发现他的出发点并非只是对苏联的同情。

先看战争爆发当晚的日记。蒋介石写道：“我应照预定计划进行，先使中共就范，集中河北也。对俄应以有限度之合作，而不订同盟协定。”[③]文字虽短，却既写出了他在对苏态度上的保留，又写出了他对苏德战争的处置不只是停留于国际层面，同时还深入到国内层面。

再看第二天的日记。蒋介石写道：

> 对德俄战争无论胜败谁属，我国当以切近之利害为断，况倭寇未灭、共党作祟以及新疆跋扈，此皆不能不藉俄以期如计解决。否则，如果态度稍带灰色或中立则其害立见。如果此时对德表示好意或主联德反俄，则又牵连倭寇问题乃有陷入轴心之危险。如此，英美皆将对我不利，而我四年来外交之努力乃必前功尽弃矣。至于英俄协定之有无暂可不管，即使有之其必限于对德，而在远东对倭则英此时必不肯在内也。故倭必攻俄，其对英当无顾忌，且英美对倭之攻俄亦不加阻碍，

① 《王世杰日记（手稿本）》第 3 册（1941 年 6 月 23 日条），第 99 页。

② 详见《王世杰日记（手稿本）》第 3 册（1941 年 6 月 23 日条），第 99 页；《徐永昌日记》第 6 册（1941 年 6 月 23 日条），第 141 页。

③ 《蒋介石日记（手稿）》（1941 年 6 月 22 日条），斯坦福大学胡佛研究所藏。

盖于英美皆有莫大之利益。以德俄战争关系而倭南进政策必中止,其必先向北进俄固无疑也。[1]

此则日记说明,蒋介石之所以主张建立中苏英美反侵略阵线,是经过对国内外种种利害关系的反复斟酌的。蒋的理由可归结为3点:其一是国民政府的三大课题("倭寇未灭""共党作祟""新疆跋扈")都需要借助苏联才能解决;其二是对英美的顾虑;其三是蒋断定日本肯定会随德进攻苏联,且英美对此亦不会反对。

这3点中,第三点特别值得注意。因为它反映了蒋对日本在苏德开战后的国策取向的基本判断,而这也是和他在德苏开战之前就有的预测相一致的。它清楚地表明,在《日苏中立条约》签订前曾导致蒋对松冈访欧作出误判的那些负面因素,在苏德战争爆发后再次在蒋身上复活了。而且,蒋介石关于英美不反对日本北进攻苏的判断,也是违背英美此时的战略构想的。[2]

然而,蒋介石本人对自己的判断很是自信。所以,它不只是坐等日本北进攻苏,还力图说服苏联先发制人,以收"先日后德"之效。基此,6月23日他就约见苏联总顾问,请其向苏联中枢转达自己的建议:"俄在远东对倭应取攻势,先与中国合力解决倭寇,然后乃以全力向西对德,如此俄之东方地位安全,对德进退皆能自由

---

① 《蒋介石日记(手稿)》(1941年6月23日夕条),斯坦福大学胡佛研究所藏。

② 譬如,美国认为,从短期看,日本因北进而消耗自己的战争资源,符合美国的利益,但从长远看,日本北进攻苏将分散苏联的战争努力,缩短其抵抗德国的时间,因此美国应该同时阻止日本的北进和南进。参见"Memorandum by the Assistant Chief of the Division of Far Eastern Affairs (Adams) (June 25, 1941)", John G. Reid(eds.), *FRUS, 1941*, Vol IV, the Far East (Washington D. C.: U. S. Government Printing Office, 1956) pp. 278-280。

也。”[1]在苏联遭受德国突然袭击，正在为避免两线作战而呼吁日本严守中立条约之际，蒋的建议显得非常唐突。

但是，在蒋介石于6月24日约徐永昌进一步研讨苏德战争时，徐提出了以下意见：

> 一、德强苏大，不应战而战，在理无短期解决之可能。二、倭寇除使用于战场者外，所储备于关东、倭国、海南岛等处力量可分三部：(甲)备苏之部；(乙)备南进之部；(丙)备向我西进之部。过去倭之拟南进就因英国战败，乃系准备英帝国崩溃时之侵略。今德苏开战，英已无崩溃之虞，倭必适可而止，再无南进之事。是今后我对倭兵力之负担加重三分之一，亦即危机增加。三、倭陆军过去有在我满蒙建一帝国之志，但每惧苏俄俯制，又倭财阀虽反对战争，然向恶共产，今两阀必合(向来不和)。德已以猛大力量攻苏，今日倭之攻苏诚千载一时之机会，所以其北进之公算最大。四、中苏英美之联合反侵略阵线，吾人不应提倡，诚以倭北进之最大顾虑为美海军蹑其后，所以此种联合越有力，倭北进之公算因之越减。五、苏联受兵后，其操纵共党向我捣乱之谋必减，且为牵制倭寇北进并或转令共党就范，此则亦视倭行动而异。[2]

由徐永昌的意见可见，在判断日本会利用苏德战争乘机北进攻苏及认为此举对华有利方面，徐和蒋看法一致；但徐又认为如提倡中苏英美联合反侵略阵线即会削弱日本攻苏意志，这是徐蒋相异之处。

对于徐的意见，蒋一时曾产生同感，担心“美对俄如表示积极

---

①《蒋介石日记(手稿)》(1941年6月23日条)，斯坦福大学胡佛研究所藏。

②《徐永昌日记》第6册(1941年6月24日条)，第143页。

援助,则反使倭对俄缓和,于我无益”。但当日下午在接见美国大使高斯时,蒋又表示“愿美能援俄,并能暗示俄能与中美两国切实合作之意。如英美能赞成或能保证中俄合作,则我无害矣”。[①] 而且,后来蒋还在其他场合一直重申这一观点。为什么会这样呢?从蒋介石在谈话中对美国大使的说明和在其他相关资料中的解释,可以归纳出3条理由:

首先,蒋介石认为,只要日本利用苏德战争北进攻俄,就在客观上可帮助中国达成三大目标:一、统制共党势力,解决中共问题;二、收回新疆与外蒙古主权;三、中俄合作解决倭寇问题。因此,对中国来说,这是必须竭尽全力促成的。[②]

其次,蒋介石认为,中国虽在直接对日工作以促成其北进攻苏方面无能为力,但在策动苏联对日先取攻势方面则有用武之地。而要使苏联接受中方的建议,则必须建立中苏英美反侵略阵线以增强苏联之信心。[③]

再次,与此相关,蒋介石还认为,如果以美国为首的反侵略各国不于最短期内声明决心积极援助苏联,则苏联不仅不会对日先取攻势,还会以退让谋求和日本达成谅解。这样,日本就会调头转向南进。[④]

为了避免日本由北进转向南进,蒋对美国也加强了劝说工作。

---

①《蒋介石日记(手稿)》(1941年6月24日条),斯坦福大学胡佛研究所藏。

②《蒋介石日记(手稿)》(1941年6月24日条),斯坦福大学胡佛研究所藏。

③《蒋介石致宋子文、胡适电》(1941年6月25日),台北:“国史馆”藏,蒋中正“总统”文物,档案号002-010300-00044-046。另见《蒋介石日记(手稿)》(1941年6月27日条),斯坦福大学胡佛研究所藏。

④《蒋介石和美国大使高斯谈话记录》(1941年6月24日),台北:“国史馆”藏,蒋中正“总统”文物,档案号002-020300-00028-067。

6 月 25 日，他致电正在美国活动的宋子文，指示说："请兄等在美观测实情以后，能对美政府策动以下各点：一、中知苏确欲主动攻倭先解决其东方之敌，俾得全力向西对德作战。以苏在东方既有陆军兵力，击败倭寇确有把握。此乃中所深知。二、苏此时所疑而不敢断行者乃在英美态度究竟如何。而且苏联对中英合作美国能否赞助此为其唯一之关键。如果美能向苏表示其在西方与英在东方与华合作完全同意，或能进一步赞助，以安其心，则彼将无疑虑的对倭积极进攻。三、中意美国对苏应多在精神上于苏以协助，从中鼓励其勇气，如此，即使美不公开表示援苏，则苏亦可安心作战，而不至于对倭妥协。只要苏倭不致妥协或至开战，则倭从此无力南进，太平洋问题自不难根本解决。然美国援苏之表示太显时，则倭或对苏更求妥协，似亦非宜也。望以此旨相机为美政府委婉转达是荷。"①必须指出的是，电文之第 1、2 两条所说内容本来只是蒋自己的想法，蒋却把它说成了苏联的意向。

6 月 27 日，蒋介石在长久思考和比较了多种可能性以后，还得出了如下结论：

> 倭如观望只有失机，如其先用军事全力进攻我国则其北进南进皆不仅有失机之虞，而且自投罗网更陷于无可自拔之地，决非其所能为也。如其国内英美派欲藉此德俄战争时机以解脱轴心，迁就欧美，则其极右派与关东军必自动攻俄以推到其政府甚至引起其国内革命亦在意中。故五日来倭阁对德俄战事尚无一定之方针与明白中立之宣言，乃必为其极右派与军阀所反对，是以不能发表宣言。此即为其内部冲突之表

---

①《蒋介石致宋子文、胡适电》(1941 年 6 月 25 日)，台北："国史馆"藏，蒋中正"总统"文物，档案号 002-010300-00044-046。

> 现。兹可断言:倭若不决定攻俄则必引起其国内革命,虽欲沉机观望,其时期必不能过久也。以此推断倭寇不久必将攻俄,固无疑义也。①

由上可知,蒋介石已经进而认为:建立中苏英美反侵略阵线,可增苏联对日信心,却不会动摇日本的攻苏决心。

在对苏方面,国民政府对苏德战争的因应方针,就这样被确定为以促进建立中苏英美反侵略阵线和推动苏德战争扩大为日苏德战争为基本点。

6月28日,国民政府召开的党政军联席会临时会议,还就苏德战争给中方带来的有利形势达成3点共识:

一、苏联被攻,过去所谓"和平中立政策"及"帝国主义混战"等名词,在苏联方面已不适用。

二、现在苏联不得不与中、英、美站在一条阵线,过去利用他国战争发展世界革命及乘机在他人国内施行之暴动政策,亦已不适用。

三、苏联将经由第三国际,命令中、英、美共产党暂时停止破坏活动,或进一步发展与政府谋合作。②

同前面已经介绍过的资料一样,这3点也说明了国民政府领导层为何把苏德战争视作中国"苦尽甘回,否极泰来"的转折点。6月30日,蒋介石联系不久前的《日苏中立条约》,高兴地写道:"俄求倭之意与不顾对我之信义,徒以自私为主旨,及至廿二日德忽攻

---

①《蒋介石日记(手稿)》(1941年6月27日条),斯坦福大学胡佛研究所藏。

②《何应钦呈蒋中正德苏开战后我方处理中共问题方案》之附件(1941年6月28日),台北:"国史馆"藏,蒋中正"总统"文物,档案号002-080104-00002-004。笔者附注:徐永昌在当天的日记中也有同样记录,见《徐永昌日记》第6册(1941年6月28日条),第147页。

俄，则其所约皆无效，徒其国格自求侮辱，可鄙也。”“德俄开战，不惟我民族生命得有保障，即世界人类亦得一新生命矣。”①

此外，在对德方面，与对苏态度上的纠结相对应，蒋介石直至6月29日还刻意留有余地。此日，外交部部长郭泰祺“甚欲声明反对德国之政策，以奠英美俄对我之信赖”，却被蒋介石斥为“太无意识”。② 这和一年十个月前英法德战争爆发时蒋的对德态度形成了鲜明对照。它也说明：同样是和德国的战争，蒋对英法的考虑和对苏联的考虑是有区别的。

但是，出乎蒋介石意料的是，在他斥责郭泰祺后未满两天，德国竟于7月1日宣布承认汪伪政权，突破了国民政府的底线。至此，蒋才立即作出与德国绝交的决定，并于7月2日正式宣布。③不过，值得注意的是蒋对德绝交的动机。7月5日，蒋写道：

> 对德绝交尚有人以为只要先召回驻德大使而不必发表正式绝交宣言，以为仍可在德意与英美之间发生左右运用者。余以为若不于此正式绝交，则国格完全丧失矣，以后英美对我之目光以为只重利害投机取巧者之所为，持此四年以来对国际道义之标榜几将消失于一旦。且倭之要求德意承认汪伪者，其用意不在增强汪伪之地位而实使我以此由德介绍与汪伪合流也。若不彻底与德绝交，明白表示，则倭之妄想更不可思议矣。此为非绝交不可之至关要键。其次，我明白与德绝交后，使倭对德之要求更不能逃避，必欲强之履行三国同盟公

① 《蒋介石日记（手稿）》（1941年6月30日条），斯坦福大学胡佛研究所藏。

② 《蒋介石日记（手稿）》（1941年6月29日条），斯坦福大学胡佛研究所藏。

③ 《外交部宣言》（1941年7月2日），《中华民国重要史料初编——对日抗战时期》第3编（2），第703—704页。

约,早入世界战争漩涡。使之受虚名而蹈实祸,亦非中德绝交不可也。余对此无论揆之天理或裁之吾心皆无丝毫不安之状,至于成败利钝只有听之而已。①

蒋在"其次"后面的解释说明,他之所以决定对德断交,重要原因之一,是认为德国承认汪伪是为换取日本撕毁中立条约,对苏开战,而中国只有通过对德绝交,才能迫使日本出于对德国的愧疚而无法拒绝德国的要求,从而实现国民政府最大的愿望:由苏德战争进而引起日苏战争。

六、党政军大员对"蒋氏三问"的回答

随着对德绝交的实行,国民政府在对苏德战争的因应上再无其他选择,而最终确定了联苏反德的方针。但是,从本章的论述可知,以蒋介石为首的国民政府领导层,在感情上是厌恶苏联的。他们在此时选择的联苏,主要目的是利用日苏矛盾,而在他们的内心深处,最理想的局面是由苏德战争进而引发日苏战争,致使中国的两大"外患"("日本的侵华"与"苏联的赤华")两败俱伤,而中国能彻底摆脱它们带来的威胁。

在对德政策上,国民政府领导层的态度和他们的对苏态度形成了鲜明对照。在他们眼中,1939 年 9 月开始的英法德战争和 1941 年 6 月爆发的苏德战争是不同性质的战争。因此,在英法德战争爆发之际,蒋介石等领导层的大多数在感情上可以立即和英法及其背后的美国站在同一立场,但对苏德战争,他们则对苏联遭

---

①《蒋介石日记(手稿)》(1941 年 7 月 5 日条),斯坦福大学胡佛研究所藏。笔者附注:此则日记写于 1940 年日记第 2 册中。

受德国进攻暗中称快。

从战胜日本侵略的国际战略和制服中共的国内战略出发，蒋介石引领国民政府对德断交，并促进建立中苏英美反侵略阵线，但其主要目的并非以德为敌，而是促成日本北进攻苏。

就蒋介石来说，在局限于苏德双边关系时，他的判断相当高明且具有远见。建立在这一基础上的蒋对“苏德必战”的早期预测，既使中国在结盟问题上避免了日本那样的错误选择，又引导国民政府克服了在《日苏中立条约》后一度出现的动摇和彷徨，还通过中国共产党为苏联提供了宝贵的情报。但是，在加上日本因素而论及日苏德三边关系时，蒋介石关于日本对苏德战争反应的判断却失之于幻想或理想，以致对爆发日苏战争寄予过大的希望。①

蒋介石为什么会对自己的对日判断如此自信呢？除了他个人的“日苏必战情结”外，还必须看到另外一个重要背景，这就是：苏德战争爆发后，国民政府领导层几乎都因认为日本北进更有利于中国而期待日本北进，并受这种心态的影响而判断日本必定北进。换言之，蒋介石此时的误判，是由领导层的共识所支撑的。

为了加强对这个论点的说明，也为了加深对此际国民政府领导层之日本观及国际政治观的理解，作为本章的补充，特附录苏德

① 作为反映这种幻想之严重性的佐证，在“国史馆”保存的蒋介石档案中，有一件蒋亲笔起草并注明“此已发密存可也”的电报底稿（无年月日），谓：“居里君：得确息日本已决定不久对苏俄废除苏日中立协议后即行宣战。此时日本唯一希望为美国对日态度能保守中立，则其进攻苏俄将更速云。请转达贵总统为荷。”档案号 002－010500－00001－003a。另外，蒋介石还在 1941 年 7 月 4 日致电宋子文说：“苏德开战以来，苏对我自始称愿与我商谈确实合作办法并称将主动攻日，然至今彼尚未提出具体办法。若其对德战局不利，则其对日攻势战略或亦变为被动待攻矣。”此电报中关于日本与苏联的断言，都是没有根据的。见《蒋介石致宋子文电》（1941 年 7 月 4 日），台北：“国史馆”藏，蒋中正“总统”文物，档案号 002－010300－00045－005。

战争爆发之初高层领导对"蒋氏三问"的回答。

苏德战争爆发4天后,为了统一国民政府内部的认识,蒋介石于6月26日密电各战区司令长官、各省政府主席等党政军大员,要他们就3个问题即"德苏开战后暴日动向如何?国际局势将如何演变?我国应采取如何方针?"各抒所见。①

28日,何应钦带头就"蒋氏三问"作出了回答。其中,他以"德苏开战后国民政府应如何处理中共问题"为题,呈报了6条基本认识:

> 一、苏联未被德国攻击以前,有所谓世界革命政策,中共引为凭借,力图发展,将来我抗战军事虽到胜利阶段,而前门拒虎,后门进狼,亦感应付维艰。二、德苏开战后,我所虑者为日本利用英美苏欲减少敌国之心理,以游说尤其谅解要求对我停止援助,并妥协中共,专力对我进攻。我所望者,为日本抽兵攻苏,美国实力参战。三、假定日本欲进攻苏联,则其对于国际方面所应考虑之件为:(1)德军进展情形;(2)苏联在远东之实力;(3)英美动态;(4)中国战场情况,尤其是在何种状况之下,能抽若干兵力(倭寇播音,谓苏联在远东之兵力,计有狙击师二十五师、骑兵八师、机械化五师,共有三十八师。现查倭寇在东四省、朝鲜,有十二师团,国内有十师,尚可动员十师,若在中国战场再抽十师,则其对苏联兵力共有四十二师)。四、假定日本欲攻苏,职以为此乃英美所渴望者,其理由与希望德苏作战并无二致。故将取放任政策,以促成之。然日本攻苏之后,美国决将参战,并将先攻日本。盖日本终为太平洋之隐患,且当其与中苏两国作战之际,实为最易击败之时

① 《蒋中正"总统"档案·事略稿本》第46册(1941年6月26日条),第408页

机。假定先击破其海军，则其国内仅剩之陆军，决不易防御美军之登陆。反之先攻德而后攻日，则在军事上毫无理由，盖攻德未必速胜，且不能禁止日本之逞其后也。五、国际情况，如演变至日本抽兵攻苏及美国实行参战后，于中国实力大大有益，速则半载，迟则一年，我抗战胜利必有希望。似此，我对国际方面，尚应运用谋略，促其实现。岂有于本国战场反将敌军拉住，使其不能抽兵攻苏之理？六、现在日本若欲考虑在中国战场抽兵，即必须注视国共问题。因此，我不特不必立即调整国共关系，而在舆论上亦不必强谓中共已与国军一致，且应一面同情苏联抗战，一面宣传中共不抗战之罪行，以错乱日本之观听。又兵不厌诈，即从侧面透露一种消息，谓国共关系绝对不能合作，以纵日本之北进，亦无不可。[①]

同日起，其他党政军大员回答"蒋氏三问"的电报也纷纷到来。下面以发报时间为序，择要概观之。

（1）贵州省政府主席吴鼎昌的电报。它指出 3 点，一、日阀有一机会，必然攻苏，决不先攻英美。二、一旦日本攻苏发动，指日可望转入中美苏公开仇德日阶段。三、我国方针：对德苏战争，亟应公开表示态度，响应英美，同情苏联，斥责德国侵略。[②]

（2）第六战区司令长官兼湖北省政府主席陈诚的电报。它首先指出德苏战争之前途有 4 种可能："甲、英美必同情苏联而援助之，但有其限度。而联德反苏仍有可能。乙、德在短期内军事当能

① 《何应钦呈蒋中正德苏开战后我方处理中共问题方案》（1941 年 6 月 28 日），台北："国史馆"藏，蒋中正"总统"文物，档案号 002-080104-00002-004。

② 《吴鼎昌致蒋介石巳俭秘电》（1941 年 6 月 28 日发自贵阳），"国史馆"藏，蒋中正"总统"文物，档案号 002-080103-00050-012。

设立,久则对内外恐均有变化。丙、若德国速战速决成功,史大林亦有与德军单独讲和之可能。丁、苏联军事干部素质低落,士气、民心不安,恐怖空气充满军政各界,影响于战事者至恶劣。惟纵令苏联失败,亦仅系史大林政权之崩溃,而斯拉夫民族则不致失败。”其次,陈诚认为日本今后的动向也有 4 种可能:“甲、坚守不介入政策,积极解决中国问题。乙、决心北进,但须放弃中国之一部或大部。此固于我有利,但我之利即敌之不利。敌是否采取此策,尚待考虑。北进时机,当在德国有决定胜利之时,如意大利于德国占巴黎始行参战者同。丙、敌南进之公算确已减少,惟德胜苏之后转兵攻英之时,敌自不能望其南洋之利益。丁、进窥我国之大西北,以作北上、南下之准备。”①

(3) 第二战区司令长官兼山西省政府主席阎锡山的电报。其谓:“一、暴日动向:西北利亚为暴日卅年中教育国民之资料,此时势难错过,但必先急图结束对华战争,准备策应德国,企图分得亚俄。二、国际演变:德苏战争势必持久,由德苏战之持久,减少德义欧洲之统制力,加大英国活动的范围、准备的时期,与美国之从容援英,比较巩固世界旧秩序平衡势力的程度,使美国得到坐视之时间。至于日敌,则加大牵入战争的因素。三、我国应取自存主动的突击外交。我国现增两种困难:1. 日敌以为除我国以外,再无有陆军可能被攻之敌人,故加大其武力对我之程度。2. 苏联为急于在东亚加强抗日的共产力量,以图自固。我国如联英美,必须要达到助我能到存在的限度内,如联苏联必须撤清共党,切实与我援助,

① 《陈诚致蒋介石巳艳秘电》(1941 年 6 月 29 日发自恩施),台北:“国史馆”藏,蒋中正“总统”文物,档案号 002-080103-00050-012。

实行合力共存。”①

(4) 第八战区副司令长官傅作义的电报。其谓:“一、暴日动向:暂止南进,观望之后,夺得海参崴及库页岛,对我再发动政治、军事进攻。二、国际演变:苏虽初次胜利,但战争延长化,英美苏可平衡对德,但结不成同盟,德意日虽同盟,但未必能并肩作战,英美太平洋势力加强。三、我国对策:1. 准备击溃敌之军事政治攻势。2. 争取英美中苏反侵略阵线,尤应加强对美关系,解决太平洋。3. 乘此时机对十八集团军求得统一。”②

(5) 第三战区司令长官兼江苏省主席顾祝同的电报。其认为日本动向为:“一、外交方面:德苏胜负未决以前,暂取观望态度,对德对苏均表好感,并暗中拉拢英美,企图减少对我援助。俟德苏胜负至相当明显阶段时,再随风转舵,但英美未必竟受其欺。二、军事方面:不能北进,因实力为我拖住,纵能抽调,亦属有限,且英美正在支撑苏联,日如攻苏,亦非英美所许可。苏联远东驻军闻未西调,故不敢大胆动作。但亦不能南进,因日海空军实力不敌英美,此时英又得喘息之机,日如南进,必遭挫败。至由越南进以遮断我滇缅路或由宜昌进犯陪都,公算较多。暴日一贯之政策,无论北进、南进,决不肯忘情对华侵略。目前强化伪组织,整理伪军,加紧政治、经济进攻,或发动较大之流窜战,均属可能。我应力求对策以粉碎之。”③

---

①《阎锡山致蒋介石艳电》(1941 年 6 月 29 日发自兴集),台北:“国史馆”藏,蒋中正“总统”文物,档案号 002-080103-00050-012。

②《傅作义致蒋介石巳艳午电》(1941 年 6 月 29 日发自陕坝),台北:“国史馆”藏,蒋中正“总统”文物,档案号 002-080103-00050-012。

③《顾祝同致蒋介石艳秘电》(1941 年 6 月 29 日发自上饶),台北:“国史馆”藏,蒋中正“总统”文物,档案号 002-080103-00050-012。

(6) 成都行辕主任兼四川省政府主席张群的电报。其论及日本动向时说:“英美援苏,构成民主阵线。如暴日保持其不介入欧战,专事对华之原动向,则既不容于民主,复不齿于轴心,势成孤立。彼为维持其轴心之立场,诱致德义承认其侵华事实计,必于南进以前北进,则其国内亲德、反苏两派,亦必乘机合流,构成改变国策之主力。1. 就经济价值而言,南进较优于北。2. 就政治意义言,北进更重于南。北进如果实现,将来仍不难以外交或军事再图南进。”①

(7) 第一战区司令长官蒋鼎文的电报。其分列 6 条谓:“一、德苏开战,英可稍纾喘息,英美可加注意于远东,敌更不敢冒险前进。二、此时为敌北进良机,当不肯放过。目前或暂行观望,俟德获有决定胜利后,因利乘便,推测敌之于苏,将如德之攻波兰时苏所采之态度。三、敌既有北进之机,当不致再行西进,陷入更深之泥淖。四、德苏战争,苏终不免失败,惟英美必援苏,使战事延长,消耗德之国力。五、在敌待机北进中,我应乘时反攻,使敌无力对苏,德苏战争延长,欧亚战线不能贯通,敌即陷于孤立。六、我亟应准备建立巩固西北国防基础,以备战应付将来之变局。新疆问题,应乘有保握时机,设法解决。”②

(8) 江西省政府主席熊式辉的电报。其谓:“一、国际局势:甲、美国对苏联,利在其与德作持久战,故尽量予以援助。乙、美对日本,仍欲避免战争,如日本停止南进与北进,则美日之妥协性甚大。二、暴日之动向:南进荷印,北进海参崴,俱于我有利。所最可

---

①《张群致蒋介石巳卅华电》(1941 年 6 月 30 日发自成都),台北:“国史馆”藏,蒋中正“总统”文物,档案号 002-080103-00050-012。

②《蒋鼎文致蒋介石巳陷总电》(1941 年 6 月 30 日发自长安),台北:“国史馆”藏,蒋中正“总统”文物,档案号 002-080103-00050-012。

虑者，惟在暴日以全力解决中国事件，并不与美苏为敌，对我取和平攻势，向英美妥协；于安南只在政治上、军事上；于荷印及苏联，只在经济上谋得相当利益，不谋过甚要求。于中国则必达到其侵略素愿，以不积极参加轴心集团求得美国谅解，必获得于东北四省土地及华北经济特权，一方加强暴力向我进攻，以期中国事件告一段落，从容消化，充实力量，待机观变。三、如以上判断准确，则我似应：甲、在日本态度鲜明以前，我亦暂守缄默。乙、对美日之妥协应严密注视，慎防他人外交上之牺牲。丙、对暴日之军事冒险及政治经济之压迫，应预筹对策。丁、加强统一工作，削弱反动势力，警惕军民勿为过早乐观。”①

(9) 第五战区主任兼安徽省政府主席李宗仁的电报。其谓：“英美澳荷在西太平洋之联合阵线无形增加，日寇似已无积极南进之决心，反之北进攻苏，转有较大之可能。惟尚须若干时日之准备，或俟苏有败兆，始行发动。至于对华战争，虽军阀暂有对支第一之口号，但其速战速决既已失败，政治诱降复归泡影，纵令敌寇再深入，续占我据点线，亦必能于德意失败后，因英美苏之压力而退出，如三国干涉还辽，即其先例。因此敌寇此时决不致倾其全力以攻我，致更陷于泥淖之中，无有伸缩之余力。在外交上，或幻想企图妥协英美，威胁苏联，以孤立我国。”②

(10) 第八战区副司令长官兼第十七集团军总司令马鸿逵的电报。其谓：“一、英美对我始终提携，自应彻底合作。二、倭寇必乘机北进，但图我为其第一步计划，或将加紧侵略。我若能纠合英美

①《熊式辉致蒋介石陷电》(1941 年 6 月 30 日发自泰和)，台北：“国史馆”藏，蒋中正“总统”文物，档案号 002 - 080103 - 00050 - 012。

②《李宗仁致蒋介石全侠电》(1941 年 6 月 30 日发自老河口)，台北：“国史馆”藏，蒋中正“总统”文物，档案号 002 - 080103 - 00050 - 012。

苏合攻,先予解决,则我为主动,在国际上裨益日多。三、苏对我略有援助,但其国策、主义与我不同,应恳赐予注意。四、将来英德或竟妥协,合而攻苏;或德向英美求和,则我对德义外交,似应事前予以注视。”①

(11) 甘肃省政府主席谷正伦的电报。其对国际局势演变的意见为:“一、暴日动向或分三期:1. 其初含默然期待。2. 其次或陈兵我西北,一面讨好轴心,一面威胁苏联。3. 倘苏联败绩,或于适当时期宣布参战,亦未可知。二、国际局势形成侵略、反侵略两集团,英美援苏,自非真意,但就战略论则不能不援。三、我国应付方针:1. 应促进苏德战争之持久,盖苏胜则敌共猖獗;败则退守亚洲,我西北将遭受最大之威胁。2. 应促进暴日孤立,或策动英美苏先解决倭寇。3. 我国国力未充,德意虽绝我,但我仍不须显明攻击,实际上尽可与英美苏切实合作,表面上仍不妨高呼以不变应万变之论,以作烟幕。4. 德苏相持,于我最利,故宜乘机加强自身,肃清心腹之患。并设法规复西藏、新疆”。②

(12) 第一战区司令长官卫立煌的电报。其要旨有 3 条,一、敌人动向:如莫斯科危急,必攻西北利亚,占领洛阳、南阳、西安之可能性亦极大。如敌北进,于我最为有利。二、国际演变:此关键在苏德战争之前途,如两方相持,则中苏英美与德意日似有形成两大壁垒之可能。三、我方应采取方针:(1) 争取各友国最大之援

---

①《马鸿逵致蒋介石东一、二电》(1941 年 7 月 1 日发自宁夏),台北:“国史馆”藏,蒋中正“总统”文物,档案号 002-080103-00050-013。

②《谷正伦致蒋介石电》(1941 年 7 月 2 日发自兰州),台北:“国史馆”藏,蒋中正“总统”文物,档案号 002-080103-00050-013。

助；(2) 争取同盟，以博胜利。[①]

(13) 福建省政府主席陈仪的电报。其认为：倭在可能范围内，当期望暂匿其鬼魅之形，作最后之投机。我应多方怂恿其早日显明态度。至其态度显明后之行动，大抵出于附德、攻苏。设倭不出此，则惟有尽残余之兵力，求逞于我，故我应取方针，在增强战力，加强对英美苏之联系。[②]

归纳上述十数名党政军大员对“蒋氏三问”的回答可知，除顾祝同等个别人的意见自有特色外，多数人的看法均与前面介绍过的蒋介石的看法在下述各点上基本一致，即均认为日本在苏德开战的新形势下将首重北进攻苏而暂缓南进，甚至已无心南进或无力南进；均认为日本北进攻苏比南进更为对华有利(其中尤其重视解决中共问题)，故主张应竭力促成之；均认为美英也和中国一样，对国策不同、主义相异的苏联的支持只是策略所需，而并不反对日本北进攻苏，故支持苏联抗德和期待日本攻苏并不矛盾。

那么，日本自身是如何认识和应对苏德战争的呢？另外，日本的决策和美国又有什么关系？本书将在接下来的第十二章中探索这些问题的答案。

---

①《卫立煌致蒋介石冬戌电》(1941 年 7 月 2 日发自洛阳)，台北：“国史馆”藏，蒋中正“总统”文物，档案号 002－080103－00050－013。

②《陈仪致蒋介石支随电》(1941 年 7 月 4 日发自南平)，台北：“国史馆”藏，蒋中正“总统”文物，档案号 002－080103－00050－013。

第十二章　围绕日美交涉的较量

在国民政府领导层普遍认为日本将利用苏德战争北进攻苏且美国不会对此予以反对之际，要辨别他们的判断是否正确，特别有必要对照一下日本和美国自己的决策。而最适合做这种对照的个案，则是 1941 年 4 月至 12 月期间的日美交涉。因此，本章将把焦点对准日美交涉，考察其时日本与美国各自如何考虑中国问题，如何处理中国因素和自身战略取向的关系，同时，中国又对日美交涉作出了什么反应。

一、日本的对华目标与“中国问题优先”方针

以 1940 年 11 月日本正式承认汪精卫傀儡政权为契机，中日战争的推移越来越受到国际形势与双方的“国际解决战略”的影响。就中方的背景来说，这是因为国民政府在日本承认汪政权后已经决定日后不再理睬日方的任何“和平工作”。另外，如本书第十、十一两章所示，同一时期，随着国际形势向有利于中国的方向展开，国民政府已经结束了对欧战的静观政策和对日德意同盟的暧昧姿态，在外交上重新回到了以英美为中心的立场，在国际解决战略上

则再次确认了"两个同时"的目标。因此，国民政府在总体上更加视中日之间的战况为次要因素，而以等待及利用必将到来的日本和美英苏诸国的开战为战胜日本的关键。

另一方面，就日本来看，其在承认汪精卫政权以后，也已决定以"运用三国同盟""调整日苏邦交"和"制止美英援华"为其"世界规模解决策"的三大支柱。[①] 在这三者之中，关于第一个支柱即日德意同盟对日本带来的副作用，本书第十章已有分析，这里不再赘述；关于第二个支柱即"调整日苏邦交"，则有必要略作回顾。

日本的所谓"调整日苏邦交"，是在日德意三国同盟的基础上，进而争取苏联，结成名为"日德意苏四国协商"的合作关系。其目的，一是借助这一合作关系确保"日苏关系的平静"，二是通过阻止苏联援华以打击中国，三是孤立日益成为日本主要威胁的美国，以迫使它从亚洲抽身。为此，日本于 1941 年 2 月 3 日举行大本营与政府联络会议，议决了一个《对德意苏交涉要纲》，提出了"将世界分为大东亚圈、欧洲圈（含非洲）、美洲圈、苏联圈（含印度、伊朗）"的新秩序构想。[②] 其后，日本外务大臣松冈洋右于 3、4 月访问欧洲时，向德国提出了四国协商方案。但是，过去似乎支持过这一方案的德国，因为已经秘密决定对苏开战，所以事实上拒绝了松冈的提案。松冈本人却没有认清德国态度的变化，而仍然在对四国协商

---

① 御前会議決定「支那事変処理要綱」（1940 年 11 月 13 日），『日本外交年表竝主要文書』（下），第 464—465 页。

② 連絡会議決定「対独伊蘇交渉案要綱」（1941 年 2 月 3 日），参謀本部編：『杉山メモ——大本営・政府連絡会議等筆記』上巻，東京：原書房，1987 年，第 176 页。

满怀期待的心态中,于4月13日跟苏联缔结了《日苏中立条约》。[①]

但是,尽管松冈认为《日苏中立条约》是对中国的重大打击,但实际上如本书第十一章所述,因为国民政府的视角不只是停留于日苏两国,而是进一步扩展至日美苏多边关系,所以蒋介石等高层领导对《日苏中立条约》所生影响的看法,并非都是负面。中方的这种反应,促使日本外务省也很快就不得不承认"日苏中立条约不足以促成重庆媾和决心"。[②]

正因第一、第二个支柱的效果都不理想,对日本来说,"制止美英援华"这第三个支柱就成了其实现"世界规模解决策"的中心。这样,在1941年4月后,开展"日美交涉"就成了日本解决"中国事变"的重中之重。

日美交涉最早开始于1940年底两国民间人士的接触,但当事者背后各自都有官方人士的支持,因而具有半官半民的性质。1941年4月中旬,双方达成了这样一份《日美谅解案》:

> 1. 日美两国保持以固有传统为基础的国家观念、社会秩序以及作为国家生活基础的道义原则,不允许与此相反的外来思想的捣乱。
>
> 2. 日本政府宣布:日德意三国同盟是防御性质的;同盟条约所规定的军事援助义务,只有在德国受到现未参加欧战的国家积极攻击时才予履行。美国政府宣布:美国对于欧战的

---

① 有关四国协商的经纬,详见細谷千博「三国同盟と日ソ中立条約(1939年 1941年)」,日本国際政治学会太平洋戦争原因研究部編:『太平洋戦争への道』第5卷,東京:朝日新聞社,1963年;ボリス・スラヴィンスキー著,高橋実、江沢和弘訳:『考証 日ソ中立条約 公開されたロシア外務省機密文書』,東京:岩波書店,1996年。

② 外務省:「时局処理施策方案」(1941年4月30日),日本外交史料馆藏,A.1.1.0.30-002。JACAR(亚洲历史资料中心),Ref. B02030516700。

态度，只取决于保卫本国福利和安全的考虑。

3. 美国总统承认下列条件，并在日本政府对此提出保证时，根据这些条件向蒋政权作和平劝告：(1) 中国独立；(2) 根据中国与日本签订的协定撤出日本在华军队；(3) 不兼并中国领土；(4) 不赔偿；(5) 恢复门户开放方针，但关于其解释和适用范围，将来于适当时期由日美协商；(6) 蒋政权与汪政权合流；(7) 日本自行限制对中国领土的移民；(8) 承认“满洲国”。日本政府在上述条件的范围内，根据睦邻友好、共同防共、共同防卫及经济合作的原则，直接向中国政府提出具体的媾和条件。

4. 日美两国为维持太平洋的和平，不得在该地域相互配备威胁对方的海空军力量。中国事变解决后，日方按美方希望，把现为军队征用的船舶中可以复员的部分，主要用以太平洋航行。

5. 日美各自保证供应对方所需要的物资，缔结通商条约。美国向日本提供足够的信用贷款。

6. 日本保证在西南太平洋不使用武力。作为补偿，美国协助日本在该地区获得石油、橡胶等资源。

7. 两国政府关于太平洋的政治安定方针为：(1) 不承认欧洲各国将来在东亚和西南太平洋接受领土的割让，或对现存国家进行合并；(2) 共同保障菲律宾的独立；(3) 对日本在美国与西南太平洋的移民，美国予以平等待遇。①

上述谅解案主要是由日方当事者边探测美方意向边写成的，

① 「日米両国諒解案」(1941 年 4 月 16 日)，『日本外交年表竝主要文書』(下)，第 492—495 页。

最后还经过日本陆军派往驻美使馆的代表岩畔豪雄的确认。① 因此,其内容明显地偏向日方,同本书第十章提到的蒋介石的"平等媾和"条件相距甚远。美国国务院在研究过这份草案后,认为它"很糟糕"。因为,它虽然写明了日本的两项承诺,即只有当德国遭受侵略时才援德和不在西南太平洋行使武力,但作为代价,美国"不仅必须停止援助中国,还必须强制它接受日本对中国事务的永久影响。不论日本要把它的陆海军扩建到多大,美国都必须保证供应它维持这支力量的物资。而即使这样,如果日本决定参加对英作战,它也可以不受约束地参加;轴心国的联系也都没有割断"。但是,国务卿赫尔认为,利用这个"偶然的产物"进行谈判,可使日本政府保持"通过会谈解决问题"的想法。② 因此,4 月 16 日,他在同日本驻美大使野村吉三郎③会谈时提出,只要日本政府同意这份文书,美国可接受它作为"进入会谈的基础"。但同时他又提醒日本注意,"下列四原则是开始交涉的前提:(1) 尊重一切国家的领土完整与主权;(2) 维护不干涉他国内政的原则;(3) 维护包括贸易机会平等在内的平等原则;(4) 除和平手段下的变更外,不扰乱太平洋的现状"。④

---

① 「野村吉三郎大使より近衛文麿臨時外務大臣事務管理宛電報」(1941 年 4 月 17 日),外務省編:『日本外交文書・日米交渉・1941 年』上巻,東京:外務省発行,1990 年,第 20 页。

② [美]赫伯特・菲斯著,周颖如、李家善译:《通向珍珠港之路——美日战争的来临》,北京:商务印书馆 1983 年版,第 187 页。

③ 野村吉三郎(1877—1964),1898 年海军兵学校毕业,历任驻美武官、军令部次长、战舰三笠司令长官等要职。1939 年 9 月任阿部信行内阁的外务大臣,1941 年 2 月任驻美大使。

④ 日本外務省百年史編纂委員会編:『外務省の百年』下巻,第 552 页。另见"Memorandum Prepared for the Secretary of State (April 16, 1941)", *FRUS*, *1941*, Vol. IV, pp. 153 - 154。

但是，野村吉三郎在向日本中枢报告上述“谅解案”时没有同时提及赫尔的四原则，而国内在接到野村的报告后，很多人又把这个文件误解为是美国官方提出的方案。① 这两个错误使得日本决策层的很多人对美国如此慷慨兴奋不已。天皇也对内大臣木户幸一说：“美国总统这样爽脆，真出人意料。如此变化，可以说是因为我国同德国结成了同盟。看来一切皆在于忍耐。”②

然而，在日本军方，也有人作出了与前者不同的解读。首先，在4月21日举行的讨论《日美谅解案》的陆、海军部局长会议上，很多与会者认为，美国提出此案的目的，是利用日方弱点，阻止日本南进，削弱三国同盟；而日本应该反其道而行之，把交涉的重点放在解决中国事变，恢复和准备国力之上。据此，会议决定处理日美交涉应坚持3项原则：（1）不放弃日本在物、心两面的对华正当要求，不妨碍日本建立大东亚共荣圈的“圣战”目的；（2）不破坏三国同盟的友谊，不让美国得以强化对英援助并易于参战；（3）不束缚日本对付太平洋国际情势的国防自由。③

接着，4月23日，陆军参谋本部第一部长田中新一④据上述会议精神对日美交涉再作分析，认为美方的“目的顺序”为：A. 削弱三国同盟；B. 阻止日本武力南进；C. 维持太平洋现状；D. 加强对英援助；E. 维持中国继续抗日，为实行今后的世界政策争取时间。对

---

① 防衛庁防衛研修所戦史室：『戦史叢書・大本営陸軍部』(2)，第262页。

② 木戸日記研究会校訂：『木戸幸一日記』下巻(1941年4月21日条)，東京：東京大学出版会，1966年，1990年第11刷，第870页。

③「野村大使ノ提案ニ対スル意見」(〔陸海軍〕省部局長会議，1941年4月21日)，稲葉正夫ほか編：『太平洋戦争への道』，第408—409页。

④ 田中新一(1893—1976)，1913年陆军士官学校毕业，1923年陆军大学毕业。长期从事苏联研究，被称为日本的苏联通。1940年10月任陆军参谋本部第一部部长。

此,日本的态度应该是“逆用美方的顺序”,即坚持以E项(解决中国事变)为先决条件,若此项得不到美国的保障,就拒绝触及A至D项。[①] 同日,他提出,日本的对美总策略应是:先以日美会谈解决中国事变,继而迫使美方认识日本摆脱“中国包袱”后所具有的强大牵制力量,从而放弃参加欧战;反之,倘若美坚持参战,则日本决不受日美会谈的任何束缚。[②]

围绕《日美谅解案》的应对是日美交涉由民间层次上升至政府层次的起点,而上述这些材料则反映了日本军部对政府层次交涉的方针和策略。

与此同时,刚于4月13日签订了《日苏中立条约》,踌躇满志地回到东京的松冈洋右,对《日美谅解案》表示了比军部更大的不满,指责它远未满足日方的“圣战目的”。[③] 其原因除《日美谅解案》未事先征求松冈的同意外,主要是因为松冈把刚刚诞生的《日苏中立条约》视作日本外交的一大胜利,正打算以所谓“日德意苏四国协调”强硬对抗美国。5月3日,在讨论《日美谅解案》的大本营政府联络会议上,松冈提出了他自己的“对美调整绝对条件”3条:其一,有贡献于处理中国事变;其二,不抵触三国条约;其三,不破坏国际信义。[④] 这3项绝对条件与军方的3项原则异曲同工,都把按日方条件解决中国问题放在对美交涉目的的首位,都强调要在三国同

① 详见田中新一:「日米会談ニ関スル見解」(1941年4月23日),『戦史叢書・大本営陸軍部』(2),第263—264页。

② 田中新一:「独ソ開戦ノ際帝国ノ採ルヘキ措置」(1941年4月23日),『戦史叢書・大本営陸軍部』(2),第264页。

③「松岡外相の意见」(1941年5月,杉山元参謀総長伝達),『戦史叢書・大本営陸軍部』(2),第266—267页。

④「第21回連絡懇談会」(1941年5月3日),『杉山メモ——大本営・政府連絡会議等筆記』上卷,第205页。

盟问题上对德国保持信义。至此,日本军政双方在对美交涉的总方针上取得了一致。会议通过的《对美回答案》,对《日美谅解案》作了以下重大修改:

第一,关于三国同盟的援助问题,《日美谅解案》对日本发生军事援助义务的条件作了比较狭隘的解释,《对美回答案》则贯彻了"不与三国条约相抵触"的精神,明确规定:"三国条约的军事援助义务,在该条约第3条所规定的场合下当然发动"。①

第二,关于"中国事变",《对美回答案》删除了谅解案中有关美国对华劝告和平的8项前提条件,而要求"美国接受近卫声明所示3原则,接受日本与南京政府②所缔结的条约和'日、满、华共同宣言'所明示的原则,信赖日本政府的睦邻友好政策,立即对蒋政权发出媾和劝告";"在蒋方不听媾和劝告时,美国将停止援蒋行动"。

经此修改,日本不仅排除了美国干预中日媾和条件的可能性,而且明确要求美国必须按照日汪条约所规定的条件,用停止援助为压力,强迫中国停战求和。这是继"中国问题优先"方针后对历来的对华目标的再确认。此外,《对美回答案》还削除了谅解案中关于日本不武力南进的承诺。③

---

①《日德意三国条约》第3条规定:缔约国中任何一国遭到现未参加欧洲战争和日中冲突的国家攻击时,三国有以政治、经济及军事手段相互援助的义务。参见本书第十章第一节的相关论述。

② 指汪精卫傀儡政权。除另有说明外,以下1940年4月以后日方文件中所谓"南京政府"均同此。

③「松岡外務大臣より在米国野村大使宛」第205号〔日米諒解案に対する我が方対案〕,第206号〔修正の理由及び注意事項〕(1941年5月12日),『日本外交文書·日米交渉·1941年』上卷,第57—60页,第60—62页。

5月12日，驻美大使野村遵东京训令正式将上述《对美回答案》提交美国。以下本章对之简称为“5·12日本案”。

二、围绕对华条件的日美对立

“5·12日本案”提到的日本和汪精卫傀儡政权之间的一系列条约，都是以1939年12月30日日本逼迫汪精卫集团接受的《日华新关系调整事项》为基础的。1940年初，直接参与炮制这个东西的日本陆军省军务课，对日本从这个《日华新关系调整事项》中所获得的“重要权利与利益”作了以下概括：

1. 地域性实权的掌握：(1) 对蒙疆的综合性的实权；(2) 对华北的国防上和经济上的实权；(3) 对上海、厦门的支配权；(4) 对海南岛及附近岛屿的军事权及资源开发权。

2. 军事性实权的掌握：(1) 防共驻军权；(2) 治安驻军权(含：A. 厦门、海南岛及附近诸岛屿海军部队的驻军；B. 其他驻军)；(3) 在驻军地区及相关地区，日本在军事上对铁道、航空、通信、主要港湾及水路的要求均获实现。(4) 通过军事顾问及教官，确保了对中国军队的内部领导权。

3. 经济权益的获得：甲、全中国：(1) 关于航空的支配性的地位；(2) 关于开发与利用国防上必要的特定资源的权益(在华北日本优先，在其他地方日华同等)；(3) 对日华之间及中国沿海主要海运的参与权；(4) 关税和海关手续上的亲日政策；(5) 通过招聘日本财政、经济、技术顾问进入中央政府而确保执行日本的政策。乙、蒙疆：对经济的全面的领导权及参与权。丙、华北：(1) 关于铁道的实权；(2) 对通信(不含有线电信)的日华共同经营权(日本优先)；(3) 特定资源特别是国防上必需的埋藏资源的开发利用权;(4) 国防所必需的特定事业的合办参与权(日本优先);(5) 对华北政务委员会之经济行政的内部领导权。丁、扬子江下游地区:(1) 通过设置日华经济协议会而保障对贸易、金融、产业及交通等等的日华协议权;(2) 通过招聘技术顾问或技术员而确保对上海特别市建设上的领导权。

4. 政治、外交及文化上的权益:(1) 承认"满洲国";(2) 外交、教育、宣传及文化等方面的合作;(3) 军事以外的防共合作。①

以上就是日本当局在"5·12 日本案"中重加确认并要求美方接受的对华条件的内涵。早在《日华新关系调整事项》刚刚暴露的 1940 年 1 月,蒋介石就一针见血地指出,这是一份"奴隶的中国的要纲",如果见之于实行,"中国就将陷于万劫沦亡,4 万万 5 千万黄帝子孙真无噍类,而东亚与世界的祸害,更不知伊于胡底"。② 时隔 16 个月后,美方在接到内含这些条件的"5·12 日本案"后认为:"用一个词'诡计多端'就可以描写这个文件",因为,它使"日本需要什么就从太平洋捞取什么",而美国却变成套上金属环替日本捕鱼的鸬鹚。③ 为此,5 月 16 日和 31 日,美国两次提出"非正式的中间回答",强调日美两国在日德意三国同盟、中日媾和和经济机会

① 軍務課:「現地交渉成立案の成果に就て」(1940 年 1 月 4 日),臼井勝美·稲葉正夫編:『現代史資料』第 9 巻,第 691—692 页。

② 蒋介石:《为日汪密约告全国军民书》(1940 年 1 月 24 日),中国国民党中央委员会党史委员会编:《"总统"蒋公思想言论总集》第 31 卷,台北:中国国民党中央委员会党史委员会 1984 年版,第 130—134 页。

③ [美]赫伯特·菲斯著,周颖如、李家善译:《通向珍珠港之路》,第 210—211 页。

均等等问题上的原则分歧。[①] 进入 6 月后，美国根据中方的通报与本国的谍报进一步预测到苏德战争行将爆发。对美国而言，这一势必引起世界局势戏剧性变化的事件，既增加了牵制日本南进和北进的必要，也降低了同日本达成一项协议的价值。[②]

在这样的背景下，美国于 6 月 21 日出台了一份针对“5·12 日本案”的修正案，在五大问题上提出了与日本截然不同的观点。

其一，关于三国同盟条约问题，它一边要求日本确认三国条约的目的在于“防止非因挑衅而扩大欧洲战争”，一边强调美国对待欧战的态度是基于“防护”和“自卫”。很明显，这是为了阻止在美国参战时日本的对德军事援助。

其二，关于中国问题，它强调，只有在日本表明了符合睦邻友好、相互尊重主权与领土完整等原则的媾和条件后，美国才能在“中日两国政府相互有利且能够接受的基础上”向中国劝告和平。据此，它重新开列了中日媾和的“基础条件”8 条：(1) 睦邻友好；(2) 有关共同防共问题(包括日本在中国领土的驻军)留待今后讨论决定；(3) 国际通商关系上的无差别待遇；(4) 相互尊重各国人民固有的特质；(5) 尽快按中日之间缔结的协定从中国领土撤退日本武力；(6) 不兼并领土；(7) 无赔偿；(8) 就“满洲国问题”作友谊的交涉。此外，对于中日之间的经济关系，它要求取消日本的国策会社等含有优先性、垄断性的事业，撤销对第三国人民在贸易和旅行上的限制，给予中国政府在贸易通货、汇兑等方面的完全统制权。

---

① 『外務省の百年』下卷，第 561—562 页，第 565—566 页。

② [美]沃尔多·海因里希：《富兰克林·罗斯福和战争风险》，[美]入江昭等编：《巨大的转变：美国与东亚 1931—1949》，上海：复旦大学出版社 1991 年版，第 150—151 页。

其三，关于日美通商问题，它规定，在国家处于紧急状态的情况下，美国对国防上所必需的资源可限制出口。

其四，关于西南太平洋的经济活动问题，美案删去了“西南”两字，把国际通商无差别原则的范围扩大到整个太平洋地区。

其五，关于太平洋的政治安定问题，美案写明“美日两国均无领土野心”，并删去了原案的参战问题。①

以“6·21美国案”的提出为标志，日美双方都明确表明了本国对有关三国同盟、中日媾和条件和维持太平洋现状等重大问题的立场。虽然在日本驻军和“满洲国”等问题上美国的态度此时还留有余地，但比起《日美谅解案》中原有的“承认满洲国”一类的条件来，已有很大改变。总之，如果把4月份的《日美谅解案》比作起跑线的话，对照一下“5·12日本案”和“6·21美国案”的内容即可看出，日美两国在中国问题及其他重大问题上背道而驰，二者之间的距离已经越来越远。

三、苏德开战后的再选择

“5·12日本案”之所以如此强硬，与日本决策层对同盟国德国的过高估计和由此而生的利用欧乱、趁机南进，建设包含东南亚的英、法、荷、葡各殖民地在内的“大东亚新秩序”的投机心理有很密切的关系。如前所述，在他们眼中，这个别称“大东亚共荣圈”的新秩序可同时实现多重目标：既可切断第三国的援华运输线而困死中国，又可使自己获得南洋地区的丰富资源而摆脱对美英的依存，

① 「野村大使より松岡大臣宛電報(第426号、第427号)」(1941年6月23日)，『日本外交文書·日米交涉·1941年』上卷，第112—128页。

最后还可以此为基础进一步向世界扩张。① 自这一复合性的目标在欧战爆发后逐步确定以来，这种一石数鸟的前景，给日本决策者带来了一种巨大的诱惑，使之虽自知在中国深陷困境却不思知难而退，还力图借助三国同盟，以实现南进而一举扭转乾坤。这也正是其在三国条约问题上不肯让步，主张对德“不破坏国际信义”的真实原因。

另外，在日美政府级交涉刚刚开始的 1941 年 5 月，日本外务省等部门虽然已经获得了不少报告德苏关系恶化的情报，但和本书第十一章介绍过的国民政府的判断相反，日本当局者的基本判断是：即使苏德战争真的爆发，苏联的战败也只是时间问题，而且，这一结果还有助于消除中日媾和的三大障碍(即重庆政权的“对日不信”和“对苏依存心理”“对美依存心理”)。因此，日本没必要改变对德关系，更不应对美妥协，而必须抓紧完成北伐南进。②

在以上两大背景的影响下，6 月 5 日，在对美关系上一贯比较谨慎的日本海军的中坚将校也提出了一份题为《目前情势下帝国海军应取之态度》的绝密文件。文中认为：日本决定和战的最大因素是“英美在远东的军事攻势是否威胁帝国之国防”，具体包括美国远东兵力的增加，英国本土兵力移驻远东，英、荷、澳向美国提供海空军基地和英美在泰国、法属印支及中国确立军事基础等因素，其中，“中国若出现英、美军事基地将成为帝国的重大问题”。它同时断定：美国当前的远东政策是阻止日本南进，确立本国在荷印和

① 详见本书第八章的论述。

② 「独ソ戦争ト支那事変処理」(1941 年 5 月 26 日)，日本外交史料馆藏，A. 1. 1. 0. 30 - 002。JACAR(亚洲历史资料中心)，Ref. B02030517200。

澳大利亚的政治军事基础，援华以牵制日本，确保远东欧美领土与权益。因此，该文件主张日本应取的对美态度是“南进不容限制”和“中国事变不容介入”。接着，在作出“近期必定发生日本对中美两国之战”的预告后，它一反过去在国力判断上的谨慎态度，提出：“仅以数据上的结论作为决定和战问题的唯一材料是危险的”，在经过一年的战备扩充后，“日本已能够以相当的自信对付战争”。因此，海军在当前的情势下“应明确下定包括对美战争在内的决心，以强硬的气魄作出各项对策”，其中最紧要的是早日断然实行对泰国和法属印度支那的军事行动。

在这个文件中，这些海军统帅部的中坚将校还决定据此“诱导政府及陆军转向决心战争的方向”，为此可故意散布“英美亦可分离”“不干就无生路”“日本奋起则美国无法动弹”等论调。①

日本陆军在南进问题上本来就是持强硬态度的，现在海军亦转为强硬，且以战争决心加以诱导，陆军自然与之一拍即合。因此，在苏德战争于美国“6・21 对案”的翌日爆发后，日本决策层搁置了对日美关系的处理，把注意力转向了对世界新形势的应对。6 月 23 日，日本大本营陆海军部联合提出关于“迅速向法属印支南部进驻兵力”的理由书，从军事、经济、政治三方面强调，进驻法属印支南部既有助于解决中国事变，又有利于加强对南方全局的战略态势。② 25 日，日本大本营政府联络会议通过《关于促进南

① 「現情勢下ニ於テ帝国海軍ノ執ルベキ態度」(1941 年 6 月 5 日)，『太平洋戦争への道』別巻・資料編，第 427—440 页。

② 大本営陸軍部・海軍部：「軍事上経済上政治上ノ見地ヨリ北部仏印ト共ニ南部仏印ニ速ニ所要兵力ヲ進駐セシムルノ絶対必要ナル理由ニ就テ」(1941 年 6 月 23 日)，『太平洋戦争への道』別巻・資料編，第 448—451 页。

方政策的决定》,正式确定了军事进驻法属印支南部的方针。①

其后,从6月下旬至7月初,日本军政当局连日开会研究德苏开战后日本的国策取向问题。讨论中出现了两种意见。一种是以外相松冈洋右为代表的“北进先行论”。如前文所述,松冈原来主张过建立“日德意苏四国协调”。在这一构想因德国突然对苏开战而破灭后,松冈主张日本也应撕毁刚刚签订不久的《日苏中立条约》,利用德苏开战的机会进攻苏联。其理由可概括为3点:

(1)苏联很快就会被德国打败,其后德英之战亦将在年内结束。故日本无须过于观望形势。否则,等战后分配果实时,日本不能无功受禄。

(2)日本面临的最大障碍是美国,但美国不会干涉日本攻击苏联。反之,日本若向南动手则等于玩火,必然遭到英、美、苏的夹击。

(3)在现状下无望解决对美问题,从而也无望解决中国问题,而首先解决北方问题后,对蒋政权影响极大,对美也可在三四个月内予以外交上的控制。②

与松冈对立的另一种意见,可称为“伺机北进、优先南进”论。关于“伺机北进”,他们的理由是:

(1)日本对苏战备至今未达到可与苏直接较量的程度,攻苏必须等待苏联减少远东军力和内部发生混乱之时。但现在苏德战争刚起,形势发展尚不明朗。

(2)中国事变尚未解决,难于抽身对苏动武。

---

① 大本営政府連絡会議決定「南方施策促進に関する件」(1941年6月25日),『日本外交年表竝主要文書』下卷,第531页。

② 『杉山メモ——大本営・政府連絡会議等筆記』上卷,第225—250页。

（3）完成对苏动武准备约需5至6个月，等准备完毕之时，德苏战况亦已明朗，届时见机行事最为有利。

关于“优先南进”，他们的理由是：

（1）不管南进、北进还是维持现状，都首先要确保获得南方的资源；

（2）中国的外援主要来自南面，故从解决中国事变的需要看，也应首先重视南进；

（3）以美国为首的对日包围圈正在形成，这是对日本的最大威胁，不首先打破这一包围圈，到时将束手待毙。①

不难看出，在这些讨论中，不管是北进先行论还是南进先行论，围绕国策取向的各种意见，都是和中国问题紧紧挂钩，并以之为重大立论根据的。

7月2日，日本举行御前会议，通过了《适应情势推移的帝国国策要纲》，对连续数日的讨论作出了最后结论。它确定：日本要坚持建设大东亚共荣圈，在“为处理中国事变而迈进”的同时，“加快南进步伐，并根据情势推移解决北方问题”。在这一总方针下，它具体规定，“为促进蒋政权屈服，要加强从南方施加压力”，为此，要作好对英美战备，根据6月份的《关于促进南方政策的决定》强化南进态势；对苏德战争暂不介入，但要“秘密作好武力准备，在苏德战争进展至对我有利时，行使武力解决北方问题，确保北边安定”。② 这样，以此次御前会议决定为标志，日本正式转入了“南北并进，优先南进”阶段。其中，在北进方面是以“关东军特种演习”

---

① 同上。另见「情勢ノ推移ニ伴フ帝国国策要綱ニ関スル軍事参議官会議ノ概要」（1941年6月30日），『太平洋戦争への道』別巻・資料編，第461页。

② 御前会議決定「情勢の推移に伴ふ帝国国策要綱」（1941年7月2日），『日本外交年表竝主要文書』（下），第531—532页。

的名义，积极集结兵力，暗作对苏战争准备；在南进方面，则是加紧实施进驻法属印支南部的计划。

在确定了国策取向后，7 月 10 日和 12 日，日本军政当局两次召开联络会议，专门研究美国“6・21 对案”。会上，外务省顾问斋藤良卫代表外务省陈述了对美国方案的反对意见。要点为：

(1) 美案表明，坚持维护现状和民主主义的美国正企图与中英合作，以共同压迫站在打破现状与全体主义一边的日本。其对中日问题的态度，是要恢复事变之前的状态，取消南京汪政府，让重庆政府起死回生；

(2) 美案欲使“满洲国”回归中国。

(3) 美案否定日本在华“治安驻兵”，主张无条件撤兵。

(4) 美案否定日本在华“防共驻兵”。

(5) 美案反对中日之间的完全合作，主张无差别待遇，意欲摧毁东亚新秩序的基础。

(6) 美案企图争夺对东亚的领导权，参与决定有关中日媾和问题的根本政策。

(7) 在欧洲问题上，美案的实质是，美可参战，日本则应对此保持沉默。这等于要求日本脱离三国同盟。①

斋藤发言后，松冈洋右断言：美国的“6・21 对案”比 4 月的《日美谅解案》更坏，“目的是冷却日德意同盟，一举抹煞南京政府，逼日本承认重庆政权是真正的中国政府”，因此，它“从根本上颠覆了

---

①「7 月 10 日第 38 回連絡懇談会記録」(1941 年 7 月 10 日)，『太平洋戦争への道』別卷・資料编，第 470—472 页；齋藤良衛：「日米協定案ニ関スル7 月 10 日政府統帥部連絡会議ニ於ケル説明摘要」(1941 年 7 月 10 日)，『日本外交文書・日米交渉・1941 年』上卷，第 151—154 页。

日本建立大东亚共荣圈的主张,而坚持维护现状和确保旧体制”。[1]据此,他主张立即停止对美交涉。[2]

斋藤和松冈对美案的看法为大多数与会者所赞成,但他们关于停止交涉的建议却被否决。否决者的理由是,“近期南将进驻法属印支南部,北需充实关东军战备,故绝不能立即对美断绝关系,必须留有交涉余地”。会议的最后决定是在坚持“5·12 日本案”的前提下继续交涉。[3] 这一做法被后来的外相东乡茂德[4]批判为自相矛盾。因为它一面确知己方条件与美方根本对立,不可能为美方接受,一面却口称继续交涉而不愿对己方条件有所修正,以致自失交涉的意义。[5] 但是,为了继续这种无成功可能性的交涉,7 月 16 日,近卫文麿还是为排斥反对交涉的松冈外相而率内阁总辞职。18 日,第 3 次近卫内阁成立,丰田贞次郎[6]取代松冈出任外相。这一新内阁上台伊始,就接受日本军部的要求,保证:(1) 坚持 7 月 2 日御前会议方针;(2) 不拖延已在进行中的对南对北战备;(3) 按

---

① 「日米交渉に関する件」(1941 年 7 月 10 日),『日本外交文書・日米交渉・1941 年』上卷,第 154—156 页。

② 同上。另参见「7 月 12 日第 39 回連絡懇談会」(1941 年 7 月 12 日),『太平洋戦争への道』別巻・資料編,第 472—474 页。

③ 「7 月 12 日第 39 回連絡懇談会」(1941 年 7 月 12 日),『太平洋戦争への道』別巻・資料編,第 472—474 页。

④ 东乡茂德(1882—1950),东京帝国大学毕业后入外务省,历经欧亚局局长与驻苏大使等要职,1941 年 10 月任东条英机内阁的外务大臣,战后作为甲级战犯被远东国际军事法庭判处 20 年徒刑。

⑤ 东乡茂德:『时代の一面』,東京:原書房,1989 年,第 182—183 页。东乡还认为:从这个意义上来说,松冈反对继续交涉“至少有 8 分理”。

⑥ 丰田贞次郎(1885—1961),1905 年海军兵学校毕业,历经海军省次官、商工大臣等要职后,1941 年 7 月任第 3 次近卫内阁的外务大臣。

既定方针进行日美调整,决不背离三国同盟精神。[①] 随后,在第3次近卫内阁的决断下,日本拒绝美国关于法属印支中立化的建议,于7月25日开始了对法属印支南部的军事进驻。结果,美国先于同日宣布冻结日本的在美资金,继于8月1日停止了被日本视为战争血液的石油供应。日美交涉亦随之中止。这些行动顿时使日本陷入了“拖延一日即减少一份物资储备”的绝境。

四、蒋介石的对日误判与对美不满

如本书第七章与第十一章所示,在蒋介石的内心深处,长期存有一种可喻之为“日苏必战情结”的东西。这就是,由于认为日本和苏联都是中国的外患,也由于认为日苏开战可让这两大外患两败俱伤,而使中国得以同时解决对日对苏两大难题,蒋介石在分析日苏关系时,往往作出希望性的观察,即因为过度希望日苏开战,结果仿佛戴上了有色眼镜,把本不符合这一希望的东西也看成符合。从本书既有的论述中,人们已经可以看到,苏德开战后,蒋介石的这种情结在国民政府领导层多数意见的支撑下,已经陷入更加深刻的状态。另外,从蒋介石日记可知,尽管日美交涉从1941年4月起就升级到了官方层次,蒋介石和国民政府却直到6月底还没有得到任何情报。在这两大原因的影响下,在观察日本对苏德战争的因应时,7月后的蒋介石继续作出了不少与事实恰恰相反的误判。

譬如,如前文所述,日本7月2日御前会议的结论是“南北并

---

① 「7月21日第40回連絡会議」及附件:大本営陸軍部、海軍部「新内閣ト ノ初連絡会議ニ於テ統帥部ヨリノ要望事項」(1941年7月21日),『太平洋戦争への道』別巻・資料編,第480—482页。

进，优先南进”，蒋介石却在其7月4日的日记中分析说：“倭声明遵守俄倭中立协定与三国同盟协定之用意：甲、掩护其攻俄准备；乙、对美国示威讨价，所以装作南进态势；丙、故使其枢密院会议批准倭越与倭泰协定。”他还认为，从这次御前会议后德意驻日大使与松冈谈话长达一小时来看，日本之北进攻俄尚须相当时日，但“俄军势难久支，则倭攻俄之期或较速也”。① 同日，蒋介石还自信地致电宋子文称：“日确已内定不久将废除苏日中立协议后即向俄宣战，此息甚确。”②

7月5日，蒋介石得到一份密报，称松冈洋右电令日本驻罗马代表签订三国同盟条约密约，内含日本“必任南进战美之责”的承诺。蒋据此一时转而怀疑日本将立即南进，故马上指示将此情报转报华盛顿。③ 但即使如此，蒋还是坚信：“倭虽南进，其对北进攻俄仍不放弃也。”“敌国开御前会议又历二小时之久，可知其议案内容甚多辨难，会后不发表决策而其各种态势装作南进，其实际仍为北进攻俄当无疑问也。”④

就在此时，蒋介石从海外的报道中获悉了日美交涉的消息。在7月10日的日记中，他猜测：日本可能是在和美国密商北太平洋问题，要求美对日本的北进攻苏抱中立态度。而日本之所以到现

---

①《蒋介石日记（手稿）》（1941年7月4日条），斯坦福大学胡佛研究所藏。

②《蒋介石致宋子文电》（1941年7月4日），台北：“国史馆”藏，蒋中正“总统”文物，档案号002-010300-00045-005。

③《蒋介石日记（手稿）》（1941年7月5日条），斯坦福大学胡佛研究所藏；《徐永昌日记》第6册（1941年7月5日条），第153页。笔者附注：从现有的资料来看，这个密约并不存在。

④《蒋介石日记（手稿）》（1941年7月5日〔上星期反省录〕条），斯坦福大学胡佛研究所藏。

在还不敢北进,是因为谈判尚无结果。①

由于当时日本正在积极准备进占法属印支南部,因此媒体对日本的动向不断有所披露,其中还有日本军部调换旅顺要塞司令及征集海外商船等新闻。对此动向,蒋在7月12日的日记中认为:"皆准备攻俄之征兆,而其对暹罗与越南通过新订条约亦作南进姿态,是其掩饰而已。"据此,他还估计日本攻俄将不迟于本月。②

另外,如前所述,7月16日至18日近卫内阁的辞职和改组,目的是要排除主张优先北进和停止对美交涉的松冈洋右。蒋介石却在日记里写下了与真相相反的判断:"只要其外相松冈去职,则其俄倭中立协定已完全破坏,对俄战争必不能久延也。"据此,蒋把7月中旬近卫内阁的改组也判定为"俄倭开战在即症候"。③

7月20日,刚自美国来华担任蒋介石顾问不久的拉铁摩尔向蒋透露了一个秘密:在苏德战争爆发以前,美国国务院曾与日本驻美大使野村吉三郎秘密洽商中日问题,试图以李顿报告书为解决东北问题之张本,"其势甚急而甚危,幸德俄战争发动,此阴谋始息"。从现有资料看,这是蒋介石第一次获得来自美国官方渠道的有关日美交涉的正式情报。蒋介石闻之感叹:"美国亦甚不能信任。"④但是,因不久即出现了前述日本进占法属印支南部和美英发动对日制裁的新形势,蒋介石为之高兴不已,称"美对倭封存之资金,使倭受一最大之刺激。英且废除英倭商约,此事政治重于经济。以后英美与倭妥协之公算更少,而倭则惟有跟随于德意之绝

① 《蒋介石日记(手稿)》(1941年7月10日条),斯坦福大学胡佛研究所藏。笔者附注:记于1940年日记第2册。

② 《蒋介石日记(手稿)》(1941年7月12日条),斯坦福大学胡佛研究所藏。

③ 《蒋介石日记(手稿)》(1941年7月16、17、18日条),斯坦福大学胡佛研究所藏。

④ 《蒋介石日记(手稿)》(1941年7月21日条),斯坦福大学胡佛研究所藏。

途而已。国际政策至此方得实现，岂不可畏乎”。[1] 7月27日，蒋还强调：“英美虽对倭表示强硬态度，以倭今日之舆论与态度，其必仍照预定方针攻俄北进，而对英美仍暂置容忍。”[2]为什么呢？蒋在29日的日记中自问自答道：“倭攻俄政策是否因英美压迫而变更？必不可能。此时倭在军事战线与政治立场惟有彻底与德国合作之一道，如欲谋德倭联合，则非攻俄打通西伯利亚路线不可，即非冲破远东对倭包围形势，亦非击败俄国冲破一面不可也。故从此倭之攻俄必更急矣。”[3]

使蒋介石失望的是，在时间已经过了他预测的期限，进入8月以后，他仍然没有等到日本北进攻苏的行动。但蒋没有由此反思自己的判断为何出错，却把原因归结到了美英身上。8月11日，他批判说：“英美行动、态度自私自利，不知我国抗战之困苦与牺牲之大，漫不在意。无论其对荷印与苏俄皆明白保证，不许倭寇侵犯，而独对我国则始终不提一语，而且所谓贷借案或合作，皆无一毫诚意。总之，利用我之牺牲，以保其安全而已，思之愤慨。”[4]

从上述蒋介石的“愤慨”可知，在促进还是阻止日本北进的问题上，中美英之间发生了巨大的冲突。蒋介石从他认为的中国的利益出发，一边以援苏为外交方针，一边又强烈期待日本早日北进攻苏，以分散对中国的压力，并使中国得到两大外患同时衰退的硕果。本来蒋认为，由于日本的北进可以减轻美英对日本南进的忧虑，故美英也应和中国一样，既申明坚决援苏，又在内心欢迎日本攻苏。但实际上蒋看到的却是美英既反对日本南进又反对日本北

① 《蒋介石日记（手稿）》（1941年7月26日条），斯坦福大学胡佛研究所藏。
② 《蒋介石日记（手稿）》（1941年7月27日条），斯坦福大学胡佛研究所藏。
③ 《蒋介石日记（手稿）》（1941年7月29日条），斯坦福大学胡佛研究所藏。
④ 《蒋介石日记（手稿）》（1941年8月11日条），斯坦福大学胡佛研究所藏。

进,而只希望日本继续被牢牢牵制于中国。在蒋介石眼里,这种状况当然是美英自私自利的反映。但在美英看来,既反对日本南进又反对日本北进,是因应德苏开战新形势之全球战略中不可或缺的两个侧面。因为,听任日本南进的后果自不待言,即听任日本北进,也将导致苏联因为对德对日两线作战而全面崩溃,而一旦苏联崩溃,其必然后果就是英美危机的加深。这样,在美英眼中,反而是蒋介石在企图嫁祸于人。

中美英之间在日本北进问题上的这种分歧,同时也反映了当时双方在"先亚后欧"还是"先欧后亚"问题上的对立。尽管在战略上的这些分歧可以看成是不同的国家有不同的利害考虑,但蒋介石关于美国对中国的牺牲"漫不在意"的批评,则应该说是言过其实了。因为,就德苏开战以后日美交涉的事实来看,美国不仅在反对日本南进和北进的态度上毫不含糊,在反对日本侵略中国,要求它从中国全面撤兵的态度上也正日趋严厉。这一点,在下一节要谈到的"近卫文书"问题上也有具体的反映。

五、"近卫文书"的虚与实

在日本入侵法属印支南部后,美国在发动前述对日禁运等制裁措施的同时,还中止了美日谈判。8月初,日本为了摆脱困境,向美国提议由近卫文麿和罗斯福直接进行首脑会谈,以谋求日美矛盾的政治性解决。[①] 对此,美国于8月8日拒绝说:日本放弃行使

① 「豊田大臣発在米野村大使宛公電第452号」(1941年8月7日),JACAR(亚洲历史资料中心),Ref. B02030716100,第10-12画像目。

武力是和谈的前提，反之则无继续谈判的余地。①

同时，罗斯福与英国首相丘吉尔还于 8 月 14 日发表大西洋宪章，提出了不扩大领土、不变更国境、民族自决、通商自由、国际经济合作、免于穷困与恐怖的自由、公海之自由航行等 8 大主张。这一举动再次鲜明地宣示了美英反对日德意建立所谓新秩序的立场。

8 月 17 日，罗斯福还直接对日本大使野村吉三郎警告说："如果日本政府进一步采取任何步骤以推行其依靠武力或武力威胁而对邻国实行军事统制的政策，美国政府将被迫采取一切必要的手段，以保卫美国及美国人民的合法权益，确保美国的安全与防御。"②

为了回应罗斯福的警告，日本在经 8 月 26 日召开的政府和大本营联络会议的议决③后，于 28 日和 29 日分别向美国赫尔国务卿和罗斯福总统提交了后来被称为"近卫文书"的信函。它强调日美关系的恶化"主要缘于两国政府缺乏沟通，相互累积了种种怀疑、误解，同时还因为中了第三国的谋略"，据此，它再次提议：为消除这些原因应由日美首脑举行直接会谈。④

在提交"近卫文书"的同时，日本还对罗斯福 8 月 17 日的警告

---

① 「野村大使発豊田外務大臣宛公電第 671 号至急)」(1941 年 8 月 8 日)，JACAR(亚洲历史资料中心)，Ref. B02030716200，第 4－6 画像目。

② 「野村大使より豊田外務大臣宛電報第 707 号(アメリカ大統領の警告)」(1941 年 8 月 18 日)，『日本外交文書・日米交渉・1941 年』上卷，第 230—231 页。

③ 「8 月 26 日第 48 回連絡会議　米大統領及「ハル」国務長官ニ対スル近衛総理大臣ノ返電ニ関スル件」(1941 年 8 月 26 日)，『杉山メモ——大本営・政府連絡会議等筆記』上卷，第 299—300 页。

④ 全文详见「豊田外務大臣より在米国野村大使宛第 502 号」，『日本外交文書・日米交渉・1941 年』上卷，第 252—253 页。

提出了“帝国政府回答”。其中的第三节谓：

> 如过去已反复阐明的，日本帝国政府对于日本与法属印度支那的共同防卫措施，是为了促进解决发端于威胁帝国生存条件的中国事变，和应对作为搅乱太平洋之原因的各种威胁，维持和平，公平获得我国必需之物资。因此，它们均系不得不为的自卫措施，而不具威胁他人之性质。如贵国所熟知，帝国政府愿在解决中国事变和建立公正的远东和平之后，立即从法属印度支那撤兵。另外，帝国政府为消除一切可能的疑惑，愿意再次重申过去的屡次声明，即本次对于法属印度支那的共同防卫措施并非为武力进出临近地区的预备行为。不言而喻，帝国对泰国的意向亦同此理。附言之，关于日苏关系，只要苏方遵守《日苏中立条约》，不采取威胁日满两国、违反《日苏中立条约》精神的行动，帝国亦决不主动对苏采取武力行动。基于此点，我国希望美国政府也应绝对避免采取任何促使日本担心美苏共同威胁日本的行动。①

在日本的上述表态中，除“决不主动对苏采取武力行动”的保证以外，其余都是老调重弹。所以，9 月 3 日罗斯福在手交野村吉三郎的回答中说，为保障美日首脑会议的成功，两国必须先就双方之间各种基本且重要的问题迅速开始预备性讨论。② 翌日，野村在给外相丰田贞次郎的电报中分析说：美方的对日答复虽然篇幅很

---

① 「豊田外務大臣より在米国野村大使宛電報第 503 号」(1941 年 8 月 26 日)，『日本外交文書・日米交渉・1941 年』上卷，第 253—256 页。

② “President Roosevelt's Reply to the Japanese Prime Minister (Prince Konoye), Handed to the Japanese Ambassador (Nomura) (September 3, 1941)”, *FRUS*, *Japan*: *1931 - 1941*, Vol. Ⅱ, p. 592.

长，但其核心是要求日本为实现首脑会谈而先就自卫权问题、商业上的机会均等问题和日中和平条件的难点即撤兵问题等作出明确的回答。①

野村吉三郎所概括的这三大问题都和中国密切相关。其后，由于日本没能对此作出令美方满意的回答，它竭力争取的日美首脑会谈因此而最终落空。

据当事者近卫文麿后来的自白，在向美国建议首脑会谈时，日本对中国问题实际上并不打算也不可能作任何实质性的让步。因为，在同陆相、海相商谈首脑会谈的条件时，近卫就表明："决不因为急于谈和而献媚、屈服。重要的是把能做的事全部做完，如果做完以后还不行，那也无可奈何。"陆军首脑部则对之以书面形式强调：军方同意"巨头会谈"的前提是"坚持帝国修正案的根本方针，作出最后的努力。如果在此之后美国总统仍然不解帝国真意，继续其现行政策，则我须以断然对美一战的决心相对"。②

以上就是日美两国围绕"近卫文书"问题所作折冲的真相。但是，在日美围绕"近卫文书"互不让步的关头，蒋介石关于日美关系的情报，除了来自宋子文和胡适等人的电报以外，仍然不得不在很大程度上依靠日美等国媒体的公开报道。因此，从蒋介石的日记来看，其时蒋对日美关系的真相及日本的取向都缺乏了解。在这一背景下，蒋介石一边随报道的内容而或喜或悲，一边在总体上仍然坚持着他对日本北进攻苏的希望性的观测。

譬如，8 月 15 日，蒋写道："倭近对俄态度表示缓和，此正其对

---

①「野村大使発豊田外務大臣宛公電第 779 号極秘」(1941 年 9 月 4 日)，日本外交史料馆馆藏，A. 1. 3. 1. 1. 3－003。JACAR(亚洲历史资料中心)，Ref. B02030718200，第 25－26 画像目。

② 近衛文麿：『近衛手記　平和への努力』，東京：日本電報通信社，1946 年，第 72—76 页。

俄即有攻势之象征也。”[①]8月16日，针对美英首脑的大西洋宣言，蒋认为，“美国对倭政策，可断其往日妥协方针已根本改变，只待倭之攻俄矣”。[②] 8月20日，蒋在日记中再次激烈批判美英说：

> 英美政府心理与其处置最近可谓卑陋已极，其对倭之姿势不使倭南进攻泰国，亦不许倭北进攻西伯利亚，而仅希望其维持现状，就是使倭不南侵北略而专打中国，使黄种人自相残杀。揆其用心就是闻倭进攻中国则喜，不攻中国则忧。因为倭攻中国才无力南进与北略，以免太平洋上生事。彼以为倭打中国就是维持现状，维持现状即等于和平。无论英美俄，对倭对华其心理与政策根本皆无二致。彼等不仅以华为壑而且贱视有色人种，必使之自相残杀以达其白人永久称霸世界之政策，乃并无差异。何怪日尔曼民族之不安耶。民族未有不自强而能被人重视或能不被人牺牲者也。[③]

但同日，蒋以“敌国荒木与铃木等大将公开主张进占西伯利亚”为由，仍然判断“倭必以为其不南进而攻西伯利亚，则美国一时或仅以经济封锁为止，非至明春，美仍不会以军事对倭，故倭必于此时攻俄，为其乘机冒险之惟一时间也”。[④] 8月21日，日苏双方宣布将于翌日签订“满蒙划界协定”，蒋认为“此不足为怪，或其签字之时，即为倭攻俄之日也”。[⑤] 8月23日，针对“美国廿二日对倭抗议，不许其对泰国、荷印、马来亚侵略，其中有不许由越南侵略中

---

①《蒋介石日记(手稿)》(1941年8月15日条)，斯坦福大学胡佛研究所藏。

②《蒋介石日记(手稿)》(1941年8月16日条)，斯坦福大学胡佛研究所藏。

③《蒋介石日记(手稿)》(1941年8月20日条)，斯坦福大学胡佛研究所藏。笔者附注：记于1940年日记第2册。

④《蒋介石日记(手稿)》(1941年8月20日条)，斯坦福大学胡佛研究所藏。

⑤《蒋介石日记(手稿)》(1941年8月21日条)，斯坦福大学胡佛研究所藏。

国一项”的报道，蒋介石写道：“如果属实，则远东整个反倭形势完全成立矣，此十年来之奋斗与全国牺牲之初效也。”①但翌日他又担心“美倭仍在秘密进行妥协，倭果为美威胁而不敢攻俄乎？”②

8月24日丘吉尔在伦敦发表广播演说，警告日本必须抛弃对南洋之威胁，并盛赞苏联之英勇抗战。对此，蒋于26日的日记中认为“丘吉尔讲演主旨在由英美联合逼迫倭寇就范，是即罗丘会议着重在远东政策决定之表现”。他据此猜测“由英美最近态度观之，则倭不能不急攻俄矣”。27日，蒋还继续写道：“自本月15日罗丘宣言发表之后，22日罗总统对野村提出对倭说帖，24夕丘吉尔发表对倭非和即战之警告，以促成美倭交涉。然而26日美国公布派遣军官团援华为止，乃可断定美倭交涉之已失败，此后只待倭之攻俄与美英封锁倭岛而已。”③28日，蒋指出：“英美对倭仍系威胁而无作战决心，此点倭必窥破其内心，故倭必不屈服，只有使倭提前攻俄而已。倭国已呈动摇之象，近卫公子何能再控制此难局而使军阀就范乎？”④从这些文字可以清楚地看到，蒋介石在总体上仍然坚持着这样一个观点：美英对日本的强硬态度只能更加迫使日本从北进攻苏中寻找出路。

在蒋介石对自己的判断显得越来越有自信之际，国际上关于“近卫文书”的猜测性的报道也正在增多。8月30日，蒋就这些报道再次研究日美交涉问题，认为其结果不外3点：“甲、延长时间；乙、停止交涉即决裂；丙、倭竟屈服。”但蒋紧接着提示其结论说：

---

①《蒋介石日记(手稿)》(1941年8月23日条)，斯坦福大学胡佛研究所藏。

②《蒋介石日记(手稿)》(1941年8月24日条)，斯坦福大学胡佛研究所藏。

③《蒋介石日记(手稿)》(1941年8月27日条)，斯坦福大学胡佛研究所藏。

④《蒋介石日记(手稿)》(1941年8月28日条)，斯坦福大学胡佛研究所藏。

"近卫对美致书乞怜，其精神实已屈服矣。"①

在8月31日的"本月反省录"中，蒋介石总结了以下几点：

一、罗丘在海上会见与发表对世界和平八大原则之后，欧亚两洲之大势已定，其半自丘吉尔警告倭寇之演说发表与罗斯福对倭野村提出节略以后，倭之命运亦已决定，其不屈必归失败，此其自残东亚民族之结果也。

一、倭近卫致罗斯福函件其内容虽未发表，然其对美必十分迁让与委曲，以求和缓与谅解不待言。而且彼必效甲午三国干涉故智，一面对三国屈服，而其一面仍对中国压迫，卒达其欺诈最后之目的。然而彼不思今日之形势与当时已完全不同，盖因中国始终不与之谈判，彼虽欲压迫欺诈而亦无由，故于此一年以来倭寇不再作对我诱引之妄念，此乃为我惟一自慊之事也。

一、自近卫致书罗斯福之后，倭之精神在事实上已经屈服，然而美国对倭仍无最后战争之决心，惟思其不战而屈，此乃英美之弱点，然而于我国亦无重大不利之影响。以我在此次战争中只希望能照九国公约获得光荣之和平，并不想根本消灭倭寇，以冀其最后之觉悟，而况在自我军备未能独立以前，倭寇如全被消灭，则于东亚全局言，于我并不有如何之利益耳。

一、倭寇至本月底尚未攻俄，此虽由于美国意外之压力所致使然，然亦可知倭寇之力太空虚，而使其不得不然耳。②

正在蒋介石急于了解近卫文书内容的时候，9月3日，宋子文

① 《蒋介石日记(手稿)》(1941年8月30日条)，斯坦福大学胡佛研究所藏。

② 《蒋介石日记(手稿)》(1941年8月31日〔本月反省录〕条)，斯坦福大学胡佛研究所藏。

从华盛顿向蒋发出了以下密报：

> 近卫致罗斯福总统函内容如下：(1) 欧战期间日本应允不再向外有军事发展。(2) 日驻越军队减至一万人，越军港不建筑工事。(3) 中国本部及东三省维持现状，希望美国劝告中国长期停战。(4) 日本希望美国恢复经济关系，解除冻结，另订通商条约及劝告英荷同样与日恢复邦交。

宋还特地在电报的最后强调："以上消息美政府严守秘密。钧座如有运用是项消息之处，务使外间勿知由文传来。……美方因不愿日军人借口此次向美协商而推倒近卫，故绝对不愿丝毫有所泄漏也。"[1]

对照前节所引近卫文书的真实内容可知，宋子文的密报和事实大相径庭。但蒋介石却在 9 月 5 日早晨接获宋子文来电后，深信不疑。在当日的日记中，他写道："近卫覆罗斯福函意与美政府方针完全相反，但其精神与条文可说完全屈服矣，不难使其内部自乱也。"[2]

为了早日引起日本的内乱，蒋介石不顾宋子文关于绝对保密的请求，当天即向王世杰等人透露了宋之密报的全文，并指示他们考虑予以发表以促使日本发生政变。[3] 但是，9 月 7 日晨，王世杰面谒蒋介石："对近卫致罗斯福总统函内容，主张暂缓以任何形式揭表，恐美国探悉，对我发生不快之感也。美国显亦不欲与日妥协，惟为便利英国抗德计，亦欲藉日美谈判以延缓日美、日英之决

---

① 《宋子文致蒋介石电》(1941 年 9 月 3 日)，周美华编：《蒋中正"总统"档案・事略稿本》第 47 册，台北："国史馆"2010 年版，第 18—19 页。

② 《蒋介石日记(手稿)》(1941 年 9 月 5 日条)，斯坦福大学胡佛研究所藏。

③ 《王世杰日记(手稿本)》第 3 册(1941 年 9 月 5 日条)，第 145—146 页。

裂耳。”①结果，蒋介石虽然打消了由中方公布近卫文书的念头，却又在9月10日将宋的密报转发给原驻德武官桂永清，指示说：“此消息可设法间接由在瑞之德友秘密使德政府知倭近卫已决心卖德联美之内容为要。但切不可使其以此消息为中国所泄漏。必须有此保障，方得密告，否则应仍守密为宜。”②很显然，蒋的意图是以日本“卖德联美”的情报分化日德关系，并促使德国设法推翻近卫内阁。③

六、中国问题的地位与日本的“最低限度要求”

从第五节的论述可知，由于不了解日美交涉的表里和不清楚近卫文书的虚实，蒋介石继误判日本必定北进攻苏以后，到9月初又得出了日本已经对美屈服的结论。但是日本的真实行动和蒋介石的判断恰恰相反。在近卫文书达不到预定目的，美国禁运造成的打击却日趋严重的9月3日，日本举行政府与大本营联络会议，通过了这样一个《帝国国策实施要领》(以下简称《要领》)。它首先决定了以下3项方针：

1. 在不辞对美(英、荷)开战的决心下，大致以10月下旬为限，作好战争准备。

2. 与上述方针并行，竭尽对英、美之外交手段，努力贯彻帝国要求。

---

①《王世杰日记(手稿本)》第3册(1941年9月7日条)，第146—147页。

②《蒋介石日记(手稿)》(1941年9月9日、10日条)，斯坦福大学胡佛研究所藏。另见《蒋中正“总统”档案·事略稿本》第47册，第60页。

③ 蒋介石在听到王世杰的异议的当天，就在其日记中写明：“近卫覆罗斯福函意，不如间接密告德国，使德发动倒近卫为便。”详见《蒋介石日记(手稿)》(1941年9月7日条)，斯坦福大学胡佛研究所藏。

3. 若至10月上旬仍无望依外交交涉贯彻我方要求，应立即决心对美（英、荷）开战。

《要领》还规定，在今后的对美交涉中，日本应达到的“最低限度的要求”是：

1. 美英不得干涉或妨碍日本对中国事变的处理。(1) 不妨碍日本根据日汪基本条约解决中国问题；(2) 关闭滇缅路，停止对蒋政权的军事、政治及经济援助；(3) 确保日本依据日华新协定在华驻军。

2. 美英不得在远东威胁日本的国防：(1) 容认日本与法属印支之间的特殊关系；(2) 不在泰国、荷属东印度、中国和苏联远东地区获取军事性权益；(3) 不得加强在远东的军备。

3. 美英须协助日本获得所需物资：(1) 恢复对日通商，保证向日供应其生存所必需之物资；(2) 协助日本对泰国与荷印的经济合作。

《要领》最后表明，作为对上述“最低限度要求”的回报，日本所能作出的“最大限度的承诺”是：

1. 不以法属印支为基地向除中国以外的近邻地域行使武力；

2. 在确立公正的远东和平后，有意从法属印支撤兵；

3. 有意保障菲律宾的中立。

9月6日，日本召开御前会议，正式通过了上述《要领》及各项附件，从而使它们作为最高国策而确定了下来。①

---

① 详见『日本外交年表竝主要文書』(下)，第544—545页。

这一最高国策实质上是一份变相的开战决定。因为,它一面判定“美国着重于要我放弃中国与大东亚新秩序建设,脱离三国同盟,在这些问题上它决不愿让步”,因此“按我方要求达成协议之可能极小”;一面却又规定,如果美国不接受日方的上述最低要求,日本就应决意开战,且对交涉规定了很短的期限。①

该次御前会议的一份“质疑问答资料”,清楚地表达了导致这一决定出笼的理由。其要点为:

1. 以中国为核心的大东亚新秩序建设,是日本基于“八纮一宇”国是的不可改变的政策,应与国家命运共存亡,而美国却以维持现状、称霸世界和拥护民主主义为目的,意欲阻碍我在东亚的兴隆发展,因此日美政策根本对立,二者从冲突发展至战争具有历史的必然性。

2. 日本对美开战的目的是,“驱逐在东亚的美英荷势力,确立帝国之自存自卫圈,建设大东亚新秩序”。

3. 这一战争将迫使重庆政权对日屈服。因为:(1) 以前因顾虑美英而未敢实施的宣战和攻占租界等措施可立即实施,从而加强对重庆的压力;(2) 攻占香港、切断滇缅路,即可彻底割裂美英与重庆的联系,阻其援蒋;(3) 可粉碎重庆政权及其民众对美英的依存心,摧毁其抗战意志。

4. 德军在10月末或11月初将消灭苏联野战军,占领其欧洲部分。日本保持与德国的巩固团结,就有可能先逼迫英国屈服,再促使美国休战。

5. 日本陷入中国泥潭,使自己失掉了适应国际形势转机

① 「『帝国国策遂行要領』ニ関スル御前会議ニ於ケル質疑応答資料」(1941年9月6日),『太平洋戦争への道』別巻·資料編,第521页。

和抗衡美国的弹性。这成为我遭受美国压迫的致命弱点。而从长远来看，控制中国是建设大东亚新秩序的前提，“中国不服从日本，日本将无法生存”，而要保证中国听话，则必须在其国土驻扎军队。因此，日美交涉的核心是中国问题，中国问题的核心是驻兵问题。日本对此绝对不能让步。①

此外，由于认为在己方目前的对美提案中已最大限度地向美国的希望靠拢，因此，这个文件还强调，在日本给予美国如此“大恩大惠”后，作为对日本的报答，美国应该把中国完全交给日本处置。②

上述关于中国问题的想法，反映出了日本决策者的一厢情愿。实际上，正因为中国因素对日本的全盘战略有如此重大的价值，美国才不能以牺牲中国来换取日本的妥协。美国当局者在这个问题上没有糊涂。在日本于9月6日按照9月3日联络会议的《要领》向美国提出了一份新的《日美谅解草案》后③，10月2日，美国就此发出对日备忘录，在将日本在华驻兵定性为非法行为的同时，干脆地拒绝了日方有关中国问题的全部要求，并再次重申了“作为国家关系基础”的4项原则。④ 日本的“最低限度要求”全盘落空了，而

---

① 详见『帝国国策遂行要領』ニ関スル御前会議ニ於ケル質疑応答資料」(1941年9月6日)，『太平洋戦争への道』別巻・資料編，第517—523页。

② 「『帝国国策遂行要領』ニ関スル御前会議ニ於ケル質疑応答資料」(1941年9月6日)；「豊田大臣より野村大使宛電報第533号」(1941年9月5日)，『日本外交文書・日米交渉・1941年』上巻，第308—309页。

③ 「日米交渉九月六日我方提案及十月二日米覚書」，『日本外交年表竝主要文書』(下)，第545—546页。

④ 「日米交渉九月六日我方提案及十月二日米覚書」，『日本外交年表竝主要文書』(下)，第546—549页。笔者附注：日方在9月6日的《日美谅解草案》以后，于9月23日向美国通告了“日中和平基础条件”，又于9月25日向美国提出一份新的“了解案”。二者在内容上均遵循其9月6日御前会议决定，故大同小异。美国的“10・2备忘录”没有理会这些东西。详见『外務省の百年』下巻，第592—596页。

其御前会议规定的“开战决心时限”却已迫近。

七、东条英机的“心脏”论与御前会议的决定

在重大的抉择关头,10 月 12 日,日本召开五相会议。外相丰田贞次郎在会上提出,只要日方同意在驻兵问题上多少有所修饰,日美交涉尚有成功的余地;日本从长远考虑,应该在“不对驻兵问题及以此为中心的各项政策作实质变动和不动摇中国事变成果的前提下”,对驻兵要求略作修正。① 首相近卫文麿认为,若对美开战,日本最多只能支撑一两年,更长的话,则“无信心”。从这个预测出发,他也主张日本应该在驻兵问题上“舍名求实”,即形式上采取靠拢美方提案的态度,而实质上仍保持驻兵的自由。② 这两个人的意见点明了日美交涉最终阶段的症结所在。但他们所建议的舍名求实方案,尽管以“不变动驻兵实质,不动摇战争成果”为前提,却还是得不到多数人的赞成。陆军大臣东条英机③还对之驳斥说:“以撤兵为主旨,本身就是荒唐的。决不能以退却为基础,否则陆军就会瓦解。中国事变只有从驻兵中求终结,故必须按日汪条约办,所希望的驻兵时间不是 1 年 2 年,而是永久。”④

① 「10 月 12 日五相会議」(1941 年 10 月 12 日),『太平洋戦争への道』別巻・資料編,第 531—533 页。另见「日米交渉に関する豊田外務大臣所信」(1941 年 10 月 13 日),『日本外交年表竝主要文書』(下),第 552—554 页。

② 「10 月 12 日五相会議」および「近衛首相辞職上奏文」(1941 年 10 月 16 日),『太平洋戦争への道』別巻・資料編,第 536 页。

③ 东条英机(1884—1948),1905 年陆军士官学校毕业,1915 年陆军大学毕业。1937 年任关东军参谋长,1938 年任陆军省次官,1940 年在第 2 次近卫内阁任陆军大臣,1941 年 10 月任首相。战败后,作为甲级战犯于 1948 年被执行死刑。

④ 前引「10 月 12 日五相会議」(1941 年 10 月 12 日)。

10月14日，近卫文麿举行内阁会议。丰田贞次郎在会上再次强调，日本与美国的分歧集中在驻兵、三国同盟和日本对中国的"近邻特殊关系"三点，而关键则仍在日本是否同意撤兵，在这一点上作些变动，交涉尚有希望。① 近卫文麿则以"为了求得更大的伸，需要忍受暂时的屈"为由，重复其舍名求实说。② 这一次，东条英机以下面这段话概括了驻兵派的理由：

> 撤兵事涉心脏问题。我若服从美方主张，不仅中国事变之成果将付诸流水，且将危及对满洲国和朝鲜的统治，为了中国事变我付出了数十万战死者及更多倍的死者遗族，付出了数十万负伤者。有数百万军队和1亿国民为之受苦于战场与内地，有数百亿国帑为之耗费。若按一般惯例，即使要求割让领土亦属理所当然。而我宽容相待，仅要求以驻兵保卫事变成果。理之所在，我有何必要顾虑世界之反应，又有何必要屈服于美国之压迫。③

这番立论于"不白费牺牲"的自白，道出了"驻兵心脏论"的要害。同时它还清楚地暴露出这样一点：东条英机及其支持者在强调他们的"牺牲"时，对于这种"牺牲"缘何而生，它给被侵略国所带来的牺牲又是如何巨大，是压根不考虑的。

东条英机的"驻兵心脏论"压倒了近卫文麿的"舍名求实论"。1941年10月16日，第三次近卫内阁总辞职。18日，以东条英机为

---

①「10月14日午前閣議ニ於ケル陸軍大臣説明ノ要旨」(1941年10月14日)，『太平洋戦争への道』別巻・資料編，第533—535页。

②『外務省の百年』下巻，第602页。

③「10月14日午前閣議ニ於ケル陸軍大臣説明ノ要旨」(1941年10月14日)，『太平洋戦争への道』別巻・資料編，第533—535页。

首相的新内阁成立。遵照天皇“勿拘泥于9月6日的御前会议决定,更广泛地研究内外情势,慎重思考”①的指示,东条内阁从10月13日至30日,连续举行8次政府大本营联络会议,从欧战前景、对美英荷战争的短期和长期预测、物资供应、三国同盟的相互协作等11个方面,对中日美关系和9月初的《帝国国策实施要领》重加研究。结果,在与日美交涉直接有关的问题上,会议得出两点结论:(1)在对美交涉中,短期内无望实现9月6日御前会议所决定的最低限度要求;(2)若全面接受美国10月2日备忘录所提条件,日本将降为三等国。②

在这个结论的基础上,11月1日,日本大本营和政府又举行了一次长达17个小时的联络会议,就对美政策再作推敲。结果,会议既否定了主张停止对美交涉的“立即开战”论,又否定了主张尽力继续交涉,即使失败也应回避开战的“卧薪尝胆”论,而选定了“并行论”,即边继续交涉,边在“开战的决心”下加紧备战,一旦交涉失败即行开战。③

11月4日,日本召开军事参议院会议,就对美战争方案进行审查。在回答“既然对开战2年后的前景不明朗,为何还要开战”的提问时,东条英机强调:若照现状僵持下去,日本将在敌方的封锁下日趋衰竭,而敌方却会日益强大,届时日本将欲战不能,而被迫不战而屈;而“从中国事变的角度来看,我若继续对日益加剧的经济封锁束手无策,必然对重庆与苏联造成影响,我在中国的占领地

---

①『木戸幸一日記』下巻(1941年10月17日条),第917页。

②详见第59回至第65回大本営政府連絡会議記録,『太平洋戦争への道』別巻・資料編,第537—549页。

③详见「11月1日第66回連絡会議」(1941年11月1日),「総長上奏資料　11月1日連絡会議情況」等,『太平洋戦争への道』別巻・資料編,第549—557页。

和满洲、台湾、朝鲜的向背亦都会发生变化，其时我只能束手退回到从前的小日本去”。因此，与其因为对两年后的战局没有把握而束手待毙，不如趁有把握的两年“确保南方要地，奠定将来的胜利基础”。①

这段话不但反映了这些当局者既不愿悬崖勒马，又企图从扩大战争中侥幸取胜的心理，还暴露了这些口不离国民利益的人为死守侵略果实而一意蛮干，只考虑如何开战，不顾及如何终战，对国民极不负责的态度。

11 月 5 日，作为上述一系列会议的总结，日本再次举行御前会议，对今后的国策作最后的决定。东条英机以答辩的形式，就日美交涉与中国的相互关系问题，陈述了连日讨论后得出的下述结论：

> 美国 10 月 2 日备忘录的要害是强迫日本接受 4 项原则。这 4 项原则是九国公约的缩影。我若容忍第 1 项原则（尊重领土和主权的完整），中国事变自不待言，连满洲国都将不复存在。我若容忍第 2 项原则（不干涉内政），则以前与南京政府所缔结的各种条约皆有被废除的危险。第 3 项原则（机会均等与无差别待遇），虽属一般通则，但触及我之自存自卫，亦不可接受。第 4 项原则（不以武力破坏现状），若仅指西南太平洋尚可，但涉及像中国这样国防与资源上的重要地区，日本无法接受。说穿了，满洲事变和中国事变本来就是为了脱离上述原则的羁绊而发动的。②

---

① 「軍事参議院参議会審議録」(1941 年 11 月 4 日)，『太平洋戦争への道』別巻・資料編，第 561 页。

② 「11 月 5 日第 7 回御前会議質疑応答ノ概況」，『杉山メモ——大本営・政府連絡会議等筆記』上卷，第 407—408 页。

这段话既一语道破了日本当局者对中国问题的真实内心，又从反面证明了美方4原则的重大意义。就是在这种背景下，该次御前会议制定了第2次《帝国国策实施要领》和《对美交涉要领》。前者决定：对美交涉若至12月1日仍不获成功，日本即决心发动对美、英、荷的战争。① 后者则规定了对美交涉的“不可再让的最终方案”。它由“甲案”和“乙案”两部分组成。

“甲案”的宗旨是，在日德意三国条约和“通商无差别”两大难点上满足美国，对中国驻兵问题则仍坚持其实质。其中有关中国问题的具体内容为：

> (1) 在日中和平成立之后，日本军队将在“所需期间”驻扎于华北、蒙疆的“一定地区”及海南岛。其余军队“在和平成立的同时按日中两国另行规定开始撤走，并在2年内撤完”。
>
> (2) 在无差别原则适用于全世界后，日本政府承认它亦可适用于太平洋地区即中国。②

“乙案”是为了防备“甲案”遭拒而准备的替代案，意在用有关法属印度支那南部问题上的让步，换取美国在中国问题及向日本提供必需物资上的让步③。其具体内容为：

> (1) 日美两国政府承诺：双方均不在法属印支以外的东南亚及南太平洋行使武力。
>
> (2) 日美两国政府协力确保在荷属东印度获得必要物资。

---

① 「帝国国策遂行要領」(1941年11月5日)，『太平洋戦争への道』別巻・資料編，第571页

② 「対米交渉要領」(1941年11月5日)，『太平洋戦争への道』別巻・資料編，第571—572页。

③ 详见前引「11月1日第66回連絡会議」、「総長上奏資料　11月1日連絡会議情況」等。

(3) 双方相互将通商关系恢复至资产冻结之前的状态;美国向日本供应其所需石油。

(4) 美国政府不采取妨碍日中两国和平努力的行动(含停止对蒋援助)。[1]

日美交涉就这样进入了残局。11 月 7 日,日方向美方提出“甲案”。美方把它视作过去方案的翻版而反应冷淡。[2] 11 月 20 日,日本向美国提出“乙案”。此时,通过破译日本密码而掌握了日本国策取向的美国,清楚地懂得它是日本发动战争之前的最后一个文件。为了尽量使敌人推迟点燃战火,赢得更多的备战时间,美国曾考虑对日本提出一个为期 3 个月的“暂行协定案”,内容为:日本从法属印支南部撤兵,在法属印支北部减兵至 7 月 26 日之前的额度并不再增加;美国则作为回报而有限度地放松对日经济压力。[3]

为了最终决定要否向日本发出这个“暂行协定案”,美国打算先确认一下以中国为首的利害相关国的意向,所以将它告知中国。中国因而必须就此作出反应。

八、中国的反应与日本的开战

国民政府作出了什么回答呢?事情还是要从最高决策者蒋介石说起。

在进行本章第五节结尾部分所说的对德工作不久,9 月 15 日,

① 前引「対米交渉要領」(1941 年 11 月 5 日)。

② 「野村大使より東郷大臣宛電報(第 1055 号)」(1941 年 11 月 7 日),『日本外交文書・日米交渉・1941 年』上卷,第 88—90 页。

③《胡适致外交部电》(1941 年 11 月 24 日),《中华民国重要史料初编——对日抗战时期》第 3 编(1),第 149—151 页。

国民政府收到了美国的一份正式的对华通告，蒋介石在日记中将其主旨概括为："于美倭试谈时，凡有涉及中国者必先与中国协商，并明言倭侵略行动不停止，则其经济制裁决不停止。"①在据此而确信美国将不再对日妥协后，蒋介石于17日即九一八事变10周年的前夜，决定再次提高抗战之底，即在10周年纪念中"申述我抗战目的在求得领土主权之绝对完整"，并明确声明："东北领土主权不恢复，抗战决不中止。"②

其后，基于"日本已经对美屈服"的误判，蒋介石继续对日本今后的取向从"北进攻苏"的角度作出希望性的观测。譬如，对前文提到的10月中旬近卫内阁的辞职和东条内阁的成立，蒋介石在19日的分析是："敌国新阁之方针自然是解决中国事件为第一，而以履行其三国同盟中之轴心义务为主体，至其南进北进之方针，自以北攻为主，而对南进则取守势，然其必南北海陆并重无疑，而其对美尚在继续谈判一点，是必有之程序也。"③10月24日，蒋更得出如下结论：

> 甲、近卫内阁之所以倒者乃由其军阀急于攻俄也，故倭之急于攻俄是乃其定案。乙、倭传拟在此数月内一面对美俄谈判，一面加强陆军派对国内之统制，此亦其应有之方针，如俄不肯屈服倭即进攻西比利亚，此乃必然之事，故其必于此莫斯科陷落之后威胁俄国以为其不战而屈之计。然而，以理与势论之，俄当不能向德倭屈服也，只要俄不屈服则倭不能不即用武力进攻也。丙、默察倭计仍有延缓待机之谋，然以军事立场

① 《蒋介石日记(手稿)》(1941年9月15日条)，斯坦福大学胡佛研究所藏。

② 《王世杰日记(手稿本)》第3册(1941年9月17日条)，第153页。

③ 《蒋介石日记(手稿)》(1941年10月19日条)，斯坦福大学胡佛研究所藏。

言，如莫斯科被陷俄不向之屈服，则其不能再待时误机，致俄有及时恢复战力之余暇也。然而延展至明春亦有可能耳。丁，如俄对德倭屈服则此为例外问题，自当另作考虑也。①

正因为蒋介石是在上述认识下收到了11月24日胡适发来的关于美国“暂行协定案”的电报，他感受到的震惊是可想而知的。当天，蒋介石即回电胡适说：在侵华日军撤退问题没有根本解决之前，美国对日经济封锁政策无论有任何一点放松或改变，则中国抗战必立见崩溃，中国人民将认为中国已完全成为美国的牺牲品，亚洲民族对民主主义的信赖将不复存在，而中国抗战一旦无益而终，损失不仅是在中国，中国的崩溃将造成世界性的灾难。②

为了加强对美方的说服力，蒋介石还要其私人顾问拉铁摩尔于同日向罗斯福总统所信赖的居里发出了下面的电报：

在本人将中国大使与美国国务卿会谈之事和蒋委员长讨论之后，本人认为台端应将蒋委员长强烈反对之意见，立即报告美国总统。本人从未见其如此之激动过。经济压力之放松或解冻，将危险地增加日本军事在中国之得利。在日本武力占领中国期间，美国压力之弛松，将使中国气馁。任何有关中国之暂时条款之获致，均将使中国人民对美国之信誉损坏，一如滇缅路之封闭永久摧毁英国之声誉者焉。而日本与中国之

① 《蒋介石日记（手稿）》（1941年10月24日条），斯坦福大学胡佛研究所藏。笔者附注：此则日记写在1941年日记第2册杂录部分。

② 《蒋介石致胡适电》（1941年11月24日），《中华民国重要史料初编——对日抗战时期》第3编（1），第149页；另见“Mr. Lauchlin Currie, Administrative Assistant to President Roosevelt, to the Secretary of State (November 25, 1941)”，“Dr. T. V. Soong, of China Defense Supplies, Inc., to the Secretary of War (Stimson) (November 25, 1941)”，*FRUS*, *1941*, Vol. IV, pp. 651 - 652, 660 - 661.

失败主义者,将立即利用其所引起之结果,呼吁东方人团结一致反抗西方人之阴谋。过去或现正增加之援助,能否补偿在此刻被出卖离弃之感伤,实属疑问。蒋委员长对于美国总统忠于其符合一致之政策深具信心,然而,本人必须提醒台端,若中国人民对美国之信誉,被日本因外交上之胜利而逃脱其在军事上之失败的消息报告所中伤时,即使蒋委员长亦会怀疑其支撑全局之能力也。①

中国对"暂行协定案"的强烈否定,加上来自英国首相丘吉尔的极力反对,使美国意识到了主观动机和客观效果之间的巨大距离,并再次看清了中国问题在世界大局中的举足轻重的地位。"暂行协定案"的设想因此而销声匿迹。② 11 月 26 日,美国对日本的"最终方案"作出了这样的回答:日本应从中国及印度支那撤走一切陆、海、空军与警察力量;美国政府和日本政府除临时设都于重庆的中国国民政府外,不对中国的任何其他政府或政权予以军事、经济的支持;两国政府应抛弃在中国的包含外国租界、居留地在内的各种权益,抛弃包括 1901 年辛丑条约所规定的各项权利在内的一切治外法权。③

美国终于彻底地表明了它在中国问题上同日本立场的全面对立!

12 月 1 日,日本御前会议得出结论:美国的"11・26 回答"证

---

①《拉铁摩尔致居里电》(1941 年 11 月 25 日),台北:"国史馆"藏,蒋中正"总统"文物,档案号 002-080106-00032-002。

② "Memorandum of Conversation, by the Secretary of State (November 25, 1941)", "The Secretary of State to President Roosevelt (November 26, 1941)", *FRUS, 1941*, Vol. IV, pp. 654-657, p. 666.

③「日米交渉 11 月 26 日米側提案」,『日本外交年表竝主要文書』(下),第 563—564 页。

明，“美国已彻头彻尾地成为蒋介石的代言人”，日本若再忍耐，“日清战争、日俄战争和中国事变以来的一切成果统统将付诸流水”。①会议据此而一致决定：“帝国对美、英、荷开战。”②

几乎在日本最终决定开战的同一时刻，蒋介石对遭到美国拒绝后的日本的反应，却仍然还是从“日本北进攻苏”和“日本对美屈服”的角度进行解读。在11月30日的日记里，蒋介石说：“以今日倭宣传之态度推测，倭不敢冒险之因素甚大也。”12月6日，偷袭珍珠港的日本舰队马上就要到达其目的地了，蒋介石却还是在日记中写道：“六日来美国对倭态度愈强，倭寇态度愈弱，几乎销声匿迹矣。上月杪倭以其天王定五日驾大本营视事，似有作战在即与对美示威之姿态，今则作为极平常之一事，而且其海军部长与军令部长皆未出席，是特对美无意作战之表示也。”③

事实证明，直至12月8日日本投下偷袭珍珠港的第一批炸弹，蒋介石才终于如梦初醒，认识到他等来的是日本的南进攻美，而非他一直盼望的北进攻苏。

在日本以偷袭珍珠港而挑起了太平洋战争后，1941年12月9日，中国随美英一起正式向日德意宣战。11日，日德意三国缔结了共同对美英作战及建立世界新秩序的协定。对此，1942年元旦，以美英苏中为首的26国签署了以拥护自由、人权和打倒法西斯为目标的共同宣言。至此，以卢沟桥事变为起点的中日两国的全面战争，正式扩

①「第8回御前会議」(1941年12月1日)，『杉山メモ——大本営・政府連絡会議等筆記』上巻，第539—544页。「対米英蘭開戦に関する件」(1941年12月1日御前会議決定)，『日本外交年表竝主要文書』(下)，第564—569页。

②「対米英蘭開戦に関する件」(1941年12月1日御前会議決定)，『日本外交年表竝主要文書』(下)，第564—569页。

③《蒋介石日记(手稿)》(1941年12月6日条)，斯坦福大学胡佛研究所藏。

散为同盟国与轴心国两大阵营之间的世界性大战。在迎来这一重大转折点以后,始于1931年九一八事变的中国的国际解决战略取得了全面的胜利,而日本在其1931至1939年间的单独解决战略受挫后,1940年起步的"世界规模解决策"最终也遭到了彻底的失败。

结 语

在由第一至第十二章所构成的正文中，本书详细论述了九一八事变后中日外交博弈的缘起及其走向国际解决的过程，关于其中各个阶段的特点与因果关系，也已经在相关章节作了小结。因此，本章作为全书的总结，拟通过对 5 个问题的余论而展开。

一、如何评价 1931—1933 年间国民政府的对日政策

从 1931 年九一八事变爆发至 1933 年《塘沽停战协定》签订后国际解决战略的形成，影响国民政府对日政策的主要因素，是日本对华侵略的扩大、中国内外形势的变化和政府领导层对国内外环境认识的深化。在这些因素的主导下，国民政府的对日政策在多重的两难困境中边摸索边改进，经历了许多曲折。从总体上看，它的演变过程大致可划分为以下 5 个阶段。

(1) 军事抵抗虚弱，外交应对强硬，国际解决一边倒(1931 年 9 月至 1932 年 12 月)。九一八事变对中国来说是一种突然袭击。在它发生之前，国民政府虽然在推进恢复国权的目标上怀有急切的愿望，但主政者的主要精力实际上一直花费在处理内战或内乱，而

无暇顾及外交。因此,他们在总体上既缺乏对国际政治的理解,又缺乏外交经验。

另外,随着国民政府最大的外交课题由事变前的"如何恢复既失的主权",转变为事变后的"如何阻止新的侵略",主政者必须有观念、态度和认识、方法等方面的相应的转变与提高,但所有这些也都是需要时间的。因此,国民政府在这一阶段的基本状况,可谓之为混乱中的摸索。同时,"广东派"的反蒋运动和中共的武装革命等政治上的分裂状态也对国民政府形成了严重的牵制。

在这种背景下,国民政府视对日断交、宣战为自杀行为而予以否认。另一方面,对于和断交、宣战有质的区别的自卫抵抗,国民政府的态度有一个变化过程。起初,由于对本国虚弱国情的担忧和对日方意图的轻判、对国际联盟的过信,国民政府默认了张学良东北政权的"不抵抗"。其后,以锦州的防卫为转折,国民政府决心抵抗,但是,由于张学良东北政权的拒绝等种种客观因素的制约,事实上陷入了无力抵抗。

然而,与军事抵抗方面的虚弱无力恰恰相反,国民政府此期在外交上坚拒中日直接交涉,并全力谋求通过以国联为中心的"国际解决"而恢复失土,可谓始终保持了强硬态度。考虑到当时中国的客观国情,国民政府追求中日冲突的国际解决,自有道理。不过,由于此期的日本在东北问题的处置上存在分歧,若槻内阁的币原外交对直接交涉也有一定的诚意,所以,对中国来说,直接交涉和国际解决并非势不两立。从这个视角来看,完全排除直接交涉,向国际解决一边倒,可说是一种灵活性上的欠缺。(第一章)

(2)从寻求直接交涉到计划对日断交(1931年12月至1932年1月)。1931年12月15日到翌年1月下旬,是孙科政权的执政时期。由于不切实际的形势认识和对犬养内阁的盲目期待,孙科政权登场伊始就积极寻求与日本进行直接交涉。但是,犬养内阁时期的日本,对事变后的中国东北的处理目标,已经由“尊重日本在满洲的条约权益”,扩大为“在日本军队的威力下使满蒙在实质上成为日本的保护国”,随之它在外交上也采取了“使中国在事实上无法开始直接交涉”的新方针。孙科政权的直接交涉因此而无法实施。其后,孙科政权从一个极端走向另一个极端,决意和日本断交。但在国民党中央主流意见的强烈反对下,这一意图未能化为行动,孙科政权也很快在内政危机中崩溃。(第一章)

(3) 在不妥协原则下尝试“三路并行”(1932 年 1 月至 11 月)。日本对国际联盟的无视和“公理”在侵略暴行前的无力,促使中国主政者认识到“国际解决一边倒”的错误。1932 年 1 月底开始,蒋汪合作下的国民政府在坚持以国际解决为处置对日问题的主轴的同时,一边进行军事抵抗,一边争取直接交涉,贯穿了“三路并行”方针。与之相应,国民政府开始区别九一八事变前的旧问题与九一八事变后的新问题,并为集中力量优先解决中日矛盾,而暂时搁置此前以废除不平等条约为旗帜的恢复国权运动。

在“三路并行”方针出炉之初,国民政府的本意是先从直接交涉起步,但上海事变的爆发打消了前者的可能性,而迫使国民政府首先致力于军事抵抗。其后,在外患与内忧的夹攻中,国民政府重新检讨内外形势,正式确定了“攘外必先安内”的国策。为贯彻这一国策,蒋介石还试图通过水面下的“对日接近”,说服日本同意取消“满洲国”。在这一目标落空后,国民政府从实际出发,以“推迟”为名,实质上开始考虑放弃以“立即解决东北问题”为当前目标。

重新检讨国民政府在“三路并行”阶段的对日政策,须注意到它具有以下特点:

首先,“三路并进”下的对日交涉并非一花独放,更非放弃了国际解决的努力,而是始终和针对国际联盟和第三国的“提诉外交”相辅相成的。

其次,当时的舆论常常将对日本的军事抵抗和断交、宣战相混同,但“三路并进”方针下的军事抵抗则是对前者加以区别的。具体言之,国民政府认为断交、宣战及以武力即时收复失土将立即导致中日全面战争,而它在目前国情中毫无成功可能。所以,“三路并进”方针下的军事抵抗,目标仅限定于对来自日本的新的侵略做力所能及的防卫,而非立即以武力收复东北。

再次,从拒绝直接交涉转至主动尝试直接交涉,意味着对日政策上的某种转变,但这一转变并非对日本的屈服。因为它始终坚持了两大原则,即不承认日本制造的既成事实,不签订损害领土与主权完整的条约。(第二章)

(4)“彻底抗日”中的文武分歧(1932年12月至1933年2月)。在以“接近”谋求中日改善的努力遭受挫折的1932年12月,国民政府又面临热河问题带来的新危机。以中国国民党四届三中全会为契机,本来已经考虑推迟解决东北问题的国民政府,在当前的对日方针上,发生了“文人”与“军人”的分歧。其焦点,是在应对山海关事件及热河防卫问题时,如何处理安内与攘外的先后顺序。重理轻势的文人愤慨于日本侵略的步步扩大,主张彻底抗日,并为此而要求优先攘外。相反,重理更重势的军人则坚持先安内后攘外的既定方针。同时,为了避免内部的分裂,也为了保卫热河、防止华北的“满洲国”化,军人事实上也赞同军事抵抗。与文人不同的,是军人为保证先内后外的既定顺序,边竭力抵抗,边继续在水面下争取缓和。(第三章)

(5)转向“局部妥协”(1933年2月至5月)。1933年2月中旬后,以国联通过中日纷争报告书为契机,在驻国联中国代表团的积极推动下，国民政府曾认真考虑过以对日断交赢得国际对日制裁，结果，在列国的拒绝性反馈中受挫。同时，热河迅速沦陷的冲击，进一步暴露了中国自身的缺点与弱点。它和断交计划的受挫一起，促使政府及民间精英重新审视本国的国情及中日之间的差距，并冷静反思国际环境的严峻。在此背景下，重视“理”与“势”的平衡、重视“决心”与“能力”的一致的氛围开始酿成。接着，在长城抗战遭受挫败的教训中，国民政府从1933年4月开始转变对日政策，在5月底的《塘沽停战协定》后正式着陆于对日局部妥协，但国际解决战略也走上了正轨。

成熟后的国际解决战略虽然也是“三路并行”，但和1932年1月刚出台时的“三路并行”的雏形相比，二者有很大的不同。其中特别重要的是：雏形阶段的三路并行排除外交上的任何妥协，成熟阶段的三路并行则容忍必要的局部妥协；雏形阶段的三路并行以恢复原状（要求日本放弃既得侵略果实）为当前目标，成熟阶段的三路并行则以维持现状（阻止日本扩大侵略）为当前目标；雏形阶段的三路并行主次不明，成熟阶段的三路并行则主次分明，即以国际解决为主，以军事抵抗与直接交涉为辅，并明确区分了当前目标与将来目标。（第四章）

在很长一个时期，论及1931至1933年间国民政府的对日政策时，占据主流地位的评论，除了“不抵抗”就是“丧权辱国”。本书第一章至第四章通过和日方原始记录的对照，向读者展现了一个和上述传统的定论有所不同的新面相。在比较二者的异同时，笔者希望读者特别注意以下3点：

（1）九一八事变爆发之际，国民政府离南京建都仅仅隔了4年。在国内，它从前政府继承的是处于崩溃边缘的千疮百孔的基盘，就实际地位而言，它也至多只是顾维钧所称众多政治集团之中相对最强的集团之一。[①] 而且,其他集团一边在外交问题上向它提出只有全能全权的中央政府才能做到的要求,一边在内政上不承认它作为中央政府的地位及权威,更不予以服从或配合。另一方面,在国际上,国民政府也是既身受着不平等条约的束缚,又面对着试图依赖的“公理”的无可依赖。因此,今人在评价国民政府当年的对日应对时,首先需从这种国内与国外的现实出发,既看到“应该怎样”,更看到“能够怎样”。

(2) 在当时的国内条件与国际环境的制约下,因为内政面的需要和外交面的需要的相互矛盾,国民政府在对外与对内、对国联与对日本等不同的场合,不得不为照顾某一个场合之特殊的需要,而只突出其本来具有多重性的认识及政策中的某一个侧面。结果,或者是故意地造成了外界的错觉,或者是违心地遭到了外界的误解。但是,国民政府在对日政策上的各个侧面虽有轻重、表里与正反等差异,实际上都是和其他侧面处于既相互矛盾又相辅相成的关系之中的。所以,在观察国民政府的对日政策时,决不能仅看多重并存的侧面中的“一个”,而要同时看到“其他”,否则就难以避免片面性。

回顾日本当时的对华认识,上述片面性非常明显。譬如,对于国民政府的一面抵抗一面交涉,日本的军部总是过多地看到“抵抗”的一面,从而对蒋介石及国民政府怀有强烈的怀疑与仇恨;日本的外务省则过多地看到“交涉”的一面,以致竟偏向另一个极端,以为国民政府已经屈服。应该指出,当时的中日两国除了国家利益上构造性的对立以外,日方对华认识上的这种片面性,也在推动其后来发动全面侵华战争上起到了很大的作用。(第三章)

---

①《顾维钧回忆录》第 2 分册,第 201 页。

(3)这种片面性，在后人对国民政府的历史研究中也有表现。譬如，对于九一八事变后中日之间的直接交涉问题，学界的某种通论，是说日本一贯主张直接交涉，国民政府则是除短暂的孙科政权外，在《塘沽停战协定》前始终反对直接交涉。但是，从本书的考察可知，历史的事实是，国民政府仅在事变爆发后的最初3个多月坚拒直接交涉。其后，它改变了国际解决与直接交涉不可两立的观点，在坚持以国际解决为主轴的同时，冒着内政上的风险，积极在暗中尝试对日直接交涉。相反，日本真正提倡直接交涉，却仅仅是在若槻内阁的3个多月。从1931年12月犬养内阁登台后，日本虽然为争取国际舆论而在表面上大倡直接交涉，实质上却是把直接交涉的定义，篡改为中国无条件地接受日本制造的包括“满洲国”在内的既成事实，对真正意义上的直接交涉，则竭力使之在事实上无法开始。

中日之间在直接交涉问题上的这种表里不一，还伴随着另一种背道而驰。这就是，在国民政府把处理九一八事变的当前目标从“恢复原状”，暂时降低为“维持现状”的时候，日本却把其目标从最初的“尊重日本在满洲的条约权益”，上升至以建立“满洲国”的形式霸占中国东北，进而还扩大到占领热河，染指华北。正是双方在目标上的这种背道而驰，才使中日冲突无法通过直接交涉获得早期解决。

总之，笔者认为，只要我们能够全方位地看到当年中日双方及相关第三方的各个面相，并把军事面的应对和外交面的应对加以区别分析，至少可以说，在这两年中，国民政府在外交上不但不是一味妥协，而且基本上保持了强硬的态度。同时，对国民政府在《塘沽停战协定》以后开始实行的局部妥协，如果能够从当时国内外的客观实际出发，且厘清它和臻于成熟的国际解决战略的因果关系,也可以说,在通向1937年的全面抗战及赢得1945年的胜利的长途中,它是一个无法绕过的曲径。

二、如何评价国民政府的对德因应及结盟选择

从1937年7月中日全面战争爆发至1939年8月,国民政府为贯彻"惟以日本为敌"方针,而坚持对德友好。其后,中德关系经历了4个重要节点:1939年8月《苏德互不侵犯条约》的签订及紧随其后的欧战爆发;1940年夏季德国大捷背景下中国危机的降临;1940年9月日德意三国同盟的诞生;1941年6月德苏两国的开战。

对这4个节点,蒋介石及国民政府是怎样应对的?对中日战争的影响又是如何?厘清这些问题,有助于认识战时中国的对德政策,而认识战时中国的对德政策,又有利于加深理解中国战时外交的本质与特色。但是,长期以来,战时外交研究大多置重点于中日、中美、中英和中苏等双边关系,对中德关系的关注则相对薄弱。

为了弥补这一不足,本书依据笔者近年所作个案研究①,把4个节点作为一个相互联系的过程,并结合它们和多边关系的互动,努力加以融会贯通的论述。而这些论述,又是以第六章对1939年8月前之中德关系的概观为背景的。其中谈到的1939年5月国民政府对日德意关系的定位,反映了主政者当时对"无欧战"与"有欧战"两种场合的结盟问题的理论性推断。从中日战争的最终结局

① 参见拙稿:《国民政府对欧战及结盟问题的应对》(《历史研究》2008年第5期);《蒋介石对〈苏德互不侵犯条约〉的反应》(《近代史研究》2011年第3期);《蒋中正对1940年夏季国际危机的因应》(《"国史馆"馆刊》第29期,2011年9月);《蒋介石对日德意三国同盟的反应》(《近代史研究》2013年第3期);《蒋介石对苏德战争的预测及因应》(《抗日战争研究》2014年第4期)。

来看，它证实了在结盟问题上中国比日本高明的地方。不过，从第十章的论述可以发现，在到达这个最终结局之前，国民政府在对德政策上曾出现过有违1939年之理论推断的摇摆。这就是，在日本和德意结盟的第三个节点，蒋介石没有马上作出符合上述理论推断的处置，而且还提出了以对三国同盟不表态、对两大阵营不偏倚为核心的“上策”。

为什么会出现这种摇摆呢？除了在第十章已经作出的论述外，作为余论，笔者特别要补充一点，即在分析对德关系中的摇摆时，应该更多地重视客观因素的影响。

这是因为，1939年5月的理论推断刚提出不久，国民政府就遭遇苏德缔约这一突发变故，由此开始至翌年夏季陷入国际危机，欧洲局势的剧变及其所引起的种种连锁反应，造成了和1939年5月理论推断出台之际根本相异的新的客观环境及外因条件。

其特点，是两大前提的消失与多种变数的出现。

首先，苏德缔约之前，国民政府视苏联为影响欧洲问题与中日问题的一个关键因素。因此，在关于日德意关系及结盟问题的理论性推断中，中国主政者将苏联与英、法达成互助协定，美、英、法、苏团结一致，共同对抗日德意防共协定集团，视为不可或缺的重要前提。[1] 但是，后来发生的事实恰与这个前提相反：苏联于1939年8月下旬中止了与英法的合作谈判，突然和常年被其视为最大敌国的德国缔结了互不侵犯条约；接着，欧战爆发后苏联还于9月中旬与德国一起瓜分波兰，11月大举进攻芬兰。苏联的所作所为遭到了英、美、法等国的强烈谴责，其相互关系随之陷入破裂状态。中

---

①《蒋介石日记(手稿)》(1939年5月20日条，5月26日条，6月30日条等)，斯坦福大学胡佛研究所藏。

国关于结盟问题理论性推断的第一个前提消失了，随之出现了一系列变数：

(1) 苏德两国从势不两立到关系暧昧，在很多场合还成为变相的盟友。① 这使国民政府在处理对德关系时，必须更多地考虑苏联的反应。

(2) 在美、英、法等国家的推动下，苏联于1939年底被开除出国联。以此为契机，苏联和美、英、法一边在中日问题上继续同为中国之与国，一边却在欧战及世界问题上相互对立。这使中国在处理美、英、法、苏等主要与国的相互关系时陷入了两难困境。因此，在国联讨论苏联问题时，国民政府不得不投弃权票。但即使如此还是得罪了苏联，导致其暂时中止了对中国的物资接济。②

(3) 在苏联与共产国际的指导下，中国共产党在欧战爆发后视欧战为"帝国主义国家之间的战争"，既强烈反对中国与美、英、法联合，又强烈反对国民政府将抗日战争与欧战联为一体谋求国际解决的战略，而主张抗日战争应该是孤立于欧战以外的"独立战争"。③ 在很多场合，苏联与中国共产党批判美英法重于批判德意。与之相关，在中国国内，国共关系发生巨大变化，中共更加重视自身的独立性，并进一步致力于发展自身实力，国民党内则对之产生

---

① 1939年9月8日，国民政府就得到了关于苏联的如下情报："自订立苏德条约以来，所有反法西斯书籍具已不见于书铺，各报咸注重于德方之军事报告，而无线电广播亦已开始德国旭勃脱之作曲与歌德之诗等之播音。工厂劳动者在各地开会讴歌本件条约之成立，而对于里宾特罗甫来莫之新闻影片等尤受观众热烈之欢迎。"详见台北："国史馆"藏，蒋中正"总统"文物，档案号002-080200-520-053(报告者毛庆祥)。

② 蒋介石在日记中多次提及此事，并为中国的尴尬处境而苦恼不堪。

③ 详见毛泽东《第二次帝国主义战争讲演提纲》(1939年9月14日)，《新中华报》1939年9月19日。

了强烈的危机感。[1]

（4）在日本，德国与苏联签订互不侵犯条约被视为对日德意防共协定的背叛，因此谋求对德结盟的主张一时丧失了主流地位。随之，日德关系出现裂痕，“日苏妥协论”与“日苏德意四国联合论”则成为与“日德同盟论”竞争的新的选项。[2] 另一方面，不论是苏联还是英、法等国，欧战爆发后也都为集中力量于欧洲，而程度不同地在远东谋求和日本妥协。

（5）如第七章所示，欧战爆发前，在蒋介石促进苏联与英法互助合作的动机中，含有一种深层考虑，即认为如果听任苏联对欧战置身事外，苏联将因此“坐大而得举足轻重之佳势”；而另就日本来看，如果苏联不与英法结盟，日本也可能为保持超然立场而不与德意结盟，以利用欧局渔利。从中国的立场看，这二者都是不利的。[3] 但欧战爆发后，这二者都已成为现实。

其次，欧战前夕，中国主政者以英法“民主国阵营”必胜和德国阵营必败为基本判断。这是他们对结盟问题所作理论性推断的另一个重要前提。从第七章可知，欧战爆发之初，蒋介石仍然坚信这一前提，并竭力主张中国应该对德宣战以加强中英法合作。在这一主张遭到英法的谢绝与内部多数意见的反对后，蒋虽然没有坚持己见，但在应对欧战的态度上，他仍然引领国民政府以亲英法、疏德意为政策基调。

但是，1940 年 4 月以后，德国连战连捷，欧洲的战局向与中方的预测截然相反的方向剧变，以致一时间大多数人都转而认为欧

---

① 详见本书第十至十二章所引蒋介石、徐永昌等要人的相关日记。

② 参见三宅正樹『スターリン、ヒトラーと日ソ独伊連合構想』第 3 章，第 73—88 页。

③ 参见《蒋介石日记（手稿）》（1939 年 4 月 14 日条，4 月 30 日条），斯坦福大学胡佛研究所藏。

战将以德国阵营的胜利而收场。换言之,国民政府对结盟问题之理论推断的第二个前提也不复存在了。伴之而来的变数是:

(1) 1940 年 6、7 月,法英两国为优先应付欧局而在远东进一步对日退让,先后关闭了中国抗战物资的主要通道滇越路和滇缅路,给中国造成了严重的国际危机。

(2) 在德国大胜带来的崇德氛围和英国对华封锁造成的反英情绪的交相影响下,在国民政府内部,以孙科为代表的主张抛弃英美、脱离国联,全面转向亲苏、联德的观点,竟在 7 月中旬一度成为领导层的多数意见。(第九章)

综上所述,可得出 3 点结论:

(1) 第一前提的消失及伴之而来的各种变数,打破了"理论推断"当时被国民政府视作中国外交出发点的"德苏敌对"及"美英法苏对日德意"的格局,使围绕中日战争的友敌关系出现了交叉化,且其演变的前景变幻莫测,很可能形成多种多样的组合。

(2) 第二前提的消失及伴之而来的各种变数,打破了原来展望形势发展时"英美民主国必胜,日德意侵略国必败"的底线,国际形势陷入混沌化,谁胜谁负,众人难卜。

(3) 这种友敌关系交叉化与国际形势混沌化的局面,使任何对策在效果上都难免利害相交,得失并存,从而造成政策抉择的两难化。

正是上述三者的综合作用,带来了 1940 年 7 月后国民政府在认识国际形势与制订因应措施时以观望、游移和等待为特征的流动化。在同年 9 月的日德意结盟带来国际形势好转的最初一个多月,蒋介石仍然以对两大阵营不偏倚的中立方针为上策,其客观背景即在于此。

然而,正因为国民政府在对德关系上出现的摇摆主要是客观环境和外因条件的影响，所以无论是1939年9月的对德宣战主张还是1940年7月的弃英联德主张，虽然摇摆的幅度极大，但它们都是在讨论过程中出现，在讨论过程中消失，并没有真正成为政策。至于1940年9月后维持了一个月左右的"中立"上策，则在当时的形势下有其一定的合理性。其后，如第十至十二章所示，在国际形势重新出现前述两个前提后，中国的对德关系也就重新在1939年5月的理论推断的主导下稳定了下来。①

这样，如果就下述3点对1940年后中日两国在对德关系上的处置做一番比较，当可看到，中方主政者的决策远比日方具有远见及正确性。

其一，日方尽管不时接到德国关于德苏必战的暗示，但直至1941年6月22日苏德战争爆发，才最终被动地终止他们对"日德意苏四国协调"的幻想。中方则至迟在1940年11月就看清了德苏战争难以避免、苏联将因此而与美英阵营重构合作的趋势。

其二，日方直到1941年12月发动太平洋战争后还难以舍弃对德国必胜神话的迷信，中方则至迟在1940年11月就重新得出了德国必败的结论，从而抛弃了1940年7月以来曾经浮现过的对德观望心理，而再次确定了与英美阵营结盟的取向。

其三，日方企图通过同德意的军事同盟阻止美国的参战和对华援助，中方则在日德意结盟之初就认清美英的对华对日态度都将为因应日德意结盟而发生有利于中国的变化，并尽量利用了这

① 就中国自身在各个节点的对德应对来看，第一个节点（1939年9月）是多数人的意见制止了作为少数派的蒋介石的对德宣战的主张，第二个节点（1940年7月）则是作为少数派的蒋介石的意见制止了多数人的联德一边倒的主张。由于事实很快证明了蒋介石的正确，所以在其后第三节点（1940年9月）、第四节点（1941年7月）的应对中，威信大增的蒋介石牢牢占据了主导地位，而未遇到大的反对。

一变化。结果是,日本适得其反,中国如愿以偿。

总之,对战时的中国与日本来说,命运的分水岭是如何应对欧洲局势及如何处置结盟问题,这二者都是与对德认识的高下密不可分的。今天,日本历史学界在回顾本国的战时历史时,不同立场的学者有各种不同的看法,但在有一点上基本一致。这就是:对欧战局势的错误判断与在以对德为中心的结盟问题上的错误决策,是日本主政者最终将国家引向毁灭的一个根本原因。与之形成鲜明对照的是,本书所提示的史实说明,中国主政者在各个节点的欧局判断与对德应对上,尽管有过摇摆、分歧与曲折,但相对于日本来说,最后的决定在整体上或实际效果上都可谓基本正确。这是中国战胜日本侵略,赢得国际解决战略成功的一个关键。

三、如何评价国民政府对日苏关系的处置

与对日德关系的判断及决策相比,蒋介石和国民政府对日苏关系的判断及处置,在正确性上有明显的差距。

笔者认为,这种差距起源于国民政府领导人之德国观与苏联观的不同,而它们又缘于当时中德关系与中苏关系的客观差异。

具体言之,中德之间从第一次世界大战结束后就基本不存在领土与主权问题上的对立和意识形态上的冲突,在国民政府的内忧方面,德国也无关联。所以,蒋介石等主政者在总体上对德国并无恶感,更未把它视作中国的外患(第十章、第十一章)。它表现在政策上,就是:无论是 1939 年 9 月的对德宣战动议,还是 1941 年 7 月的对德断交决定,以及 1941 年 12 月的对德宣战声明,都是名对德而实对日。不仅如此,在蒋介石及国民政府的所有对德因应中,出于“侵略与非侵略”这种法律的或道德的考虑虽然也有不少,但

是，如何有利于战胜日本这一考虑则始终占据着首要地位。

反之，中苏之间则在中东路、外蒙古和新疆问题上存在着事关领土与主权的严重对立，在意识形态上存在着共产主义和反共产主义的深刻冲突，在中国的内政问题上存在着苏联、共产国际和中共的特殊关系所造成的巨大障碍。所以，即使在九一八事变以后，国民政府也在很长一个时期，不仅把苏联和日本并列为外患，而且还在很多场合把苏联视作比"肌肤之病"的日本更危险的"心腹之祸"(第一章、第二章)。1936 年 12 月的西安事变后，国民政府虽然最终实行了联苏抗日，但导致这一抉择的根本原因不是国民政府抛弃了原来的苏联观，而是在抵抗日本侵略成为当务之急状况下的"两害相权取其轻"(第五章)。因此，其后在战时的对苏关系上，国民政府也是一面为确保抗日胜利而尽力克服分歧、维持合作，一面基于其防共反共理念而对苏联与中共保持戒心。

这样，与对德国的判断及应对不同，国民政府对苏联及中日苏三边关系的判断与应对，受到更多的客观因素与主观因素(包括感情、理念、主义、价值观、意识形态等)的制约，而且主观因素的作用还常常超过客观因素。所以，如本书第五章所示，在发动全面抗日战争之前，国民政府曾推行"日苏相互牵制"战略，并以日苏先战且两败俱伤为对中国最有利的局面。在发动全面抗日战争以后，基于"惟以日本为敌"的原则，国民政府总体上贯彻了联苏抗日和国共合作的方针，但原有的苏联观及防共反共观念仍然一直在明里暗里发挥着影响。正是在这些主客观因素的有形无形的影响下，蒋介石一直怀有严重的"日苏必战情结"(第七章、第十一章、第十二章)，并往往基于对日苏两败俱伤的期待而作出理想性的判断。

1940 年 9 月日德意三国同盟问世后，日本自杀性行为的叠加，已经使中日战争的国际化跨过了不可逆转的拐点。随着中国追求的对日“国际解决”已经成为定局，蒋介石和国民政府领导层对外交、内政的考虑出现了微妙的变化：在战胜日本尚无把握之前，他们为优先保证抵抗日本侵略的目标，在纠结中采取了联苏抗日和国共合作的方针；现在，在以“国际解决”战胜日本已经不成问题以后，他们对苏联和中共的敌视就相应上升了。随之，国民政府领导层开始把更多的注意力转移到解决他们一直为之不安、不满的中共问题与苏联问题之上。其中，不少人还主张今后要利用三国同盟后国际形势的好转，把政府军的重心转向限共、反共，而把中日问题留待即将到来的国际战争解决。与之相应，国民政府领导层在私下场合重新露骨地视苏联为外患的“心声”也开始增多。（第十章、第十一章）。

作为上述变化的结果，进入 1941 年后，在内政上，国民党于年初发动皖南事变，掀起反共高潮；在外交上，国民党对如何最终实现国际解决，提出了新的设想。它的具体内容受当时国内外环境的制约而难以公开，但在蒋介石等人的私密记录中有很明确的反映。其宗旨，就是要促使日苏开战早于日美开战。

由此可知，本书前引蒋介石 1941 年 2 月 22 日关于“使美倭战争得以暂时避免，保存其两国海军力量，而不使第三国际阴谋得逞，虽于中国目前之战局不利，然为永久计，则美倭之战不在俄倭之先乃为东亚全局之利”的日记；徐永昌同年 3 月 2 日关于“日美果战，眼前于我固利，但结果则于我不利，缘日寇太削弱，俄更肆无忌惮，其侵略之计较日寇为毒”的日记；8 月 31 日蒋介石关于“我在此次战争中只希望能照九国公约获得光荣之和平，并不想根本消灭倭寇，以冀其最后之觉悟，而况在自我军备未能独立以前，倭寇如全被消灭，则于东亚全局言，于我并不有如何之利益耳”的日记，并非言不由衷的套话，而是针对苏联与中共的处心积虑的思考。（第

十二章）

换言之，随着以“国际解决”战胜日本的前景已经确定无疑，蒋介石和国民党对国际解决战略的新目标，是不仅要战胜日本，而且还要确保在战后的中苏关系和国共关系上赢得对国民党最有利的局面。

因此，虽然他们迄今在“中国”立场上深知日本的南进或北进都有利于中日战争的国际解决，并较多地期待日本南进，但现在他们从“中国国民党”的立场出发，已经转而认为日本由北进而先引起日苏战争，比其因南进而先引起日美战争，对国民党期待的战后格局更为有利。从国民党的视角看，这种观点自有它的道理。问题是，如第十二章所示，在这种主观愿望的作用下，蒋介石愈来愈带上了“希望”的有色眼镜来观察日本和日苏关系。

结果，蒋介石在日美交涉期间作出了不少误判。其中最突出的有两点：首先，从苏德战争开始至太平洋战争爆发为止，他几乎一直认为日本将优先北进攻苏。就 1941 年 7 月 2 日日本御前会议的决定中确实有北进攻苏的动机和计划而言，蒋介石的判断自有其理由。但是，动机与计划不等于能力与行动，而蒋介石却显然在其“日苏必战情结”之希望性观察的诱导下，把二者混为一谈了。其次，另外一个误判，是蒋介石在日美交涉即将破裂、日本的对美开战已经箭在弦上的时刻，竟认为日本已经对美屈服而不敢冒险。①

深入对照中国主政者在观察及处置对德关系和对苏关系上的

① 造成这个误判的，除“希望”的有色眼镜之误导以外，可能还因为此期的蒋介石在对日判断上过多地强调常识和理性，而忽略了日本决策层背离常识与理性的一面。这一点也和他的对德判断形成了对比。从第十章的论述可知，在对德判断上，是徐永昌等人因强调常识与理性而反对蒋介石的苏德必战论。

异同,也许可以得出这样一个历史教训:比起客观面的困难来,主观面的错误所导致的负面影响更加有害且难以克服。

四、如何评价中日战争扩大化的原因

在日本以偷袭珍珠港而挑起了太平洋战争后,中日两国的战争,正式扩大为同盟国与轴心国两大阵营之间的世界大战。3年多后的1945年8月,日本无条件投降。又过了4年多,中国国民党在内战中败退台湾,中国共产党建立了中华人民共和国。

1950年代初,麦卡锡主义盛行的美国政界在追究中国政局逆转致使“美国失去中国”的原因时,一些反共分子把它和1941年的日美开战挂钩,认为当年的苏联为了避免遭受德国和日本的两面夹攻,通过埋伏在美、中、日的间谍,用种种方法诱导日本南进,从而造成了日美交涉的破裂及太平洋战争的爆发。其时,曾任蒋介石私人顾问的拉铁摩尔也被怀疑为参与了这一阴谋的苏联间谍,而受到美国参议院的调查。为此,1954年3月,美方致函台湾当局称:1941年11月,太平洋之和战问题摇摆未定时,美国政府曾有人建议美日订立临时协议,规定在日美交涉进行期间,双方同意休战90天。但在此项临时协议正在考虑期中,拉铁摩尔以蒋介石顾问之身份,于11月25日致电罗斯福总统的助理居里,请其将蒋介石强烈反对临时协议的意见,立即报告罗斯福总统。翌日,赫尔国务卿突然拒绝前述建议,并向日本致送强硬照会,12天后日本即攻击珍珠港。因此,参议院从事调查拉铁摩尔的人认为,“拉氏致居里之电文,有配合共党全球战略破坏美日妥协之嫌”,特向蒋介石提出5个问题:

(1) 蒋委员长知道此电报之发出否?是否授权发出者?

(2) 该电原文是否经蒋委员长核准者? (3) 该电原文大意是否经蒋委员长核准者? (4) 此电报是否代表蒋委员长当时(1941 年 11 月 25 日)之意见? (5) 蒋委员长是否知道此项美日休战 90 天,以便继续商谈之临时协议,系由美国军事当局首先提出,因彼等需要更多之时间以准备对付彼等认为迫切之日本攻击。

该函最后强调:如拉氏擅发该电,未得蒋介石事先同意,"其罪行即可成立"。[①]但是,台湾当局收信后,在蒋介石的战时机密档案中,很快找到了本书第十二章第八节提到的拉铁摩尔电报的译文,亦即确认了它并非擅发之物。当时的台湾虽然也因国共内战的失败而处于反苏反共的高潮之中,但白纸黑字的史实毕竟无法否认。所以,经过研究,台湾当局认为"如欲以此电攻击拉氏,恐反于拉氏有利"。结果,他们最后复函美方:拉铁摩尔的电报经过蒋介石过目,"故不必对于此事过分重视"。[②]

从本书第十二章的论述可知,如果真正据实相告的话,台湾当局按理对美方所提出的 5 个问题都应该作出肯定的回答。换言之,仅仅答复经蒋介石"过目",是有避重就轻之嫌的。但是,即使如此,至少也证实了拉铁摩尔的电报与苏联无关。所以,拉铁摩尔最终被宣告无罪,想来台湾当局的这一复函是起了一定的作用的。

这个插曲说明,由于中国抗战结束后国际冷战的爆发与中国政治的剧变,对于日本对美开战、中日战争扩大为太平洋战争的原

① 《拉铁摩尔电及沈锜呈蒋中正美日会谈拟订立临时休战协议相关情形》(1954 年 4 月 4 日),台北:"国史馆"藏,蒋中正"总统"文物,档案号 002 - 080106 - 00032 - 002。

② 《拉铁摩尔电及沈锜呈蒋中正美日会谈拟订立临时休战协议相关情形》(1954 年 4 月 4 日),台北:"国史馆"藏,蒋中正"总统"文物,档案号 002 - 080106 - 00032 - 002。

因,美国很早就有人乐意从阴谋论的角度进行追究。

值得注意的是,这种阴谋论,除了主要涉及苏联、中共与共产国际,有时还或明或暗地扩大到蒋介石及国民政府,以致日本今天还有一些右翼人士出书主张蒋介石与国民党至迟在西安事变以后就被苏联与共产国际操纵。①

上述谬论当然不值一驳。然而,以日本的学者为代表,学术界在探究作为中日战争扩大化最大契机的日美交涉的破裂之因时,虽然很少有人同意"苏联阴谋论",但从其他角度提出"中国关联"论的人很多。他们的特点是相信这样一个推论:如果没有蒋介石及国民政府的反对,美国就可能会正式提出其为期 90 天的暂定协定案,而日本只要看到这个暂定协定案,就一定会立即终止开战计划,太平洋战争也就不会发生。因此,蒋介石及国民政府在日美交涉的最终决裂中起到了关键作用。②

如何看待学术界的这种观点,关系到如何认识中日战争扩大化的根本原因。对此,笔者想提出以下几点思考:

第一,从本书的论述可知,在日美交涉的全过程中,蒋介石及国民政府从美国官方直接获得的信息很少,而来自宋子文等中国驻美人士的报告则缺乏深度及精度。因此可以说,中国主政者直至最后阶段也未能把握日美交涉的实情。

第二,就蒋介石及国民政府的国际解决战略而言,日本的南进及其必然带来的日美战争,客观上也是有利于中国的。但是,如前

---

① 譬如,産経新聞社编『中国共産党野望と謀略の90 年:「日本＝侵略国家」論との決別』(別冊正論),東京:産業経済新聞社,2011 年;黒田紘一著『日中戦争の真実』,東京:幻冬舎,2015 年;田中秀雄著『中国共産党の罠:満洲事変から盧溝橋事件までに本当は何が起きていたか』,東京:德間書店,2018 年,等等。

② 这在日本的大学历史教育中是一个比较流行的观点。

所述，随着对苏和对中共关系的变化，在日美交涉期间，从战时防止苏联与中共势力的增长和为战后防共反共预作准备的需要出发，蒋介石及国民政府已经认定日本的北进比南进对中国更为有利。在这一观念的影响下，日美交涉时期的他们不仅误判日本将北进攻苏，而且热切地期待日本北进攻苏。换言之，即使真有力图诱导日本南进的苏联阴谋，它也恰恰与国民政府的愿望相反，因而在他们身上不存在配合这个阴谋的可能。

第三，从本书所引日本主政者在各个场合的种种自白可以看到：中国的对日抗战，其意义超出了中国本身。它是对日本北进、南进和所谓大东亚共荣圈等扩张企图的最大牵制，从而也是对美、英等国的远东利益和全球性长远利益的必不可少的保障。因此，在此期的历史中，中日关系、中美关系和日美关系都超越了单纯的双边关系而相互融为一体。对美国来说，如果用牺牲中国来换取妥协，不仅将引起国民政府的崩溃，还会随之导致东南亚的丧失和英国的动摇、苏联的沮丧，最终给美国及相关各国自身的根本利益造成损害。日本在日美交涉中对中国问题沉迷不醒，不惜为坚持一个错误而犯一连串更大的错误，其症结就在这里。美国最终拒绝在中国问题上妥协，而不愿为迁就 1930 年代的错误而再犯一个错误，其关键亦在这里。换言之，无论蒋介石及国民政府的意见有多大的影响，它的力量也不会压到美国对自身整体利益的考虑。和包括中国在内的所有国家一样，美国的决策最终是以本国的整体利益为前提的。

第四，在日美交涉期间，“国策”与“国力”的内在矛盾，使日本本来只能在先“中国”后“南进”或先“南进”后“中国”中选择其一，而不可能齐头并进。但是中国问题和世界问题的内在联系，却又使之难于在中国和南进中先择其一，而只能齐头并进。这源于它自己造成的两难局面：一方面，不首先通过南进来获取一石数鸟之效，就无望解决中国问题；另一方面，不首先解决中国问题以集中兵力、财力与物力，就无望顺利南进。这样，解决中国问题和南进这两个本来各有不同内涵的目标，就互为前提地浑然合一了。面对这个两难局面，为了弥补自身国力的不足，日本当局只能靠借助外力和利用欧乱来推行国策。这就是它拘泥于"不破坏三国同盟的友谊"的苦衷之所在。但是，由于日德关系的内在缺陷，这个同盟反而成为一个沉重的包袱。特别是日本，刚刚好不容易同苏联订立中立条约，力图以"日德意苏四国协调"压服中国、牵制美国，就因为德国突然对苏开战而陷入外交上空前的尴尬。可悲的是，即便如此，日本当局仍相信德国很快就会战胜敌手而依然不改趁火打劫的投机心理。因此，在决心死保侵华果实并深怀基于对德误信的投机心理的状况中，即使美国提出暂定协定，日本其实也是很难回心转意的。①

第五，在日本从中日战争走向太平洋战争的过程中，美国对日本的压力确实是一个重要的因素。但是，我们同时要看到，首先，日本的侵华战争和对美国在华利益的侵害在前，美国的压力在后。其次，在感受到美国压力之后，日本当局者并非不清楚其中的因果关系，也并非不知道什么才是真能缓和美国压力的釜底抽薪之举，但它的实际做法却是抱薪救火，致使日美对立的烈火愈烧愈旺(第八章)。最后，日本用于解决对华对美矛盾的南进，并不是在遭到中国抵抗与美国压力以后，从无到有地产生的一个新政策，而只是把一个早已有之的老目标提前付诸实施。因此，把日本南进的根本原因归结为美国的不当压迫，也是违反历史事实的。

---

① 重读一下本书第十二章第七节所引用的东条英机等人的发言，不难得出结论。

第六，太平洋战争同中日战争确实具有不可分割的内在联系。但是，中日战争只是引发太平洋战争的一个原因，而非惟一原因。因为，同中日战争初期日本所坚持的“东亚新秩序”相比，它后来作为太平洋战争主要目标所提出的大东亚新秩序或大东亚共荣圈，不只是局限于解决中国问题，同时还包括夺取东南亚的资源和列国殖民地。另外，它结盟德意的政策，虽然也同中国问题有关，但主要是为了制约中国以外的国家。这一切，都超出了中国的范围。因此，美国等第三国并非单纯为中国的利益打了一场不相干的战争，而根本上也是维护了他们自己的国家利益。

第七，赫尔当年曾提出这样一个疑问：“我们无法确信，在建立一个更强大的日本以统治东半球方面，日本政府的兴趣是否比日本军队逊色？以往的日本政府在标榜其在东方的霸主地位上，是与其军队亦步亦趋的。与军方相比，日本政府对与西方国家间的麻烦有更敏锐的感受。但是，表露日本野心的某些最强硬的措词恰恰是直接来自日本政府自身。”①重读本书所引用的日本原始档案，赫尔的疑问可谓已由日本主政者自己作出了明确的解答。因为，这些档案所揭示的事实说明：在当年的日本，从“东亚新秩序”到“广义的东亚新秩序”，再到后来的“大东亚新秩序”，在这些对外侵略扩张的根本路线之上，无论是军部还是包括外务省在内的政府，并无原则性的对立。而且，如本书第八章所示，由于身在后方的文职官员不如身处前线的军人那样直接体验到战场的血腥，在那个成为重大转折关头之一的“广义的东亚新秩序”政策的形成过程中，他们在很多场合冲到了军人的前面。从这个意义上来说，日

---

① 详见 Cordell Hull, *The Memoirs of Cordell Hull*, Vol. Ⅰ, London: Hodder & Stoughton, 1948, pp. 636 - 638。

本作出的对美开战抉择,并非只是少数军人的胡闹,而自有其更加深刻的背景。

第八,在偷袭珍珠港,挑起太平洋战争后,东条内阁决定称这场战争为"大东亚战争"。翌年1月,东条英机在日本议会声称日本的战争目的是"解放亚洲民族"与"建设大东亚共荣圈"。但是,在本书所引用的日方原始档案中,人们看到的只是日本决策者对死守以中国为主体的侵略果实的迷思和以南进建设其大东亚新秩序的野心,而看不到任何解放亚洲民族的动机。因此,战争爆发以后才出笼的上述那些口号,只是为了掩盖和美化其真实目的的口实。

总之,太平洋战争不同于发端于日本现地军队启衅而生的九一八事变和七七事变,它是由日本最高军政当局经过包括天皇参加的御前会议在内的一系列会议的反复讨论后,正式决策并发动的。而且,其重要的会议记录等原始档案今天基本上都能很方便地查阅。[①] 因此,只要实事求是地运用当年日本决策者自己留下的这些证据来再现历史的过程,重思中日战争扩大化的根本原因,人们不难得出这样一个结论:造成中日战争扩大化的不是中国,而是对"中国"抓住不放的日本。

五、如何评价"自助""敌助"和"友助"

在结束本书之际,笔者最后想以"自助""敌助"与"友助"的相互关系为主题,就中日战争何以走向国际解决、中国何以赢得对日

① 相关资料几乎都已出版,很多文件现在还能直接从日本公文书馆亚洲资料中心的网页上阅览。

本的外交博弈这两个问题，提示四点看法。

第一，通过联外制日实现中日问题的国际解决，是国民政府的一贯目标。要实现这一目标，首先需要的当然是中国的自助，即对世界形势与日本政策取向的正确判断与应对、对本国政策方针的正确制订与实施。在这方面，国民政府做得比较出色的，除了前述对欧局及结盟问题的处置，还可再概括出以下 4 个成功之点：

(1) 从 1931 年九一八事变到 1937 年全面战争爆发，国民政府致力于实现中日问题的国际化。其间，虽然有《塘沽停战协定》签订初期短暂的“单线外交”，但总体上坚持了多线外交的基调。特别是，国民政府在一贯拒绝日本要中国脱离英美的要求的同时，1935 年又突破意识形态上的藩篱，拒绝与日本共同防共即结盟反苏，而且最终在纠结中将苏联也列为国际解决战略的利用对象。

(2) 全面战争爆发后，国民政府虽然在 1938 年与 1940 年出现过比较严重的动摇，但总体上一直贯穿了两个基本点：坚持抗战到底，拒绝中途屈服；坚持国际解决，拒绝与日本单独解决。

(3) 在处理国际关系上，国民政府总体上做到了坚持惟以日本为敌，对日本以外的国家“均本多交友、少树敌之义”。需要强调的是，在这一点上即使对德国其实也是一样。如前文提到的，在欧战爆发前，国民政府在德国表露出明显的亲日疏中倾向以后，仍致力于维护中德关系。欧战爆发后，在最初的两个星期，蒋介石虽然主张过对德宣战，但其真实目的不在对德，而在以中国的先发制人，阻止英法对日妥协。其后，除 1940 年夏季采取两全方针的时期以外，国民政府对欧战大致以亲英法、疏德意为基调，但其对德疏远绝不等于对德敌视。同样，在采两全方针期间，国民政府努力改善对德关系，也只是为了有利于应对日本，而并非要跟着德国一起与英美法苏为敌。

(4) 国民政府还做到了根据国际形势和日本取向的变化,及时调整与充实主张国际解决的理由,即在高举拥护《国际联盟盟约》《九国公约》与《非战公约》之公理的旗帜的同时,由最初单纯强调第三国在“中国利益”上和中国的利害连锁,到后来同时强调第三国在“亚洲利益”和欧战胜负等世界性问题上和中国的利害连锁,并基此提出了“两个同时”。

第二,国民政府在外交上的曲折历程还证明,中国国际解决战略的成功,不仅要靠自助,而且还须靠“敌助”即日本自身犯错。因为,没有欧战爆发前日本在中国战场上对第三国利益的侵犯和对国际条约的否认,就没有美国等第三国向实质性援华制日的转变,因而国民政府也就难以克服 1938 年的动摇;同样,没有欧战爆发后日本由“东亚新秩序”向“大东亚新秩序”的目标的扩大和随之而生的两大变化(由“先中国后南进”向“中国和南进并行”的顺序的变化;由“中日单独解决”向“世界规模解决策”即日本版国际解决的大战略的变化),就没有中日战争向多国战争的质变,国民政府也就难以赢得 1945 年的胜利。另外,日本的盟国德国在《日苏中立条约》签订后进攻苏联所引起的国际格局的巨变,在某种意义上也可以说是一种日方阵营送来的敌助。

在这一点上值得特别强调的是,国民政府在总体上坚持实现国际解决战略的前述“成功点”的同时,也犯过重大的错误,这些错误最终之所以未造成颠覆性的后果,在很大程度上靠的也是日本犯下的更大的错误所提供的敌助。

譬如,在第九章所述 1940 年 7 月至 9 月的国际危机中,中国的抗战前途一时间被黑暗笼罩,连一贯主张国际解决战略的蒋介石,也对“两个同时”的新方针产生动摇,而开始摸索与日本的单独媾和。在这个重大关头,正是日本以自己缔结三国同盟的致命性的错误,“帮助”中国克服了动摇。因为,“两个同时”的新战略能否成功,除了欧洲战场“民主国战胜侵略国”这一前提以外,第二个前提是日本乘欧战侵犯列国的亚洲属地而四面树敌,由中日战争挑起多国战争。在因德国大捷而对前一个前提信心下降的时刻,国民政府特别注意第二个前提是否如中国所愿。从蒋介石在日记中的记录来看,他后来正是从对日本肆意挑战美英的动向的观察中逐渐恢复信心的(第九章)。而日本其后与德意缔结三国同盟,犯下更大的致命性错误后,蒋介石更是立即中止了秘密摸索中的中日和谈。其后,鉴于日德意同盟使中国成为英美、德国、苏联等各方势力都要争取的对象的形势判断,蒋介石引领国民政府展开了一场谋取左右逢源的多角外交,从英美苏方面争取到了更多的援助。(第十章)

另外,如第十二章所述,在1941年的日美交涉期间,出于对“中国国民党”立场的重视,蒋介石特别希望日本北进攻苏,并由此作出了希望性的误判。如果日本真的按蒋介石希望的那样行动,结果会怎样呢?笔者认为,日苏两国是否如蒋介石盼望的那样两败俱伤很难说,中国领土成为日苏两国的战场,中国被作为牺牲品的结果则是非常可能的。从这个视角出发,也可以说正是日本犯下了南进攻美、以太平洋为主要战场的大错,才使中国的国际解决战略在后来走得更加顺利。

综上所述,日本自身犯错所造成的敌助,不仅“帮助”中国克服了国力与形势等客观因素所导致的困难及动摇,而且“帮助”中国减轻或避免了因中国主政者的主观错误所可能招来的损失或灾难。最后,在日本已经以其一系列自杀性的决策跨过中日战争国际化之不可逆转的拐点以后,“敌助”的作用也相应增大,以致中国出现一些误判也都能从日本犯下的更致命的错误之中得到补救了。

第三,在厘清中国自助和日本敌助的主要内容后,还必须看到,在中日战争向多国战争扩大的因果联系中,日本敌助所起到的作用大于中国的自助。因为,无论是中日全面战争初期苏联对中国的援助,还是四年后美、英等第三国对日本的宣战,首要的而且最大的原因,都是对日本行为的反击。换言之,在中国努力争取“友助”即“拉”国际社会援华制日的时候,日本自己的所作所为,一直在不自觉地“推”国际社会援华制日即增强中国的友助。而且,综观从中日战争走向国际战争的各个重要节点,日本的“推”所起的作用,远远大于中国的“拉”。也就是说,苏、美、英等第三国对中国的“友助”这一国际解决不可或缺的另一重大因素,在很大程度上也主要是由日本自己促成的。

第四,在中日两国的博弈中,中国的立足点是抵抗侵略,日本的立足点是死守既得侵略果实和进而扩大势力范围。因此,在中日战争走向多国战争的全过程中,中国和日本各自的外交战略不仅在推动国际化的作用上有大与小的不同,在性质上更是有“是”与“非”的区别。这些本来都是不言而喻的。但是,如前所述,多年来日本一直有人想把太平洋战争爆发的主要原因归结为中国希望中日战争国际化。这种观点的要害是把“希望”和“希望的实现”混为一谈。事实是:中国确实一直希望中日问题得到国际解决,但使中国的希望得以实现的,则是最初一直坚持单独解决的日本自身。因为,中国主政者只能驾驭中国自己的政策,对日本他们能做的则仅有判断其取向和利用其错误,而无法代替日本决策。譬如,为了贯彻国际解决战略,中国自己的大原则是“惟以日本为敌”,与之相配套的则是“使日本不惟以中国为敌”,但国民政府能加以控制的只有自身的“惟以日本为敌”,针对对方的“使日本不惟以中国为敌”,则唯有期待而无法左右。导致日本扩大战争、四面树敌的种种举措,都是日本基于自身的认知自行决定的政策。而且,如1941年的事实所显示的,日本最终实施的南进攻美,还和蒋介石及国民政府所期待的北进攻苏恰恰相反。

总而言之,由于中日两国客观国情的掣肘,中日战争的胜负不仅受制于军事上枪林弹雨的厮杀,而且更取决于外交上纵横捭阖的较量。在这一较量中,中国的成功不是偶然的。从根本上说,中国的对日抗战不仅保卫了中国的领土和主权,而且维护了美、英、苏等第三国的长远利益。这是中国得道多助的源泉之所在。同时,中国主政者对国际形势与世界大局的判断能力也为这一胜利提供了必要的条件。与此相比,日本的失败具有很大的必然性,这不仅是因为其战争性质的非正义性,还由于其主政者那种眼光的短视、目的的偏执、思考的片面和对中国的蔑视、对自我的优越感以及制度上多中心、无责任的缺陷。特别是,当日本自己的所作所为导致自身无论在中国还是在国际都深陷困境之后,对坚守侵华果实与东亚新秩序的执着情结、对大东亚共荣圈的期待心理和对借助德国与欧战解决中日战争的错误判断,却使日本决策层不仅拒绝在中国退让,且进一步结盟德意,刻意通过南进收一举多得之效,从而把战争从中国扩大到东南亚和太平洋,彻底跌入了四面楚歌的深渊。

因此,如果要用最少的文字来概括中日战争走向多国战争并在其中得到国际解决的根本原因,胡适留下的8个字是最合适的。那就是:“日本切腹,中国介错。”

参考文献

一、未刊资料

美国斯坦福大学胡佛研究所藏

蒋介石日记

黄郛档案

孔祥熙档案

宋子文档案

中国国民党档案

中国第二历史档案馆藏

行政院档案

外交部档案

资源委员会档案

国防最高委员会档案

国防设计委员会档案

中国国民党中央执行委员会秘书处档案

中国国民党中央宣传委员会档案

军事委员会档案

军事委员会委员长侍从室档案

军事参议院档案

国防部史政局、战史编纂委员会档案

孔祥熙档案

孙科档案

王宠惠档案

杨杰档案

李石曾档案

蒋廷黻档案

蒋中正档案

“国史馆”藏(台北)

国民政府档案

蒋中正“总统”文物(蒋介石“总统”机密文书)

资源委员会档案

陈诚“副总统”文物

“行政院”档案

“外交部”档案

阎锡山史料

汪兆铭史料

赔偿委员会档案

中国国民党党史馆藏(台北)

一般档案

中央政治会议速记录

中央政治临时会议速记录

政治档案(中国国民党中央政治委员会档案)

特种档案

“国防”档案(“国防最高委员会”档案)

会议记录

报刊剪要

“中央研究院”近代史研究所藏(台北)

国民政府外交部档案

朱家骅档案

王世杰档案

日本外务省外交史料馆藏

A. 1. 0. 0. 11「外務大臣其ノ他ノ上奏集」

A. 1. 1. 0. 9「日支関係雜纂」(松本忠雄文書)

A. 1. 1. 0. 10「帝国ノ対支外交政策関係一件」

A. 1. 1. 0. 21－27「満州事変　華北問題」

A. 1. 1. 0. 30「支那事変関係一件」

A. 1. 1. 0. 30－3「支那事変関係一件/各国ノ態度/各国ノ対支援助借款関係」

A. 1. 1. 0. 30－3・2「支那事変関係一件/各国ノ態度/日米関係打開工作関係」

A. 1. 1. 0. 9「日支外交関係雜纂」

A. 1. 3. 1. 1－4「対米外交関係主要資料集」

A. 1. 3. 1. 1－6(米一 22)「最近日米外交録」

A. 2. 2. 0. C/U1「支那・米国外交関係雜纂」

A. 2. 2. 0. C/R「支那・蘇聯邦外交関係雜纂」

A. 6. 1. 0. 5「密電情報関係一件」

A. 7. 0. 0. 9「大東亜戦争関係一件」

B. 1. 0. 0 C/R2「蘇聯中華民国間不侵略条約関係一件」

情 242 号　調書

調查二 65「調二特第 47 号　蔣政権抗戦能力ノ脆弱面ト強靭面」

日本国会图书馆藏

政治外交关系缩微胶卷

日本国立公文書館アジア歷史資料センター

电子资料(http://www.jacar.go.jp/index.html)

二、已刊资料

资料汇编

荣孟源主编:《中国国民党历次代表大会及中央全会资料》,北京:光明日报出版社 1985 年版。

"国史馆"审编处编:《国民政府对日情报及意见史料》,台北:"国史馆"2002 年版。

吴景平、郭岱君编:《宋子文驻美时期电报选(1940—1943)》,上海:复旦大学出版社 2008 年版。

吴淑凤等编:《军情战报》,台北:"国史馆"2011 年版。

秦孝仪主编:《中华民国重要史料初编·对日抗战时期》,台北:中国国民党中央委员会党史委员会 1981 年版。

蒋介石著,黄自进、潘光哲编:《蒋中正"总统"五记》,台北:"国史馆"2011 年版。

《蒋中正"总统"档案·事略稿本》,台北:"国史馆"2005—2015 年版。

世界知识出版社编:《中美关系资料编》,北京:世界知识出版社 1957 年版。

"中华民国外交问题研究会"编:《中日外交史料丛编》,台北:"中华民国外交问题研究会"1966 年版。

中国国民党中央委员会党史委员会编:《"总统"蒋公思想言论总集》,台北:中国国民党中央委员会党史委员会 1984 年版。

中国国民党中央委员会党史委员会编:《国防最高委员会常务会议记录》,台北:中国国民党中央委员会党史委员会 1995 年版。

中国社会科学院近代史研究所中华民国史组编:《胡适任驻美大使期间往来电稿》,北京:中华书局 1978 年版。

中共中央书记处编:《六大以来》,北京:人民出版社 1981 年版。

中共中央文献研究室编:《毛泽东文集》,北京:人民出版社 1993 年版。

中共中央文献研究室、中国人民解放军军事科学院编:《毛泽东军事文集》,北京:军事科学出版社、中央文献出版社 1993 年版。

中共中央文献研究室编:《周恩来军事文选》,北京:人民出版社 1997 年版。

中央档案馆编:《中共中央文件选集》,北京:中共中央党校出版社 1989—1992 年版。

中共中央党史史料征集委员会编:《第二次国共合作的形成》,北京:中共党史资料出版社 1989 年版。

中国第二历史档案馆等编:《西安事变档案史料选编》,北京:档案出版社 1986 年版。

中国社会科学院近代史研究所翻译室编译:《共产国际有关中国革命的文献资料》,北京:中国社会科学出版社 1982 年版。

中华民国史料研究中心编:《先"总统"蒋公有关论述与史料》,台北:中华民国史料研究中心 1985 年版。

中国第二历史档案馆编:《中华民国史档案资料汇编》第 5 辑,南京:江苏古籍出版社 1994 年版。

中国第二历史档案馆编:《中德外交密档》,桂林:广西师范大学出版社 1994 年版。

中国史学会、中国社会科学院近代史研究所编:《中国近代史资料丛刊·抗日战争》,成都:四川大学出版社 1997 年版。

赵正楷等编:《徐永昌先生函电言论集》,台北:"中央研究院"近代史研究所 1996 年版。

陶文钊主编:《中国近代史资料丛书・抗战时期中国外交》,成都:四川大学出版社1997年版。

复旦大学历史系编:《中国近代对外关系史资料选》,上海:上海人民出版社1977年版。

彭明主编:《中国现代史资料选辑》,北京:中国人民大学出版社1989年版。

罗家伦等主编:《革命文献》,台北:中国国民党中央党史委员会党史史料编纂委员会。

李云汉主编:《蒋委员长中正抗战方策手稿汇编》,台北:中国国民党中央委员会党史委员会1992年版。

李嘉谷编:《中苏国家关系史资料汇编(1933—1945)》,北京:社会科学文献出版社1997年版。

刘维开编:《国民政府处理九一八事变之重要文献》,台北:中国国民党中央委员会党史委员会1992年版。

伊藤隆、照沼康孝編『畑俊六日誌』,『続・現代史資料』4,東京:みすず書房,1983年。

稲葉正夫ほか編『太平洋戦争への道』別巻・資料編,東京:朝日新聞社,1963年。

外務省編纂『日本外交文書 満州事変』,東京:外務省発行,1978年。

外務省編纂『日本外交年表竝主要文書』,東京:原書房,1988年。

外務省編纂『日本外交文書 日米交渉・1941年』,東京:外務省発行,1990年。

外務省編纂『日本外交文書 昭和期』Ⅰ、Ⅱ,東京:外務省発行,1990—1998年。

外務省編纂『日本外交文書 日中戦争』,東京:外務省発行,2011年。

外務省編纂『日独伊三国同盟・日ソ中立条約』,東京:外務省発行,2012年。

外務省百年史編纂委員会編『外務省の百年』,東京:原書房,1969年。

参謀本部編『杉山メモ——大本営・政府連絡会議等筆記』,東京:原書房,1987年。

島田俊彦・臼井勝美ほか編『現代史資料』,東京:みすず書房,1963—

1974年。

日本国際問題研究所中国部会編『中国共産党史資料集』,東京:勁草書房,1972年。

原田熊雄述『西園寺公と政局』,東京:岩波書店,1950年。

United States Department of State, *Foreign Relations of the United States*(*FRUS*).

Great Britain Foreign Office, *Documents on British Foreign Policy* 1919－1939, Second Series(*DBFP*).

日记、传记、年谱、回忆录等

汪兆铭:《汪主席和平建国言论选》,南京:中央书报发行所1940年版。

"中央研究院"近代史研究所编:《王世杰日记》,手稿本(影印本),台北:"中央研究院"近代史研究所1989年版。

"中央研究院"近代史研究所编:《王子壮日记》,台北:"中央研究院"近代史研究所2001年版。

郭廷以编著:《中华民国史事日志》,台北:"中央研究院"近代史研究所1984年版。

颜惠庆:《颜惠庆自传》,台北:传记文学出版社1989年版。

上海市档案馆译:《颜惠庆日记》,北京:中国档案出版社1996年版。

何应钦:《何上将抗战期间军事报告》,台北:文星书店1962年版。

《何应钦将军九五记事长编》编辑委员会编:《何应钦将军九五记事长编》,台北:黎明文化事业股份有限公司1984年版。

中国社会科学院近代史研究所中华民国史研究室编:《胡适日记》,香港:中华书局香港分局1985年版。

曹伯言整理:《胡适日记全编》,合肥:安徽教育出版社2001年版。

胡颂平编著:《胡适之先生年谱长编初稿》,台北:联经出版事业公司1990年版。

顾维钧:《顾维钧回忆录》,北京:中华书局 1985 年版。

国民政府外交部:《外交部公报》。

公安部档案馆编注:《在蒋介石身边八年——侍从室高级幕僚唐纵日记》,北京:群众出版社 1992 年版。

蔡德金编注:《周佛海日记》,北京:中国社会科学出版社 1986 年版。

蔡德金等编著:《汪精卫生平记事》,北京:中国文史出版社 1993 年版。

朱汇森主编:《中华民国史事纪要》,台北:中华民国史料研究中心 1984 年版。

周文琪等编著:《特殊而复杂的课题:共产国际、苏联和中国共产党关系编年史》,武汉:湖北人民出版社 1993 年版。

北京师范大学、上海市档案馆编:《蒋作宾日记》,南京:江苏古籍出版社 1990 年版。

蒋作宾:《蒋作宾回忆录》,台北:传记文学出版社 1967 年版。

蒋廷黻:《蒋廷黻回忆录》,台北:传记文学出版社 1984 年版。

蒋永敬编:《胡汉民先生年谱》,台北:"中央"文物供应社 1978 年版。

任育德编:《黄郛日记》,香港:开源书局 2019 年版。

王仰清、许映湖标注:《邵元冲日记》,上海:上海人民出版社 1990 年版。

徐永昌:《徐永昌日记》,台北:"中央研究院"近代史研究所 1990—1991 年版。

秦孝仪主编:《"总统"蒋公大事长编初稿》,台北:中国国民党中央党史委员会 1978 年版。

沈云龙编著:《黄膺白先生年谱长编》,台北:联经出版事业公司 1976 年版。

中共中央文献研究室编:《毛泽东年谱》,北京:人民出版社 1993 年版。

中国社会科学院近代史研究所中华民国史组编:《胡适来往书信选》,北京:中华书局 1979 年版。

中国第二历史档案馆编:《蒋介石年谱初稿》,北京:档案出版社 1992 年版。

中国第二历史档案馆编:《冯玉祥日记》,南京:江苏古籍出版社 1992 年版。

张治中:《张治中回忆录》,北京:中国文史出版社 1985 年版。

李宗仁口述,唐德刚撰写:《李宗仁回忆录》,台北:晓园出版社 1989 年版。

NHK取材班・臼井勝美編『張学良の昭和史最後の証言』,東京:角川書店,1991年。

宇垣一成『宇垣日記』,東京:朝日新聞社,1954年。

木戸幸一『木戸幸一日記』,東京:東京大学出版会,1980年。

外務省編『日ソ交渉史』,東京:厳南堂書店複刻版,1969年。

重光葵著『重光葵外交回想録』,東京:毎日新聞社,1978年。

須磨未千秋編『須磨弥吉郎外交秘録』,東京:創元社,1988年。

寺崎英成編著『昭和天皇独白録　寺崎英成・御用掛日記』,東京:文藝春秋,1991年。

東郷茂徳『東郷茂徳手記　時代の一面』,東京:原書房,1989年。

防衛研修所戦史室『戦史叢書』,東京:朝雲出版社,1968年。

ラーズ・リーほか編、岡田良之助ほか訳『スターリン極秘書簡』,東京:大月書店,1996年。

Joseph C. Grew, *Ten years in Japan: a contemporary record drawn from the diaries and private and official papers of Joseph C. Grew, United States ambassador to Japan*, 1932 — 1942, London: Hammond, Hammond & Company Ltd., 1944.

・日译本　グルー・ジョンセフ・C(石川欣一訳)『滞日十年』,東京:毎日新聞社,1948年。

・中译本　[美]约瑟夫・C. 格鲁著,蒋相泽译:《使日十年——1932至1942年美国驻日大使格鲁的日记及公私文件摘录》,北京:商务印书馆1983年版。

报刊

《益世报》《解放》《外交月报》《国闻周报》《国风半月刊》《申报》《大公报》《中央日报》《中央周报》《东方杂志》《独立评论》《东京朝日新闻》

附　录　中日两国相关论著

（说明：为有助于读者了解中日两国学界在与本书相近的主题上的研究概况，特就笔者关注所及，以 2000 年以后的成果为主，编选本附录。）

陈红民、曹明臣：《新资料与新观念：蒋介石与抗日战争研究述论（2000—2011）》，《抗日战争研究》2012 年第 3 期。

陈红民、罗树丽：《抗战期间蒋介石兼任四川省政府主席述论》，《抗日战争研究》2013 年第 4 期。

陈红民编：《中外学者论蒋介石——蒋介石与近代中国国际学术研讨会论文集》，杭州：浙江大学出版社 2013 年版。

陈谦平：《蒋介石与一・二八淞沪抗战》，《近代史研究》2019 年第 5 期。

陈谦平：《国际关系视野下的中国抗日战争研究》，《史学月刊》2021 年第 3 期。

邓野：《蒋介石的战略布局：1939—1941》，北京：社会科学文献出版社 2019 年版。

侯中军：《论七七事变与英国的最初因应》，《近代史研究》2018 年第 2 期。

侯中军：《九一八事变后国联外交与国民政府对日政策》，《历史研究》2022 年第 1 期。

黄道炫：《1980 年代以来中国大陆蒋介石研究述评》，《近代史研究》2007

年第1期

黄庆华:《抗日战争时期及战后初期的中法关系》,《抗日战争研究》2008年第3期。

黄自进:《蒋介石与日本:一部近代中日关系史的缩影》,台北:"中央研究院"近代史研究所2012年版。

黄自进、潘光哲编:《蒋介石与现代中国的形塑》,台北:"中央研究院"近代史研究所2013年版。

黄自进:《拥抱国际主流社会:蒋介石的对日外交战略》,《抗日战争研究》2014年第2期。

江涛:《抗战时期的蒋介石》,北京:华文出版社2011年版。

蒋永敬:《抗战史论》,台北:东大图书股份有限公司1995年版。

金冲及:《七七事变前蒋介石对日政策的演变》,《近代史研究》2014年第1期。

金以林:《国民党高层的派系政治——蒋介石"最高领袖"地位是如何确立的》,北京:社会科学文献出版社2009年版。

金以林:《蒋介石与政学系》,《近代史研究》2014年第6期。

李嘉谷:《合作与冲突:1931—1945年的中苏关系》,桂林:广西师范大学出版社1996年版。

李君山:《全面抗战前的中日关系(1931—1936)》,台北:文津出版社2010年版。

李君山:《蒋中正与中日开战(1935—1938):国民政府之外交准备与策略运用》,台北:政大出版社2017年版。

李义彬、周天度:《〈蒋介石日记〉与西安事变的几个问题》,《百年潮》2009年第1期。

李玉:《试论蒋介石在日记中关于国民党弊端的忧思(1927—1937)》,《安徽史学》2013年第6期。

李仲明等著:《解密何应钦与蒋介石》,北京:人民出版社2013年版。

刘大禹:《蒋介石与中国集权政治研究(1931—1937)》,杭州:浙江大学出版社 2012 年版。

刘维开:《国难时期应变图存问题之研究——从九一八到七七》,台北:“国史馆”1995 年版。

刘维开:《战端一起,绝不妥协:蒋中正委员长之和战立场》,台北:《近代中国》2005 年 12 月。

刘维开:《〈敌乎? 友乎? ——中日关系的检讨〉新探》,《抗日战争研究》2012 年第 1 期。

鹿锡俊:《中国问题与日本 1941 年的开战决策》,《近代史研究》2008 年第 3 期。

鹿锡俊:《国民政府对欧战及结盟问题的应对》,《历史研究》2008 年第 5 期。

鹿锡俊:《蒋介石与 1935 年中日苏关系的转折》,《近代史研究》2009 年第 3 期。

鹿锡俊:《蒋介石对〈苏德互不侵犯条约〉的反应》,《近代史研究》2011 年第 3 期。

鹿锡俊:《蒋中正对 1940 年夏季国际危机的因应》,《“国史馆”馆刊》第 29 期,2011 年 9 月。

鹿锡俊:《蒋介石对日德意三国同盟的反应》,《近代史研究》2013 年第 3 期。

鹿锡俊:《蒋介石对苏德战争的预测及因应:蒋介石抗日外交个案研究之四》,《抗日战争研究》2014 年第 1 期。

鹿锡俊:《蒋介石的对苏纠结与抗日决断(1936—1937)》,《抗日战争研究》2015 年第 3 期。

罗敏:《走向“团结”:国民党五全大会前后的蒋介石与西南》,《近代史研究》2009 年第 3 期。

罗敏:《抗战前期蒋介石对中共态度的演变:基于国际背景因素的考察》,《抗日战争研究》2013 年第 3 期。

吕芳上主编:《蒋介石的日常生活》,台北:政大出版社 2012 年版。

吕芳上主编:《战争的历史与记忆》1—4册,台北:“国史馆”2015年版。

吕芳上主编:《中国抗日战争史新编》1—6册,台北:“国史馆”2015年版。

彭敦文:《太平洋战争爆发前国民政府外交战略与对外政策》,武汉:武汉大学出版社2010年版。

孙彩霞:《蒋介石对汪精卫叛国投敌之处置》,《近代史研究》2010年第4期。

陶文钊、杨奎松、王建朗:《抗日战争时期中国对外关系》,北京:中国社会科学文献出版社2009年版。

土田哲夫:《张学良与不抵抗政策》,漠笛编:《张学良生涯论集》,光明日报出版社1991年版。

汪朝光编:《蒋介石的人际网络》,北京:社会科学文献出版社2011年版。

汪朝光、王奇生、金以林:《天下得失:蒋介石的人生》,香港:香港中和出版有限公司2012年版。

王建朗:《抗战初期的远东国际关系》,台北:东大图书股份有限公司1996年版。

王建朗:《卢沟桥事件后国民政府的战和抉择》,《近代史研究》1998年第5期。

王建朗:《太平洋战争爆发后国民政府外交战略与对外政策》,武汉:武汉大学出版社2010年版。

吴景平:《蒋介石与抗战初期国民党的对日和战态度:以名人日记为中心的比较研究》,《抗日战争研究》2010年第2期。

吴景平:《国民政府时期的大国外交》,上海:上海人民出版社2012年版。

吴景平:《抗战初期蒋介石与宋子文关系研究》,《抗日战争研究》2015年第3期。

吴景平、张闶:《中国战时外交的再研究与再思考:以蒋介石日记、宋子文档案等海外文献为中心》,《中学历史教学参考》2015年第11期。

徐蓝:《英国与中日战争(1931-1941)》,北京:北京师范学院出版社1991年版。

许育铭:《汪兆铭与国民政府——一九三一年至一九三六年对日问题下的政治变动》,台北:“国史馆”1999年版。

杨奎松:《失去的机会?战时国共谈判实录》,桂林:广西师范大学出版社1992年版。

杨奎松:《论抗战初期的国共两党关系》,《近代史研究》1996年第3期。

杨奎松:《蒋介石抗日态度之研究——以抗战前期中日秘密交涉为例》,《抗日战争研究》2000年第4期。

杨奎松:《蒋介石、张学良与中东路事件之交涉》,《近代史研究》2005年第1期。

杨奎松:《国民党的联共和反共》,北京:中国社会科学文献出版社2008年版。

杨天石:《论“恢复卢沟桥事变前原状”与蒋介石“抗战到底”之“底”》,《中国文化》2006年第1期。

杨天石:《蒋介石与南京国民政府》,北京:中国人民大学出版社2007年版。

杨天石:《找寻真实的蒋介石:蒋介石日记解读》,香港:三联书店2008年版。

杨天石:《绥远抗战与蒋介石对日政策的转变:蒋介石日记解读》,《江淮文史》2013年第2期

杨天石:《珍珠港事变前夜的中美交涉》,《近代史研究》2015年第2期。

杨天石:《蒋介石在抗日战争中的作用:杨天石教授演讲实录》,《探索与争鸣》2015年第5期。

臧运祜:《七七事变前的日本对华政策》,北京:社会科学文献出版社2000年版。

臧运祜:《西安事变和日本的对华政策》,《近代史研究》2008年第2期。

臧运祜:《蒋介石与1935年上半年的中日亲善——以蒋氏日记为中心的考察》,《民国档案》2018年第1期。

张力:《国际合作在中国:国际联盟角色的考察(1919—1946)》,台北:“中

央研究院”近代史研究所 1999 年版。

张宪文:《从“险学”到“显学”:蒋介石研究的过去、现在与未来》,《社会科学战线》2011 年第 8 期。

张祖龚:《蒋介石与战时外交研究(1931—1945)》,杭州:浙江大学出版社 2013 年版。

赵晓红:《卢沟桥事变后蒋介石的战和抉择与各方因应》,《党史研究与教学》2014 年第 4 期。

周美华:《中国抗日政策的形成——从九一八到七七》,台北:“国史馆” 2000 年版。

周天度:《从七七事变前后蒋介石日记看他的抗日主张》,《抗日战争研究》2008 年第 2 期。

左双文:《德国承认伪满问题与国民政府的外交方针》,《史学月刊》2008 年第 11 期。

左双文:《苏日中立条约与国民政府的内外肆应》,《中山大学学报》2010 年第 2 期。

左双文等著:《民众、公众舆论与国民政府外交研究(1927—1949)》,合肥:安徽大学出版社 2011 年版。

安井三吉『柳条湖事件から蘆溝橋事件へ——1930 年代華北をめぐる日中の対抗』,研文出版,2003 年。

宇野重昭「日中戦争と国民政府——「7・7 事変」前後の蒋介石」『社会科学ジャーナル』25(2),1987 年。

黄自進「蒋介石の人格形成と日本」『日本研究』42,2010 年。

黄自進『蒋介石と日本——友と敵のはざまで』,武田ランダムハウスジャパン,2011 年。

黄仁宇著(北村稔・永井英美・細井和彦訳)『蒋介石:マクロヒストリー史観から読む蒋介石日記』,東方書店,1997 年。

家近亮子『蒋介石の外交戦略と日中戦争』,岩波書店,2012 年。

笠原十九司『海軍の日中戦争——アジア太平洋戦争への自滅のシナリオ』,平凡社,2015年。

岩谷將「藍衣社・CC団・情報戦——日中戦争下の暗闘」『軍事史学』43(3—4),2008年。

岩谷將「1930年代半ばにおける中国の国内情勢判断と対日戦略——蒋介石の認識を中心として」戦史研究年報(13),2010年3月。

岩谷將『盧溝橋事件から日中戦争へ』,東京大学出版会,2023年。

吉田裕[ほか]編『アジア・太平洋戦争辞典』,吉川弘文館,2015年。

久保亨・波多野澄雄・西村成雄編『戦時期中国の経済発展と社会変容』,慶應義塾大学出版会,2014年。

戸部良一『外務省革新派　世界新秩序の幻影』,中央公論社,2010年。

戸部良一編『近代日本のリーダーシップ　岐路に立つ指導者たち』,千倉書房,2014年。

広中一成(今井貞夫資料提供・執筆)『日中和平工作の記録——今井武夫と汪兆銘・蒋介石』,彩流社,2013年。

今井駿『中国革命と対日抗戦』,汲古書院,1997年。

佐藤元英『外務官僚たちの太平洋戦争』,NHK出版,2015年。

山田辰雄・松重充浩編著『蒋介石研究——政治・戦争・日本』,東方書店,2013年。

鹿錫俊『中国国民政府の対日政策』,東京大学出版会,2001年。

鹿錫俊「日ソ相互牽制戦略の変容と蒋介石の「応戦」決定——再考1935年における中日ソ関係の転換過程」『軍事史学』43(3・4),2008年3月。

鹿錫俊「ヨーロッパ戦争開戦前後の蒋介石——日記から読み解く中国当局者のシナリオ」『中国研究月報』65(8),2011年8月。

鹿錫俊「日独伊三国同盟をめぐる蒋介石の多角外交——中国指導者の内面から見た太平洋戦争への転換点」『年報・日本現代史』(16),2011年。

鹿錫俊(書評論文)「蒋介石日記と日中戦争研究——家近亮子著『蒋介石の外交戦略と日中戦争』」『国際政治』(176),2014年3月。

鹿錫俊『蒋介石の国際的解決戦略』,東方書店,2016年。

樹中毅「蒋介石の民族革命戦術と対日抵抗戦略——レーニン主義とファシズムへの戦略的連繫」『国際政治』(152),2008年3月。

樹中毅「蒋介石体制の成立——非公式エリート組織とファシズムの「中国化」」『アジア研究』57(1),2011年1月。

西村成雄・石島紀之・田嶋信雄編『国際関係のなかの日中戦争』,慶應義塾大学出版会,2011年。

西村成雄「「蒋介石研究」にみる二つのランドスケープ:山田辰雄・松重充浩編著『蒋介石研究　政治・戦争・日本』」(書評)『東方』(395),2014年1月。

石島紀之『中国民衆にとっての日中戦争　飢え、社会改造、ナショナリズム』,研文出版,2014年。

川島真「蒋介石の高田時代」『中国研究月報』63(3),2009年3月。

段瑞聡『蔣介石と新生活運動』,慶應義塾大学出版会,2006年。

段瑞聡「太平洋戦争勃発前蒋介石の対外政略」,山田辰雄・松重充浩編著『蒋介石研究——政治・戦争・日本』,東方書店,2013年。

田嶋信雄『ナチス・ドイツと中国国民政府(1933－1937)』,東京大学出版会,2013年。

土田哲夫「中国の抗日戦略と対米国民外交工作」,石島紀之・久保亨編『重慶国民政府史研究』,東京大学出版会,2004年。

土田哲夫「国際平和運動、コミンテルンと日中戦争」,『現代中国研究』(2)2007年。

筒井清忠編『昭和史講義——最新研究で見る戦争への道』,筑摩書房,2015年。

内田尚孝『華北事変の研究——塘沽停戦協定と華北危機下の日中関係:1932－1935年』,東京:汲古書院2006年版。

内田尚孝「1935年、「華北事変」期における日中外交交渉の再検討——「満洲国」問題と「三原則」をめぐる日中間の対立」『同志社大学　グローバル

地域文化学会紀要』,2013 年 10 月。

波多野澄雄・戸部良一編『日中戦争の軍事的展開』,慶応大学出版会,2011 年。

波多野澄雄『幕僚たちの真珠湾』,吉川弘文館,2013 年。

馬場毅編『多角的視点から見た日中戦争——政治・経済・軍事・文化・民族の相克』,集広舎,2015 年。

服部龍二『昭和"外交敗戦"の教訓:なぜ、日米開戦は避けられなかったのか』,NHK 出版,2012 年。

野村浩一『蒋介石と毛沢東——世界戦争のなかの革命』,岩波書店,1997 年。

馮青「蒋介石の日中戦争期和平交渉への認識と対応——蒋介石日記に基づく一考察」『軍事史学』45(4),2010 年。

俞辛焞『満洲事変期の中日外交史研究』,東方書店,1986 年。

エズラ・ヴォーゲル、平野健一郎編『日中戦争期中国の社会と文化』,慶應義塾大学出版会,2010 年。

ボリス・スラヴィンスキー著,高橋実、江沢和弘訳:『考証 日ソ中立条約 公開されたロシア外務省機密文書』,岩波書店,1996 年。

ボリス・スラヴィンスキー著,加藤幸広訳,『日ソ戦争への道』,共同通信社,1997 年。

ボリス・スラヴィンスキー,ドミート・リースラヴィンスキー著,加藤幸広訳:『中国革命とソ連 抗日戦までの舞台裡(1917—37 年)』,共同通信社,2002 年。

索　引

E

F

G

H

J

K

L

M

N

O

P

R

S

Y

Z

后　记

我虽然写过几本日文著作，但出版中文专著还是第一次。在完成三校之际，我感到特别荣幸的，是这本书能够和自己学生时代的恩师金冲及先生撰写的序言一起付梓。如恩师所言，“‘问题意识’不仅是我们研究的出发点，更是我们研究的动力”。本书的“问题意识”正是1985年我在考虑硕士论文的选题时，在恩师的启发下萌芽的。光阴似箭，一晃40年过去了。作为在毕业后也时时身受恩师关怀的学生，尽可能完整地回答求学时代就缠绕心怀的问题，一直是我在学术研究上的一个目标，而恩师的指导、鼓励，也一直和这个“问题意识”一起，源源不断地为我提供动力。

另外，自在日本执教以来，日本学术振兴会连续多年为我提供“竞争性科研费”的资助，其中，与本书直接相关的有“基盘研究C·14520105”与“基盘研究C·15K03290”等。在此期间，任职的大东文化大学还授予我合计两年的海外研究假期，使我得以于2009年度任斯坦福大学胡佛研究所访问学者，2019年度任北京大学历史系、牛津大学中国研究中心、台湾“中研院”近代史研究所等学术机构的访问学者。这些科研资助与学术访学，让我能够在往返海内外学术机构收集史料、静心写作的同时，广泛结识各地学界的师友并从他们的指教中为本书汲取养料。

说到这里，作为南京大学的客座教授，我还须专门提一下南京大学对本书的支持。张宪文教授、朱庆葆教授担任南京大学“抗日战争专题研究”丛书主编以后，不厌其烦地帮助我解决在海外写作的人难免遇到的特殊困难；南京大学中华民国史研究中心与历史学院在每次举办与本书主题相关的学术研讨会时，总是为我提供与同行学者切磋琢磨的机会；南京大学牵头的丛书学术审查委员会还在匿名意见书中对书稿提出了许多宝贵的修改建议。所有这些，也都为本书的写作提供了不可或缺的条件。

在向恩师及上述海内外学术机构与学者一并致谢的同时，我还要再次感谢江苏人民出版社在本书进入出版流程后的贡献。尤其是担任责任编辑的李旭先生，在包括校对在内的各个环节中，认真负责，既抓紧进度又确保质量，终于使本书能赶在抗日战争胜利80周年前夕与读者见面。

最后，还要提一下妻子，即恩师在序言中提到的“快人快语”的“小许”。她给恩师留下深刻印象的“快语”之一，是“我本来和丈夫是同一起点的，只是为了支撑家庭而自甘牺牲”。其实，这么多年来，她不仅为支撑家庭而自甘牺牲，包揽了所有家务，还抓紧一切可能的时间充当我的研究助手，本书就有不少资料出自她的抄写或打字。对此内助之功，我虽然极少口头称道，但每逢撰写后记，还是要重申一下内心的感激。

鹿锡俊

2024 年 7 月 17 日